미국정치의 분열과 통합
- 엘리트, 유권자, 이슈 양극화와 정치과정 -

국립중앙도서관 출판시도서목록(CIP)

미국정치의 분열과 통합: 엘리트, 유권자, 이슈 양극화
와 정치과정 = Integration and Polarization in the
American Political Elite, Constituency, and Issues /
미국정치연구회 엮음. ─ 서울: 오름, 2008
  p. ;   cm

색인수록
ISBN 978-89-7778-295-2 93340 : ₩17000

340.942-KDC4
320.973-DDC21   CIP2008000539

미국정치의 분열과 통합

- 엘리트, 유권자, 이슈 양극화와 정치과정 -

미국정치연구회 엮음

Integration and Polarization in the American Political Elite, Constituency, and Issues

Edited by KAAP

ORUEM Publishing House
Seoul, Korea
2008

서 문

　이 책은 미국정치연구회 창립 10주년을 기념하기 위해 2006년 12월 개최된 학술회의에서 발표된 논문들을 위주로 엮은 것이다. 미국정치연구회는 1996년 여름 미국정치에 관한 보다 진지한 학문적 연구와 토론을 위한 정기적 만남의 장이 필요하다는 데 의견을 모은 몇몇 정치학도들에 의해 시작되었다. 외적 화려함과 조직의 형식보다는 우수한 논문발표와 내실 있는 토론을 보다 우선시하겠다는 회원들의 고집스런 의지와 노력 덕분에 미국정치연구회는 설립 후 얼마 되지 않아 곧 한국 정치학계에서 가장 인정받는 대표적 연구모임 중 하나로 자리 잡게 되었다. 방학기간을 제외하고는 빠짐없이 매월 1회씩 정기적 논문발표 모임을 가져왔고, 해마다 미국정치 관련 국내외 저명학자들을 초빙하여 심도 있는 발표토론회를 가짐으로써 한국 내 미국정치 연구의 활성화와 발전에 크게 기여해왔다. 아울러 미국정치를 전공한 신진학자들의 학계 데뷔 통로로서도 매우 중요한 역할을 해왔다. 그 결과 지난 10년간 미국정치연구회는 총 10권에 달하는 저서와 역서를 출간하였고, 이 책도 바로 그런 노력의 연장이라고 할 수 있다.

이 책의 주제는 '미국정치의 양극화'이다. 1980년대 이후 지난 20년간 미국정치의 가장 두드러진 특징이 양극화의 심화라는 데 대해서는 별 이견이 없다. 즉, 미국 유권자들의 정당일체감이 강화되고 민주-공화 양당 간 이념적 간극이 커짐에 따라 미국정치과정 전반에 걸쳐 대립과 갈등이 심화되어 왔다는 것이다. 뉴딜정책을 계기로 형성되었던 진보연합이 1960년대에 붕괴되면서 약화되었던 정당 간 이념적 차이와 정당일체감이 1980년대를 거치며 다시금 강화되는 현상이 나타나게 된 것이다. 물론 이 양극화현상이 양대 정당에 대칭적으로 나타나고 있는 것은 아니다. 민주당보다는 상대적으로 공화당 쪽에 더 강하게 나타나고 있다. 공화당의 보수화가 민주당의 진보화보다 더 심한 경향을 보인다는 말이다.

미국정치의 양극화 원인에 대해서는 논란이 있다. 예컨대, 1970년대부터 이루어진 의회지도자와 정당리더십 강화를 위한 일련의 의회개혁들, 남부지역의 정당 재편(realignment), 1990년대 강경보수 성향 소장 의원들의 대거 의회진출 등 의회와 정당의 제도적·구조적 변화를 원인으로 지목하기도 한다. 반면에 소득불평등 증가나 사회문화적 이슈의 선거쟁점화 등을 지적하며 사회경제적 기반변화나 유권자들의 이념적 간극을 이용한 후보자들의 정책 차별화 시도에서 또 다른 원인을 찾기도 한다.

양극화의 원인뿐만 아니라 양극화의 영향에 대해서도 다양한 논의가 있다. 예를 들면, 정치적 양극화가 입후보자들의 선거전략, 대통령의 국정운영방식이나 의회와의 관계, 유권자의 선거행태 등에 미치는 영향에 대한 연구들이 활발히 이루어지고 있다.

양극화에 대한 보다 근본적인 문제제기도 있다. 즉, 정치적 양극화가 미국 사회의 균열구조나 대립양상을 그대로 반영한 것인지, 아니면 정치엘리트들에 의해 전략적으로 이용되어 사회로 확산되어 나온 것인지에 대해 논란이 있는 것이다. 이는 여러 중요한 정책현안에 대한 국민들의 견해에 분명한 간극이 존재하고 있기 때문에 양극화를 순전히 정치엘리트의 조작만으로 돌리기는 어렵다는 데에서 기인한다. 동시에 정책결정 교착 시 대통령과 의회가 정치권 내 협상이나 타협이 아니라 여론에 대한 직접적 호소를 통한 해결을 시도하는 경향은 분명 정치엘리트의 조작가능성을 의심케 하기 때문이다. 이런 다양하고 복잡한 양상으로 인해 미국정치의 양극화현상은 아직도 더욱 심층적이고 복합적인 다각도의 분석이 요구되는 것이다.

그러한 요구에 부응키 위해 이 책에서는 미국정치의 양극화를 엘리트, 유권자, 이슈라는 3가지 측면으로 나누어 고찰해보았다. 제1부는 주로 정치엘리트의 양극화에 관한 것으로, 1장에서 안병진은 개혁보수 성향의 매케인 상원의원이 과거 미국 대통령 선거과정에서 공화당 후보로 지명되지 못한 이유를 최근 공화당 이념의 강경보수화 경향을 통해 설명한다. 2장에서 김혁은 정당의 당파성이 강화될수록 대통령의 이념적 성향이 명백해지고 그 결과 대통령의 의제설정 방식에도 영향을 미치게 된다는 점을 주장한다. 3장에서 엄기홍은 정치엘리트의 양극화 경향을 분석한 후 엘리트의 양극화가 커짐에 따라 정당의 차별성도 커지고, 그로 인해 국민들의 정치참여도 높아진다고 주장한다.

제2부는 유권자의 양극화에 대한 것으로, 4장에서 손병권은 최근 공화당 지지자들의 당파성 강화와 보수화 경향을 분석하고 그에 따른 부시 대통령의 당파적 대의회 전략을 부시 대통령의 리더십 스타일과 결부시켜 설명을 시도한다. 5장에서 김장수는 전체 유권자의 보수화와 공

화당의 정당일체감 강화를 구분하고, 후자로 인한 공화당의 이념성 강화를 부시 대통령의 재선이유로 꼽는다. 가상준은 6장에서 주별 유권자의 정치적 선호도와 주별 하원의원들의 정치적 선호도를 분석함으로써, 비록 전체 유권자나 연방의회 차원에서는 양극화가 나타나더라도 주들 사이에는 양극화가 일어나지 않는다는 점을 밝히고 있다. 7장에서 임성호는 미국인의 정당일체감이 강화되어 정당 간 양극화가 심화되면 국가적 분열이 심화될 것이라는 일반적 논제와 달리, 미국인의 국가정체성은 오히려 강화되었다는 주장을 이론적, 경험적 분석을 통해 보여준다.

제3부는 이슈영역의 양극화에 관한 것으로, 8장에서 조성대는 소득불평등의 증대라는 사회경제적 요인이 정치적 양극화의 원인이라는 주장에 착안하여, 소득수준과 정당 성층화 간의 관계를 분석함으로써 고소득층 보수주의자들의 공화당 지지 증대를 양극화의 원인으로 제시한다. 한편, 정진민과 서현진은 9장에서 낙태, 사형제도, 동성애 등 사회문화적 이슈가 선거에서 중요한 쟁점으로 부각됨에 따라 문화적 보수층의 정당지지 성향이 달라지고, 그 결과 양대 정당의 지지기반이 변화되어 정당 양극화가 심화되었다고 주장한다. 주미영은 10장에서 미국의 진보와 보수 양대 진영 민중운동의 역사적 흐름과 주요 단체들을 분석함으로써 민중운동의 변화와 정치적 양극화의 관계를 설명한다. 마지막 11장에서 남궁곤은 이라크전쟁을 사례로 하여 미국 국민의 외교여론이 국제주의적 성향의 지속 속에서도 이념성향과 정당일체감에 따라 차별화를 보임으로써 정치적 양극화 양상을 반영하고 있음을 밝히고 있다.

이 책은 하나의 통일된 분석틀이나 관점에서 기획·연구된 결과물이 아니다. 연구자 개개인의 관심과 세부전공에 따라 미국정치의 양극화 현상을 각기 분석한 결과물들을 하나의 책으로 엮은 것이다. 따라서 전체적 구성체계와 논리적 흐름에 있어 다소 매끄럽지 못한 면이 있을 수도 있다. 하지만 그 대신 다양한 주제와 시각의 연구들을 통해 미국정치의 양극화 현상에 대해 보다 더 폭넓게 이해할 수 있는 기회를 제공한다는 장점이 있다. 독자들의 날카로운 비판과 따뜻한 격려를 기대해본다.

이 책의 발간에는 저자들 외에 많은 미국정치연구회 회원들의 도움이 있었다. 10주년 기념 학술회의에 기꺼이 사회를 맡아주셨던 박경산, 박찬욱, 전경옥 선생님들, 지면제한으로 이 책에는 포함되지 않았지만 논문을 발표하거나 토론에 참여해주신 곽진영, 류재성, 마상윤, 박인휘, 신유섭, 이옥연, 이정희, 이현우, 장훈, 정연정, 조화순, 최준영, 한인택, 황아란 선생님들, 그리고 학술회의와 출간을 성원해주신 그 외 다른 미국정치연구회 회원여러분들 모두에게 진심으로 깊은 감사를 드린다. 이 모든 분들의 학문적 열의와 연구회에 대한 충정이 계속되는 한 미국정치연구회는 무궁한 발전을 지속해나갈 것이다. 끝으로 자신의 책처럼 편집과 출판에 아낌없는 노력을 기울여주신 오름출판사 부성옥 사장님과 직원 여러분께도 감사의 마음을 전한다.

2008년 2월
필자들을 대신하여
김영호

차례

• 서문 5

제1부 • 정치엘리트의 양극화

| 제1장 | 정치양극화 시대에서 개혁보수주의의 경향 | 안병진

    Ⅰ. 서론 17
    Ⅱ. 공화당 내부 '개혁보수주의'의 역사적 변천 양상 20
    Ⅲ. 루스벨트 공화당의 부활로서 매케인 중도주의의 경향과 시대적 한계 26
    Ⅳ. 2000년 선거 이후 개혁보수주의의 경향 35
    Ⅴ. 개혁보수주의의 미래 전망 41

| 제2장 | 미 대통령들의 이념정향과 정책의제설정의 양극화 | 김 혁

    Ⅰ. 서론 47
    Ⅱ. 대통령의 정책의제설정과 리더십 스타일 50
    Ⅲ. 대통령의 이념정향 54
    Ⅳ. 연구범위와 방법 57
    Ⅴ. 분석결과 및 토의 61
    Ⅵ. 결론 68

| 제3장 | 정치엘리트 양극화, 유권자 양극화,
그리고 정치참여 | 엄기홍

    Ⅰ. 문제제기　73
    Ⅱ. 기존 문헌 및 이론　75
    Ⅲ. 데이터와 방법론　79
    Ⅳ. 분석결과　83
    Ⅴ. 결론 및 함의　96

제2부 • 유권자의 양극화

| 제4장 | 부시 대통령의 정당편향적 의회전략 | 손병권

    Ⅰ. 들어가는 말　109
    Ⅱ. 부시 대통령 지지 유권자의 성향　112
    Ⅲ. 부시 대통령의 개인적 리더십 스타일　125
    Ⅳ. 부시 대통령의 의회에 대한 전략　131
    Ⅴ. 맺는 말　138

| 제5장 | 2004 미국 대선(大選) 평가와 전망 | 김장수

    Ⅰ. 서론　143
    Ⅱ. 부시 재선의 동력　147
    Ⅲ. 보수화 없는 공화당일체자의 증대　153
    Ⅳ. 일방주의적 외교정책의 걸림돌　159
    Ⅴ. 결론　165

| 제6장 | 미국 50개 주들의 정치 선호도는
양극화되고 있는가? | 가상준

　Ⅰ. 서론　173
　Ⅱ. 미국정치의 양극화　178
　Ⅲ. 주 정치적 선호도　180
　Ⅳ. 분석　183
　Ⅴ. 함축적 의미 및 결론　197

| 제7장 | 국가정체성의 강화와 정당 양극화 | 임성호

　Ⅰ. 서론　203
　Ⅱ. 이론적 논의　207
　Ⅲ. 미국 정치사의 조망　212
　Ⅳ. 테러시대 미국 여론의 분석　223
　Ⅴ. 결론　232

제3부 • 이슈영역의 양극화

| 제8장 | 소득수준과 유권자 정당일체감의 이념적 재편성 | 조성대

　Ⅰ. 머리말　239
　Ⅱ. 미국의 정치적 양극화에 대한 기존연구의 검토　242
　Ⅲ. 미국사회의 사회경제적 양극화와 정당일체감의 이념적 재편성　245
　Ⅳ. 재분배정책에 대한 소득수준별 이념적 재편성　250
　Ⅴ. 맺음말　260

| 제9장 | **문화적 쟁점과 미국 정당 지지기반 양극화**
| 정진민 · 서현진

　Ⅰ. 서론　265
　Ⅱ. 이론적 논의　267
　Ⅲ. 경험적 분석　276
　Ⅳ. 결론 및 시사점　293

| 제10장 | **미국의 정치변화와 민중운동의 양극화** | 주미영

　Ⅰ. 머리말　299
　Ⅱ. 미국 내 좌파 민중주의　303
　Ⅲ. 미국 내 우파 민중주의　308
　Ⅳ. 민중운동의 문제점과 그 해결책　319
　Ⅴ. 결론　325

| 제11장 | **외교여론 양극화 가설의 허와 실** | 남궁 곤

　Ⅰ. 이라크 전쟁과 미국 외교여론의 양극화　333
　Ⅱ. 미국 외교여론의 양극화 가설과 정치사회적 기반　337
　Ⅲ. 이라크 전쟁 여론의 분열구조와 지속성　341
　Ⅳ. 이라크 전쟁 여론과 포괄적 외교목표 인식　347
　Ⅴ. 이라크 전쟁 여론의 사회적 분열　353
　Ⅵ. 결론　357

- 색　　인　364
- 글쓴이 소개　371

제1부 | 정치엘리트의 양극화

제1장 • 정치양극화 시대에서 개혁보수주의의 경향　　|　안병진

제2장 • 미 대통령들의 이념정향과 정책의제설정의 양극화　　|　김　혁

제3장 • 정치엘리트 양극화, 유권자 양극화, 그리고 정치참여　　|　엄기홍

제1장

정치양극화 시대에서 개혁보수주의의 경향*
존 매케인 공화당 상원의원의 사례

■ 안병진

I. 서론: 정치양극화 시대의 퍼즐, 존 매케인 상원의원

　현재 미국은 정당 간의 이념적 간극과 사회적 균열 구조에서 양극화의 시대가 지속되고 있다고 많은 학자들이 지적하고 있다 (Cameron 2002; Theriault 2004; 임성호 2005). 여기서 정치적 양극화란 공화당, 민주당 양 당 간에 정치적 적대감과 이념적 갈등이 격화되는 현상을 말한다 (Jamieson and Falk 2000). 최근에는 양극화의 구체적 양상에 대한 다양한 연구가 진전되고 있는데, 예를 들어 해커와 피어슨 교수는 단지 대칭적인 양극화가 아니라 정당 수준에서 공화당은 이념적으로 더욱 더 우(右)선회하고 유권자 수준에서 시민들은 더욱 더 좌(左)선회하고 있는 비대칭적 특성을 보인다고 지적하고 있다(Hacker and Pier-

---

* 이 논문은 『한국과 국제정치』 23권 1호(2007)에 게재된 바 있음.

son, 2005).

　이러한 정치적 양극화의 시대와 공화당의 우선회의 가속화는 많은 학자들로 하여금 공화당 내 강경보수 진영의 특성에 대한 연구에 관심을 불러일으키게 하고 있다. 따라서 공화당 내 신보수주의 그룹이나 기독교 근본주의 진영은 전 지구적으로 학문적으로나 언론에서 큰 관심을 받아왔다. 반면에 당연하게도 그간 공화당 내 온건보수주의 진영은 학문적 관심은 물론이고 현실적 정치세력으로서 큰 인정을 받아오지 못했다. 사실 해커와 피어슨의 지적처럼 1994년 이후 깅리치(Gingrich) 하원의장 등 매우 이데올로기적인 공화당 지도부의 당 장악이나 기독교 우파, 전국총기연맹 등 강경보수단체의 영향력 확대 속에서 온건보수주의가 활동할 공간이 축소되는 것은 너무도 당연하다(ibid., 2005).

　풀(Poole)과 로젠탈(Rosenthal)의 선구적 연구(1984)에 따르면 정치적 양극화의 진행 양상에 따라 온건중도파는 더 적어지고 이념적으로 강경한 의원들이 입법활동에서 더 중추적 역할을 발휘하는 경향을 보이고 있다. 따라서 그간 공화당 온건 보수주의 진영은 정치평론가들에 의해 독자적 힘을 발휘하지 못하는 무기력하고 순응주의적 집단이라는 냉소를 받아왔다(Morris 1999).

　하지만 여기서 한 가지 퍼즐이 제기된다. 이토록 정치적 양극화 혹은 더 나아가 비대칭적 양극화가 진행되고 있다면 어떻게 공화당의 존 매케인(John McCain) 상원의원은 양당의 지도부가 수년간 공동으로 방해 혹은 최소한 미온적인 반응을 보인 정치자금법을 초당적으로 입법화하는 것에 성공할 수 있을까? 물론 미국의 양당이 정치적 양극화 속에서도 실용주의적 타협의 문화를 전제한다는 점에서 매케인의 성공이 양극화 시대의 퍼즐이라고까지 단언하는 것은 지나친 과장인지도 모른다. 하지만 정치 양극화의 시대에 걸맞지 않은 중도적 정치인으로서, 단순히 주요한 입법에서의 성공에서 그치지 않고 심지어는 공화당 내에서 강력한 대선 후보로까지 부상된 것은 충분히 퍼즐이라고 부를 만하다.

　특히 매케인은 단순히 양당의 입장을 절충한 중도주의적 성향 이상의 독특성을 가지고 있다. 그는 2000년 이래로 공화당 내 영향력이 있는 대선후보일 뿐 아니라 동시에 그의 개혁성에 열광적으로 반응하는 많은 민주당 지지자들의 표를 오픈 프라이머리에서 획득한 후보이기도 하다. 그러하기에 그는 정치 양극화의 시대임에도 불구하고 부단히 제3당 및 심지어 민주당의 후보로까지 거론되어 왔다.

그렇다면 정치 양극화 시대임에도 그의 개혁보수주의가 성공하는 이유는 무엇인가? 여기서 개혁보수주의(reform conservatism)란 매케인이 공화당 내 작은 정부론과 같은 시장근본주의나 도덕주의적 가치를 강조하는 기독교 근본주의 진영과 달리 국가의 공적 역할을 강조하고 이 공적 기능을 활용하여 도덕적 이슈보다는 금권 정치 등 기존 기득권 질서를 개혁하는 데 주요한 관심을 가지고 있음을 말한다. 이러한 정의는 자연스럽게 우리로 하여금 역사적 시야로 관심을 확장하게 한다. 역사적 시야를 가지고 분석한다면 그와 유사한 개혁보수주의 실험을 선 보였던 테오도르 루스벨트 전 대통령과는 어떻게 비교할 수 있을까? 과연 그는 과거 공화당의 주류 정당보스들에게 전면적 도전장을 내며 개혁보수주의 흐름을 만들어 내었던 테오도르 루스벨트 대통령 시대의 영광을 복원해 낼 수 있을 것인가? 이는 다른 방식으로 말하자면 그의 부상은 정치 양극화 시대의 종료와 정치 질서의 새로운 재편을 의미하는가?

이 글은 최근 학술 및 언론 진영으로부터 상대적으로 주목을 받아오지 못한 공화당 내 이러한 이단적 흐름을 역사적으로 비교 분석하는 것을 통해서 현 단계 정치 양극화 시대의 특징을 보다 풍부하게 이해하고 미래를 전망하고자 한다. 다시 말해 개혁보수주의가 정치양극화 시대에서 어느 정도까지 영향력을 미칠 수 있는가를 분석하는 것은 양극화 시대의 강도와 지속성을 이해하는 단서가 될 수 있다.

II. 공화당 내부 '개혁보수주의'의 역사적 변천 양상

공화당 보수주의 내부의 개혁보수주의 뿌리는 링컨 전 대통령 시기의 기존 질서의 급진적 재편에서부터 시작된다. 링컨의 공화당이 시작된 1860년의 선거는 미국 정치학자들 사이에서 가장 중요한 '중대선거(critical election)' 중 하나로 꼽힌다(Sunquist 1983). 그리고 미국 역대 대통령의 시대적 특성을 유형화한 스커러닉에 따르면 링컨은 제퍼슨, 잭슨, 프랭클린 루스벨트 등과 함께 '기존 질서의 전면적 재편(reconstruction) 형'의 리더십을 발휘하였다(1993).

이념적으로 보면 링컨은 제퍼슨의 공화주의 이념을 계승하여 개인주의를 넘어선 공공선과 덕성의 문제의식을 강하게 견지하고 있었다. 이는 밀턴 프리드만 등의 최소국가론과 달리 국가의 공적인 역할에 대한 개혁보수주의의 적극적 신념을 정당화하는 철학적 배경으로 작용한다. 이후 테오도르 루스벨트나 최근 매케인 등의 개혁보수주의 진영에 속하는 인물들은 링컨의 공공선에 대한 공화주의적 이념과 기존 기득권 질서의 급진적 재편이 보수주의의 핵심 정신임을 강조하면서 정신적 지주로서의 그를 자주 인용하고 있다(Brooks 2004). 반면에 후술하겠지만 공화당 내 강경보수주의 진영은 링컨보다는 자신들의 뿌리로서 골드워터 전 상원의원이나 레이건 전 대통령을 주로 언급한다는 차이를 지닌다.

개혁보수주의의 사실상 선구자로서 테오도르 루스벨트는 공화당이 1890년대에 이르러서는 자신들의 뿌리인 링컨의 '급진적 태도(radical posture)'를 잃어버리고 있다는 강한 문제의식을 가지고 있었다. 그는 당시 공화당이 19세기 경제적 번영의 과실에 취해서 '화석화(fossilization)'된 기득권 정당으로 변모하고 있다고 진단하고 있었다(Skowronek 1993, 235). 사실 그의 지적처럼 1890년대 공화당은 민주당과의 사실상 공모 속에서 결정적인 갈등 이슈를 회피하고 연방정부의 공적 역할을 방기하고 있었다. 이는 당시 정당 보스들의 힘이 매우 강했다는 맥락에서 주로 기인한다. 당시 정당 보스들은 자신들의 지도력에 위해가 가지 않을 미온적인 인물을 대통령에 임명하고 막강한 후견권을 유지하였다. 근대초기 미국을 여행하였던 영국 귀족인 브라이스가 미국에서 '위대한 자는 대통령이 되지 못한다'고 강하게 비판했던 것은 이러한 맥락에서 기인한다(Bryce 1908).

하지만 당시 시대는 루스벨트가 보기에 경제적 과실에만 취해 양 대정당이 안락하게 기득권을 지키기에는 국내외적으로 너무도 급격한 변화의 시기였다. 특히 급격한 자본주의 질서의 형성 가운데 경쟁을 제한하는 트러스트 구조나 철도회사의 전횡이 뿌리내리고 있었다. 반면에 자본주의 질서의 주변부로 밀려난 농민, 노동자들의 포퓰리즘 운동의 저항이 극심해지고 사회주의의 영향력이 확산되고 있었다. 이의 결과로 포퓰리스트 정당이 결성되고 민주당 내에 윌리엄 제임스 브라이언 같은 진보주의자의 영향력이 급속히 확대되었다.

이러한 정치지형의 형성에 대해서 당시 루스벨트는 심각한 위기의식을 느끼고 있었다. 따라서 당시 루스벨트는 "어리석고, 현명한 판단에 기초하지 못하며 사이비 급진주의적인 민주당, 포퓰리스트, 사회주의자"들에 맞서 정체되어 있고 무기력한 보수주의의 전면적 혁신 투쟁의 필요성을 역설한다. 이는 말하자면 급진 혁명을 예방하기 위한 보수 혁명에 해당된다. 이를 루스벨트는 "나는 어떤 혁명적인 것을 주창하는 것은 아니다. 나는 혁명적인 것을 방지하기 위한 행동을 옹호할 뿐이다"라고 명확히 표현하고 있다(Skowronek 235).

루스벨트의 위기의식은 국내적으로만 국한되는 것은 아니었다. 루스벨트가 보기에 지구적으로도 미국은 급격한 변화의 한 가운데 놓여 있었다. 그는 미국이 고립주의에서 벗어나 지구적 제국으로 조금씩 도약해야 하는 필요성을 제기하기 시작하였다. 그의 유명한 문구인 "부드럽게 말하되 몽둥이를 휘둘러라"라는 표현이 상징하듯이 그는 대외관계에서 미국의 힘과 가치를 확산시키는 것을 중시하였다. 그의 이러한 문제의식은 인접 국가들에 대한 적극적 간섭과 아시아에서의 문호개방정책 등으로 나타났다.

　루스벨트는 이러한 국내외적 혁신의 추구 속에서 기존 기득권 보수에 지속적으로 자극을 제공하는 가시를 자임하였다. 하지만 당시 경제적 번영의 안락함과 정당보스 권력의 막강함에 취해 있었던 엘리트 구조가 이를 선선히 받아들이기는 어려웠다. 이러한 기존 질서의 강고함 속에서 루스벨트는 절묘한 균형을 유지해야만 했다. 다시 말해 한편으로 기존 질서를 혁신하면서도 다른 한편으로 기존 질서에 지나친 위험을 가하지 않아야 하는 미묘한 균형의 어려움이다(ibid., 235).

　사실 루스벨트는 흔히 알려진 것보다는 신중한 인물로서, 기존 보수 질서를 다룸에 있어 신중한 행보를 취하였다. 다시 말해 그는 대통령직을 승계 받은 이후에 공화당 지도부와 화해의 제스처를 취하며 자신의 세를 구축하는 데 힘썼다. 그리고 트러스트에 대한 태도에서도 일각의 진보주의자들이 주장하듯이 트러스트를 해체하기보다는 규제하는 유연한 태도로 기존 보수주의 질서를 유지하고자 하였다. 하지만 동시에 그는 기존 질서에 단지 포섭되기보다는 이를 점차 해체해나가는 역할도 잊지 않았다. 따라서 루스벨트는 때로는 고립을 자초하면서까지 보수적 포퓰리스트로서의 행보를 취하기도 했다. 예를 들어 로버트 라폴리테 같은 저명한 진보주의 상원의원과도 협력하고, 아래로부터 대중들과의 결합에 의한 대중적 압력을 동원하는 것에서도 수완을 발휘하였다. 그런 점에서 그는 개혁보수주의의 정신을 일관되게 유지하였다고 평가할 수 있다.

　아이러니한 것은 이러한 루스벨트의 개혁 행보에 부담을 느낀 정당 지도부는 그를 제어하기 위해 당시 아무런 실권을 가지고 있지 않은 장식 시계 취급받던 부통령 자리에 밀어 넣은 것이다. 하지만 맥킨리 대통령이 1901년 암살되면서 그는 순식간에 대통령 자리를 이어받고 이후 점차 보수주의 개혁 행보를 가속화한다. 특히 본인의 힘으로 1904년 여유 있게 재선된 그는 본격적으로 개혁보수주의 아젠다들을 추진하기 시작한다. 예를 들어 그는 기존 정당 지도부의 작은 정부론을 거부하고 국가의 공적 역할 확대를 대대적으로 옹호하기 시작하였다. 그에 따라 1906년 헵번 철도 규제법, 순정 식품 및 의약품 법, 정육 검사법, 1907년 일일 8시간 노동제, 산업재해 보상, 상속세 및 소득세, 주식시장 규제법 등이 추진되었다. 그의 이러한 개혁은 당시 자본주의 초기의 다양한 부작용들이 널리 공개되고 아래로부터 대중운동의 압력이 호조건으로 작용하면서 가능할 수 있었다.

이후 1908년 퇴임한 루스벨트는 후임인 태프트 대통령의 미온적인 개혁에 다시 큰 위기감을 느끼기 시작한다. 그는 공화당의 대의원들이 정당보수들의 조종으로 태프트의 분파로 대다수 채워져 전당 대회가 무의미해지자 결국 공화당의 틀을 벗어나 진보당(Progressive Party)을 출범시켰다. 하지만 예비선거 기간동안 그의 지지자들 상당수가 공화당을 떠나 그를 지지하는 것을 거부하고, 동시에 민주당 내에서 개혁보수주의 보다 더 급진적인 개혁적인 자유주의 흐름인 윌슨의 영향력으로 겨우 27%를 차지하는 데 그치고 말았다(앨런 브링클리 1998, 361).

진보적 지지층의 입장에서 트러스트에 대해 보다 철저한 태도를 취하고 있는 윌슨 후보 앞에서 루스벨트가 가지는 매력이 퇴색될 수밖에 없었다. 하지만 당시 대선에서 모든 후보들이 스스로 진보적 개혁가임을 자임한 것은 의미심장하다. 왜냐하면 이는 그간 루스벨트의 개혁보수주의 실험이 정당을 떠나 광범위하게 수용되고 있음을 시사하기 때문이다. 그런 점에서 비록 루스벨트는 선거에서 패배하였지만 그의 개혁보수주의는 집권 기간동안 보수주의의 혁신을 이룩했을 뿐 아니라, 이후 민주당의 윌슨에 의해서 전면적으로 발전되었다는 의미에서 그는 당시 시대에 지대한 영향을 남겼다고 평가할 수 있다.

루스벨트의 시대 이후 개혁보수주의는 크게 쇠퇴한다. 왜냐하면 윌슨의 진보적 정책과 그 이후 프랭클린 루스벨트의 진보주의가 미국 사회의 주도권을 행사했기 때문이다. 굳이 개혁보수주의의 흐름을 이어받은 경향을 꼽자면 아이젠하워 전대통령을 들 수 있다. 아이젠하워는 개인적 기질이나 특성에서 루스벨트와 같은 열정적이고 서민적인 보수

포퓰리스트의 성격을 지니고 있지는 않다. 하지만 그는 뉴욕타임즈의 호웰 레인 등이 지적하듯이 대중적인 전쟁영웅일 뿐 아니라 정당 간의 이슈를 뛰어넘는 초당적 태도나 아웃사이더로서 워싱턴 기성그룹을 깨끗하게 청소하겠다는 태도 등에서 루스벨트나 후에 매케인 등과 노선의 유사성을 가진다(Greenberg 2000). 무엇보다도 특히 그는 당시 공화당 우파들에 의한 뉴딜 시대 해체의 압력에 저항하고 온건한 개혁노선을 추진하였다는 의미에서는 테오도르 루스벨트 개혁보수주의의 계승이라 평할 만하다. 그는 52년 강경보수주의의 적자인 오하이오 상원의원 로버트 태프트를 누르고 대통령에 당선되면서 개혁보수주의의 흐름을 이어갔다.

물론 과거에는 아이젠하워 대통령의 리더십에 대해 민주당의 영향력이 압도적으로 큰 뉴딜 시대에 단지 권력을 유지하기 위해 매우 순응주의적이고 절충주의적으로 대통령직에 임했다는 부정적 평가가 압도적이었다. 하지만 최근의 연구 성과들이 지적하듯이 아이젠하워는 단지 소극적으로 임기에 응하기보다는 뉴딜 시대에 조응하는 공화당의 개혁적 정체성을 구축한 점에서 높이 평가될 수 있다(Greenstein 1994). 사실 그의 재임 기간 동안 공화당 우파들의 강한 압력에도 불구하고 사회보장제도가 확대되고 시간당 최저임금을 75센트에서 1달러로 인상하였으며 연방 고속도로법 등 뉴딜 시대의 특성에 조응하는 개혁 조치들을 시행하였다.

루스벨트는 본인의 이러한 개혁적 보수의 비전을 스스로 일컬어 '근대 보수주의(modern conservatism)'라 칭하기도 했다. 하지만 공화당 대통령인 아이젠하워의 민주당 뉴딜 노선 계승이라는 개혁적 보수주의 행보는 공화당의 독자적 정체성 형성에 많은 장애를 조성하기도 하였다. 따라서 이러한 아이젠하워의 애매모호한 정체성은 후에 골드워터의 강경보수주의가 급속히 대중적 영향력을 형성시키는 데 일조하게 된다. 이후 아이젠하워 시대에 대한 실망에 기초한 골드워터의 "(민주당 뉴딜 노선의) 메아리가 아닌 (공화당의) 선택"이라는 슬로건은 커다란 파급력을 지니게 된다(E.J. Dionne, 1991,176).

　이후 루스벨트 개혁주의의 기치는 뉴욕 주지사 출신으로 나중에 포드 대통령 밑에서 부통령을 역임한 넬슨 록펠러에 의해 계승된다. 그는 민주당의 뉴딜 노선에 반대하기보다는 공화당이 이를 더욱 효율적으로 추진할 수 있다고 주장하였다는 점에서 개혁보수주의의 흐름을 잇는다고 평가할 수 있다(Rae 1989). 그는 흔히 공화당 내 '동부 주류 진영(Eastern Establishment)'을 대변하는 인물로 평가받으며 로버트 태프트 상원의원이 주도하는 공화당 내 중서부 및 남부 분파와 대립각을 세운다. 온건 공화당 분파인 부시 1세의 아버지인 프레스콧 부시 코네티컷 상원의원은 이러한 분파의 대표적인 주자이다. 부시 1세는 이러한 아버지의 영향으로 온건보수주의 실용노선을 취하고 이후 레이건으로 대표되는 남부 보수주의 진영과 긴장 관계를 유지한다.

　하지만 루스벨트 시대 이후에 이러한 록펠러 공화당원들이 공화당 내에서 주도권을 결정적으로 상실하는 계기인 1964년을 주목할 필요가 있다. 당시 베리 골드워터로 대변되는 공화당 강경보수진영은 비록 선거에서 민주당 존슨에게 대패하지만 선거 이후 당내 정체성 싸움에서 승리하고 당내외 광범위한 보수주의 연합세력 결성을 이루어낸다. 이러한 골드워터 진영의 승리는 다음의 에피소드를 통해 상징적으로 드러나기도 한다. 록펠러 전기작가인 스미스의 회고에 따르면 그동안 그토록 대중적 명망을 누리던 록펠러는 64년 공화당 전당대회에서 공화당 내 극단주의나 공산당, KKK, 존 버치 소사이어티 등을 비판하는 결의문을 지지하며 5분 스피치를 수행하였다. 하지만 당시 운집한 공화당 당원들은 강력한 야유로 반응하며 록펠러에게 큰 모욕을 주었다고 한다(Tackett 2004).

　또한 주목할 만한 것은 남부 앨라배마 주지사로서 강한 인종주의적 어필을 가지고 있는 조지 월러스이다. 그는 64년 이후 존 버치 그룹 등 강경보수 그룹의 지원을 받으며 공화당 내 정체성 투쟁에 열정적으로 참여하고 이후 인종주의적 톤을 완화하는 대신에 가족의 가치, 질서 등의 가치 투쟁을 전개하면서 보다 담론을 대중화하는 데 성공한다. 흥미로운 것은 이후 레이건 시대의 대중적 담론인 작은 정부론, 가족의 가치, 질서, 종교 등은 골드워터나 월러스로부터 뿌리를 둔다는 사실이다(Carter 1995). 이후 95년 공화당 혁명을 주도했던 노스퀴스트, 깅리치 혁명도 그 담론에 있어서는 골드워터, 월러스 시대의 연장선상에 있다. 결국 공화당의 우선회는 당내 개혁보수주의를 고립시키고 아무런 실권도 영향력이 없는 집단으로 전락하게 만들었다.

오늘날 공화당 내 개혁보수주의는 공화당을 이끄는 하나의 강한 흐름으로 작용하기보다는 존 매케인 상원의원, 뉴욕 시장 줄리아니, 뉴욕주지사 파타키, 상원의원 매케인, 척 헤이글 등에게 개별적으로만 남아 있다. 반대로 레이건 이후 강경보수주의는 공화당의 지배적 정체성을 형성하며 과거 개혁 보수주의적 뿌리와는 질적으로 완전히 다른 정당으로 탈바꿈하였다. 공화당 전반의 우선회는 심지어 공화당 내 중도주의자로 분류되는 매케인 상원의원이나 조지 부시 시니어 전 대통령조차 과거 60년대 보수주의 기준으로는 중도우파에 해당된다고 평가할 수 있다(Plotke 2002, xxxi). 이러한 측면에서 록펠러 전기 작가인 리차드 스미스는 "오늘날 현대 공화당은 모든 점에서 넬슨 록펠러와 정반대의 의미로 규정될 수 있다"고 지적하고 있다(Tackett 2004).

III. 루스벨트 공화당의 부활로서 매케인 중도주의의 경향과 시대적 한계

넬슨 록펠러와 정반대인 오늘날 공화당에서 루스벨트, 록펠러 등은 거의 잊혀진 인물이라 해도 과장이 아니다. 특히 루스벨트의 금권 정치에 대한 개혁적 투쟁은 현재 공화당 정치인들의 연설문에서 거의 자취를 찾아보기 어렵다. 반대로 레이건, 골드워터 등은 공화당 내 온건이나 강경 보수주의 스펙트럼을 초월하여 광범위하게 인용되고 있다. 그런 점에서 매케인 상원의원은 매우 독특한 인물이라 할 수 있다. 그는 단지 과거 루스벨트를 좋아하는 정도를 넘어 "나의 영웅"이라 부르며 극도의 존경을 표시해 왔으며 루스벨트 전기의 열렬한 애독자이다. 그리고 평소 그의 연설문들이나 대화는 루스벨트를 연상시키는 "부의 격차(gap of wealth)", "부의 범죄자(malefactors of wealth)", "막대한 석유 회사 이윤" 등 공화당에서 듣기 힘든 담론들이 자주 등장한다(Moore 2005).

사실 매케인은 루스벨트와 여러 가지 유사성을 가진다. 매케인 상원의원이 루스벨트처럼 미국인들에게 강력한 이미지로서 먼저 각인된 것은 전쟁 영웅으로서의 활동이었다. 마치 루스벨트가 쿠바를 둘러싼 스페인과의 전쟁에서 기병대 러프 라이더를 이끈 영웅적 활동으로 누구도 범접할 수 없는 전쟁영웅으로 부상된 것처럼 매케인은 베트남에서의 5년 반 동안의 전쟁 포로로서의 고초로 미국인들에게 전쟁영웅으로 깊게 각인되었다. 그의 전쟁포로 경험은 콜린 파월 전 합창의장이나 케네디 전 대통령처럼 전쟁의 참화를 겪은 이들이 그러하듯이 무분별한 대외적 개입주의에 대해서는 매우 비판적인 국제관을 형성하게 하였다. 따라서 그는 상당한 기간 동안 현실주의자로서 활동하였다. 예를 들어 그는 1983년 미국의 레바논 기지 연장에 대해 반대하였고 90년대 걸프 전 확전에 대해 유보적 태도를 취하였다.

하지만 그는 기본적 철학에서는 루스벨트나 해군에 복무한 자신의 아버지의 영향을 받아 대영제국을 찬미하고 미국이 비슷한 역할을 수행하는 것을 옹호한다. 사실 그의 아버지는 루스벨트가 지구적 제국으로서 미국의 힘을 과시하기 위해 대함대(Great White Fleet)를 세계 각지에 파견했을 때 그 함대의 일원으로 활동한 바 있고, 매케인은 항상 그러한 사실을 매우 자랑스러워 하고 있다(Drew 2002, 71). 이러한 그의 개입주의적 충동은 90년대 후반부터 미국의 보스니아, 코소보 등지에서의 적극적 역할이 요청되면서 특히 강조되기 시작하고 그의 관점도 보다 더 개입주의적으로 변화하게 된다(Judis 20006). 그의 이러한 강경한 관점은 소위 북한, 이란 등 불량국가에 대해 때로는 신보수주의 진영의 군사주의적 태도보다 더 강경한 입장으로 나타나기도 하였다.

국제관보다 더 분명하게 그를 루스벨트 공화당으로 규정할 수 있는 것은 자본 및 각 이익집단중심의 기득권 질서에 대한 강한 개혁의지와 공익(public interest)이라는 가치의 중요성에 대한 그의 강력한 신념이다. 그의 개혁적 보수주의의 색채는 연설에서 '개혁'이란 단어를 유독 빈번히 사용하는 것에서도 잘 나타난다(Moore 2005).

"나는 교육을 '개혁' 하고 메디케어를 '개혁' 하며 사회연금제도를 '개혁' 하고 로비제를 '개혁' 하고 캠페인을 '개혁' 하고자 한다. 또 이민제도를 '개혁' 하고자 한다. '개혁', '개혁', '개혁'."

그의 개혁보수주의 기질은 특히 위에서 열거한 이슈 중에서 선거자금 문제에서 강하게 나타난다. 그는 마치 루스벨트가 1907년 기업의 자금이 연방정부 선거에 투입되는 것을 금지한 법을 만든 것처럼, 선거에서 '정당 형성 행위(party-building activities)'를 위한 '소프트 머니(soft money)'라는 미명하에 기업 및 각 이익집단의 자금이 부당하게 각 정치인들의 선거자금으로 유용되는 것에 대해 강한 문제의식을 가지고 있었다. 더구나 그가 보기에 현재의 선거자금법은 단지 선거뿐 아니라 미국 사회시스템 전반을 병들게 하는 암적 요소이다. 그는 이를 다음과 같이 표현하고 있다(Drew 2002, 3).

" 그것(현 선거자금법)은 우리가 우선시해야 하는 것들을 심각하게 왜곡시키고 미국 시민들을 도울 수 있는 매우 절실한 법안들을 방해했다. 내 생에 이토록 부정적인 시절은 없었다. 그것은 모든 측면에 영향을 미친다. 세금 코드나 군대, 메디케어, 사회연금, 도박 등 사방에 걸쳐 있다.—어젠다로 모든 이익들은 고려되지만 정작 공익은 배제된 셈이다."

그의 이러한 개혁적 관심과 강력한 열정은 미국 역대 어느 정치인보다도 루스벨트와 유사하다. 특히 그는 특유의 독립적 기질로 공화당의 주류 지도부와 자주 충돌하여 많은 적을 당내에 가지고 있는 것에서도 루스벨트와 매우 흡사하다. 공화당 지도부는 이러한 매케인의 독립적 기질을 성격적 결함으로 문제 삼으며 자주 인신공격을 가하기도 하였다(ibid., 23).

물론 일개 상원의원으로서의 매케인과 대통령으로서 막강한 권한을 가지고 개혁을 진행시킬 수 있었던 루스벨트는 평면적으로 비교될 수 없을지도 모른다. 하지만 대통령이 되기 전의 정치인으로서 두 사람의 행보를 비교해 보더라도 개혁보수주의의 본질적 문제의식과 성과에 있어서 충분히 비교될 가치가 있다. 예를 들어 루스벨트는 주지사 시절 많은 개혁보수주의적 입법안을 주도한 바 있다. 그는 부패한 엽관정치에 대항하여 공무원법(civil service law)을 통과시키고, 노동법 개혁을 통해 공장의 노동조건 조사 강화, 노동시간 단축, 초과착취 방지 등의 성과를 이루어냈다(Morris 2001, 735).

이러한 많은 유사점에도 불구하고 매케인은 루스벨트가 가진 강력한 역사적 조건을 가지고 있지 못하다는 점에서 결정적으로 차이를 가진다. 다시 말해 기득권 구조의 타파에서 과거 광범위한 초당적인 혁신주의 분위기에 힘입은 루스벨트와 달리 매케인은 그에 상응하는 초당적인 지원을 받지 못했다. 오히려 민주당의 지도부는 과거 루스벨트 시절과 달리 개혁에 그다지 열정적이지 않았다. 예를 들어 민주당 지도부는 1992년 클린턴 대통령이 당선되어 정치자금법 개혁을 추진하였을 때 이에 대해 미온적 태도를 취한 바 있다. 결국 클린턴은 그의 정무보좌관이던 딕 모리스가 증언하듯이 자신이 핵심적으로 추구하는 어젠다에서 민주당 지도부의 협조가 절실했기에 정치자금법을 개혁의 우선순위에서 뒤로 미룬 바 있다(Morris 1998). 물론 민주당 지도부들은 매케인의 개혁 어젠다와 철저히 싸워 온 공화당의 미치 멕코넬과 트렌트 롯 상원의원처럼 공개적으로 반대해 온 것은 아니다. 다만 이들은 공개적으로는 찬성을 표명하면서도 실제적 추진에서는 열정을 보이지 않거나 혹은 세부 항목에서 소프트 머니 금지가 가져올 선거자금 축소로 초재선 의원들 재선의 어려움을 제기하며 협상을 어렵게 해왔다(Drew 2).

이러한 민주당 지도부의 미온적 태도와 달리 매케인의 강력한 원군은 민주당 내 개혁파 의원들이다. 대표적인 것이 결국 매케인과 함께 선거자금 개혁법을 성공적으로 추진한 파인골드 의원이다. 그는 위스콘신의 개혁적 전통을 잇는 의원으로서 마치 과거 루스벨트 시절에 위스콘신의 진보 상원의원인 로버트 라 폴리테처럼 매케인과 철저한 동맹을 이룬다. 이들은 6년간 5번이나 상원에서 법안을 상정하고 공화당 지도부의 방해와 민주당의 미온적 협조로 패배해오는 것을 반복해오면서도 끈질기게 공조 행위를 지속하였다. 더구나 매케인은 과거 루스벨트가 대중 호소 전략에서 탁월한 능력을 발휘하였던 것처럼 커먼 코즈(Common Cause) 등 저명한 시민단체들의 광범위한 연합과 효과적인 협조체제를 구축하였다(ibid., 19). 이러한 이들의 노력은 결국 미국의 양당 체제에 실망한 중도적 유권자층이나 심지어 민주당 지지자들 사이에 강력한 개혁가로서 매케인의 이미지를 각인시키는 것으로 이어졌다.

하지만 루스벨트 시절과 달리 광범위한 포퓰리즘 개혁운동 등이 일어나지 않는 정치 상황에서 매케인이 과거 루스벨트와 같은 강력한 대선후보로 부상하리라고는 누구도 기대하기 어려웠다. 비록 매케인이 2000년 대선을 시작하며 루스벨트의 손녀를 캠페인의 명예의장으로 임명하며 루스벨트 공화당의 재건을 외치고 야심 차게 캠페인을 시작했지만 공화당내에서 독불장군(maverick) 취급을 받는 그가 당선될 수 있다고는 누구도 생각하지 않았다. 그러하기에 당시 공화당 지도부와 주류 정치인들의 지지를 받고 있는 조지 부시 후보는 아이오와에서의 손쉬운 승리 이후 뉴햄프셔에서 안이한 선거운동을 전개하였다. 하지만 그들이 간과한 것은 수년간 정치자금법 개혁과정에서 축적된 매케인의 잠재성과 이를 전면적으로 부각시킬 수 있는 매체의 등장이다. 그것은 바로 루스벨트 시대의 민중운동을 대체한 인터넷이라는 선거에서의 새로운 도구였다. 매케인은 미국 역사상 최초로 인터넷을 선거운동에 도입한 인물이다(트리피 2006, 103).

매케인은 또한 '스트레이트 토크 익스프레스(Straight Talk Express)'라는 전국 버스 순회 투어를 조직하여 기자들이 언제든지 격의없이 접근하여 자유롭게 대화하는 방식을 실험하였다. 이는 그의 캠페인이 기존 양당의 엘리트주의 운동과 다른 포퓰리스트의 이미지를 강화하는 것에 도움을 주었다. 그의 이러한 탁월한 언론 활용전략은 사실상 미국 역사상 최초로 언론을 선거 및 국정 운영에 활용한 루스벨트의 재능을 연상시키는 것이었다(Gould 2003).

공화당 초기 프라이머리에서 매케인이 강력하게 부상하게 된 다른 핵심 이유는 당시 제도적 틀이 매케인 같은 개혁보수주의가 부상하기 유리한 프라이머리 제도이기에 그러하다. 사실 〈표 1〉을 보면 매케인은 슈퍼 화요일 이전의 어떤 경선에서도 공화당 당원들의 과반수를 얻은 장소가 자신의 근거지인 애리조나를 제외하고는 한 군데도 없었다. 부시는 델라웨어, 미시간, 버지니아, 사우스 캐롤라이나에서 거의 40% 이상의 차이로 매케인을 앞섰다. 반면에 매케인은 이 지역들에서 부동층의 과반수를 점유하였고 민주당원의 투표가 가능한 세군데 지역에서 압도적 지지를 받았다(Cain 2002, 332). 이러한 독특한 매케인의 포지션을 보면서 보수논객인 밥 노박은 다음과 같이 촌평하고 있다(ibid., 332).

"나는 선두주자가 그 자신의 당으로부터 주별 경선을 치를 때마다 2대 1로 당하는 것을 지금까지 한 번도 본적이 없다. 보통은 자신 당의 지지로부터 출발하여 점차 다른 지지층을 형성해나가는 법이다. 하지만 매케인은 다른 지지층을 가지고 있다."

< 표 1 > 공화당 초중반기 예비경선 투표결과

공화당 예비경선	예비경선 유형	공화당			무당파			민주당		
		유권자 퍼센트	부시	매케인	유권자 퍼센트	부시	매케인	유권자 퍼센트	부시	매케인
뉴햄프셔 (1/24)	Semi-open	53%	42%	37%	41%	19%	61%	4%	10%	80%
델라웨어 (2/8)	Closed	80	56	20	18	28	42	2	-	-
사우스 다코타(2/19)	Open	61	69	26	30	34	60	9	18	79
애리조나 (2/ 22)	Closed	80	41	56	18	20	72	2	-	-
미시간 (2/22)	Open	48	66	29	35	26	67	17	10	82
버지니아 (2/29)	Open	63	69	28	29	31	64	81	18	7
캘리포니아(3/7)	Closed	82	63	32	16	41	50	-	-	-
코네티컷(3/7)	Closed	72	56	39	26	25	69	-	-	-
조지아(3/7)	Open	63	77	18	29	53	40	8	45	54
메인(3/7)	Semi-open	66	56	39	31	33	62	-	-	-
메릴랜드(3/7)	Semi-open	69	66	27	28	33	59	-	-	-
매사추세츠(3/7)	Semi-open	38	49	48	62	21	76	-	-	-
미주리(3/7)	Open	61	72	21	29	43	49	10	21	76
뉴욕(3/7)	Closed	74	57	38	23	33	58	-	-	-
오하이오(3/7)	Open	69	68	28	24	36	56	7	28	68
로드아일랜드(3/7)	Semi-open	38	55	42	62	24	73	-	-	-
버몬트(3/7)	Open	50	51	44	42	23	74	8	19	81

출처: Cain 2002

결국 매케인의 개혁보수주의는 중도층과 민주당 지지층의 강력한 지원을 토대로 하여 부시와 경쟁할 수 있었다. 하지만 슈퍼 화요일에 치루어지는 가장 큰 주인 캘리포니아와 뉴욕은 유권자 참여를 공화당 당원으로 한정하여 매케인은 쉽게 패배할 수밖에 없었다. 특히 캘리포니아 주의원들은 공화당 전국 지도부로부터 기존의 관행인 오픈 프라이머리 규칙을 변경하도록 강력한 압박을 받은 후 결국 규칙을 바꾸어 매케인의 부상에 치명타를 주었다(ibid., 325).

매케인의 패배는 단지 공화당 주류 유권자의 의견을 유리하게 반영하는 경선 규칙의 결과만은 아니었다. 매케인의 급격한 부상과 뉴 햄프셔에서의 패배에 충격을 받은 부시 진영은 다시 결집하여 막대한 선거자금에 기초하여 매케인에 대한 대대적 네거티브 공격과 부시의 이미지 재구축을 시도하였다. 부시는 이미 경선이 시작되기 6개월 전인 1999년 6월에 선거자금을 대통령 선거 역사상 역대 최고의 수치로 축적하고 있었다. 그는 또한 31명의 공화당 주지사 중 이미 그 당시 23명의 공개적 지지를 받을 정도로 주류 진영의 강력한 후원을 받고 있었다(Abramson 2001, 24).

더구나 뉴 햄프셔에서의 매케인의 승리에 심각한 위기의식을 느낀 기독교 근본주의 진영 단체나 총기협회등 주류 보수주의의 핵심 이익단체들은 사우스 캐롤라이나 예비경선 등에서는 강력하게 결집하여 매케인에 대한 대대적 반격을 개시하였다. 예를 들어 전국총기협회는 사우스 캐롤라이나 주의 8만 가계를 대상으로 메일링 운동을 전개하고, 크리스천 연합은 14만 유권자를 대상으로 타깃 메일을 발송하였으며 대표인 팻 로버슨 목사는 약 5만의 녹음된 전화 캠페인을 전개하였다. 특히 사우스 캐롤라이나는 담배농장이 주요 농작물인 이유로 인해 담배회사 규제에 대한 매케인의 개혁적 입장은 큰 취약점으로 인식되었다. 따라서 전국 흡연자 연맹은 약 2만 5천 불의 비용을 들여 라디오와 텔레비전에 반매케인 광고를 방영하였다. 이러한 강력한 보수운동 결집의 결과로 매케인은 부시에게 13%의 격차로 사우스 캐롤라이나를 내주고 말았다(Pomper et all 2001, 103).

단지 강력한 보수주의 운동의 결집뿐 아니라 매케인 개혁보수주의의 매력을 감소시키기 위한 부시 진영의 노력도 배가되기 시작했다. 부시 진영 여론조사 전문가인 매튜 다우드에 따르면 부시는 매케인의 정치자금법 개혁 이슈가 중도주의에 어필함을 인식하고 부시의 이미지를 '결과를 만들어내는 개혁가(reformer with results)'로서 구축해나갔다(Dowd 2001).

결국 부시의 강력한 네거티브 공격에 직면한 매케인은 평소 절제되지 못한 그의 열정적 기질을 노출하여 주류 공화당 진영과 부시에 대해 과민 반응을 보이기 시작하였다. 예를 들어 매케인은 캠페인 과정에서 사회적 보수 유권자들에게 존경받는 팻 로버슨 및 제리 폴웰 목사에 대한 자극적인 비난의 말을 통해 이들의 분노를 샀다. 그는 또한 사우스캐롤라이나 경선에서 상대후보인 부시를 공화당 주류가 혐오하는 클린턴 전대통령에게 비유하여 지나친 당파적 태도라는 비난을 사지 않을 수 없었다. 이를 적극적으로 이용한 부시 캠페인은 '고결함(integrity)'이라는 제목을 붙인 정치광고를 통해 매케인이 기존의 당파적 정치인에 다름 아니라는 이미지를 심어주고자 노력하였다. 공화당은 매튜 다우드 부시 캠페인 여론조사담당이 증언하듯이 이 광고를 단지 사우스캐롤라이나뿐 아니라 전국적으로 방영하며 매케인 기세 퇴조의 결정적 계기로 만드는 데 성공하였다(ibid., 47).

하지만 비록 매케인이 3월 9일 중도에서 하차하게 된 것은 이러한 선거 전술상의 오류도 있지만 기본적으로 공화당 주류 유권자층의 강력한 지지 없이 부동층과 민주당 지지층의 힘만으로 공화당 대선 후보로 지명되는 것이 불가능하였기 때문이다. 이러한 매케인의 구조적 한계를 인식한 개혁당은 그에게 구애의 손길을 내밀었다. 빌 힐스만에 따르면 개혁당은 그에게 개혁당 대선후보의 자리를 제안한 바 있고 이 정보를 입수한 공화당 정당 지도부는 이를 저지하기 위해 교묘한 언론 플레이를 시도하였다(Hillsman, 173-176). 하지만 과거 새로이 급진 정당을 만들어 급진적 정계개편을 시도한 루스벨트와 달리 매케인은 상대적으로 공화당에 대한 충성도가 훨씬 더 높은 정치인이다. 그리고 미국 정치 시스템이 루스벨트의 시기에 비해 훨씬 안정화되었고 개혁당의 과거 실험들이 부단히 실패로 판명난 상황이기에 매케인이 루스벨트와 같은 모험을 하기는 어려웠다. 오히려 개혁보수주의자의 공화당 내에서의 한계를 절감한 매케인의 선택은 보다 보수화를 통해 공화당 내 주류와의 관계를 개선하는 것이었다.

결국 이러한 2000년의 매케인의 실험과 그 한계는 현재의 정치적 양극화의 주요한 특성이 공화당 핵심 유권자층의 보수화와 이를 정치적으로 동원하고자 하는 정치인들의 전략이 결합되어 나타나는 것이라 할 수 있다. 이 두 가지의 결합이란 맥락에서 매케인과 같은 개혁보수주의의 실험은 그 영향력의 확대란 측면에서 필연적으로 한계에 봉착할 수밖에 없다고 잠정적으로 결론 내릴 수 있을 것이다.

IV. 2000년 선거 이후 개혁보수주의의 경향

2004년 공화당 전당대회의 주요연사들을 보면 그 자체로 마치 루스벨트 공화당의 부활을 연상시킨다. 왜냐하면 루스벨트 공화당의 대표적인 인사들인 매케인, 줄리아니 전 뉴욕 시장, 파타키 전 뉴욕주지사, 캘리포니아 주지사 아놀드 슈왈제네거 등이 주요한 연사들이기 때문이다. 매케인은 물론이고 나머지 이들은 모두 공화당 주류가 강하게 집착하는 낙태, 동성애, 환경 등의 이슈에서 보다 온건한 입장들을 취하는 것으로 널리 알려져 있다. 특히 줄리아니는 노골적으로 동성애자들의 권리를 옹호하였고 슈왈제네거는 지구 온난화 등의 입장에서 부시 현 대통령과 사사건건 부딪혀 왔다.

반면에 공화당 전당 대회 기간 동안 사회적 가치에서 보수주의를 연상시키는 인물들인 빌 프리스트 대선 후보 등은 철저히 미디어로부터 가려졌다(Tackett 2004). 하지만 이러한 주요 연사들의 배치는 어디까지나 공화당의 이미지를 온건 보수주의로 보이기 위한 미디어 이벤트에 지나지 않았다. 이는 2000년 대선 이후 줄곧 사회적 보수주의 진영과 화해를 모색해온 매케인의 행보에서 짐작된다.

물론 여전히 매케인의 중도층, 민주당 지지층 사이에서의 높은 인기는 부단히 공화당이나 제3당 후보로서 출마를 요구하는 목소리가 제기되었다. 그리고 2000년 대선에서 중도성향 유권자들의 열정적 지지에 고무된 매케인의 일부 보좌관들은 민주당으로의 당적 이동을 권하였다. 그리고 민주당의 대슐과 케네디 상원의원은 매케인에게 당적을 바꿀 것을 권하기 위해 그의 집을 방문하기도 하였다(Drew, 74). 심지어 케리 민주당 대통령 후보는 2003년 8월부터 매케인에게 낙태에 대한 민주당 입장을 유지하는 것을 전제로 매케인에게 부통령 자리를 제안하기조차 하였다.

케리는 심지어 그의 제안이 가지는 진정성과 무게를 시사하기 위해 부통령 자리의 권한을 국방장관 및 외교 노선 전체의 통솔까지 포함시키는 대담한 제안을 하기도 했다(Thomas 2004, 79-80). 사실 항시 루스벨트와 자신을 비교하기를 즐겨하는 매케인의 특성은 그의 지지자들로 하여금 과거 루스벨트의 제3당 창당과 같은 실험에의 기대를 가지게끔 하였다. 하지만 매케인은 이 모든 소문과 제안을 거부하고 조지 부시 대통령 지지 유세를 강력히 전개한다. 사실 낙태 등에서 강경한 입장을 고수해 온 매케인으로서는 낙태 이슈에 특히 민감한 민주당으로의 당적 이동은 쉽지 않은 결정이 아닐 수 없다(ibid., 80).

매케인이 일부 보좌관들의 당적 이동 제안과 달리 오히려 반대로 공화당 주류와 상당부분 화해를 시도한 흔적은 〈표 2〉가 보여주는 2006년 109회 의회에서의 주요 활동 기록으로도 알 수 있다. 물론 이 표를 살펴보면 매케인은 줄기세포 리서치에 대한 연방정부 자금 지원이나 초청노동자 프로그램, 동성애 결혼 헌법 수정안 거부 등에서 주류 보수주의와 다른 입장을 취한다는 것을 알 수 있다. 예를 들어 그는 이민법안에 대한 태도에서 테드 케네디 민주당 상원의원이라는 진보적 정치인과 함께 초청 노동자 프로그램 등 중도적인 법안을 주도하고 있다. 이 이민 이슈는 정치자금법 개혁 이슈만큼이나 그가 원칙적이고 열정적으로 집착해 온 주제이다.

따라서 그는 주류 공화당의 반이민 정서를 고려하여 보다 단호한 국경통제 조치를 주장하면서도 동시에 초청 노동자 프로그램 및 불법 이

〈표 2〉 109회 회기의 의회에서 매케인의 중요한 투표기록

날짜	투표	입장	공화당	민주당
9/29/06	Vote 262: H R 6061: H.R. 6061; 2006 장벽 안전 법	동의	동의	동의
9/28/06	Vote 259: S 3930: S. 3930 2006 군사 위원회 법	동의	동의	반대
8/3/06	Vote 229: 토론종결발의: H.R.5970 판단을 위한 발의에 대한 토론종결 발의; 상속세 및 2006년 세금구제안 연장	동의	동의	반대
7/18/06	Vote 206: H R 810: 줄기세포에 대한 연방정부 지원	동의	반대	동의
6/27/06	Vote 189: S J RES 12: 미국 국기 모욕을 금지하는 헌법수정안에 대한 상원의 승인	동의	동의	반대
6/22/06	Vote 182: S 2766: 이라크 군대 철수 수정안 (명확한 철군시안 설정은 없음)	반대	반대	동의
6/22/06	Vote 181: S 2766: 연례국방예산에 대한 수정안 (명확한 철군 시안 설정)	반대	반대	반대
6/7/06	Vote 163: 토론종결발의: 동성애 결혼 수정안에 대한 토론종결	반대	동의	반대
5/25/06	Vote 157: S 2611: 국경 통제 강화, 초청노동자 및 시민권 획득 프로그램	동의	반대	동의
5/11/06	Vote 118: H R 4297: 부시 감세안 연장	동의	동의	반대
3/2/06	Vote 29: H R 3199: 2001 애국법 일부 수정 재승인	동의	동의	동의
1/31/06	Vote 2: On the Nomination: 사뮤엘 엘리토 대법관 인준	동의	동의	반대
12/21/05	Vote 363: On the Motion: 사회복지, 아동지원, 학생 융자에 대한 연방예산 삭감	동의	동의	반대
10/5/05	Vote 249: H R 2863: 미국내 구금자들 지위 개선	동의	동의	동의
9/29/05	Vote 245: On the Nomination: 존 로버트 대법원장 인준	동의	동의	
7/29/05	Vote 213: H R 6: 석유회사의 에너지 이용방식 혁신을 위한 세금공제 제공	반대	동의	동의
6/30/05	Vote 170: S 1307: 코스타리카, 엘 살바도르, 과테말라, 온두라스, 니카라구아와 자유무역지대 설정	동의	동의	반대
6/20/05	Vote 142: 토론종결발의: 존 볼튼 유엔 대사 임명	동의	동의	반대
3/10/05	Vote 44: S 256: 개인파산 조건 엄격화	동의	동의	반대
2/10/05	Vote 9: S 5: 기업소송제한법	동의	동의	반대

출처: http://mccain.senate.gov

민자의 합법화 조치를 과감히 주장하고 있다. 특히 이민문제보다 공화당 내에서 훨씬 민감한 이슈인, 동성애 결혼 헌법 수정안에 대한 그의 지지 거부는 당내 기독교 근본주의 진영을 분노하게 만들기도 하였다. AP 통신 2007년 1월 16일자에 보도에 따르면 기독교 근본주의 진영의 핵심 지도자이자 '가족에 대한 초점(Focus on Family)' 조직 창립자인 제임스 돕슨은 "어떤 상황에서라도 매케인을 지지하지 않겠다"고 못을 박기도 하였다.

하지만 감세안에서는 기존 매케인의 태도로부터 커다란 입장 변화를 눈치챌 수 있다. 지금까지 그는 부시 대통령의 감세안에 대해서 "부자들에게 지나치게 경도되어 있다(way too tilted to the rich)"는 이유로 강력히 반대해 왔다. 이는 그가 주류 보수주의와 달리 루스벨트 공화당원으로서 금권정치에 대해 반대해 온 전반적 입장과 궤를 같이 하는 것이다. 하지만 매케인은 부시 대통령의 감세안 반대 및 총기협회에 대한 규제 강화의 노선 등으로 인해 공화당 주류 진영으로부터 배반자에 가까운 취급을 받은 바 있다. 따라서 그는 공화당 작은 정부론의 핵심 전략가이며 대의원들 사이에서 큰 영향력을 발휘하고 있는 노스퀴스트 세금개혁을 위한 미국인협회 회장과의 화해를 위해서 감세안 연장이나 사회복지에 대한 연방예산 삭감 등에서 기존 입장을 변경하였다. 왜냐하면 그로서는 이 이슈들에서 태도를 바꾸지 않고는 공화당 핵심 지지층과 가까이 가기란 매우 어렵기 때문이다. 그는 2004년 이후 지속적으로 자신의 보수주의에 대한 신념을 다음과 같이 반복하여 강조하고 있다(Connely 2006).

"나의 기록은 모든 이슈들에서 같은데, 바로 보수 공화당의 입장입니다. 이는 리버럴 공화당이 아니지요. 온건 공화당도 아닙니다."

그의 대대적 입장 변경에 놀란 노스퀴스트는 이러한 변신은 "심한 좌충우돌"이라고 비판하면서도 "그가 입장을 바꾼 것이 기쁘다"고 긍정적으로 반응하고 있다(Dionne 2006).

그가 감세안 입장 변경 이외에도 루스벨트 공화당과 달리 주류 보수주의자들, 특히 레이건 스타일의 작은 정부론 분파들에게 어필할 수 있는 이유는 연방예산 삭감에 대한 그의 강력한 지지 때문이다. 그는 〈표 2〉에서 나타나듯이 사회복지예산 삭감 반대에 대한 기존 입장을 변경하였다. 그리고 표에는 나타나지 않지만 2005년 이래로 많은 예산이 소요되는 부시 대통령의 메디케어 의약품 법안, 고속도로 법안에 반대하였고 예산 낭비의 논란이 컸던 알래스카 다리 건설에 대한 자금 지원 폐지 및 쓸모없는 정부 프로그램 폐지를 위한 위원회 설치를 주도하였다. 이러한 노력들은 공화당 내 작은 정부론자들이 부시 대통령에 대해 강한 불만을 품어오던 것들이다(Moore 2005). 정부의 공적 역할을 강조하는 루스벨트 공화당원인 매케인이 작은 정부론의 상징인 레이건적 이미지를 효과적으로 구축한 것이다.

그는 이러한 이미지 구축에 근거하여 2005년 11월 월스트리트 저널과의 인터뷰에서, 자신을 철저히 보수주의라고 생각하는가에 대한 질문에 대해 다음과 같이 공세적으로 응답하고 있다(ibid., 2005).

"물론이지요. 나는 보수주의자입니다. 강력한 국가안보나 작은 정부 옹호라는 견지에서 보면 난 철저한 보수주의자입니다. 나의 전국 납세자 연맹 평가 기록을 보세요. 나는 매년 거의 100%의 점수를 받고 있습니다. 난 우리 당이 세금을 낭비하는 방식에 신물이 납니다. 그건 부끄러운 일이지요"

사실 그가 지적한 대로 그는 2006년만 보더라도 전국 납세자 연맹 대선후보 평가 지수 〈표 3〉에서 매우 높은 점수(88)를 받고 있다. 예를 들어 그는 주류 보수주의 진영이 선호하는 샘 브라운 백 후보(84)보다

〈표 3〉 2006년 전국 납세자 연맹의 공화당 대선 후보 평가 지표

이름	점수	스코어 (%)
샘 브라운 백	A	84
척 헤이글	B+	82
던컨 헌터	B	62
존 매케인	A	88
론 폴	A	84
톰 탠 크레도	A	76

출처: 전국 납세자연맹 공식 블로그, http://blog.ntu.org/main

더 높은 점수를 기록하고 있다.

그는 작은 정부론자들에 대한 우호적 관계 구축 이외에도 낙태에 대한 입장에서도 보다 주류의 입장에 가까워지고 있다. 물론 그는 원래 낙태에 대해 반대하는 입장을 취해 왔다. 하지만 2000년 선거 패배 이후 그는 더욱 강경한 입장을 취하여 낙태 합법화 판결을 뒤집을 것을 강력히 주창하기도 하였다(Connelly 2006). 물론 국가안보와 관련된 이슈에서는 9·11 테러 이후 루스벨트 공화당과 공화당 주류 사이에서의 갈등이 적은 것을 반영하여 표에서 나타나듯이 철군 결의안 거부나 국기모독 금지를 위한 헌법수정안 등에서 공화당 주류와 철저히 같은 입장을 취하고 있다.

매케인의 이러한 오랜 기간 동안의 공화당 주류와의 화해시도는 2008년 대선 캠페인에서 훨씬 더 유리한 입지로 나타나고 있다. 현재 매케인은 공화당 대선후보군 중 마크 맥키논 등 부시 캠페인의 전략가들의 지원을 가장 많이 받고 있는 것으로 알려지고 있다. 또한 그는 2000년 선거에서 그를 추락시키는 데 기여했던 기독교 근본주의 진영 중 댄 코트 인디애나 전상원의원 등 영향력 있는 인사들의 지원하에 선거운동을 전개하고 있다(Broder 2006). 이에 상응하여 매케인은 제리 폴웰 등 기독교 근본주의 진영의 핵심 인사인 케네스 블랙웰을 오하이

오 주지사 후보로 열정적으로 지원하기도 하였다. 이는 제리 폴웰을 "사악한 영향(evil influence)"을 미친다고 비판하던 2000년까지만 하더라도 상상할 수 없는 변화가 아닐 수 없다(Connelly 2006).

V. 개혁보수주의의 미래 전망

2006년 중간 선거에서 공화당의 패배는 해커와 피어슨이 지적한 공화당의 지나친 우경화 및 중도적 유권자와의 괴리가 한계에 도달함을 보여준다. 사실 중간 선거 이전부터 이미 공화당 내 기독교 근본주의와 작은정부론 진영은 심하게 균열을 겪어왔다. 예를 들어 깅리치 전 하원의장 계열로서 전 원내총무인 딕 아미 전 상원의원은 본인 스스로도 복음교도이지만 전례 없는 태도로 기독교 근본주의 진영이 당을 망치고 있다고 공개적으로 비난하여 큰 파문과 내분을 일으키기도 하였다 (Kirkpatrick 2006).

이러한 공화당 내 기독교 근본주의 진영의 헤게모니에의 도전과 선거에서의 패배는 매케인을 비롯한 공화당 내 중도주의자 및 리버만 등 민주당의 중도주의 분파들의 영향력이 커짐을 의미한다. 하지만 주목해야 할 것은 새로이 당선된 민주당의 의원들이 대부분 사회적 가치에서는 보수적이라는 사실이다. 예를 들어 노스캐롤라이나 히스 슐러 하원의원은 복음교의 강력한 지지를 받을 만큼 사회적 가치에서 보수적이며 짐 웹, 브래드 엘즈워쓰 등 나머지 새로이 당선된 의원들도 낙태 반대, 총기소유 찬성, 배아줄기세포 연구 반대 등 공화당의 주류 입장과 유사한 입장을 취하고 있다.

이는 해커와 피어슨의 대중들의 좌선회라는 주장이 부정확할 수 있음을 의미한다. 교육, 의료보험, 환경등에서 유권자들이 보다 더 연방정부의 공적 개입을 요구한다는 그들의 발견이 곧 유권자들의 좌선회로 연결시키는 것은 단순 논법이다. 오히려 유권자들의 사회적 가치에서의 지속적 보수주의는 중간 선거에서 약진한 의원들의 성향을 통해 증명된다. 그런 점에서 경제적 이슈에서의 좌선회와 사회적 가치에서의 중도화라고 부르는 것이 더 정확할 것이다. 또한 2004년 선거에서 유권자들은 출구조사에서 도덕적 가치 문제를 가장 중요한 이슈로 꼽고 있는데, 이는 위의 사회적 가치에서 보수성의 지속성과 궤를 같이한다(정진민 외 2005, 132).

이러한 지형을 고려한다면 공화당 강경파의 퇴색에도 불구하고 매케인을 비롯한 루스벨트 공화당원들이 개혁보수주의 어젠다를 가지고 과거 루스벨트의 영광을 재현하리라고 기대하는 것은 다소 무리가 있다. 물론 현재 매케인이 그러하듯이 환경, 이민 등의 이슈 속에서 지속적으로 루스벨트적 입장을 가지고 영향력을 발휘하겠지만 사회적 가치에서 보수주의적 경향이 존재하는 한 공화당 내 루스벨트 공화당원의 헤게모니를 예상하는 것은 부정적이다. 오히려 공화당 내에서는 사회적 가치에서 보수적이면서 부분적으로 루스벨트 공화당의 어젠다를 수용하여 환경, 이민, 정치자금 등의 이슈에서 중도적 입장을 취하는 후보가 등장할 가능성이 더 높다고 보여진다.

특히 과거 루스벨트 시대와 9·11 테러 이후 시대는 국제관계의 측면에서 매우 큰 특징적 차이를 가진다는 점을 주목할 필요가 있다. 다시 말해 루스벨트 시대는 미국이 제국으로서 발돋움하는 서막의 시대였다면 지금은 이념적 스펙트럼을 떠나서 많은 학자들이 이구동성으로 주장하듯이 미국의 힘이 퇴조하며 연착륙을 고려하는 시기이다(토플러 2006; 월러스타인 2004).

이 시기에서 과거 루스벨트 식의 힘과 미국적 가치의 국제관은 과거 루스벨트 시기만큼의 대중적 영향력과 효과를 가지기 어렵다. 공화당이나 민주당의 일각에서 공통적으로 과거의 지나친 개입주의를 반성하며 진보적 현실주의(민주당) 혹은 현실주의적 민주평화론(공화당) 등으로 수렴되어 가는 것은 이러한 이유에서이다(Wade 2006; Fukuyama

2006).

 그런 점에서 보면 이라크에서의 철수를 주저하고 불량국가에 대한 미국의 강한 패권과 군사주의적 대응을 강조하는 매케인의 입장은 21세기를 주도하는 노선으로 자리 잡기는 어려워 보인다. 사실 2007년 초반 이후 매케인이 이라크 전쟁에 대한 강경한 입장을 취한 이후 여론조사에서 무당파층의 지지율이 지속적으로 감소해 왔다. 이는 공화당 주류로부터 인정받을수록 부동층과 민주당 지지자들 사이에서 매력이 감소하는 매케인의 딜레마를 잘 보여주는 지표라 할 수 있다.

 이 글은 정치 양극화 시대에서 매케인의 개혁보수주의가 가진 힘과 한계를 살펴보았다. 결국 이 글은 양극화 시대에서 공화당의 핵심 지지 기반이 사회적 보수주의로 정립되면서 매케인의 개혁 어젠다가 한계를 가질 수밖에 없음을 지적하였다. 하지만 이 글은 단지 양극화 시대이기 때문에 개혁보수주의가 한계를 가진다고만 주장하는 것은 아니다. 양극화 시대 이외에도 과거 루스벨트 시기와 달리 미국 정치경제 시스템의 안정화, 아래로부터의 급진적 운동의 소멸, 국제적으로 미국 헤게모니의 약화 추세 등이 종합적으로 매케인의 도전을 약화시키는 요인이라고 결론 내릴 수 있다.

참고문헌

앨런 브링클리. 황혜성 외 번역. 1998. 『미국인의 역사 2』. 서울:비봉.
임성호. 2005. "부시의 전략적 극단주의: 정당 양극화, 선거전략 수렴의 부재." 『부시 재집권과 미국의 분열』. 서울: 오름.
정진민 외. 2005. "사회적 이슈와 미국 정당 재편성." 『부시 재집권과 미국의 분열』. 서울: 오름.
Abramson, Paul, John, Aldrich, David, Rohde. 2003. *Change and continuity in the 2000 and 2002 Elections.* Washington: CQ Press.
Bell, Daniel, ed. Introdcution by David Plotke. 2002. *The Radical Right.* New Brunswick: Transaction Publishers.
Broder, David. 2006. "McCain lines up backers for a 2008." *International Herald Tribune*, Aug 22.
Cain, Bruce, Elizabeth, Gerber eds. 2002. *Voting at the Political Fault Line.* Berkeley: University of California Press.
Cameron, Charles, M. 2002. "Studying the Polarized Presidency." *Presidential Studies Quarterly*, Vol. 32. December.
Carter, Dan. 1995. *The Politics of Rage: George Wallace, the Origins of the New Conservatism, and the Transformation of American Politics.* New York: Simon and Schuster.
Connelly, Joel. 2006. "McCain shits himself mostly to the far right." Seattle Post-Intelligencer. Available at http://seattlepi.nwsource.com/connelly/294585_joel04.html.
Dionne, E. J. 1991. *Why American Hate Politics.* New York: Touchstone Book 2006. "A Maverick No More." Washingtonpost.com.
Drew, Elizabeth. 2002. *Citizen McCain.* New York: Simon and Schuster.
Gould, Lewis L. 2003. *The Modern American Presidency.* Kansas: University

Press of Kansas.

Greenstein, Fred. 1994. *The Hidden-Hand Presidency: Eisenhower as Leader*. Johns hopkins University Press.

Hacker, Jacobs, and Paul Pierson. 2005. *Off Center: The Republican Revolution and the Erosion of American Democracy*. Boston: Yale University Press.

Hillsman, Bill. 2004. *Run the Other Way*. New York: Free Press.

Hodgson, Godfrey. 1996. *The World Turned Right Side Up*. New York: Houghton Mifflin.

Jamieson, Kathleen, Paul, Waldman, eds. 2001. *Electing the President 2000*. Philadelphia: University of Pennsylvania Press.

Jamieson, Kathleen, and Erica Falk. 2000. "Continuity and Change in Civility in the house." *Polarized Politics: Congress and the President in a Partisan Era*. Jon R. Bond and Richard Fleisher, eds. Washington, D.C.: CQ Press.

Kirkpatrick, David. 2006. "Republican right beats itself up." *International Herald Tribune*, Oct 21-22.

Moore, Stephen. 2005. "The Weekend Interview with John McCain: Reform; Reform; Reform." *Wall Street Journal*, Nov. 26. Available at http://proquest.umi.com/pqdweb?did=938479081&sid=2&Fmt=3&clinetId= 40479&RQT=309&VN??QD (검색일: 2007/02/16).

Morris, Dick. 1998. *Behind the Oval Office: Getting Relected Against All Odds*. New York: Renaissance Books.

Morris, Edmund. 2001. *The Rise Of Theodore Roosevelt*. New York: The Modern Library.

Pomper, Gerald. 2001. *The Election of 2000*. New York: Chatham Press.

Poole, Keith T., and Howard Rosenthal. 1984. "The Polarization of American Politics." *Journal of Politics*, 46(Nov.).

Skowronek, Stephen. 1997. *The Politics Presidents Make*. Cambridge: Belknap Press.

Theriault, Sean M. 2004. Party Polarization in Congress, A Paper Presented at the annual meeting of the American Political Science Association, Chicago.

Thomas, Evan. 2004. *Election 2004: How Bush Won and What You Can Expect In the Future*. New York: Public Affairs.

제2장

미 대통령들의 이념정향과
정책의제설정의 양극화*

▎김 혁

I. 서론

현대 미국정치에서 정책 형성 및 결정 과정에서 가장 영향력 있는 행위자로 여겨지는 대통령이 지금까지 어떠한 패턴으로 의제설정을 하여 왔는가를 분석해 보는 것은 정치과정 및 정책형성론의 관점에서 매우 중요한 의미를 가지고 있다. 본 연구의 주제는 대통령의 이념정향의 격차에 따라 각 대통령들 간에 정책의제 설정의 양태는 어떠한 변화를 보여왔고, 그러한 정책의제 설정 과정에서 대통령의 리더십은 어떻게 표출되었는가를 분석하는 것이라 할 수 있다. 특히 대통령의 이념 정향이 의제설정의 양태에 가질 영향에 초점을 맞추어 개별 대통령들의 의

---

* 이 논문은 2006년 『미국학 논집』 38권 3호(2006 겨울)에 게재된 "정책의제 설정 과정에서 나타난 미 대통령들의 이념 정향과 리더십 스타일에 대한 연구"를 중심으로 작성되었음.

제설정에서의 출신 정당 간 상이성을 분석함은 물론 대통령 개인의 리더십 스타일과 정책의제 설정의 방향성은 어떠한 연관성을 가지는가도 분석될 것이다. 즉, 당파성에 따른 일반의 오래된 믿음과 같이 과연 민주당 대통령들이 공화당 대통령들과는 다른 양상으로 정책의제를 설정해 왔는가를 분석해 보기 위하여 실질적으로 표출되는 다양한 정책의제 설정의 양태들이 어떠한 방향으로 전개되어 왔는지를 조사해 볼 것이다.

어느 사회에서나 모든 정책형성자가 하나의 사회문제에 직면하여 이의 해결 필요성을 느꼈을 때, 그 문제에 대하여 항상 같은 방향으로 정책을 형성하고 추진하는 것은 아니다. 다양한 정치, 경제, 사회적 문제에 대하여서도 대통령들은 나름의 처방과 해결을 모색하였지만, 그들이 선택한 정책의 방향이 항상 일치한 것은 아니었다. 즉, 당파성이나 대통령의 이념적 정향, 또는 리더십 스타일에 따라 정책의제설정의 향방은 각기 다르게 나타났던 것이다. 특정한 정책을 수립함에 있어 정책결정자들이 그 문제에 대하여 어떠한 시각을 가지고 있는가는 매우 중요한 의미를 가지고 있다. 즉, 특정 정책 이슈에 대한 정책결정자의 특정한 이념 성향의 존재는 정책형성과 정책결정 그리고 정책집행에 있어서 중대한 영향을 미칠 수 있고, 이에 따라 실제 산출되는 정책대안은 전혀 다르게 추진될 수 있다는 것이다.

정책에 관하여 미국에 존재하고 있는 이념적 차이를 논할 때, 무엇보다 먼저 보수주의(conservatism)와 자유주의(liberalism)의 구분으로부터 출발해야 할 것이다. 미국에서 가장 보편적으로 받아들여지고 있는 이념의 분류에 따르면, 정부의 역할에 있어서 '작은 정부'를 지향하며 현상유지적인 '질서'의 가치를 우선시하는 보수주의와, 더욱 적극적인 정부의 활동으로 구조적 사회문제를 해결할 것을 추구하는 '평등' 지향의 자유주의로 구분되고 있다. 뉴딜(New Deal) 이후, 보수주의 이념이 공화당과 연결되고 자유주의 이념이 민주당과 결합한 이후부터, 대통령 후보가 어떠한 당에 속하는가에 따라 그의 이념성향은 정도의 차이

는 있으되 보수주의와 자유주의의 구분으로 비교적 분명하게 드러나곤 했었다.[1]

이러한 이념상의 괴리는 복지정책, 경제정책, 외교정책 등 광범위한 차원에서 대통령 간 의제설정 양태를 다르게 이끌어 왔다. 이렇게 보수주의와 자유주의 간에 확고한 정책적 괴리가 존재하고 있었기 때문에, 대통령이 어떠한 이념을 가지고 있는가에 따라, 특정 이슈에 대한 인식과 그 대응으로서의 정책 방향은 매우 다르게 결정되었을 것으로 추정된다. 개별 대통령들이 정책의제를 설정할 때, 특정 사회이슈와 이에 대한 대응전략에 대한 대통령의 이념적 정향은 상당한 영향을 미쳤을 것이다. 또한 그러한 의제설정에 있어서 실제적으로 존재하는 사회적 요구, 여론의 인식정도, 그리고 개별 대통령의 개인적 성향, 또는 정치적 필요성에 의하여서도 의제설정은 다소 다른 양상으로 나타날 수 있었을 것이다. 결국 대통령의 의제설정에 있어, 과연 대통령 간에 어떠한 상이성이 있고 그러한 상이성의 원인은 무엇이었는지에 대한 실증적 분석이 이루어져야 하는 것이다.

위기 상황에서는 최고 지도자의 리더십이 더욱 절실하게 요구되고 국가위기 상황에 적절하게 대처하기 위한 다양한 정책의제의 설정이 요구된다. 현재의 시대적 상황에서 최고 지도자의 성공적 리더십이 어떠한 양태로 정책과 연계되어 발휘되는지에 대한 분석적 접근은 매우 중요한 작업이라고 여겨진다. 전세계적으로 가장 중요한 위치를 점하고 있는 미 대통령의 지도력은 어떠한 방식으로 구축되고 있고 이들이 위기상황의 극복을 위하여 어떠한 리더십을 바탕으로 정책적 타개책들을 전개하는가를 살펴보는 것은 향후 모든 국가에서 올바른 국정운영

---

1) 이념적 구분에 있어서 개별정당 내에는 보수주의적 민주당원이나 자유주의적 공화당원이 존재하고 있으나, 이는 의회 또는 그 하위 차원에서의 역학이며 더 거시적인 대통령 선거에서는 보수주의와 공화당과 그리고 자유주의와 민주당이 결합되어 여러 정강정책에서 오랫동안 정당 간 뚜렷한 색채의 차이를 보여왔다.

에 참고할 수 있는 중요한 시사점을 제공한다는 점에서 매우 의미 있는 작업이 될 것이다.

II. 대통령의 정책의제설정과 리더십 스타일

대통령은 성공적 국정운영을 위해서 예산의 통과와 배타적 입법 권한을 가지고 있는 의회의 협조를 이끌어 내어야 한다. 의회의 협력 없이는 어느 대통령도 정책목표를 성공적으로 달성하기 어렵고 효율적 국정운영을 이루어 낼 수 없는 것이 사실이다. 그러나 헌법에 기술된 의회가 가지는 본질적 의미의 정치적 역할과 중요성은, 행정국가의 등장 및 정치환경 변화의 결과로서 점차 축소되어 왔으며, 심지어는 간과되어진 측면도 있다. 의회는 국민들로부터 직접 권한을 위임받은 국정운영의 주체임에도 불구하고 국정운영의 무대에서 점차 뒷전으로 밀려나게 되었으며, 결국 국정운영과 국가의 정책형성 및 결정의 주요 책임은 대통령과 행정부에게 집중되게 된 것이다.

건국 이후, 국민들과 직접 교류하며 정책의제의 형성과 의사결정 과정에서 핵심적 역할을 담당하는 것은 전적으로 의회의 몫이었다. 그러나 이러한 정치 무대에서의 주연 역할에 전격적인 도전을 하며 정치 전면에 나선 것은 7대 앤드류 잭슨(Andrew Jackson) 대통령이었다. 이전의 선거와는 달리 1828년의 선거는 미 역사상 처음으로 보통선거[2]에 의해 선거인단이 뽑혀졌는데, 이는 대통령과 국민과의 관계성에 획기적

---

[2] 이전의 선거는 책임 있는 시민들에 대해서만 이루어지는 제한선거였는데, 책임 있는 시민이란 처자와 고용인들의 생계를 책임질 수 있는 자산가를 지칭하였다. 1828년의 선거는 남성들만을 대상으로 하였으므로, 미국에서 여성들도 선거에 참여하는 진정한 의미에서의 보통선거는 1920년에 이르러서야 시행되었다고 볼 수 있다.

인 변화가 일어나는 시점으로서 대통령 스스로가 국민으로부터 직접적인 정통성을 인정받은 것으로 받아들이며 정치 전면에 나서는 계기로 작용하였던 것이다.

잭슨 대통령은 이전과는 달리 국민을 대표하는 의회의 결정에 대해 적극적 의미에서의 거부권을 사용하였으며, 입법과정에서도 적극적인 영향력을 행사하고자 하였다. 잭슨 대통령은 대통령으로서는 처음으로 자신의 정책에 대하여 국민들에게 직접 알리고 이에 대한 지지를 획득하려고 시도하였다. 과거의 대통령들이 의회에 영향력을 행사하기 위해서는 자신이 속해 있는 정당을 통하여 간접적으로 영향력을 행사하려 했었던 것과는 달리 잭슨은 자신의 정책에 대한 지지를 앞으로 다가올 재선에서 자기당의 지지로 표출해 줄 것을 호소하여, 의회에 대한 직접적 압박으로 활용하였다. 이러한 시도는 대통령이 국민의 직접적 대표자라는 사회적 인식을 만들었고, 대통령이 정부정책에 있어서 무시할 수 없는 존재로 부각되는 계기가 되었다(김종완 1999).

이후 씨어도어 루스벨트는 대통령의 적극적 지도력의 주장과 실천을 통해 대통령이 행사할 수 있는 영향력의 범위를 크게 확대시킴으로써 광범위한 재량권을 정부의 일상행정에 적용하였다. 그는 대중적 수사(popular rhetoric)를 대통령의 지도력을 발휘하는 주요 수단으로 활용하였고, 국민에게 자신의 의사를 전달하는 데 신문의 중요성을 인식하여 적극적이고 지속적인 노력을 기울였다. 결국 그는 대통령의 가장 중요한 정치관계를 기존의 정당과 의회와의 관계에서 국민과의 관계로 이전시켰다.

아울러 통신수단의 발전을 통하여 직접적인 커뮤니케이션의 통로가 보다 원활해진 이후부터는 대통령이 '국민에게 직접 호소하는(going public)' 경향성이 더욱 강화되어 대통령이 추진하는 정책을 구현하기 위하여 대통령은 직접 국민들의 지지를 얻으려고 노력하게 되었다(Kernell 1986). 기자회견이 TV를 통해 방송되어진 케네디 대통령 때부터는 국가의 주요 의사결정과 국정운영에 있어서 대통령이 대중으로부터의 지지를 통하여 주도권을 장악하는 상황이 눈에 띄게 증가하게 되었다.

심지어 매년 초, 의회에서 대통령이 원하는 정책 의제들의 설정을 위한 도구로 이용되던 연두교서의 내용마저도 20세기에 들어와서 대국민 관계 강화라는 맥락과 함께 현저한 변화를 일으키게 되었다. 즉, 대통령이 연설문에서 행하는 의사소통의 양식이 과거에는 고도로 복잡한 논쟁을 포함하고 있었으나 점차 단순한 입장의 표명의 형태로 변화하였던 것이다. 이는 연두교서의 발표도 의회의 의원들을 상대로 하였다기보다는 일반 국민들을 청중의 대상으로 하여 국민들의 지지를 얻으려 의도하고 있다는 사실을 여실히 보여주는 것이다.

대통령이 국민들로부터의 직접 지지를 얻기 위하여 방송매체를 통한 대국민 연설, 국정운영에 대한 대대적 홍보, 각 정치행위자들과 일반 국민들과의 지속적인 접촉 등 대국민 관계 유지에 도움이 되는 다양한 방법들이 동원되고 있다. 대국민 활동은 프랭클린 루스벨트 대통령 이후 지속적인 증가추세를 보여 최근의 대통령들은 연간 평균 300회가 넘을 정도로 매우 활발한 대국민 활동을 하고 있음이 나타난다(Ragsdale 1998). 이는 연중 거의 하루에 한 번 꼴로 대국민 활동을 전개한다는 것을 의미하는 것으로서, 대통령이 국민을 직접 상대하며 그들로부터 대통령의 정책에 대한 지지를 끌어내어 정책을 구현해가고 있음을 잘 보여주고 있다. 선거를 위해 유권자들을 만나고 그들로부터 표를 얻어내려는 선거운동에서 같이, 정책의 성립과 구현을 위해 대통령은 이제 직접 국민들로부터 지지를 얻어내려는 '상시적 선거운동(perpetual campaigning)'을 지속하고 있는 것이다(임성호 2001).

이러한 정책의제 설정과정에서의 대통령의 변화된 행동전략과 관련하여, 개별 대통령의 리더십 스타일은 어떠한 관계성을 가지게 되는지에 대하여도 동시에 고려할 필요가 있다. 대통령의 리더십에 대해서는 대통령들이 직무를 수행하는 양태, 국정운영에 있어 조직자체에 대한 선호유형, 국정운영에 필요한 정보를 입수하는 유형, 국가의 최고 지도자로서 또는 행정부의 수장으로서 많은 과제와 임무에 대하여 이를 수행하는데, 정치력의 활용정도, 정국을 운영하는 데 있어 선택된 주도적 운영기구 등에 의해 그 유형이 상이하게 평가될 수 있을 것이다(Greenstein 2000; Tenpas 1996; Ragsdale & Theis 1997; Pfiffner 1994; Wyszomirski 1991; Weco 1995). 그러나 본 논문의 목표는 정책의제 설정 과정에서 나타나는 대통령의 리더십 스타일에 한정되므로 그 분석 범위는 매우 제한적이라고 볼 수 있다.

대통령이 지녀야 할 리더십의 특성 중에는 정치적 기술이 중요한 것으로 여겨지는데(Greenstein 2000), 과거 대중과 대면하여 직접적 의사전달을 해야 할 때에는 대중 앞에서 뛰어난 연설을 할 수 있는 웅변능력이 필요하였던 데 반해서 최근 방송매체에 대통령이 등장하여 대중과 의사소통을 하는 경우가 증대되면서 호의적 이미지를 주기 위한 논리적 언어구사능력과 의사전달능력이 중요시되고 있다. 언어가 상징적 행동으로서 인정받음으로써 적절한 용어 선택이라든가 질서 정연한 논리의 전개 능력도 대중에게 영향을 줄 수 있는 중요한 정치적 기술로 인정받아야 하는 것이다.

결국 모든의원들과 수많은 대중들에게 직접 전달될 연두교서의 발표는 대통령으로 하여금 가장 중요한 자신의 정책의제설정 공간이 되므로 이 기회를 최대한 활용하여 자신이 원하는 국정운영의 방향과 목표를 달성하려 노력할 것이다. 앞에서 논의된 바와 같이 미 대통령들에 있어서 20세기 이후 국민과 직접 의사소통하는 것에 대한 선호도가 지속적으로 증가한 경향성과 맥을 같이하여 그 리더십 스타일도 매우 적극적이고 대중지향적인 특성을 가지게 된 것으로 여겨진다.

III. 대통령의 이념정향

　대통령의 이념정향과 정책의제설정의 관계성을 파악하기 위해서는, 미국사회의 성격을 규정하는 이념의 근본적 토대가 어떻게 형성되었는지를 먼저 살펴볼 필요가 있다. 17세기 초 유럽각지로부터 이주해 온 정착민들에 의해 형성되고 영국의 식민지로 있다가 독립한 미국은 그 건국과정에서 미국민들 특유의 생활양식들을 가지게 되었는데, 그러한 과정에 있어서 가장 중요한 역할을 담당하였던 것들은 바로 국가권력에 대한 두려움, 자치적 공동체의 건설, 그리고 연방주의 이념과 같은 의식이라고 할 수 있다.

　토크빌에 의하면 미국국민의 특성은 도덕성에서 발견할 수 있다고 지적되는데, 미국국민들은 이기심이 강하고 개인의 이익을 추구함과 동시에 종교적 도덕심도 강력하게 추구하는 특성을 가짐으로써 강력한 개인기업들과 종교부흥회가 공존하는 사회를 건설하였다고 설명하고 있다. 그러나 미국인들의 의식에는 개인주의뿐만이 아니라 집단정향적인 심리상태(bandwagon psychology)가 동시에 존재하고 있고 우월과 열등, 낙관과 비관, 고립과 개입 등과 같은 도덕적 이원성이 존재한다는 지적도 있어 왔다(Almond 1968). 결국 미국의 역사는 이러한 도덕적 이원성에 기초하여 때로는 자유주의(liberalism)가 때로는 보수주의(conservatism)가 사회의 주요 축을 차지하며 시계추처럼 진자운동을 해왔다고 보는 것이 더 타당해 보인다.

　지금까지는 미국의 역사를 로크적 자유주의의 시각에서 진보주의적으로 해석하는 접근이 우세하였다고 볼 수 있다. 그러나 1980년대 레이건 시대에 신보수주의가 전격적인 주도권을 얻은 이후, 사회적으로 그 영향력을 넓혀 오다 최근 부시 대통령 시기에 들어서 행정부 및 의회를 석권함으로써 사회적으로 보수주의는 현재까지를 통틀어 가장 강력한 입지를 구축하였다고 보여진다. 이러한 극적인 이념의 변동에도 불구하고, 미국 또한 사상적 전통 속에 보수주의와 자유주의의 패러다임이 각각 존재해 온 것이 엄연한 사실이다.

　미국 보수주의의 사상적 특수성은 유럽 보수주의의 낭만주의적, 권위주의적 성향이 아닌 자유주의의 이념과 조화를 이루는 결과를 낳은 것으로 볼 수 있는데, 그럼에도 불구하고 미국 보수주의는 평등과 민주주의에 대한 회의, 귀족주의에 대한 신념, 그리고 인간본성에 대한 비관론적 입장과 같은 요소들과 같이 보수주의의 가장 중요한 일반원칙들을 유지하고 있었다.

　이러한 보수주의의 공통적 성격에 대해 보다 구체적으로 살펴보면, 첫째로 인간의 자연적 불평등에 대한 신념에 의한 사회형성에서의 신분, 질서, 계급의 요소는 불가피하다는 믿음을 가지고 있다는 부분이다. 둘째로는 이러한 자연적 불평등과 민주주의에 대한 회의와 관련하여 일종의 귀족주의에 대한 신념이 존재한다는 것이다. 셋째로는 사유재산의 신성불가침을 강조하고 있다는 부분이며, 넷째로는 사회는 외형적인 제도의 변화에 따라 좀 더 좋은 방향으로 발전할 수 있다는 진보적 입장에 대해 회의적인 시각을 가지고 있다는 부분이다. 다섯째로는 전통, 오래 지속된 제도, 과거시대의 지혜 등을 존중하는 사회유기체설을 따르고 있고, 여섯째로는 자유주의자들에 비해 사회문제의 해결자로서의 이성의 능력에 회의를 갖고 있으며, 마지막으로 일반적으로 인간본성에 대한 부정적 견해를 가지고 있다는 것이다(이봉희 1995).

　이러한 미국의 이념적 특성은 종교와의 결합을 통해 좀 더 분명하게 드러난다. 인간의 합리성이 새로운 사회질서를 창조할 수 있다는 자유주의자들과는 달리 보수주의자들은 이성의 합리성에 대해 대단히 회의적인 시각을 가지고 있는데, 이는 보수주의자들이 가지고 있는 초월성 또는 일종의 신성성에 대한 신념에 기초한다. 유럽으로부터 이주해 온 청교도들에 의해 세워진 국가답게 미국은 대단히 기독교적인 전통을 가지고 있는데, 이러한 전통은 미국 대통령의 취임식에서 대통령이 성경에 손을 얹고 선서를 한다는 것에서 쉽게 찾아 볼 수 있다. 그리고 이러한 종교적 배경은 보수주의와의 연결을 통해 선과 악의 이분법적인 접근과 인간 이성의 회의적 시각을 바탕으로 다양한 정책 결정 상황에서 결정적인 영향을 미쳐 온 것으로 평가된다.

미국에서 대부분의 주요한 의사결정에 있어서 두 개의 다른 시각이 병존하며 상호 경쟁을 하여 온 것이 사실이다. 때로는 자유주의가 때로는 보수주의가 눈에 띄게 강력한 영향력을 표출하곤 했다. 하지만, 시각에 따라서는 두 이념의 경쟁적 구도가 전혀 다른 맥락에서 이해될 수도 있다. 미국 역사에 대하여 하쯔(Hartz 1955)가 일관적으로 진보적 성향을 띠었다고 평가한 것과는 정반대로, 골드워터(Goldwater 1960, 22)는 "미국은 독립 이후 지금까지 보수주의적인 국가였다. 유럽의 민주주의 이념은 자유와 무한정의 기회가 보장되어 온 미국에서 지지를 받지 못했다"라는 주장을 펼치며 보수주의 우위의 이념성향을 지적하였던 것이다.

본 연구에서는 미국사회에 존재하는 이러한 이념적 배경을 실제로 이러한 이념적 정향이 대통령의 의제설정과정에서는 어떻게 표출되는가를 분석하려 하였다. 전통적으로 미국사회에 존재해 온 보수주의와 자유주의의 구분을 통해 각 당의 정강정책에 있어서의 반영을 조사하여, 대통령의 이념적 정향성과 그에 따른 의제설정의 양태를 분석할 것이다.

대통령이 정책의제를 설정하는 데에는 다양한 방법이 있을 수 있으나, 20세기 초 루스벨트(Theodore Roosevelt) 대통령 시기 이후부터는 대 국민 연설이 빈번하게 사용되었다. 대통령이 국민과 직접적인 커뮤니케이션을 선호하고 이를 추구함으로써 대통령의 정책의제설정의 패턴은 현격한 변화를 겪게 되었다. 정책의제설정 양태를 파악하기 위해 대통령별로 병렬적 비교가 가능한 대통령의 연두교서를 통해 구체적인 분석작업이 이루어질 것이다.

IV. 연구범위와 방법

많은 대통령들이 국민을 상대로 직접 연설을 하였으나 그들 간 연설의 빈도나 심도, 그리고 연설의 성격 등이 판이하므로 교차적인 분석을 하기에는 커다란 어려움이 있다. 그러나 거의 모든 근대적 대통령이 활용하여, 그 결과물이 존재하는 연두교서는 이러한 교차적 분석을 위해서 매우 용이한 자료라고 판단된다. 따라서 매우 공식적이고, 또한 대통령의 정책방향성을 지시하는 가장 중요한 문서로 인정받는 연두교서를 분석의 기본틀로 삼을 것이다.[3] 취임연설도 모든 대통령이 공히 경험하게 되는 공통적인 공식 연설문이나, 취임연설의 성격상 연설문에 나타나는 주요내용이 정책 의제의 설정이라기보다는 대통령 선거 이후에 분열되었던 여론을 통합시키는 데 더욱 주력하는 의례사가 되는 것이 일반적이므로 본 연구의 성격상 연설문의 분석은 연두교서에만 한정하기로 하였다.

따라서 대통령의 이념성향을 경험적으로 분석하기 위하여 모집된 자료는 20세기 초 최초로 의회에서 직접 연두교서를 낭독하기 시작하여 연두교서의 의미를 획기적으로 변화시킨 윌슨 대통령부터 현재의 조지 W. 부시 대통령에 이르는 16명의 대통령에 의해 작성된 연두교서 문헌들을 기반으로 하였다.

지금까지의 연구들을 살펴보면 대통령의 정책의제설정 양태를 분석하기 위해서 대부분 소수의 대통령들에 대하여 사례분석의 방법을 채택하는 것이 일반적이었으며(Greenstein 2000; Bostdorff 1994; McKay 1989), 계량적 측정을 통하여 경험적 연구를 시도한 연구는 거의 없었다(Canes-Wrone 2006). 계량적 연구가 용이하지 않은 주제임에도 불구

---

[3] 연두교서를 통한 미 대통령의 정책형성의 역할은 '대통령이 판단하기에 긴급하거나 필요할 때 의회에 연방에 대한 정보를 의회에 제출(Art. Ⅲ, Sec.3)' 할 수 있도록 규정한 헌법에 근거한 법률적 행위이다.

하고, 본 연구에서는 내용분석(Content Analysis)을 통하여 최대한의 계량화를 시도하였고 이러한 계량화작업을 통하여 지금까지는 분석되기 어려웠던 측면들에 대하여도 경험적 분석을 시도하였다.

문헌 자료의 내용들을 계량적 데이터로 변환시켜 분석하는 내용분석의 방법이 이루어졌는데, 일차적으로 문장이나 문단을 대상으로 분석하였고, 더욱 정교한 계량분석을 가능하게 하기 위하여 단어들을 대상으로 한 이차적인 내용분석도 이루어졌다. 정교화된 계량분석방법의 적용을 위하여, 대통령들이 연설문에서 사용한 특정 용어의 빈도를 조사한 후 데이터로 변환되었는데, 개별 대통령의 연설문의 분량이 상이하므로 주제어(keyword)에 대한 천 단어당 사용 빈도(wpt: word per thousand)로 변환하여 분석이 이루어졌다. 최초의 데이터베이스는 ICPSR(Inter-University Consortium for Political and Social Research)의 자료를 기본으로 활용하였고, 이 시스템으로부터 획득되지 못한 개별 대통령들의 데이터에 대해서는 인터넷과 미국 공보원을 통해 얻어진 문헌들을 텍스트로 변환시켜 분석에 사용하였다.

내용분석을 위한 첫 단계로 정책에 대한 대통령의 이념성향을 상징할 수 있는 주제어를 적절한 분류를 통하여 설정하였다. 기존 연구들에서 정책과 관련하여 사용되는 다양한 용어를 중심으로 하여 1차적 주제어 목록사전을 구성하였다. 그러나 분석이 진행됨에 따라 빈도가 거의 나타나지는 않는 단어는 삭제되었고, 문헌에서 발견되는 논거와 관련되는 직접·간접적 용어는 새로이 삽입시켰으며, 유사하게 사용된 단어들은 재분류함으로써 몇 개의 범주로 나눠진 최종 목록사전을 설정하였다.

대통령의 정책의제설정 양태를 분석하기 위하여 주제어들은 '이념', '리더십', '정책'의 3개 범주로 유형화되었다. '이념'과 관련한 유형 구분에서는 가치관과 종교관이 범주로 설정되었으며, '리더십'에서는 국가관, 리더십 스타일, 인식, 시각이, 그리고 '정책'에 있어서는 정치, 경제, 사회의 3개 범주가 설정되었다. 분석에 포함된 구체적 주제어들은 〈표 1〉에 제시된 바와 같다.

⟨표 1⟩ 이념 범주와 주제어(Key word)

이념 범주	Keywords Frame
가치관	자유(liberty, freedom), 평등(equality), 평화(peace) 질서(order), 정의(justice), 인간존엄성(human dignity, humanity) 권리(right), 행복(happiness), 기회(opportunity), 이상(dream)
종교관	신(God), 섭리(Providence), 기독교(Christianity) 교회(church), 기도(pray), 천국(Heaven), 종교(religion) 악(evil), 신성(sacred/divine/holy), 은총(blessing), 도덕(moral)

⟨표 2⟩ 리더십 범주와 주제어(Key word)

리더십 범주	Keywords
국가관(정부)	미국(america/US), 국가(nation, country), 정부(government) 권위(authority), 연방정부(federal), 주정부(state) 헌법(constitution), 독립(independence), 애국(patriot) 충성심(loyalty), 영토(land), 국경(border), 희생(sacrifice) 헌신(devotion, dedication), 관료(bureaucracy)
스타일	의무(duty, obligation, responsibility), 결심(resolution, resolve) 주저(hesitation), 약속(promise), 신념(faith, belief) 확신(confidence, conviction), 성공(success), 승리(triumph, victory) 겸손(hulimilty, humble), 정직(honest), 솔직(frankness) 리더십(leadership), 비전(vision)

대통령의 연두교서들에 이러한 주제어들이 얼마나 빈번하게 사용되었는가를 측정하였는데, 주제어들 중 문맥에 적합하게 이용된 것만 측정하여야 하므로, 모든 주제어들은 문헌 내용을 직접 확인하여 각 범주에 포함될 수 있는지를 판단하고 적합하다고 판단되는 경우에 한하여 코딩하였고, 자료의 정확성을 높이기 위하여 연구자에 의해 반복 검토 작업을 거쳤다. 또한 각 주제어의 언급이 의미있는 하나의 의사소통 또는 표현의 방법으로 표출되었는지를 정교하게 측정하기 위하여 추가적

〈표 3〉 정책 범주와 주제어(Key word)

정책범주	Keywords
정치	국민(people), 민주주의(democracy), 시민(citizen) 공화주의(republic), 의회(congress), 공익(public good) 여론(public opinion), 정당(party), 이익집단(interest group) 효율적 정부(effective government), 부패(corruption)
경제	경제(economy), 소유(ownership), 세금(tax), 농업(agriculture) 상업(commerce), 제조업(industry, manufacture), 무역(trade) 부(wealth, rich), 번영(prosperity), 빈곤(poverty) 실업(unemployment), 노동(labor), 발전(development)
사회	인종(race/ethnic), 소수(minority), 차별(discrimination) 노예(slave), 낙태(abortion), 동성연애(gay-right) 범죄(crime/violence/delinquency), 총기(gun), 마약(drug/narcotics/heroin), 음란물(pornography), 법(law) 교육(education), 가족(family), 전통(tradition), 역사(history) 복지(welfare), 환경(environment)

으로 유사 사용어의 언급빈도를 조사하였고, 설사 주제어를 사용하였더라도 설정된 범주의 의미로 사용되지 않은 경우는 제외함으로써 측정의 오류를 최소화하였다. 즉, 하나의 주제어에 대하여 이와 관련한 유사 용어도 같은 맥락에서 사용되었다면 그 주제어를 언급한 것으로 코딩하였고, 동일한 용어를 사용하였으되 설정된 범주의 기준으로 사용되지 않았다면 이는 제외하여 따로이 코딩하였다.

예를 들어 'unemployment'라는 주제어에 대하여 실업이라는 사회적 문제와 관련하여 'employment', 'employee', 'employer' 등과 같은 용어가 사용되었다면, 이러한 언급들도 분석에 포함되었고, 루스벨트의 사례에서처럼 'freedom' 과 관련한 언급 중 'freedom from poverty'의 사용에서와 같이 이념적으로 다른 맥락에서 사용되었다면 동일 범주의 주제어로 포함시키지 않았다. 결국, 코딩된 데이터의 성격은 대통령이 연두교서에서 사용한 특정 용어의 단순 출현빈도라기보다는 특정 주제어와 관련된 언급이 몇 회나 존재하였는가를 평가한 보다 질적으로 개선된 자료로 구성되었다고 할 수 있다.[4]

V. 분석결과 및 토의

분석에 이용된 연두교서를 살펴보면, 그 분량이 대통령과 발표시점에 따라 매우 다양한데, 1916년에 발표된 윌슨 대통령의 연두교서는 2,176단어로 원고지 47장에 해당하는 분량에 불과하였으며, 1981년에 발표된 카터 대통령의 연두교서는 32,066단어로 구성되어 무려 원고지 735장 분량에 달한 적도 있었다. 대통령 별로 발표된 연두교서의 평균 분량을 살펴보면, 카터에 이어 회당 9,200단어의 쿨리지 대통령과 7,053단어 정도를 평균적으로 1회의 연두교서에 사용한 클린턴 대통령이 뒤를 이었다. 가장 적은 분량의 연두교서를 평균적으로 발표한 대통령은 루스벨트 대통령이었으며, 그 다음은 레이건 대통령이었다.

내용분석의 결과는 〈표 4〉에 요약되었는데, 사전에 주제어로 선정되었으나 언급이 거의 없어 비교분석의 실익이 없는 경우는 과감하게 제외되었다. 분석 결과에 의하면, '자유(freedom)'라는 용어를 연두교서에서 비교적 많이 사용한 대통령들은 최근의 공화당 대통령들인 레이건과 부시 부자이며, 카터와 클린턴은 매우 적은 빈도로 사용한 것으로 나타났다. '평등(equality)'이라는 용어에 있어서는 반대로 카터와

---

4) 내용분석의 성격상 주제어 언급 빈도가 아닌 문장의 길이를 기준으로 데이터를 구성할 수도 있으나, 복합적 주제가 한 문장에 표현된 경우는 그 분량을 평가하기 곤란한 사례가 발생하는 등 오히려 타당성이 떨어지는 측면이 있어 언급의 빈도만을 분석의 대상으로 한정하였다.

〈표 4〉 대통령별 연두교서의 분량(Size)

대통령	Total (word)	발표횟수	Mean (word)
부시 W.	24915	5	4983.00
클린턴	49373	7	7053.29
부시	12588	3	4196.00
레이건	32152	8	4019.00
카터	43304	4	10826.00
포드	13696	3	4565.33
닉슨	33567	5	6713.40
존슨	29098	6	4849.67
케네디	17478	3	5826.00
아이젠하워	48485	8	6060.63
트루먼	55592	8	6949.00
루스벨트	47073	12	3922.75
후버	24955	4	6238.75
쿨리지	55204	6	9200.67
하딩	11574	2	5787.00
윌슨	32307	8	4038.38

클린턴 대통령이 많이 사용한 것으로 나타났다.

종교 범주와 관련하여 '하나님(God)'의 용어를 많이 사용한 대통령들은 최근의 레이건, 부시 부자와 같은 공화당 출신 대통령들이었다. '기도(pray)'라는 용어는 종교적 색채가 강하여 공식 문서에 활용하는 것이 적당하지 않아 보일 수도 있으나 16명 중 8명의 대통령은 이 용어를 사용한 것으로 나타났다.

국가 범주와 관련하여서는, 레이건 대통령 이후부터 '미국(America)'이라는 용어가 연두교서에서 그 출현빈도가 급증한 것으로 나타나고 있고, 20세기 초반에는 많이 사용되지 않았던 것으로 나타났다. '합중국(US)'이라는 용어는 그 패턴이 일정하게 나타나고 있지는 않으나

미 대통령들의 이념정향과 정책의제설정의 양극화 63

〈표 5〉 내용분석을 통한 키워드 빈도

	윌슨	하딩	쿨리지	후버	루스벨트	트루먼	아이젠하워	케네디	존슨	닉슨	포드	카터	레이건	부시	클린턴	부시W.
자유	1.11	.17	.33	.32	1.68	4.46	4.02	4.18	1.55	1.07	1.75	.79	5.04	3.81	.75	3.81
평등	.22	.26	.24	.32	.21	.61	.29	.17	.31	.27	.07	.44	.12	.16	.26	.16
하나님	.15	0	.02	0	0.3	.16	.12	.17	.1	.06	.29	0	.84	.48	.3	.48
기도	0	0	0	0	.04	.02	.06	.06	.07	.03	.29	0	.34	0	0	0
미국	2.14	3.54	1.63	1	3.7	1.12	3.3	3.66	6.7	7.84	7.3	3.26	10.14	11.84	9.72	11.72
합중국	.71	.43	.67	.84	1.34	1.53	1.05	.74	.76	.95	1.61	1.71	.53	.71	.36	1.28
연방	.5	1.64	1.45	3.69	.72	1.44	3.46	1.2	1.27	4.65	4.89	.53	2.3	1.59	.69	.76
신념	.09	.26	.18	.24	.68	.49	.25	.29	.52	.12	.07	.09	.72	.32	.18	.72
약속	.22	.26	.25	.08	.13	.2	.39	.34	.38	.24	.73	.16	.4	.48	.18	.24
국민	2.85	1.99	2.23	1.8	3.87	3.83	3.53	1.95	3.75	4.32	3.8	2.31	4.14	4.05	5.37	4.33
민주주의	.12	0	.02	0	1.76	1.01	.06	.23	.52	.06	.37	.65	1.4	1.35	1.09	1.4
시민	.43	.78	.78	.68	.66	.94	1.57	.92	.69	.21	1.02	.69	.53	.56	1.28	1.65
의회	2.48	2.94	2.97	4.33	2.38	2.91	2.97	2.29	4.19	4.95	4.02	3.46	2.49	1.91	3.04	2.49
경제	1.11	1.73	1.88	3.33	1.53	3.83	4.56	3.66	1.44	1.76	3.65	4.02	3.39	2.22	2.09	2.97
세금	.87	.95	2.08	1.64	0.87	.67	1.36	2.06	1.75	1.52	4.02	.44	3.2	2.07	1.98	2.49
실업	.06	.26	0	1.16	.7	.43	.35	.63	.52	.51	.58	.51	.65	.16	.28	.12
차별	0	0	.02	.04	.08	.11	.21	.06	.27	.15	0	.02	.12	.16	.20	.04
법	.90	.95	1.27	.72	.30	.40	.45	.23	.58	.80	.22	.18	.22	.08	.36	.44

* 단위: 천 단어당 출현 빈도

2차 세계대전 이후 3대에 걸쳐 가장 많이 활용된 것으로 나타났다.

리더십 범주에서는 최근 공화당 대통령들이 민주당 대통령들보다 '신념(faith)'이라는 용어를 더 선호하는 것으로 나타난다. '약속(promise)'이라는 용어는 워터게이트로 정치적 신뢰가 추락하였던 포드 대통령 시기에 가장 많이 활용된 것으로 나타났다.

정치 범주에서는 '국민(people)'이라는 용어의 사용이 최근 대통령으로 오면 올수록 크게 증가하는 것으로 나타나고 있는데, 이는 대통령이 과거 연두교서를 통해 의회에 직접 정책입안을 요구하는 것이 아니

〈표 6〉 실업률과 경제관련 키워드 사용과의 상관분석

	실업률	'경제'	'세금'	'실업'
실업률	1.000	.269**	.080	.230*
경제		1.000	.247**	.172
세금			1.000	.166
실업				1.000

* 상관계수는 0.1 수준(양쪽)에서 유의
** 상관계수는 0.05 수준(양쪽)에서 유의

라 대중들을 상대로 정치적 동원을 하는 추세와 맥을 같이 한다고 볼 수 있다. '민주주의(democracy)'는 공화당 출신의 대통령들은 별로 선호하지 않는 것으로 나타났다. 하딩, 쿨리지, 후버와 같은 20세기 초 공화당 출신의 대통령들은 '민주주의'라는 용어를 전혀 또는 거의 사용하지 않은 것으로 나타났다. '시민(citizen)'이라는 용어는 현재 재임 중인 조지 W. 부시가 가장 많이 사용한 것으로 나타났다. '의회(congress)'라는 용어는 존슨, 닉슨, 포드와 같이 의원 경험을 풍부하게 가지고 있다가 당선된 대통령들이 많이 사용한 것으로 나타났다.

경제 범주에 있어서는 대체로 경제가 어려운 시기에 대통령직을 수행한 대통령들이 역시 '경제(economy)'라는 용어를 많이 사용하며 이와 관련한 정책의제들을 많이 설정한 것으로 나타났다. '실업(unemployment)'의 용어도 유사한 양태를 보였다. 이와 관련하여 실업률과 '경제(economy)'와 '실업(unemployment)'의 사용 양태와의 상관성을 분석해 보기 위하여 상관분석을 실시하였는데 그 결과는 〈표 6〉과 같다.

결과에 의하면 실업률과 '경제'와 '실업'의 주제어 사용은 유의미한 상관관계를 가지고 있는 것으로 나타났다. 이러한 결과로부터 실업률이 높아져 경제적으로 어려운 시기에는 대통령들이 이의 해결을 위하여 관련한 정책의제들을 많이 설정하였다고 해석할 수 있다.

미 대통령들의 이념정향과 정책의제설정의 양극화 65

〈표 7〉 출신 정당 집단별 키워드 사용량에 대한 평균 비교

	정당	평균	표준편차	평균의 표준오차
자유	공화당	2.7288	2.2755	.3469
	민주당	2.1153	2.2748	.3319
평등	공화당	.2198	.1976	3.085E-02
	민주당	.3444	.3894	5.562E-02
하나님	공화당	.3039	.4161	6.499E-02
	민주당	.2034	.2440	3.486E-02
기도	공화당	9.531E-02	.1928	3.011E-02
	민주당	2.749E-02	7.781E-02	1.112E-02
미국	공화당	6.9033	4.5142	.7050
	민주당	4.4542	3.6140	.5163
합중국	공화당	.9339	.5447	8.507E-02
	민주당	1.0359	.8753	.1250
연방	공화당	2.4486	1.7119	.2674
	민주당	1.0358	.9603	.1372
신념	공화당	.3568	.4516	7.053E-02
	민주당	.4318	.5690	8.128E-02
약속	공화당	.3460	.2668	4.166E-02
	민주당	.2088	.2323	3.319E-02
국민	공화당	3.5902	1.5798	.2467
	민주당	3.8032	1.8837	.2691
민주주의	공화당	.5575	.8974	.1401
	민주당	공화당43	1.4903	.2129
시민	공화당	.9200	.7614	.1189
	민주당	.8185	.5786	8.266E-02
의회	공화당	3.1990	1.4906	.2328
	민주당	2.9982	1.4746	.2107
경제	공화당	2.9465	1.4420	.2252
	민주당	2.4093	1.5118	.2160
세금	공화당	2.1561	1.6339	.2552
	민주당	1.2170	1.0799	.1543
실업	공화당	.3613	.5500	8.589E-02
	민주당	.5458	.6507	9.295E-02
차별	공화당	9.963E-02	.1564	2.442E-02
	민주당	.1244	.1984	2.834E-02
법	공화당	.5352	.5332	8.328E-02
	민주당	.4048	.4992	7.132E-02

사회 범주와 관련하여 '차별(discrimaination)' 이라는 용어는, 미국에 인종차별과 관련하여 사회적 소요가 크게 발생하였던 시기에 대통령직을 수행한 존슨과 클린턴 대통령이 비교적 많이 사용한 것으로 나타났다. '법(law)' 이라는 사회질서의 유지와 관련한 용어를 많이 사용한 대통령들은 20세기 초에 대통령직을 수행하였던 윌슨, 하딩, 쿨리지와 같은 사람들이었다. 이는 당시 기업의 불공정한 독점과 관련한 사회적 혼란에 대하여 법률의 역할에 대한 중요성이 부각됨으로써 나온 결과로 유추해 볼 수 있다.

언급 빈도에 따른 전체적인 분석결과는 최근 대통령으로 오면서 출신 정당이 달라짐에 따라 대통령 간 정책의제설정 양태가 특징적으로 달라짐이 나타나고 있다. 특히 카터 대통령 이후부터 오늘날에 이르기까지 약 30년 동안에는 정당 간 차이가 매우 뚜렷하게 나타났다고 볼 수 있다. 즉 공화당 출신의 대통령들은 보수적 가치에 대해서 많이 언급하였고, 민주당 출신의 대통령들은 진보적 가치에 대하여 많은 언급을 한 것으로 나타났다. 이러한 결과는 미국 정치의 양극화 현상과 그 궤를 같이 하는 것으로 평가됨으로써 매우 의미있는 시사점들을 도출하고 있다.

민주당과 공화당의 당파성에 의하여 각 정당의 출신 대통령들이 정책의제설정을 상이하게 하는지를 분석하기 위하여, 분석에 포함된 전체 대통령들에 대해 평균비교를 위한 t-검증이 이루어졌다. 〈표 8〉에서 보여지듯이, '기도', '미국', '연방', '약속', '세금' 과 같은 주제어들에 있어서는 $p < 0.05$ 이하에서 정당 간 격차가 존재하는 것으로 나타났다. '평등', '민주주의' 와 같은 주제어에서도 어느 정도는 차이가 있는 것으로 판단할 수 있다($p < 0.1$). 공화당 출신의 대통령들은 연두교서를 통해 '미국' 과 '연방' 을 강조하는 국가관을 가지고 있으며, '세금' 과 관련한 정책의제를 많이 설정한 것에 비해, 민주당 출신의 대통령들은 '평등' 과 '민주주의' 에 대해 더 많은 정책의제를 설정해 왔다고 분석할 수 있다.

기본적으로 개별 대통령들의 이념정향은 뚜렷한 차이를 가지고 있

〈표 8〉 출신 정당 집단별 평균비교를 위한 t-검증

	t	자유도	유의확률 (양쪽)	평균차	차이의 표준오차	차이의 95% 신뢰구간 하한	차이의 95% 신뢰구간 상한
자유	-1.278	88	.205	-.6134	.4801	-1.5676	.3406
평등	-1.858	88	.067	-.1246	6.707E-02	-.2579	8.692E-03
하나님	1.424	88	.158	.1005	7.057E-02	-3.9784E-02	.2407
기도	2.254	88	.027	6.782E-02	3.008E-02	8.037E-03	.1276
미국	2.858	88	.005	2.4491	.8568	.7464	4.1518
합중국	-.648	88	.519	-.1020	.1574	-.4147	.2107
연방	4.927	88	.000	1.4128	.2867	.8430	1.9827
신념	-.682	88	.497	-7.4953E-02	.1098	-.2932	.1433
약속	2.608	88	.011	.1372	5.261E-02	3.263E-02	.2417
국민	-.574	88	.567	-.2130	.3709	-.9500	.5240
민주주의	-1.681	88	.096	-.4468	.2658	-.9751	8.147E-02
시민	.718	88	.475	.1015	.1414	-.1794	.3825
의회	.640	88	.524	.2008	.3137	-.4225	.8241
경제	1.714	88	.090	.5372	.3134	-8.5560E-02	1.1599
세금	3.262	88	.002	.9391	.2878	.3670	1.5111
실업	-1.436	88	.154	-.1845	.1285	-.4398	7.078E-02
차별	-.649	88	.518	-2.4774E-02	3.820E-02	-.1007	5.114E-02
법	1.196	88	.235	.1304	.1090	-8.6226E-02	.3470

고, 이러한 이념 정향은 대통령이 가지고 있는 가장 강력한 정책의제설정의 도구 중 하나인 연두교서의 발표를 통하여 상당수 반영되고 있는 것으로 평가할 수 있다. 물론 정책의제설정 양태는 기본적으로 그 당시의 사회적 요구에 의해 가장 민감한 영향을 받을 수밖에 없을 것이나, 그러한 사회적 압력에 대해서도 사회적 문제를 해결하는 방식은 정책결정자의 이념성향에 따라 전혀 다르게 표출될 수 있는 것이다. 이는 최근 미국정치의 양극화 현상과 함께, 정당의 당파성이 강화되고 대통령의 이념성향도 더욱 명백하게 드러나는 추세와 함께 향후의 정책의제설정 양태가 어떻게 진행될 것인지에 대한 중요한 단서를 제공한다.

VI. 결론

　19세기의 미 대통령들은 그들의 의사를 헌법에 근거하였다고 보는 그들의 정책의제설정의 권한에 의지하여 대통령의 당파적 선호를 담은 교서를 통해 의회에 전달하였다. 이와는 대조적으로 20세기의 대통령들은 일반 대중과 소통할 목적으로 열린 구두 연설에서 의회의 지도자들에 대하여 정기적으로 대통령의 바람을 호소하였다. 과거 교서는 대통령이 연방의회에 연방의 상황에 관한 정보를 제공하고, 필요하고 적절하다고 판단된 법안을 의회가 심의하도록 권고하기 위해 의회로 송부되는 문서로 작성된 메시지였다. 그러나 이러한 교서는 윌슨 대통령이 의회에서 직접 이 교서를 읽어내려감으로써, 단순한 메시지가 아니라 연설문(address)이 되었고 오늘날처럼 연두교서발표(Union Adress)의 효시가 되었다(Tulis 1987, 56).

　그리고 이러한 연두교서의 발표는 대통령이 국민과 직접적으로 교류(going public)라는 현상의 증대와 함께 새로운 양상을 맞이하고 있다. 최근 대통령들은 구체적으로 정책의제를 설정하기보다는 전체적인 방향성만을 넌지시 알리는 형태의 의제설정 스타일을 선호하는 것으로 나타나고 있다. 정책입안에서 의회와 경쟁하는 한 축으로서가 아니라 오히려 국가의 원수로서 국민 전체를 상대하며 통치철학을 제시하는 형태로 수사적 국정운영을 하고 있는 것이다.

　그런데 이러한 현대 미 대통령의 수사적 국정운영은 단순히 긍정적이거나 부정적인 한 측면만을 가지고 있는 것은 아니며 양측면을 동시에 가지는 것으로 판단된다. 때때로 정치적 요구들에 대해서 직접적으로 대중과 의사소통을 하는 것은 필요불가결적인 측면이 존재한다. 그러나, 이것이 보편화된다면 이는 상당한 문제를 일으킬 소지를 가지고 있다. 대통령의 대중과의 직접적 의사소통은 경제공황, 전쟁, 민란 등과 같은 국가 위기시에는 매우 효과적이고 반드시 필요한 부분이기도 하지만, 이러한 국가 위기시의 국정운영과는 달리 평상시에는 '위기적 국가관리'와는 반대의 이미지를 가지는 '정치'라는 것이 작동하여야 하며 이러한 '정치'에 있어서 수사적으로 대중과 직접 의사소통을 하는 것은 바람직하지 않은 측면이 존재하는 것이다(Tulis 1996, 4). 그러나 20세기에 들어와서는 대통령에 의한 연두교서의 발표도 의회의 의원들보다는 일반 국민들을 청중의 대상으로 하고 있음이 더욱 명백해지고 있다.[5] 이러한 경향은 20세기 이후의 대통령들이 연두교서에서 발표한 연설문들의 분석을 통하여 뒷받침되고 있는 것이다.

대통령들이 정책의제 설정을 함에 있어 그들이 가지고 있는 당파적 이념 성향에 의해 영향을 받을 것이라는 가정은 내용분석에 의한 계량적 자료를 통해서 어느 정도 뒷받침되는 것으로 조사되었다. 물론 이러한 정책의제설정의 격차는 이념성향뿐만이 아니라 기본적으로 다른 의제형성의 환경, 즉 사회적 요구나 여론환경으로부터 많은 영향을 받을 것이다. 그러나 여전히 의제설정과정에서 이념성향은 유효한 영향을 미치는 것으로 평가되었으며, 이와 함께 더욱 주목되어야 할 것은 대통령의 이념성향이 정책의제의 설정의 과정에서 최근 더욱더 그 역할을 강화하고 있다는 측면이 될 것이다. 그리고 이러한 경향성은 미국 사회의 양극화 현상과 함께 추후 어떻게 변화할지에 대한 면밀하고도 지속적인 고찰을 요구하고 있다.

---

[5] 대통령이 연설문에서 행하는 의사소통의 양식이 고도로 복잡한 논쟁을 포함하는 것으로부터 단순한 입장의 표명으로 변화하였다(Tulis 1987, 143).

참고문헌

김종완. 1999. "의회중심에서 대통령중심으로서의 미국정치제도의 변천." 서울: 세종연구소.
김 혁. 2000. "미 대통령의 범죄에 대한 정책의제설정 양태에 관한 연구."『한국행정학보』34(1):213-235.
이봉희. 1995. "유럽과 미국의 보수주의."『한국정치학회보』29(2):549-568.
이종록. 2005. "탈세속화시대와 기독교 보수주의."『종교연구』39:181-212.
임성호. 2001. "미국 거버넌스(Governance) 위기론의 대외정책적 함의와 그 평가."『한국정치학회보』35(1):287-306.
정용덕. 2003. "미국의 국가이념과 행정개혁."『행정논총』41(4):2-22.

Baumgartner, Frank R., and Bryan D. Jones. 1993. *Agendas and Instability in american Politics*. Chicago: University of Chicago Press.
Bayley, David H. 1985. *Social Control and Political Change*. Princeton: Princeton Press.
Beer, Samuel B. 1984. "The Future of States in the Federal System." In *Peter Woll, american Government: Readings and Cases*. Boston: Little, Brown and Company.
Bostdorff, Denise M. 1994. *The Presidency and the Rhetoric of Foreign Crisis*. Columbia, SC: Univ. of South Carolina Press.
Carter, Dan T. 1995. *The Politics of Rage: George Wallace, the Origins of the New Conservatism, and the transformation of American Politics*. New York, Simon & Schuster.
Cohen, Jeffrey E. 1995. "Presidential Rhetoric and the Public Agenda." *American Journal of Political Science*, 39: 87-107.
Cobb, Roger W., and Charles D. Elder. 1983. *Participation in American Politics:*

The Dynamics of Agenda-Building. 2nd ed. Baltimore, MD: The Johns Hopkins University Press.

Calder, James D. 1982. "Presidents and Crime Control: Kennedy, Johnson and Nixon and The influence of Ideology." *Presidential Studies Quarterly*, 12:574-589.

_____. 1993. *The Origins and Development of Federal Crime Control Policy*. Westport, Connecticut: Praeger.

Canes-Wrone, Brandice. 2006. *Who Leads Whom?: Presidents, Policy, and the Public*. Chicago: Univ. of Chicago Press.

Currie, Elliott. 1985. "Crimes of Violence and Public Policy: Changing Directions." In Lynn A. Curtis, ed. *American Violence and Public Policy*. New Haven: Yale University Press.

Dolbeare, Kenneth M., and Linda J. Medcalf. 1993. *American Ideologies Today*. New York: McGraw-Hill.

Edwards George C. III, and B. Dan Wood. 1999. "Who Influences Whom? The President, Congress, and the Media." *APSR*, 93: 327-344.

Erickson, David F. 1997. "Presidential Inaugural Addresses and american Political Culture." *Presidential Studies Quarterly*, 27:727-745.

Eyestone, Robert. 1978. *From Social Issues to Public Policy*. New York: John Wiley & Sons.

Fields, Wayne. 1996. *Union of Words: A History of Presidential Eloquence*. New York: Free Press.

Finckenauer, James O. 1978. "Crime as a National Political Issue:1964-76." *Crime and Delinquency*, Jan :13-27.

Gelderman, Carol. 1997. *All the Presidents' Words: The Bully Pulpit and the Creation of the Virtual Presidency*. New York: Walker.

Gilberg, Sheldon, Chaim Eyal, Maxwell McCombs, and David Nicholas. 1980. "The State of the Union Address and the Press Agenda." *Journalism Quarterly*, 57: 584-588.

Gonzenbach, William. 1996. *The Media, the President, and Public Opinion*. Mahwah, NJ: Lawrence Erlbaum.

Goldwater, Berry. 1960. *The Conscience of a Conservative*. Shepherdsville, Ky: Victor Publishing Co.

Hartz, Louis. 1955. *The Liberal Tradition in America*. New York: Hartcourt, Braceea and World, Inc.

Jones, Charles O. 1994. *The Presidency in a Separated System*. Washington, DC: Brookings.

Kernell, Samual. 1993. *Going Public: New Strategies of Presidential Leadership*. 2nd ed. Washington, D.C.: CQ Press.

Kingdon, John W. 1984. *Agendas, Alternatives, and Public Policies*. Boston: Little, Brown and Company.

Light, Paul C. 1991. *The President's Agenda*. Baltimore, MD: Johns Hopkins University Press.

Marion, Nancy E. 1994. *A History of federal Crime Control Initiatives, 1960-1993*. Westport, Conn: Praeger.

McKay, David. 1989. *Domestic Policy and Ideology*. Cambridge: Cambridge University Press.

Neustadt, Richard. 1960. *Presidential Power*. New York: John Wiley and Sons.

Nixon, Richard M. 1969. *Public papers of the presidents of the United States*. Washington, D.C.: United States Government Printing Office.

Ragsdale, Lyn. 1984. "The Politics of Presidential Speechmaking, 1949-1980." *American Political Science Review*, 78: 971-984

Reckless, W. C., and H. E. Allen. 1979. "Developing a National Crime Policy: the Impacts of Politics on Crime in america." In Edward Sagarin, ed. Criminology. Beverly Hills: Sage, 1979.

Taylor, Andrew J. 1996. "The Ideological Development of the Modern Republican President." *Presidential Studies Quarterly*, 26: 374-379.

Tulis, Jeffrey K. 1996. "Revising the Rhetorical Presidency." In Martin Medhurst, ed. *Beyond the Rhetorical Presidency*. College Station: Texas A&M University Press.

_____. 1987. *The Rhetorical Presidency*. Princeton, N.J.: Princeton University Press.

Van Horn, Carl E., Donald C. Baumer, and William T. Gormley, Jr. 1992. *Politics and Public Policy*. Washington, D.C.: CQ Press.

Whittington, Keith E. 1997. "The Rhetorical Presidency, Presidential Authority, and President Clinton." *Perspectives on Political Science*, 26: 199-208.

제3장

정치엘리트 양극화, 유권자 양극화, 그리고 정치참여*

■ 엄기홍

I. 문제제기

대의민주주의 운영의 기본적 전제는 시민의 정치참여이다(Greenberg and Page 2002). 그러나 미국 시민의 정치참여는 제2차 세계대전 이후 지속적으로 축소되고 있다(Abramson, Aldrich, and Rohde 2003). 예를 들어 정치참여의 유형 중 가장 저비용으로 간주되는 투표에서 조차도 평균 60% 이하의 유권자들만이 대통령 선거에 참여하고 있었다 (Aldrich 1993; McDonald and Popkin 2001). 또한 국회의원 선거에 있어서는 단지 과반수 이하의 유권자들이 선거에 참여하고 있다(McDonald and Popkin 2001).[1]

---

* 본 연구는 『한국과 국제정치』 제23권 제1호(2007)에 실린 논문을 수정 보완한 연구임.
1) 물론 투표참여에는 다른 요인들, 예를 들어 시민의 의무감 등에서도 원인을 찾을 수 있다(Morton, Forthcoming).

정부와 학계에서는 유권자의 저조한 정치참여를 개선하고자 많은 연구와 정책개발이 진행되고 있다. 예를 들어, 제도적인 측면에서는 국민의 정치 부패 인식을 줄임으로써 국민의 정치참여를 유도하고자 정치자금제도의 투명화와 양성화가 추진되고 있다(Gross and Goidel 2003). 또한 유권자의 투표참여를 방해하는 제도적 제약을 축소하기 위한 노력으로 다수의 주에서 유권자 등록(voter registration) 요건을 완화시키고 있다(Abramson, Aldrich, and Rohde 2003; Morton, Forthcoming).[2] 정당차원에서도 자당 정당지지자의 정치참여를 독려하고자 다양한 동원전략이 개발되고 있다(Rosenstone and Hansen 1993).

그러나 이와 같이 저조한 정치참여의 근본적인 원인은 아마도 정당 간 차별성 부재에서 찾을 수 있을 것이다(Downs 1957). 즉 정책적 측면에서 또는 이념적 측면에서 정당 간 차별성이 크지 않을 경우, 유권자에게 있어 선거결과가 갖는 의미 또한 낮을 것이며, 따라서 유권자는 투표참여에 대하여 큰 의미를 부여할 수 없을 것이다. 이와 같은 맥락에서 정당 간 차별성의 부재가 다른 차원의 정치참여 활동, 예를 들어 선거활동 참가, 정치집회 참가, 정치자금 기부 등에 부정적인 영향을 끼칠 것은 쉽게 예측할 수 있다.

이러한 시점에서 최근 심화되고 있는 정치엘리트 양극화와 유권자 양극화는 정치참여와 관련하여 시사하는 바가 크다 할 수 있다.[3] 즉 민주당과 공화당 간의 양극화가 심화됨에 따라 정당 간 차별성이 강화되

---

2) 한국의 경우에 있어서도 유권자의 투표참여를 독려하고자 다양한 노력이 진행 중에 있다. 예를 들어, 2006년 10월 25일 실시된 인천 재·보궐선거에 도입된 "인센티브제"를 들 수 있다(동아일보 2006년 10월 26일; 인천광역시선거관리위원회 홈페이지 공고, http://ic.election.go.kr/index.htm 검색일 2006/12/6).
3) 본 논문에서 정의하고 있는 양극화는 디마지오, 에반스 그리고 브라이슨의 정의에 따라 "어떤 이슈에 대하여 서로 반대 의견을 가지고 있는 현상(state)과 이와 같은 반대가 시간이 흐름에 따라 심화되는 과정(process)"을 일컫는다(DiMaggio, Evans, and Bryson 1996, 693).

고 있고(Poole and Rosenthal 2001), 이러한 정치엘리트 양극화가 유권자에게 전파됨으로써 유권자 내부에 있어서도 유권자 양극화 현상이 심화되고 있다(Bartels 2000; Hetherington 2001).[4]

본 연구는 유권자의 정치엘리트 양극화 인식이 정치참여에 미치는 영향력을 검토하는 데 목적을 두고 있다. 구체적으로 유권자가 인식하는 정치엘리트 양극화가 여섯 가지 유형으로 대표되는 정치참여에 미치는 영향력을 검토하고자 한다. 정치참여의 유형은 투표참여, 투표참여 권유, 후보자 버튼 달기, 정치집회 참가, 선거활동 참가, 그리고 정치자금 기부이다. 이를 위하여 1980년부터 2000년까지 대통령 선거시기의 미국 연방선거 여론조사자료(American National Election Studies)가 활용되었다.[5]

II. 기존 문헌 및 이론

유권자 양극화가 심화되고 있다는 논의는 후보자 선택에 있어서 정당 충성도(party loyalty)의 중요성이 점차적으로 증가되고 있다는 바틀즈의 연구(Bartels 2000)에서 체계적으로 검증되고 있다. 바틀즈는 정당일체감을 지닌 강성 정당지지자의 수는 점차적으로 증가하는 반면, 무당파 유권자의 수는 감소하고 있다는 경험적 근거에서 유권자 수준의

---

4) 유권자 양극화에 대한 반론은 피오리나 등(Fiorina, Abrams, and Pope 2005)과 디마지오 등(DiMaggio, Evans, and Bryson 1996)의 문헌을 참고.
5) 분석시기를 1980년 이후로 설정한 이유는 주요 독립변수 중 하나인 정당 간 선호도에 대한 질문이 1980년 이후에 조사되었기 때문이다. 그러나 이와 같은 분석시기 설정은 유권자 양극화가 1972년 이후 진행되었다는 기존 논의들에 비추어 볼 때 유권자 양극화와 정치참여 간의 관계가 오도되지는 않을 것이다 (DiMaggio, Evans, and Bryson 1996; Fiorina, Abrams, and Pope 2005).

양극화 심화 논의를 시작한다. 이후 유권자의 후보자 선택과 정당 충성도 간의 관계가 강화되고 있다는 분석결과에 기반하여, 정당역할의 감소를 강조하는 기존 주장(Greenberg and Page 2002)과는 다르게 유권자 정당(parties in the electorate)의 중요성이 다시 부활하고 있다고 주장하고 있다.

헤더링턴(Hetherington, 2001)과 레이만과 칼시(Layman and Carsey 2002)의 연구는 이와 같은 유권자 정당(parties in the electorate)에 대한 이유를 제시하고 있다. 헤더링턴은 유권자 정당의 부활이 의회 양극화에 있다고 주장한다. 즉 그는 "정치인이 정당 중심적인 또는 이슈 중심적인 힌트를 [유권자에게] 제공한다면, 유권자는 정당 중심적인 또는 이슈 중심적인 방식으로 반응할 것이다. 반면 만약 이러한 힌트가 존재하지 않을 경우, 유권자는 정당 중심적 또는 이슈 중심적인 방식으로 반응하지 않을 것이다"는 주장을 제기하고 있다(Hetherington 2001, 621).

따라서 헤더링턴은 먼저 의원들의 이념적 차이가 심화되고 있는지를 검증한 후, 이와 같은 의원들의 이념적 차이가 유권자가 인식하는 정당 간 차별성을 강화시키는지 그리고 유권자의 정당 간 이념적 차별성을 증대시키는지를 검증하였다. 이와 같은 분석결과에 기반하여 그는 정치엘리트 양극화, 보다 구체적으로 의원들의 양극화 심화가 유권자로 하여금 "선택의 기회"를 제공하였으며, 선택의 결과에 대한 중요성을 새삼 일깨웠다고 주장하고 있다. 이의 결과로서 유권자의 특정 정당선호도와 다른 정당에 대한 비선호도가 증가되는 이른바 유권자 양극화가 심화되었다고 주장하고 있다.

레이만과 칼시는 헤더링턴의 논의에 두 가지 점을 추가하고 있다. 첫째, 유권자는 정치엘리트가 양극화됨에 따라 재편성(realignment)된 것이라 아니라 정치엘리트의 양극화가 강조되었다는 점이다. 즉 유권자의 양극화 원인이 피오리나(Fiorina 2002; Fiorina, Abrams, and Pope 2005)가 주장한 것처럼 남부의 보수적인 유권자의 재편성에 있는 것이 아니라, 정치엘리트에서 나타나는 양극화 심화가 유권자에게로 확대되었다는 것이다. 두 번째 점은 유권자 양극화는 정치엘리트의 양극화를 인식할 수 있는 유권자에게로 한정된다는 점이다. 즉 이슈에 대한 차별성을 인지할 수 있는 유권자들만이 정치엘리트의 양극화를 인지할 수 있으며, 이러한 유권자들에서만이 유권자 양극화를 찾을 수 있다는 점이다. 레이만과 칼시는 이와 같은 주장의 증거를 복지, 인종, 그리고 문화 이슈를 통하여 검증하였다.[6]

그렇다면 정치엘리트 양극화의 확대로 말미암은 유권자 양극화가 정치참여에 어떠한 영향을 미칠까? 문우진(2006)의 연구는 유권자 양극화와 정치참여 간의 고리를 잇는 역할을 하고 있다. 문우진의 연구는 이념적 중도성과 선거자원의 상쇄적 관계가 선거경쟁력에 미치는 영향력을 분석하고 있다. 그의 주장에 의하면, 현직자가 이념적으로 중립적일 경우 선거경쟁력을 획득하지만 정치자금과 같은 선거자원은 손실한다는 것이다. 역으로 말하자면, 현직자의 이념적 차별성이 강화될수록 선거경쟁력은 손실될 가능성이 있지만 보다 큰 선거자원을 획득할 수 있다는 주장이다.

본 논문의 연구주제와 관련지어 볼 때, 의원들의 이념적 차별성이 강화될수록, 즉 의원들의 이념적 양극화가 심화될수록 정당충성도가 강한 유권자는 정치자금과 같은 정치참여를 할 가능성이 크다는 주장이 가능하다. 또한 알드리치(Aldrich 1995)의 논의에서 나타나듯이, 정당 자체의 차별성 또한 정당활동가들의 활동을 증대시키는 데 기여할 수

---

6) 그러나 유권자 양극화에 대한 이론(異論) 또한 제기되고 있다. 대표적인 예로서 피오리나 등의 연구를 들 수 있다. 피오리나 등은 정당일체감을 표시하는 유권자의 증가는 단지 강성적인 정당지지자(strong partisans)에서만 나타나고 있다고 주장한다(Fiorina, Abrams, and Pope 2005, 28). 또한 유권자는 변화하고 있지 않으나, 마치 유권자 양극화가 심화되고 있는 것처럼 보이는 이유는 남부 보수 유권자의 정당 선호도 전환과 정당 정책의 차별성과 선명성 증가에 있다고 주장하고 있다(Fiorina 2002; Fiorina, Abrams, and Pope 2005).

있다. 따라서 현재까지의 논의들을 정리하면, 다음과 같은 가설도출이 가능하다.

- 가설 1: 유권자의 정치엘리트 양극화 인식이 심화될수록, 유권자의 정치참여는 증대될 것이다.

한편 레이만과 칼시(Layman and Carsey 2002)의 논의에 비추어 볼 때 가설 1의 관계는 정당충성도의 정도에 따라 차이를 보일 것으로 예측할 수 있다. 앞서 지적한 바와 같이, 레이만과 칼시는 정치엘리트의 양극화가 유권자 양극화로 확대되기 위해서는 유권자의 정치엘리트 양극화 인식이 전제되어야 한다. 따라서 정당충성도가 상대적으로 낮은 무당파 또는 무당파 성향의 유권자는 정치엘리트의 양극화를 인식할 가능성이 온건적 또는 강성의 정당충성도를 보이는 유권자에 비교할 때 낮을 것이며, 이의 결과로서 정치엘리트의 양극화가 무당파 또는 무당파 성향 유권자의 정치참여에 미칠 가능성은 온건 또는 강성 정당지지 유권자에 비하여 낮다 할 수 있다. 이와 같은 논의는 다음과 같은 두 가지 가설을 도출케 한다.

- 가설 2: 무당파 또는 무당파 성향의 유권자들의 경우, 해당 유권자의 정치엘리트 양극화 인식이 정치참여에 미치는 영향이 약할 것이다.

- 가설 3: 온건 또는 강성 정당지지 유권자들의 경우, 해당 유권자의 정치엘리트 양극화 인식이 정치참여에 미치는 영향이 강할 것이다.

다음 절에서는 이와 같은 가설을 검증하는 데 이용되는 데이터와 방법론에 대하여 논의하여 보겠다.

III. 데이터와 방법론

본 연구의 목적은 유권자의 정치엘리트 양극화 인식이 정치참여에 미치는 영향을 분석하는 데 있다. 정치엘리트의 양극화를 인식하는 유권자의 경우, 정치엘리트가 양극화가 되면 될수록 정당 간 차별성이 강화될 것이며, 따라서 지지정당에 대한 보다 적극적인 참여가 이루어질 것이라는 주장이 앞 절에서 제기되었다. 본 절에서는 이러한 논의를 검증하는 데 이용될 데이터와 방법론을 논의하고자 한다.

본 논문은 미국 연방선거 여론조사자료(American National Election Studies)를 이용하고자 한다. 미국 연방선거 여론조사자료는 1948년 이래 매 선거시기마다 유권자의 인구사회학적 특징, 인종간·종교간 그룹 선호도, 정당 간 차별성 및 선호도, 대통령 선호도, 정부에 대한 태도, 투표 등의 정치참여 항목을 조사하고 있다. 본 연구의 분석시기는 주요 독립변수인 "유권자의 정당간 차별성 인식"이 조사된 1980년 이후 2000년까지의 대통령 선거시기이다. 사용된 데이터는 "미국 연방선거 축적자료 1948~2000"(ICPSR 8475)이다(Sapiro and Rosenstone 2004).

본 연구의 종속변수는 유권자의 정치참여이다. 미국 연방선거 여론조사자료는 다음과 같은 항목들로서 유권자의 정치참여 정도를 측정하고 있다: 투표 여부(VCF0702), 투표 참여권유 여부(VCF0717), 지지 후보자 버튼 달기 여부(VCF0720), 정치집회 참가 여부(VCF0718), 후보자 또는 정당 선거활동 참여 여부(VCF0719), 그리고 정치자금 기부 여부(VCF0721). 모든 형태의 정치참여 변수는 가변수로서 응답자가 해당 항목에 참여할 경우 1로 그렇지 않을 경우 0으로 코드하였다.[7]

---

[7] 원자료에는 해당 정치참여를 했을 경우 2(YES)로, 하지 않았을 경우 1(NO)로 코드되어 있다. 본 연구에서는 해석의 편의상 NO를 0으로, 그리고 YES를 1로 재정의하였다.

본 연구의 주요 독립변수는 정치엘리트의 양극화에 대한 유권자 인식이다. 두 가지 지표가 유권자 인식을 측정할 수 있는 지표로서 이용되었다. 첫째, 민주당(또는 공화당)에 대한 이념적 성향 지표이다. 미국 연방선거 여론조사자료는 유권자가 느끼는 민주당(또는 공화당)의 이념척도를 7점 척도상에서 표시하도록 요구하고 있다(변수는 VCF0503(민주당)과 VCF0504(공화당)). 본 연구는 유권자가 느끼는 양당의 이념적 차별성을 측정하기 위하여 두 질문항목의 절대적 차이값을 구하였다. 즉 "정당 간 이념적 차이" 변수는 "VCF0503(민주당)-VCF0504(공화당)"의 절대값이다. 따라서 유권자가 인식하는 정당간 이념적 차이가 증가할 수록 "정당 간 이념적 차이" 변수의 값은 커진다.

정치엘리트의 양극화에 대한 유권자 인식을 측정할 수 있는 두 번째 지표는 정당 간 선호도의 차이이다(DiMaggio, Evans, and Bryson 1996; Fiorina, Abrams, and Pope 2005; Hetherington 2001).[8] 미국 연방선거 여론조사자료는 1980년 이후 각 정당에 대한 선호도(feeling thermometer)를 측정하고 있다. 따라서 응답자는 민주당에 대한 그리고 공화당에 대한 선호도를 100점 척도로서 답변하도록 요구받는다. "0"은 부정적 선호도를 의미하며, "100"은 긍정적 선호도를 의미한다.

---

8) 일각에서는 정당선호도가 유권자의 정당에 대한 "태도"를 측정하기 때문에 정당간 차별성을 측정하는 지표로서 이용할 수 없다는 주장이 제기될 수 있다. 그러나 정당선호도는 유권자가 해당 정당에 대하여 가지고 있는 인식의 총체적 지표로서 간주할 수 있다. 즉 해당 정당의 정책적 성향, 이념적 성향 등에 대하여 유권자가 가지고 있는 평가가 총체적으로 압축되어 있는 자료로서 간주할 수 있다. 따라서 유권자의 정치적 관심도가 낮을 경우 정당 간 선호도의 차이는 작을 것이다. 반면 유권자의 정치적 관심도가 높을 경우 해당 유권자는 특정 정당을 선호할 가능성이 클 것이며, 따라서 정당 간 선호도의 차이는 비교적 클 것으로 예상할 수 있다. 이와 같은 선상에서 유권자 양극화를 검증하는 많은 논문들이 정당선호도를 유권자 양극화 측정의 주요 지표로서 사용하고 있다 (DiMaggio, Evans, and Bryson 1996; Fiorina, Abrams, and Pope 2005; Hetherington 2001). 이러한 경향은 유권자 양극화의 존재를 주장하는 부류와 존재를 부정하는 부류 모두에서 나타나고 있다.

본 연구는 유권자가 느끼는 각 정당의 선호도 차이를 측정하기 위하여 민주당 선호도 값과 공화당 선호도 값의 절대적 차이값을 구하였다(변수는 VCF0218(민주당)과VCF0224(공화당)). 즉 "정당 간 선호도 차이" 변수는 "VCF0218(민주당)−VCF0224(공화당)"의 절대값이다. 따라서 유권자가 양정당에 대하여 느끼는 선호도 차이가 커질 수록 "정당간 선호도 차이"의 변수 값은 커진다.

정치엘리트 양극화의 유권자 인식과 정치참여 간의 허위관계(spurious relationship)를 방지하기 위하여 다음과 같은 인구사회학적 변수와 정부태도 변수들이 삽입되었다. 인구사회학적 변수는 나이, 성별, 인종(백인, 흑인, 기타 인종), 교육, 응답자의 거주지가 남부인지 여부,[9] 소득, 유권자 이념성향, 그리고 교회참여도이다. 그리고 정부태도 변수는 연방정부 신뢰도, 정부관료의 부패 인식도, 그리고 정치적 효능감(political efficacy)이다.

애브람슨, 알드리치, 그리고 로드(Abramson, Aldrich, and Rohde 2003)가 지적한 바와 같이, 투표여부를 비롯한 정치참여에는 유권자의 사회적 위상이 영향을 끼칠 수 있다. 즉 정치참여에 있어 연령이 증가할수록, 남성일수록, 백인일수록, 교육수준이 높을수록, 비남부에 거주할수록, 소득수준이 높을수록, 그리고 교회 참여도가 높을수록 정치에 참여할 가능성이 높아진다. 특히 쉴즈와 고이들(Shields and Goidel 2000) 그리고 그랜트(Grant and Rudolph 2002)의 연구에서 보이듯이, 정치자금 기부에 있어서 계급적 균열이 존재하고 있다. 즉 교육수준이 높을수록 그리고 소득수준이 높을수록 정치자금 기부의 확률이 높아진다.

일련의 정부태도 변수들−연방정부 신뢰도, 정부관료의 부패인식

---

9) 응답자의 거주지가 앨라배마(Alabama), 아칸소(Arkansas), 플로리다(Florida), 조지아(Georgia), 루이지애나(Louisiana), 미시시피(Mississippi), 북캘롤라이나(North Carolina), 남캘롤라이나(South Carolina), 테네시(Tennessee), 텍사스(Texas) 그리고 버지니아(Virginia)일 경우 남부 거주자로 그렇지 않을 경우 비남부 거주자로 코드했다.

도, 그리고 정치적 효능감—또한 정치참여에 영향을 끼치는 것으로 연구되고 있다. 존스톤, 크란, 그리고 해리슨(Johnsonton, Krahn, and Harrison 2006)이 지적한 바와 같이 연방정부에 대한 신뢰감은 정부와 시민 간의 거리를 줄임으로써 투표참여를 증대시킨다. 또한 정치과정을 보다 투명히 하고 정치권력을 분산시키는 것은 유권자의 투표참여를 증대시키는 데 기여할 수 있다(Gross and Goidel 2003). 본 연구는 이와 같은 관계가 다른 영역의 정치참여에도 확대되는 지를 검증하고자 한다. 이상의 논의는 다음과 같은 방정식으로 재정리될 수 있다.

$$정치참여_i = \beta_0 + \beta_1 정당간\ 이념차이_i + \beta_2 정당간\ 선호도\ 차이_i + X\beta + \varepsilon_i$$

종속변수인 정치참여는 다음과 같은 여섯 가지 유형으로 세분화된다: 투표 여부, 투표 참여권유 여부, 후보자 버튼 달기, 정치집회 참가 여부, 선거활동 참여 여부, 그리고 정치자금 기부 여부. "정당 간 이념 차이" 변수는 유권자가 인식하는 정당 간 이념적 차이를 의미하며, "정당간 선호도 차이" 변수는 유권자의 정당 간 선호도 차이를 의미한다. "X"는 통제변수의 행렬, 즉 인구사회학적 통제변수와 정부태도 변수의 행렬이다. "β"는 이에 상응하는 변수들의 기울기 계수들의 벡터(vector)이며, "i"는 응답자를 일컫는다.

여섯 가지 유형의 종속변수 모두는 가변수이기 때문에 로짓모델(Logit Model)이 통계모델로서 사용되었다.[10]

---

10) 프로빗 모델(probit model)과 로짓 모델(logit model) 사이의 선택은 편의성의 문제로서 통계적 유의성이나 계수의 방향에는 차이를 일으키지 않는다(Long 1997).

IV. 분석결과

유권자의 정치엘리트 양극화 인식에 따른 정치참여를 분석하기에 앞서, 미국 유권자의 정치참여 행태를 먼저 서술하고자 한다. 애브람슨, 알드리치, 그리고 로드(Abramson, Aldrich, and Rohde 2003, ch. 4)가 잘 정리했듯이, 미국의 정치참여는 가장 저비용 정치참여로 간주되는 투표참여에서조차 저조한 것으로 보고되고 있다. 예를 들어 제2차 세계대전 이후 유권자의 관심이 가장 높은 대통령선거에서조차 투표율이 60퍼센트를 상회할 때는 4번에 불과했다.[11] 중간선거 때에는 투표율이 일반적으로 50% 미만으로 기록되고 있다. 이와 같이 저조한 투표율은 비합법적 거주자와 범죄인을 유효투표 수에서 제외한다 할지라도 여전히 나타나고 있었다(McDonald and Popkin 2001).

이와 같은 선상에서 한 가지 흥미로운 점은 미국 연방선거자료에 보

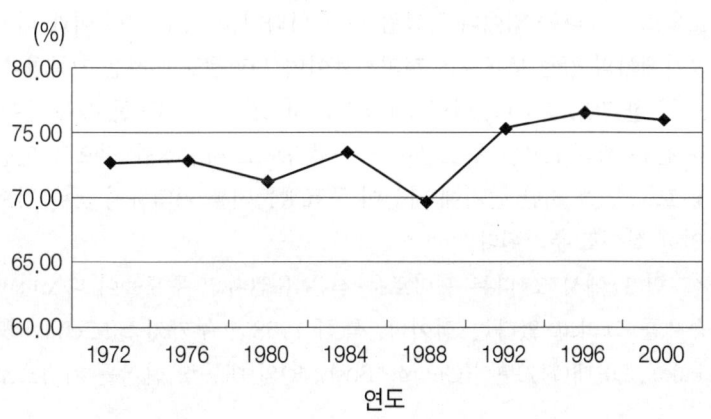

〈그림 1〉 유권자 정치참여 행태: 투표참여

---

11) 4번의 대통령 선거는 1952년 Eisenhower 대 Stevenson(62%), 1960년 Nixon 대 Kennedy(63%), 1964년 Goldwater 대 Johnson(62%), 그리고 1972년 Nixon 대 Humphrey(61%)이다.

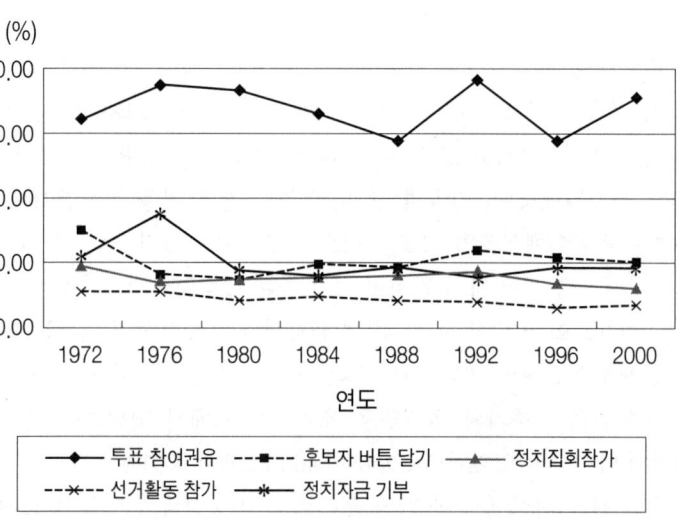

〈그림 2〉 유권자 정치참여 행태: 기타

도된 투표율이 미국 통계청(U.S. Census Bureaus)에 기록된 공식적인 투표율보다 높다는 점이다. 〈그림 1〉에 나타나듯이, 1972년 이래 대통령선거에서의 평균 투표율은 74퍼센트이며 70퍼센트 이하를 기록한 선거는 단 한 건도 없었다. 벨리 등(Belli et al. 1999)이 지적한 바와 같이, 이와 같은 과대보고는 투표참여가 사회적으로 바람직한 것으로 인한 거짓 보고 또는 지난 선거에 자신이 투표했는지를 기억하지 못한 것으로 인한 실수로 추정된다.[12]

〈그림 1〉에서 또 다른 흥미로운 점은 유권자의 투표율이 다소나마 상승세를 그리고 있다는 점이다. 특히 1988년 두카키스(Michael S. Dukakis, D) 대(對) 부시(George Bush, R)의 대통령 선거를 기점으로

---

12) 그러나 이와 같은 과대보고가 본 연구의 주요 독립변수와 관련하여 특정방향으로 그리고 체계적으로 보고될 가능성은 적기 때문에 분석의 결과가 오도될 가능성은 또한 적다고 본다.

증가 추세가 두드러지고 있다.

그러나 후보자 버튼 달기를 제외한 다른 형태의 정치참여는 이와 같은 증가추세를 보이지 않고 있다. 〈그림 2〉에서 나타나듯이, "■"로 표시되어 있는 후보자 버튼을 다는 식의 정치참여는 다소나마 증가추세를 보이고 있다.

그렇지만 후보자 버튼 달기 이외의 정치참여 행태는 뚜렷한 증가추세를 보이고 있지 않다. 또한 절대적 측면의 정치참여율 또한 높지 않은 것으로 나타나고 있다. 예를 들어, 투표참여 권유는 크게 40% 미만의 유권자가, 작게는 30% 미만의 유권자가 해 본 경험이 있는 것으로 나타났다. 반면, 해당 선거연도에 있어서 정치집회에 참여해 본 유권자는 1972년 이래 10% 미만이었으며, 후보자 또는 정당의 선거활동에 참여한 유권자는 5% 미만이었다. 정치자금 기부 또한 1976년 대통령 선거를 제외할 때 10% 미만에 그쳤다. 이와 같은 수치는 미국 정치에 있어서 유권자 정치참여가 상당히 저조함을 보여주고 있다.

정치엘리트 양극화에 대한 유권자 인식은 본 연구의 주요 독립변수

〈그림 3〉 정당 간 이념적 차별성

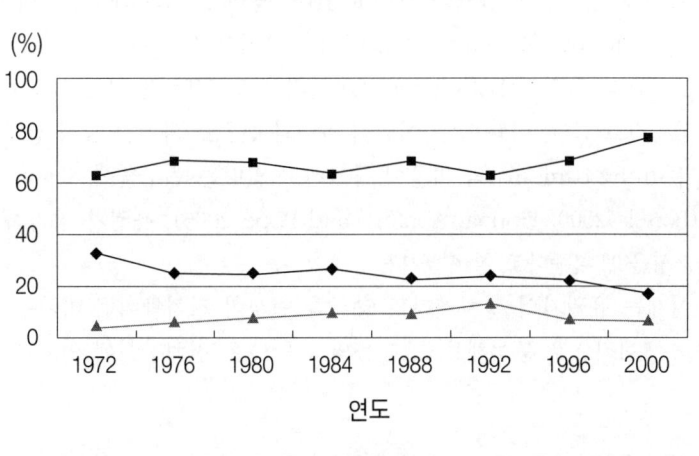

이다. 유권자 인식을 측정하기 위하여, 정당 간 이념적 차이와 정당 간 선호도 차이가 지표로서 사용되었다. 앞서〈그림 3〉은 유권자가 인식하는 정당 간 이념적 차이를 나타내며, 아래의〈그림 4〉는 유권자의 정당 선호도 차이를 보여주는 그림이다. 〈그림 3〉과 〈그림 4〉의 공통점은 양당 간 이념적 차이나 선호도 차이가 점증적으로 커지고 있다는 점이다. 이와 같은 경향은 정당 간 선호도 차이에서 보다 분명히 나타나고 있다.[13]

〈그림 3〉에서 나타나듯이, 유권자 다수는 양 정당간에 이념적으로 다소나마 차이가 있는 것으로 인식하고 있었다. 평균 68%의 유권자가 양당 간에 이념적으로 다소 차이가 있는 것으로, 그리고 평균 8%가 이념적으로 큰 차이가 있는 것으로 인식하고 있었다. 반면, 차이가 없다고 한 유권자는 평균 24%였다. 그리고 〈그림 3〉은 양당 간 이념적 차이가 다소나마 있다는 유권자의 비율이 점증적으로 상승하고 있음을 보여주고 있다.

정당 간 선호도 차이를 보여주는 〈그림 4〉 또한 유사한 추세를 보여주고 있다. 평균적으로 민주당과 공화당의 선호도 차이는 29이며, 1980년 이후로 꾸준한 증가세를 보이고 있다. 특히 1980년 레이건(Ronald Reagan, R) 대 카터(Jimmy Carter, D) 그리고 1992년 부시(George Bush, R) 대 클린턴(Bill Clinton, D) 선거 이후 정당 간 선호도 차이가 분명해지고 있다. 이와 같은 이념적 차이와 선호도 차이는 강성 정당지지자(strong partisans)의 비율이 증가하고 있다는 연구들에 비추어 볼 때(Bartels 2000; Fiorina, Abrams, and Pope 2005), 유권자 양극화의 가능성을 보여준다고 할 수 있다.

이제는 유권자의 정치엘리트 양극화 인식이 정치참여에 미치는 영향을 체계적으로 분석해보자. 다음의 〈표 1〉은 정치참여에 영향을 주

---

13) 정당 간 선호도 차이는 민주당과 공화당의 선호도의 절대차이값이며, 〈그림 4〉는 정당 간 선호도 차이의 연별 평균값을 그래프화한 것이다.

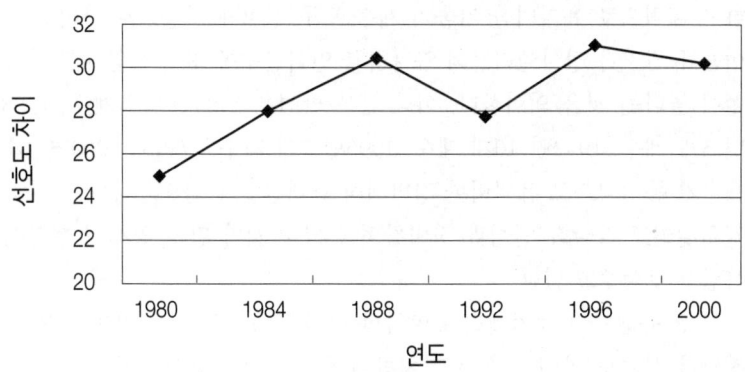

<그림 4> 정당 간 선호도 차이

는 다양한 변수를 통제한 후 유권자 인식과 정치참여 간의 관계를 분석한 결과이다. 첫 번째 행은 해당 대통령 선거연도를 지칭하며, "이념차이" 행은 정당 간 이념적 차이 인식이 해당 정치참여에 미치는 영향력을 분석한 결과이다. "선호도차이"는 정당 간 선호도 차이가 정치참여에 미치는 영향력을 분석한 결과이다.

<표 1>에서 나타나듯이, 유권자의 정치엘리트 양극화 인식은 유권자의 정치참여를 일반적으로 증가시키고 있었다.[14] 예를 들어, 1980년

---

14) 논문의 지면 제약상 통제변수에 대한 분석결과는 제시하지 않았다. 정치참여에 미치는 통제변수의 효과는 다음과 같이 요약될 수 있다. 첫째, 모든 유형의 정치참여에 일관적으로 영향을 미치는 통제변수는 없었다. 예를 들어 투표 여부에 있어서는 나이, 교육, 남부 거주자, 소득, 교회참여 정도, 효능감이, 그리고 투표 참여 권유에 있어서는 성별, 인종 등이 다른 변수와 더불어 영향력을 미치고 있었다. 반면 선거활동 참가에 있어서는 어떠한 통제변수도 지속적인 영향력을 가지고 있지 않았다. 둘째, 정치태도 변수 중 정치적 효능감(political efficacy) 변수를 제외한 연방정부 신뢰도, 부패인식도, 유권자 이념은 정치참여에 일반적으로 영향을 끼치지 않고 있었다. 예외적으로 부패인식도가 투표 참여 권유에 있어 다소 영향을 끼치고 있는 것으로 나타났으나, 관계의 방향이 일정하지 않았다. 예를 들어 1988년, 1992년, 그리고 1996년의 경우 부패인식

의 경우 전체 12개의 계수 중 7개 계수가 통계적으로 유의미하였다. 또한 통계적으로 유의미한 기울기 계수 모두 정비례 방향으로 나타났다. 이는 유권자가 정치엘리트의 양극화를 인식할수록 정치에 참여할 가능성이 높다는 것을 의미한다. 이와 같은 발견은 1984년 9개 계수, 1988년 5개 계수, 1992년 10개 계수, 1996년 7개 계수, 그리고 2000년 3개 계수가 통계적으로 유의미한 정비례적 관계임을 보임으로써, 유권자의 정치엘리트 양극화 인식과 정치참여 간의 관계가 단지 일시적 현상이 아님을 보여주고 있다.

한편 유권자의 정치엘리트 양극화 인식을 측정하는 두 가지 지표 중 정당간 선호도 차이 변수가 정치참여에 보다 일관적인 영향력을 행사하는 것으로 나타났다.[15] 예를 들어, 1980년의 경우 정당간의 이념적 차이는 단지 투표참여에만 영향을 주는 반면, 정당선호도 차이 변수는 모든 유형의 정치참여 가능성을 증대시키는 것으로 나타났다. 이와 같이 정당선호도 변수가 이념적 차이 변수보다 일관적으로 정치참여에 영향을 끼치는 점은, 다른 대통령선거 때에도 나타나고 있었다. 1984년의 경우 이념적 차이 변수는 6개 계수 중 4개 계수가 유의미한 반면 선호도 차이 변수는 6개 중 5개 계수가 유의미한 것으로 나타났다. 1988년

도가 높을수록 다른 유권자에게 투표참여 권유를 할 가능성이 증가하는 반면, 2000년의 경우 이러한 관계가 반대로 나타나고 있었다. 셋째, 정치적 효능감은 선거활동 참가를 제외한 경우 모든 정치참여에 있어서 일관적인 영향력을 끼치고 있었다. 즉 정치적 효능감이 높은 유권자의 경우 투표참가, 투표참가 권유, 후보자 버튼 달기, 정치집회 참가, 그리고 정치자금 기부 모두의 가능성이 증가하는 것으로 나타났다. 자세한 내용은 부록을 참고.

15) 정당 간 이념 차이 변수가 지속적인 유의성을 확보하지 못한 이유 중 하나로서 정당 간 선호도 변수와의 다중공선성(multicollinearity) 가능성을 제기할 수 있다. 그러나 이들 양자의 상관관계는 높지 않은 것으로 나타났다. 예를 들어 1980년의 경우 상관관계 지수는 0.31, 1984년은 0.33, 1988년은 0.34, 1992년은 0.31, 1996년은 0.35, 그리고 2000년은 0.18였다. 따라서 다중공선성으로 인한 분석오류의 가능성은 크지 않을 것으로 판단된다.

〈표 1〉 유권자의 정치엘리트 양극화 인식과 정치참여

	투표참여		투표참여 권유		후보자 버튼	
	이념차이	선호도차이	이념차이	선호도차이	이념차이	선호도차이
1980	0.151* (0.078)	0.016*** (0.005)	0.059 (0.060)	0.014*** (0.004)	-0.007 (0.105)	0.016*** (0.006)
1984	0.127** (0.050)	0.010*** (0.003)	0.164*** (0.042)	0.014*** (0.002)	0.164** (0.068)	0.004 (0.004)
1988	0.051 (0.056)	0.016*** (0.004)	0.078 (0.049)	0.015*** (0.003)	0.111 (0.080)	0.005 (0.004)
1992	0.147*** (0.048)	0.012*** (0.003)	0.061* (0.036)	0.017*** (0.002)	0.014 (0.064)	0.013*** (0.004)
1996	0.072 (0.057)	0.017*** (0.004)	0.035 (0.050)	0.017*** (0.003)	0.236** (0.104)	0.013*** (0.005)
2000	0.084 (0.090)	0.008 (0.005)	0.001 (0.071)	0.008** (0.004)	0.002 (0.137)	0.003 (0.007)

	정치집회 참가		선거활동 참가		정치자금 기부	
	이념차이	선호도차이	이념차이	선호도차이	이념차이	선호도차이
1980	0.066 (0.141)	0.020*** (0.007)	0.106 (0.108)	0.013** (0.006)	0.132 (0.103)	0.018*** (0.005)
1984	0.104 (0.094)	0.014*** (0.005)	-0.002 (0.064)	0.017*** (0.003)	0.159** (0.078)	0.013*** (0.004)
1988	0.303** (0.124)	0.003 (0.006)	0.095 (0.074)	0.013*** (0.004)	-0.102 (0.085)	0.019*** (0.004)
1992	0.262*** (0.101)	0.009* (0.005)	0.131** (0.053)	0.013*** (0.003)	0.070 (0.069)	0.007* (0.004)
1996	0.197 (0.149)	0.021*** (0.007)	0.053 (0.074)	0.016*** (0.004)	0.024 (0.087)	0.018*** (0.004)
2000	-0.017 (0.174)	0.011 (0.009)	0.009 (0.110)	0.014*** (0.005)	-0.069 (0.128)	0.017** (0.007)

괄호안은 표준오차
* p < .10; ** p < .05; *** p < .01

의 경우 어떠한 이념적 차이 변수 계수도 정치참여에 영향을 끼치지 않은 반면 선호도 차이 변수는 이전과 마찬가지로 5개 계수가 통계적으로 유의미한 것으로 나타났다. 또한 1992년의 경우 4 대 6, 1996년 1 대 6, 그리고 2000년의 경우 0 대 3으로 이념적 차이 변수 계수보다 선호도 차이 변수의 계수가 보다 지속적인 통계적 유의성을 보여주고 있다.

〈표 1〉에서 나타나는 또 다른 특징은 정치엘리트 양극화의 "심화"가 유권자 정치참여의 "강화"로 이어지지는 않았다는 점이다. 그로프만 등(Grofman, Koetzle, and McGann 2002)과 헤더링턴(Hetherington 2001)의 연구에 비추어 볼 때, 의회로 대표되는 정치엘리트 양극화는 1972년 이후로 심화되고 있었다. 또한 〈그림 3〉과 〈그림 4〉에서 나타나듯이, 유권자들 또한 정치엘리트의 양극화를 인식하고 있는 듯하였다. 그러나 〈표 1〉의 기울기 계수는 "계수의 크기" 측면에서 증가되고 있지 않았다. 특히 비교적 일관되게 정치참여에 영향력을 끼치는 정당 간 선호도 차이 변수에서조차도 관계의 크기 정도를 보여주는 "계수의 크기"는 증가되고 있지 않았다.

예를 들어, 정당선호도 차이 변수는 투표참여에 1980년, 1984년, 1988년, 1992년, 1996년에 걸쳐 영향을 끼치고 있었으나, 계수의 크기가 각각 0.016, 0.010, 0.016, 0.012, 0.017로 나타남으로써 증가세를 보이고 있지 않았다. 또한 정당 간 선호도 차이 변수는 정치자금 기부에 지속적인 영향을 미치고 있었으나, 계수의 크기는 뚜렷한 증가추세를 나타내고 있지 않았다. 이와 같은 점은 유권자가 인식하는 정치엘리트 양극화 정도가 유권자의 정치참여에 영향을 끼쳤으나, 그 관계성은 증가되고 있지 않았음을 보여주는 증거라 할 수 있다.

요약컨대, 유권자가 인식하는 정치엘리트 양극화는 유권자의 정치참여와 정비례적인 관계가 있음이 밝혀졌다. 양극화 인식 중 특히 정당 간 선호도 차이가 정당 간 이념적 차이보다 지속적인 관계가 있음이 밝혀졌다. 그러나 정치엘리트 양극화가 심화됨에도 불구하고, 유권자 정치참여에 대한 영향력의 크기는 증가하고 있지 않았다.

최근 점증되고 있는 정치엘리트 양극화에도 불구하고, 유권자의 정치엘리트 양극화 인식이 정치참여에 미치는 영향력이 증가하지 않는다는 점에 대해서 다음과 같은 두 가지 설명이 가능하다. 첫째, 레이만과 칼시(Layman and Carsey 2002)가 지적한 바와 같이, 정당 충성도의 정도에 따른 관계변화 설명이다. 앞서 언급한 바와 같이, 정치엘리트 양극화가 정치참여에 영향을 미치기 위해서는 유권자가 정치엘리트 양극화를 인식하여야 한다. 또한 이들 간의 관계가 강화되기 위해서는 유권자가 정치엘리트의 양극화가 심화되고 있음을 인식하여야 한다. 이와 같은 인식정도는 정당 충성도에 따라 차이를 보일 수 있으며, 따라서 관계의 강화정도에 영향을 끼칠 수 있다.

두 번째 설명은 피오리나 등의 연구(Fiorina 2002; Fiorina, Abrams, and Pope 2005)와 디오지마, 에반스 그리고 브라이슨의 연구(DiMaggio, Evans, and Bryson 1996)에서 찾을 수 있다. 예를 들어, 2002년 연구에서 피오리나는 정당일체감(party identification)이 후보자 선택에 미치는 영향력이 증대되는 것처럼 보이는 원인은 정당일체감 자체의 후보 선택 영향력이 증가된 것이 아니라고 주장한다. 피오리나는 이의 원인을 첫째 남부 보수 민주당원이 공화당으로 전환되었기 때문에, 그리고 둘째 정치엘리트가 보다 선명한 정책적 입장을 취했기 때문이라고 주장한다. 또한 2005년 연구에서 피오리나는 정치엘리트의 움직임을 보다 구체화하였다. 피오리나는 유권자의 선호도가 변화하지 않을지라도, 후보자의 정책적 입장이 다차원적으로 변화함에 따라 유권자의 선택이 보다 분명해질 수 있으며, 이의 결과로서 유권자의 정당일체감이 마치 후보자 선택에 보다 큰 영향력을 끼치는 것처럼 보인다는 주장을 제기하였다.[16]

---

16) 본 연구는 이와 같은 가능성 중 레이만과 칼시의 논의에 초점을 맞추고자 한다. 왜냐하면 레이만과 칼시(Layman and Carsey, 2002)의 주장과는 달리, 피오리나의 주장(Fiorina, 2002; Fiorina, Abrams, and Pope, 2005)은 정치엘리트 양극화와 유권자 양극화에 관한 이론적 차원의 논의로서 본 논문의 연구범

이어지는 분석에서는 레이만과 칼시의 논의에 따라 정당 충성도 (party loyalty)에 따른 유권자의 정치엘리트 양극화 인식과 정치참여 간의 관계를 분석하고자 한다. 정당 충성도는 자유도 문제를 고려하여 무당파와 무당파 성향의 정당지지자를 하나의 범주로 그리고 온건 또는 강성 정당지지자를 다른 하나의 범주로 나누었다.[17] 〈표 2〉와 〈표 3〉 분석에 사용된 종속변수와 독립변수는 〈표 1〉과 동일하다.[18]

레이만과 칼시가 지적한 바와 같이, 〈표 2〉와 〈표 3〉의 비교는 유권자의 정치엘리트 양극화 인식과 정치참여 간의 관계가 정당 충성도에 따라 차이가 있음을 보여주고 있다. 무당파 또는 무당파 성향의 유권자

위를 넘어서기 때문이다.
17) 〈표 1〉의 결과와 〈표2〉와 〈표 3〉의 결과를 직접적으로 비교하는 것은 다음과 같은 이유로 한계가 있다. 첫째, 〈표 2〉와 〈표 3〉은 정당충성도에 따라 범주화된 샘플 내에서의 분석이기 때문에 마치 〈표 1〉에 하나의 변수가 추가되는 효과를 가져온다. 따라서 상이한 모델 간의 직접적인 비교는 어려움이 있다. 두 번째 한계는 정당 충성도와 이념적 차이 또는 선호도 차이 간의 상관관계가 존재하기 때문이다. 특히 정당 충성도와 정당 간 선호도 차이 간에는 상관관계가 높을 것으로 추정된다. 왜냐하면 강한 정당 충성도를 보이는 유권자일 수록 선호도 차이가 커질 수 있기 때문이다. 실질적으로 분석에서 사용된 정당 충성도와 선호도 차이 간의 상관관계는 높은 것으로 나타났다. 예를 들어 1980년의 경우 정당 충성도와 정당 간 선호도 차이 간의 상관관계는 0.43, 1984년은0.47, 1988년은 0.41, 1992년은 0.44, 1996년은0.49, 그리고 2000년은 0.51로서 나타났다. 셋째, 정당 충성도에 따른 범주화로 말미암아 일부 통제변수가 완전공선성(perfect collinearity)으로 인하여 분석에서 제외되었다. 예를 들어 무당파 또는 무당파 성향 범주의 경우 1980년 대통령선거에 있어 후보자 버튼 변수를 분석하는 과정에서 인종 변수가 완전공선성의 문제로 분석에서 제외되었다.
18) 〈표 1〉과 마찬가지로, 〈표 2〉와 〈표 3〉에서도 이념차이와 선호도 차이 간의 상관관계는 높지않은 것으로 나타났다. 예를 들어 무당파 또는 무당파 성향의 정당지지자를 대상으로 분석한 〈표 2〉의 경우 상관관계 지수는 0.28(1980), 0.33(1984), 0.22(1988), 0.24(1992), 그리고 0.15(2000)이었다. 온건 또는 강성 정당지지자를 분석한 〈표 3〉의 경우 상관관계지수는 0.32(1980), 0.30(1984), 0.37(1988), 0.29(1992), 0.34(1996), 그리고 0.12(2000)이었다.

〈표 2〉 유권자의 정치엘리트 양극화 인식과 정치참여: 무당파 또는 무당파 성향

	투표참여		투표참여 권유		후보자 버튼	
	이념차이	선호도차이	이념차이	선호도차이	이념차이	선호도차이
1980	0.078 (0.142)	0.022* (0.012)	0.028 (0.110)	0.014* (0.008)	0.434 (0.298)	0.016 (0.018)
1984	0.073 (0.079)	0.017*** (0.006)	0.172** (0.073)	0.019*** (0.005)	0.046 (0.137)	-0.008 (0.012)
1988	0.033 (0.094)	0.004 (0.006)	-0.013 (0.089)	0.004 (0.006)	0.004 (0.148)	0.017** (0.008)
1992	0.216*** (0.078)	0.009 (0.006)	0.008 (0.060)	0.017*** (0.005)	-0.030 (0.115)	0.019*** (0.007)
1996	0.044 (0.093)	0.016** (0.007)	0.100 (0.088)	0.008 (0.006)	0.376* (0.195)	0.004 (0.012)
2000	0.275* (0.141)	0.004 (0.010)	0.099 (0.124)	0.022*** (0.008)	0.066 (0.254)	0.012 (0.016)

	정치집회 참가		선거활동 참가		정치자금 기부	
	이념차이	선호도차이	이념차이	선호도차이	이념차이	선호도차이
1980	-0.830 (0.535)	0.031 (0.032)	0.176 (0.266)	0.037** (0.016)	0.108 (0.225)	0.010 (0.016)
1984	-0.134 (0.224)	0.025* (0.013)	-0.172 (0.141)	0.021** (0.009)	-0.083 (0.157)	0.009 (0.010)
1988	0.197 (0.220)	0.010 (0.012)	0.093 (0.155)	-0.005 (0.010)	0.070 (0.181)	0.017* (0.010)
1992	0.301 (0.191)	0.016 (0.011)	0.091 (0.088)	0.015** (0.006)	0.071 (0.117)	0.015** (0.008)
1996	1.519*** (0.588)	0.015 (0.024)	-0.084 (0.147)	0.014 (0.009)	0.020 (0.180)	0.025** (0.010)
2000	-0.414 (0.430)	0.066** (0.030)	-0.229 (0.206)	0.028** (0.012)	-0.386* (0.234)	0.052*** (0.017)

괄호안은 표준오차
* p 〈 .10; ** p 〈 .05; *** p 〈 .01

를 분석한 경우(〈표 2〉), 유권자의 정치엘리트 양극화 인식은 모든 경우에 있어 과반수 이상의 계수들이 통계적 유의성을 획득하고 있지 못했다. 반면 온건 또는 강성 정당지지 성향의 유권자를 분석한 결과를 보면(〈표 3〉), 1980년과 2000년을 제외한 경우 모든 경우에 있어서 과반수 이상의 계수들이 통계적 유의성을 보이고 있었다.

또한 2000년의 경우를 제외하면, 만약 무당파 또는 무당파 성향의 유권자에서 유효한 관계가 보여질 경우, 온건 또는 강성 정당지지 성향의 유권자에게서도 통계적 유의성이 확보되었다. 그러나 반대의 경우는 적용되지 않았다. 즉 다수 경우에 있어서 온건 또는 강성 정당지지 성향의 유권자에게서는 유의미한 관계가 무당파 또는 무당파 성향의 유권자를 대상으로 한 분석에서는 유의미하지 않은 것으로 나타났다. 이와 같은 결과에 기반하여 볼 때, 정당 충성도에 따라 유권자의 정치엘리트 양극화 인식과 정치참여 간의 관계가 달라 짐을 알 수 있다.

그러나 앞서 문제가 되었던 바는 정치엘리트 양극화 심화에도 불구하고 이의 정치참여에 대한 영향력이 증가하지 않았다는 의문이다. 〈표 3〉은 이러한 의문에 해답을 제시하지 못하고 있다. 레이만과 칼시의 논의에 기반한 유추가 적절하다면, 〈표 3〉의 계수들 특히 정당 간 선호도 차이 변수의 계수는 증가유형을 보여야 할 것이다. 그러나 정치엘리트 양극화 인식 변수들의 계수는 〈표 3〉에서 일정한 유형을 보이고 있지 않았다. 예를 들어 정당간 선호도 차이 변수가 투표참여에 미치는 영향력을 볼 때, 계수의 크기는 0.019(1980), 0.018(1988), 0.012(1992), 0.014(1996), 그리고 0.013(2000)이었다. 이들 계수의 통계적 유의성은 확보되었으나, 이들 계수의 증가추세는 나타나지 않고 있었다. 이와 같은 결과는 다른 유형의 정치참여에서도 발견되고 있었다.[19]

---

19) 한편, 〈표 1〉에서 나타나는 특징 또한 〈표 2〉와 〈표 3〉에서도 나타나고 있다. 예를 들어 정당 간 이념적 차이보다는 정당 간 선호도 차이가 보다 일관적으로 정치참여에 영향을 미치고 있었다. 이와 같은 행태는 양 범주 모두에서 나타나고 있었다. 지면상의 제약으로 통제변수의 결과에 대한 설명은 생략한다.

〈표 3〉 유권자의 정치엘리트 양극화 인식과 정치참여: 온건 또는 강성 정당지지자

	투표참여		투표참여 권유		후보자 버튼	
	이념차이	선호도차이	이념차이	선호도차이	이념차이	선호도차이
1980	0.123 (0.099)	0.019*** (0.007)	0.037 (0.075)	0.014*** (0.004)	-0.126 (0.118)	0.016** (0.007)
1984	0.160** (0.066)	0.005 (0.004)	0.152*** (0.051)	0.011*** (0.003)	0.191** (0.081)	0.003 (0.004)
1988	0.062 (0.073)	0.018*** (0.005)	0.101* (0.060)	0.017*** (0.003)	0.156 (0.100)	0.002 (0.005)
1992	0.119* (0.063)	0.012*** (0.004)	0.099** (0.047)	0.016*** (0.003)	0.047 (0.079)	0.010** (0.005)
1996	0.110 (0.073)	0.014*** (0.004)	0.015 (0.061)	0.020*** (0.003)	0.187 (0.124)	0.016*** (0.006)
2000	-0.014 (0.131)	0.013* (0.008)	-0.022 (0.094)	0.006 (0.005)	-0.039 (0.179)	0.003 (0.010)

	정치집회 참가		선거활동 참가		정치자금 기부	
	이념차이	선호도차이	이념차이	선호도차이	이념차이	선호도차이
1980	0.135 (0.153)	0.016* (0.008)	0.090 (0.126)	0.006 (0.007)	0.114 (0.119)	0.019*** (0.006)
1984	0.141 (0.109)	0.010* (0.006)	0.024 (0.074)	0.014*** (0.004)	0.246*** (0.094)	0.014*** (0.005)
1988	0.371** (0.163)	0.002 (0.008)	0.081 (0.085)	0.015*** (0.004)	-0.174* (0.100)	0.020*** (0.005)
1992	0.237* (0.122)	0.007 (0.007)	0.152** (0.068)	0.013*** (0.004)	0.093 (0.087)	0.003 (0.005)
1996	-0.033 (0.171)	0.027*** (0.009)	0.105 (0.087)	0.014*** (0.004)	0.028 (0.100)	0.015*** (0.005)
2000	0.078 (0.223)	0.006 (0.012)	0.189 (0.147)	0.010 (0.007)	0.131 (0.177)	0.017* (0.009)

괄호안은 표준오차
* p 〈 .10; ** p 〈 .05; *** p 〈 .01

V. 결론 및 함의

 대의민주주의 운영의 기본적 전제인 정치참여에 대한 문제제기로부터 시작한 본 논문은 정치엘리트의 양극화가 시민의 정치참여를 증대시킬 수 있다는 결론을 제시한다.
 정치엘리트의 양극화로 인하여 정당 간 차별성이 심화될 경우, 이를 인식한 유권자는 유권자 수준의 양극화를 심화시키고, 이의 결과로서 정치참여 가능성을 증대시키기 때문이다. 또한 정치엘리트 양극화로 인한 정당간 차별성 심화는 정당간 이념적 차별 그리고 정당 간 선호도 차별이라는 경로를 통하여 정치참여에 영향을 주고 있는 것으로 밝혀졌다. 양자를 비교해 볼 때, 전자의 영향력 보다는 후자의 영향력이 보다 지속적이고도 일관적인 것으로 나타났다.
 끝으로 유권자의 정치엘리트 양극화 인식과 정치참여 간의 관계는 유권자의 정당 충성도에 따라 차이를 보이고 있는 것으로 분석되었다. 즉 정당 충성도가 낮은 무당파 또는 무당파 성향의 유권자를 대상으로 한 분석에서 보다 정당 충성도가 높은 온건 또는 강성 정당지지자들을 대상으로 한 분석에서 양극화 인식과 정치참여 간의 관계가 보다 일관적인 것으로 나타났다.
 한편 정치엘리트 양극화의 심화에도 불구하고, 유권자의 정치엘리트 양극화 인식이 정치참여에 미치는 영향력은 증가하고 있지는 않았다. 그로프만 등(Grofman, Koetzle, and McGann 2002)과 헤더링턴(Hetherington 2001)이 지적했듯이, 1970년대 이후 정치엘리트 양극화는 심화되고 있다. 〈그림 3〉과 〈그림 4〉에서 나타나듯이, 유권자가 인식하는 정치엘리트 양극화 또한 심화되고 있었다. 따라서 본 논문은 유권자의 정치엘리트 양극화 인식이 정치참여에 미치는 영향력 또한 증가할 것으로 예측하였다. 그러나 응답자 전체를 대상으로 한 분석에서나, 정당 충성도에 따른 무당파 또는 무당파 성향 유권자를 대상으로 한 분석, 그리고 온건 또는 강성 정당지지자를 대상으로 한 분석에서도 영향력의 증가추세는 발견되지 않았다.

미국 선거를 대상으로 분석한 본 연구는 한국 정치에 또한 시사하는 바가 있다. 예를 들어, 최근 들어 논의되고 있는 지역주의 약화 가능성은 작금의 투표참여율 하락을 설명할 수 있는 하나의 기제가 될 수 있기 때문이다(최준영·조진만 2005). 지역주의가 강한 시기에는 이를 기준으로 한 정당 차별성이 주어지며, 정당에 대한 선호도 또한 이에 따라 결정될 수 있다. 따라서 지역주의가 약화되고 있다는 논의는 다른 조건이 같을 경우 정당 간 차별성이 감소하고 있음을 의미하며, 이는 정치참여에 대한 동인을 감소시킬 수 있기 때문이다.

그러나 본 연구는 정치참여 향상을 위하여 지역주의를 조성하자는 주장을 하는 것이 아니다. 왜냐하면 지역주의는 정당 간 차별성을 줄 수 있는 요인들 중 단지 하나의 요인이기 때문이다. 다른 요소들, 예를 들어, 정당은 이념을 기준으로 차별성을 형성할 수 있다. 본 연구에서 주장하는 바는 정당간 차별성은 정치참여 향상을 위한 중요한 변수 중 하나이며, 이의 효과는 대의민주주의 운영에 순기능적인 역할을 할 수 있다는 점이다.

[부록]

〈부록 표 1〉 유권자 정치엘리트 양극화 인식과 투표참여

	1980	1984	1988	1992	1996	2000
정당 간 이념차이	0.151* (0.078)	0.127** (0.050)	0.051 (0.056)	0.147*** (0.048)	0.072 (0.057)	0.084 (0.090)
정당 간 선호도차이	0.016*** (0.005)	0.010*** (0.003)	0.016*** (0.004)	0.012*** (0.003)	0.017*** (0.004)	0.008 (0.005)
나이	0.044*** (0.008)	0.033*** (0.005)	0.038*** (0.005)	0.030*** (0.005)	0.034*** (0.005)	0.036*** (0.009)
성별(남자)	0.002 (0.224)	0.144 (0.150)	0.014 (0.168)	0.024 (0.146)	-0.030 (0.161)	-0.345 (0.264)
백인	-0.417 (0.463)	-0.100 (0.252)	-0.272 (0.260)	-0.136 (0.229)	0.129 (0.246)	-1.541** (0.619)
기타 인종	-1.702*** (0.649)	-0.724** (0.330)	-0.275 (0.325)	-0.653** (0.287)	-0.076 (0.306)	-1.370** (0.671)
교육	0.507*** (0.084)	0.324*** (0.055)	0.382*** (0.056)	0.402*** (0.054)	0.380*** (0.059)	0.468*** (0.105)
남부	-0.340 (0.251)	-0.374** (0.165)	-0.672*** (0.180)	-0.465*** (0.161)	-0.297* (0.170)	-0.326 (0.275)
소득	0.200* (0.112)	0.353*** (0.075)	0.427*** (0.083)	0.335*** (0.071)	0.374*** (0.078)	0.236* (0.133)
교회참여도	0.145** (0.061)	0.261*** (0.044)	0.299*** (0.049)	0.156*** (0.048)	0.354*** (0.056)	0.249*** (0.088)
연방정부 신뢰도	0.133 (0.222)	0.022 (0.138)	-0.029 (0.145)	-0.174 (0.139)	-0.138 (0.159)	-0.213 (0.251)
부패인식도	-0.079 (0.199)	-0.093 (0.115)	-0.166 (0.127)	-0.028 (0.121)	0.047 (0.135)	-0.213 (0.213)
효능감	-0.359*** (0.114)	-0.475*** (0.080)	-0.301*** (0.087)	-0.308*** (0.076)	0.012 (0.088)	-0.323** (0.142)
유권자 이념성향	0.065 (0.139)	-0.028 (0.094)	0.051 (0.100)	-0.112 (0.092)	-0.087 (0.104)	-0.337** (0.167)
절편	-3.304*** (0.845)	-3.113*** (0.535)	-3.401*** (0.553)	-1.999*** (0.489)	-3.663*** (0.554)	-0.337 (0.995)
N	700	1368	1167	1615	1252	522

괄호안은 표준오차
* $p < .10$; ** $p < .05$; *** $p < .01$

〈부록 표 2〉 유권자 정치엘리트 양극화 인식과 투표참여 권유

	1980	1984	1988	1992	1996	2000
정당 간 이념차이	0.059 (0.060)	0.164*** (0.042)	0.078 (0.049)	0.061* (0.036)	0.035 (0.050)	0.001 (0.071)
정당 간 선호도차이	0.014*** (0.004)	0.014*** (0.002)	0.015*** (0.003)	0.017*** (0.002)	0.017*** (0.003)	0.008** (0.004)
나이	-0.016*** (0.005)	-0.003 (0.004)	-0.008* (0.004)	-0.016*** (0.003)	0.004 (0.004)	-0.005 (0.007)
성별(남자)	0.096 (0.162)	0.140 (0.121)	0.475*** (0.135)	0.443*** (0.108)	0.573*** (0.133)	0.038 (0.194)
백인	1.003*** (0.362)	0.396* (0.220)	-0.024 (0.226)	0.677*** (0.183)	0.077 (0.228)	0.158 (0.368)
기타 인종	0.618 (0.533)	-0.462 (0.320)	0.448 (0.287)	0.197 (0.246)	0.258 (0.296)	0.520 (0.437)
교육	0.090 (0.058)	0.178*** (0.044)	0.188*** (0.043)	0.049 (0.037)	0.072 (0.047)	0.095 (0.069)
남부	-0.275 (0.181)	0.078 (0.141)	0.111 (0.151)	0.054 (0.124)	0.040 (0.141)	0.180 (0.202)
소득	0.074 (0.082)	0.055 (0.061)	0.198*** (0.071)	0.084 (0.055)	0.199*** (0.068)	0.138 (0.096)
교회참여도	0.003 (0.044)	0.066* (0.035)	0.045 (0.039)	0.066* (0.034)	0.086** (0.042)	0.053 (0.063)
연방정부 신뢰도	0.190 (0.166)	0.089 (0.110)	-0.095 (0.118)	0.109 (0.103)	-0.211 (0.133)	0.286 (0.182)
부패인식도	-0.070 (0.140)	0.021 (0.094)	0.329*** (0.107)	0.147* (0.089)	0.235** (0.110)	-0.321** (0.157)
효능감	-0.162* (0.090)	-0.195*** (0.074)	-0.053 (0.074)	-0.288*** (0.060)	-0.107 (0.070)	-0.177 (0.108)
유권자 이념성향	-0.092 (0.100)	-0.157** (0.074)	-0.021 (0.083)	-0.034 (0.067)	0.097 (0.084)	-0.165 (0.117)
절편	-3.304*** (0.609)	-3.113*** (0.430)	-3.401*** (0.456)	-1.999*** (0.377)	-3.663*** (0.458)	-0.337 (0.724)
N	699	1367	1166	1616	1252	522

괄호안은 표준오차
* p 〈 .10; ** p 〈 .05; *** p 〈 .01

〈부록 표 3〉 유권자 정치엘리트 양극화 인식과 후보자 버튼

	1980	1984	1988	1992	1996	2000
정당 간 이념차이	-0.007 (0.105)	0.164** (0.068)	0.111 (0.080)	0.014 (0.064)	0.236** (0.104)	0.002 (0.137)
정당 간 선호도차이	0.016*** (0.006)	0.004 (0.004)	0.005 (0.004)	0.013*** (0.004)	0.013*** (0.005)	0.003 (0.007)
나이	0.006 (0.009)	-0.010 (0.007)	0.006 (0.007)	0.004 (0.006)	-0.007 (0.008)	0.008 (0.013)
성별(남자)	0.260 (0.281)	0.439** (0.199)	0.285 (0.221)	0.354* (0.181)	0.407 (0.251)	0.037 (0.369)
백인	-0.029 (0.555)	-0.354 (0.326)	-1.139*** (0.330)	-0.266 (0.272)	0.580 (0.554)	-0.913 (0.558)
기타 인종	0.103 (0.828)	-0.218 (0.453)	0.107 (0.393)	-0.584 (0.421)	0.030 (0.704)	-0.800 (0.733)
교육	0.173* (0.101)	0.207*** (0.073)	0.259*** (0.072)	0.257*** (0.064)	0.299*** (0.096)	0.057 (0.132)
남부	-0.511 (0.338)	-0.191 (0.238)	-0.489* (0.265)	0.318 (0.194)	-0.238 (0.268)	0.284 (0.374)
소득	0.226 (0.147)	-0.179* (0.097)	0.175 (0.120)	0.123 (0.094)	-0.002 (0.130)	0.179 (0.188)
교회참여도	0.258*** (0.083)	0.125** (0.058)	0.092 (0.063)	0.121** (0.058)	0.219*** (0.081)	0.071 (0.121)
연방정부 신뢰도	0.599* (0.306)	0.120 (0.180)	0.070 (0.190)	-0.210 (0.162)	-0.099 (0.245)	-0.020 (0.339)
부패인식도	-0.151 (0.236)	-0.277* (0.154)	-0.217 (0.171)	-0.142 (0.143)	-0.324 (0.200)	-0.210 (0.296)
효능감	-0.162* (0.168)	-0.195*** (0.134)	-0.053 (0.133)	-0.288*** (0.111)	-0.107 (0.134)	-0.177 (0.211)
유권자 이념성향	-0.440*** (0.168)	-0.132 (0.118)	-0.214 (0.131)	-0.364*** (0.108)	0.070 (0.154)	-0.168 (0.221)
절편	-3.304*** (1.093)	-3.113*** (0.678)	-3.401*** (0.728)	-1.999*** (0.617)	-3.663*** (0.942)	-0.337 (1.324)
N	700	1368	1165	1615	1252	522

괄호안은 표준오차
* $p < .10$; ** $p < .05$; *** $p < .01$

<부록 표 4> 유권자 정치엘리트 양극화 인식과 정치집회 참가

	1980	1984	1988	1992	1996	2000
정당 간 이념차이	0.066 (0.141)	0.104 (0.094)	0.303** (0.124)	0.262*** (0.101)	0.197 (0.149)	-0.017 (0.174)
정당 간 선호도차이	0.020*** (0.007)	0.014*** (0.005)	0.003 (0.006)	0.009* (0.005)	0.021*** (0.007)	0.011 (0.009)
나이	0.016 (0.012)	0.001 (0.009)	0.027*** (0.010)	0.018** (0.008)	0.002 (0.011)	-0.001 (0.016)
성별(남자)	-0.017 (0.397)	0.546** (0.271)	-0.361 (0.308)	-0.063 (0.281)	0.299 (0.357)	-0.245 (0.475)
백인	1.331 (1.103)	-0.435 (0.421)	-0.343 (0.536)	-0.524 (0.391)	0.586 (0.777)	-0.219 (0.809)
기타 인종	1.812 (1.321)	-0.126 (0.578)	0.221 (0.684)	-0.618 (0.624)	-0.820 (1.249)	0.069 (0.989)
교육	-0.141 (0.132)	0.168* (0.095)	0.402*** (0.108)	0.138 (0.095)	0.314** (0.136)	0.141 (0.166)
남부	-0.428 (0.481)	0.354 (0.288)	-0.099 (0.365)	0.267 (0.304)	-0.176 (0.380)	0.553 (0.462)
소득	0.129 (0.197)	-0.002 (0.136)	0.298* (0.178)	0.104 (0.145)	0.172 (0.186)	-0.114 (0.224)
교회참여도	0.135 (0.112)	-0.029 (0.077)	0.038 (0.087)	0.083 (0.089)	0.178 (0.113)	-0.044 (0.154)
연방정부 신뢰도	0.617 (0.423)	-0.013 (0.242)	0.247 (0.273)	-0.153 (0.254)	-0.415 (0.331)	-0.121 (0.425)
부패인식도	-0.053 (0.341)	0.039 (0.210)	-0.065 (0.246)	-0.219 (0.224)	0.192 (0.299)	-0.423 (0.369)
효능감	-0.299 (0.239)	-0.369* (0.190)	-0.449** (0.198)	-0.475** (0.195)	-0.220 (0.190)	-0.530* (0.316)
유권자 이념성향	-0.312 (0.242)	0.062 (0.162)	-0.136 (0.185)	-0.319* (0.167)	-0.383* (0.208)	0.099 (0.288)
절편	-6.705*** (1.703)	-4.724*** (0.926)	-7.457*** (1.184)	-4.904*** (0.982)	-6.627*** (1.348)	-3.354* (1.740)
N	699	1364	1162	1614	1252	522

괄호안은 표준오차
* p < .10; ** p < .05; *** p < .01

〈부록 표 5〉 유권자 정치엘리트 양극화 인식과 선거활동 참가

	1980	1984	1988	1992	1996	2000
정당 간 이념차이	0.106 (0.108)	-0.002 (0.064)	0.095 (0.074)	0.131** (0.053)	0.053 (0.074)	0.009 (0.110)
정당 간 선호도차이	0.013** (0.006)	0.017*** (0.003)	0.013*** (0.004)	0.013*** (0.003)	0.016*** (0.004)	0.014*** (0.005)
나이	-0.027*** (0.010)	-0.010* (0.006)	0.000 (0.006)	-0.006 (0.005)	0.001 (0.006)	-0.000 (0.010)
성별(남자)	0.237 (0.305)	0.398** (0.185)	0.127 (0.205)	0.136 (0.154)	-0.137 (0.193)	0.102 (0.292)
백인	1.172 (0.787)	?0.221 (0.293)	-0.422 (0.310)	0.250 (0.253)	-0.079 (0.328)	-0.285 (0.497)
기타 인종	1.458 (1.000)	-0.674 (0.461)	-0.031 (0.398)	0.208 (0.343)	-0.082 (0.418)	-0.206 (0.623)
교육	-0.155 (0.106)	0.087 (0.067)	0.147** (0.065)	0.066 (0.053)	0.135** (0.068)	0.095 (0.103)
남부	-0.051 (0.344)	0.156 (0.209)	-0.156 (0.233)	0.356** (0.168)	-0.043 (0.203)	0.056 (0.302)
소득	0.115 (0.157)	-0.209** (0.092)	-0.011 (0.105)	-0.004 (0.078)	0.110 (0.098)	0.118 (0.145)
교회참여도	0.254*** (0.090)	0.087 (0.055)	0.075 (0.059)	0.043 (0.050)	0.044 (0.061)	0.102 (0.097)
연방정부 신뢰도	0.417 (0.324)	-0.008 (0.168)	-0.019 (0.177)	-0.069 (0.144)	-0.117 (0.191)	0.013 (0.276)
부패인식도	0.459 (0.286)	-0.166 (0.143)	-0.055 (0.159)	0.084 (0.127)	0.071 (0.159)	-0.055 (0.237)
효능감	-0.146 (0.170)	-0.375*** (0.127)	-0.027 (0.112)	-0.135 (0.088)	-0.110 (0.101)	0.046 (0.161)
유권자 이념성향	-0.253 (0.189)	-0.083 (0.112)	-0.217* (0.122)	-0.240*** (0.092)	0.102 (0.121)	-0.168 (0.176)
절편	-4.965*** (1.292)	-2.334*** (0.621)	-2.779*** (0.665)	-2.731*** (0.535)	-3.746*** (0.645)	-2.977*** (1.088)
N	700	1368	1167	1616	1252	522

괄호안은 표준오차
* $p < .10$; ** $p < .05$; *** $p < .01$

<부록 표 6> 유권자 정치엘리트 양극화 인식과 정치자금 기부

	1980	1984	1988	1992	1996	2000
정당 간 이념차이	0.132 (0.103)	0.159** (0.078)	-0.102 (0.085)	0.070 (0.069)	0.024 (0.087)	-0.069 (0.128)
정당 간 선호도차이	0.018*** (0.005)	0.013*** (0.004)	0.019*** (0.004)	0.007* (0.004)	0.018*** (0.004)	0.017** (0.007)
나이	0.016** (0.008)	0.031*** (0.007)	0.042*** (0.007)	0.034*** (0.006)	0.042*** (0.007)	0.041*** (0.012)
성별(남자)	0.031 (0.264)	0.053 (0.207)	0.132 (0.214)	0.358* (0.195)	0.584*** (0.218)	0.405 (0.338)
백인	1.700 (1.060)	0.221 (0.438)	0.011 (0.417)	0.933** (0.446)	0.461 (0.503)	0.197 (0.798)
기타 인종	2.163* (1.175)	-0.129 (0.611)	-0.344 (0.597)	0.544 (0.574)	0.620 (0.592)	0.192 (0.959)
교육	0.105 (0.091)	0.459*** (0.080)	0.364*** (0.071)	0.277*** (0.067)	0.303*** (0.078)	0.324*** (0.118)
남부	-0.793** (0.333)	0.027 (0.248)	-0.410 (0.271)	0.359* (0.213)	-0.144 (0.232)	-0.413 (0.373)
소득	0.534*** (0.143)	0.320*** (0.112)	0.628*** (0.133)	0.345*** (0.106)	0.520*** (0.123)	0.337* (0.179)
교회참여도	0.127* (0.073)	-0.031 (0.058)	0.152** (0.062)	0.053 (0.060)	0.060 (0.067)	-0.045 (0.108)
연방정부 신뢰도	0.095 (0.265)	0.143 (0.192)	0.081 (0.190)	-0.244 (0.175)	-0.082 (0.215)	0.112 (0.302)
부패인식도	-0.035 (0.220)	-0.104 (0.162)	-0.267 (0.172)	-0.126 (0.152)	0.152 (0.171)	-0.561** (0.275)
효능감	-0.408** (0.170)	-0.587*** (0.172)	-0.183 (0.123)	-0.233** (0.117)	-0.216* (0.112)	-0.261 (0.198)
유권자 이념성향	-0.045 (0.160)	-0.399*** (0.123)	-0.121 (0.133)	-0.216* (0.118)	-0.119 (0.131)	-0.170 (0.199)
절편	-7.477*** (1.396)	-6.783*** (0.829)	-7.409*** (0.846)	-6.635*** (0.781)	-8.170*** (0.900)	-6.114*** (1.483)
N	698	1362	1167	1615	1252	522

괄호안은 표준오차
* $p < .10$; ** $p < .05$; *** $p < .01$

참고문헌

문우진. 2006. "현직자의 정책입장, 정치자금, 선거 경쟁력." 『한국정치학회보』 40(2):125-148.
최준영·조진만. 2005. "지역균열의 변화 가능성에 대한 경험적 고찰: 제17대 국회의원선거에서 나타난 이념과 세대 균열의 효과를 중심으로." 『한국정치학회보』 39(3):375-394.
Abramson, Paul R., John H. Aldrich, and David W. Rohde. 2003. *Change and Continuity in the 2000 and 2002 Elections*. Washington, D.C.: CQ Press.
Aldrich, John H. 1993. "Rational Choice and Turnout." *American Journal of Political Science* 37 (1):246-278.
_____. 1995. *Why Parties?: The Origin and Transformation of Political Parties in America*. Chicago: University of Chicago Press.
Bartels, L. M. 2000. "Partisanship and voting behavior, 1952-1996." *American Journal of Political Science* 44 (1):35-50.
Belli, Robert F., Michael W. Traugott, Margaret Young, and Katheirne A. McGonagle. 1999. "Reducing vote overreporting in surveys—Social desirability, memory failure, and source monitoring." *Public Opinion Quarterly* 63 (1):90-108.
DiMaggio, Paul, John Evans, and Bethany Bryson. 1996. "Have Americans' social attitudes become more polarized?" *American Journal of Sociology* 102 (3):690-755.
Downs, Anthony. 1957. *An Economic Theory of Democracy*. New York: Harper.
Fiorina, Morris P. 2002. "Parties and Partisanship: A 40-year retrospective." *Political Behavior* 24 (2):93-115.
Fiorina, Morris P., Samuel J. Abrams, and Jeremy C. Pope. 2005. *Culture War?: The Myth of a Polarized America*. New York: Longman.

Grant, J. T., and T. J. Rudolph. 2002. "To give or not to give: Modeling individuals contribution decisions." *Political Behavior* 24 (1):31-54.

Greenberg, Edward S., and Benjamin I. Page. 2002. *The Struggle for Democracy*. 5th ed. New York: Longman.

Grofman, B., W. Koetzle, and A. J. McGann. 2002. "Congressional leadership 1965-96: A new look at the extremism versus centrality debate." *Legislative Studies Quarterly* 27 (1):87-105.

Gross, Donald A., and Robert K. Goidel. 2003. *The States of Campaign Finance*. Columbus, Ohio: Ohio State University Press.

Hetherington, M. J. 2001. "Resurgent Mass Partisanship: The Role of Elite Polarization." *American Political Science Review* 95 (3):619-631.

Johnsonton, W. A., Harvey Krahn, and Trevor Harrison. 2006. "Democracy, political institutions, and trust: The limits of current electoral reform proposals." *Candian Journal of Sociology* 31 (2):165-182

Layman, Geoffrey C., and Thomas M. Carsey. 2002. "Party Polarization and "Conflict Extension" in the American Electorate." *American Journal of Political Science* 46 (4):786-802.

Long, J. Scott. 1997. *Regression Models for Categorical and Limited Dependent Variables*. Thousand Oaks, California: SAGE Publications.

McDonald, Michael P., and Samuel L. Popkin. 2001. "The Myth of the Vanishing Voter." *American Political Science Review* 95 (4):963-974.

Morton, Rebecca B. Forthcoming. *Analyzing Elections*. New York: W.W. Norton.

Poole, K. T., and H. Rosenthal. 2001. "D-NOMINATE after 10 years: A comparative update to congress: A political-economic history of roll-call voting." *Legislative Studies Quarterly* 26 (1):5-29.

Sapiro, Virginia, and Steven J. Rosenstone. 2004. *AMERICAN NATIONAL ELECTION STUDIES CUMULATIVE DATA FILE, 1948-2002*. Ann Arbor, MI: University of Michigan, Center for Political Studies.

Shields, Todd G., and Robert K. Goidel. 2000. "Who Contributes?: Checkbook Participation, Class Biases, and the Impact of Legal Reforms, 1952-1994." *American Politics Quarterly* 28 (2):216-233.

제2부 | 유권자의 양극화

제4장 • 부시 대통령의 정당편향적 의회전략　　　　　| 손병권

제5장 • 2004 미국 대선(大選) 평가와 전망　　　　　　| 김장수

제6장 • 미국 50개 주들의 정치 선호도는 양극화되고 있는가?　| 가상준

제7장 • 국가정체성의 강화와 정당 양극화　　　　　　| 임성호

제4장

부시 대통령의 정당편향적 의회전략*:
유권자 성향과 개인적 리더십 스타일을 중심으로**

■ 손병권

I. 들어가는 말

지난 2006년 11월 7일 실시된 미국 연방의회 중간선거에서 공화당은 상원과 하원에서 모두 민주당에게 패배하였다. 공화당은 하원과 상원에서 각각 31석과 6석을 상실하여 2002년 제108대 의회선거 이후 4년간 유지해 왔던 단점정부(unified government)에 아쉬운 작별을 고하였고, 2007년 1월 이후 미국정치는 또다시 분점정부(divided govern-

---

* 이 논문은 『한국과 국제정치』 23권 1호(2007)에 이미 출간된 바 있다.
** "부시 대통령의 정당편향적 의회전략"이라는 구절에서 "정당편향"이라는 용어는 영어의 "partisanship"의 번역어이다. 부시 대통령의 업무수행이 "정당편향성"을 띠고 있다는 말은, 단지 그의 정책결정 전략이나 내용이 공화당 혹은 특정 세력의 정책방향 혹은 내용과 일치한다는 것만을 의미하는 것은 아니다. 정당편향성이라는 용어는 정파 간 대립을 넘어서서 국가이익을 고려해야 할

ment)의 상황에 이르렀다.[1] 2006년 초만 해도 현직의원 이익(利益)의 지속적 강세경향에 근거해서 하원 다수당의 지위는 고수할 수 있을 것으로 여겨졌던 공화당은, 워싱턴 정가를 강타한 윤리문제와 함께 이라크 전쟁과 관련된 부시 대통령의 낮은 지지율로 인해 다수당의 지위를 민주당에게 내어주는 처지가 되고 말았다.

두 차례 중간선거와 관련해서 보면 적어도 2001년 9·11 사태 이후 대테러 전쟁이 시작되면서 부시 대통령은 원내 공화당이 다수당 지위를 유지한 후 소수당으로 전락하는 과정의 중심에 서 있었다. 의회 중간선거에 대한 중간평가 이론(referendum theory)이 2002년과 2006년 중간선거에서 각각 한 번씩 오답과 정답이 되게 만든 일차적 원인은 제1기 임기와 제2기 임기의 중반에 도달한 부시 대통령에 대한 유권자들의 지지율이었다.

실제에 있어서 2002년 첫 번째 중간선거 당시 부시 대통령의 지지율은 60%를 상회하였던 반면, 두 번째 중간선거에서 대통령 지지율은 40%를 밑돌았다. 요컨대 부시 대통령은 각각의 중간선거에서 공화당 후보들에게 대통령으로서의 긍정적 영향력(positive presidential coattail)과 부정적 영향력(negative presidential coattail)을 한 번씩 드리우면서 의회 공화당의 명운을 결정했다.

국가의 최고지도자로서 부시 대통령의 정책결정과정이나 정책내용 혹은 의회에 대한 태도나 전략 등이 공화당이나 보수주의자 등 특정 세력의 이익에 지나치게 편향되어 있어서 "문제가 있다"는 윤리적 판단도 동시에 전달하기 위해 선택되었다.

1) 원래 2000년 대선과 함께 실시된 의회선거에서 대통령 소속당인 공화당은 하원에서 다수당의 지위를 유지하고 상원에서 50석 대 50석의 동석을 이루어 부통령의 결정권을 고려할 경우 사실상 다수당의 지위를 차지한 것으로 보였다. 그러나 부시 대통령의 정책에 반대하는 버몬트주의 공화당 상원의원인 제포즈(Jim Jeffords)가 2001년 5월 24일 공화당을 탈당하여 무소속 잔류를 결정하고 민주당 의원총회에 참석하겠다고 선언하면서 민주, 공화 의석비율은 사실상 51석대 49석으로 역전되어 분점정부가 탄생하게 되었다.

한편 1960~70년대의 진보주의가 종식을 고한 이후 1980년대 레이건 행정부의 출범과 함께 시작된 미국정치의 양극화 현상은 2000년과 2004년의 미국 대선을 겪으면서 절정에 이른 감이 있다.

그리고 이러한 미국정치 양극화의 한 가운데에 조지 W. 부시(George W. Bush)라는 대통령이 위치하고 있다고 해도 과언은 아니다. 또한 그는 어떤 의미에서 보면 미국사회의 양극화의 산물임과 동시에, 이러한 양극화를 더욱 증폭시켜 온 대통령이었다고 판단된다. 그리고 부시 대통령의 등장 이후 원내 공화당은 의원의 정당단합도를 더욱 제고하면서 양당 간 의회의 양극화에 기여하였다.

이런 의미에서 부시 대통령의 정당편향성을 연구주제로 삼아 미국정치 양극화의 한 단면을 살펴보는 것도 매우 의미있는 작업이라고 판단된다.

이러한 맥락과 문제의식하에서 이 글은 지난 6년간 부시 대통령의 업무수행의 내용과 방식을 상당한 정도 정당편향적인 것으로 파악하고, 부시 대통령의 대(對)의회 전략을 살펴보기로 한다.

이러한 목적하에서 이 글은 부시 대통령의 정당편향적 의회전략이 궁극적으로 부시 대통령의 지지 유권자의 성향과 그의 개인적인 리더십 스타일에서 기인한다고 보고, 이 두 가지 독립변수를 먼저 설명하게 될 것이다.

이어서 부시 대통령이 민주당의 영향력을 감소시키고 공화당 우파의 이익을 대변하는 방식으로 법안을 통과시키기 위해서 구사한 행정부 중심적이며 공화당 정파적인 의회전략을 분석해 봄으로써, 실제로 부시 대통령의 대의회 전략이 정당편향적이었다는 점을 지적하고자 한다. 마지막 부분에서는 이 글의 내용이 종합되고 필자의 향후 전망이 간단히 제시될 것이다.

II. 부시 대통령 지지 유권자의 성향

2001년부터 2006년 중간선거 시기까지 약 6년간의 대통령직 업무수행에 있어서 정치과정의 양극화를 더 한층 촉진한 부시 대통령의 강력한 보수적 정당편향성은 2000년과 2004년 대통령 선거에서 부시 대통령(후보)을 지지했던 유권자들의 성향에서도 설명될 수 있다.[2] 양대 선거는 1980년대 이후 사회, 문화적 이슈를 둘러싸고 꾸준히 진행되어 온 미국 사회의 양극화의 절정에서 치러진 선거였으며, 그 과정과 결과 역시 시종일관 정파적 대결로 기록되고 있다.

2000년과 2004년의 양대 선거에서 부시 대통령(후보)을 지지했던 유권자들은 정책, 이념, 개인적 성향 등의 수준에서 자신들과 가장 강한 일체감을 느끼는 후보로 그를 선택했으며, 이렇게 당선된 부시 대통령의 정책노선은 상당한 정도 이들 지지자들의 의사를 반영할 수밖에 없었다. 따라서 그 결과 부시 대통령의 의회 민주당에 대한 태도는 지극히 정파적인 것으로 흐르게 되었고 궁극적으로 의회정치의 양극화에 기여하게 되었다.

이 절에서는 2000년의 공화당 예비선거 출구조사 자료와 2000년 및 2004년 대통령 선거 출구조사 자료를 중심으로 부시 대통령(후보)에 대한 지지층의 성향을 분석함으로써 부시 대통령의 정당편향성의 연원을 설명해 보고자 한다.[3]

---

[2] 이러한 해석은 국민 대표자에 대한 수탁자(trustee) 모형과 위임자(delegate) 모형 중 위임자 모형에 근거해 있다.

[3] 부시 대통령(후보)의 성향과 그에 대한 지지자들과의 관계를 분석하기 위해서 사용된 자료에 대해서 간단히 설명하자면 다음과 같다. 2000년 대통령 선거를 위한 공화당 예비선거 출구조사 결과는 CNN이 실시한 출구조사 결과를 사용하였다(출처: http://edition.cnn.com/ELECTION/2000/primaries/). 그리고 대통령 선거 출구조사 자료는 2000년과 2004년 각각 실시된 대통령 선거 당시 역시 CNN이 실시한 출구조사 자료를 이용하였다(출처: http://www.cnn.com/ELECTION

이를 위해서 우선 제1항에서는 2000년 공화당 예비선거 당시 부시 대통령을 지지한 예비선거 유권자들의 성향을 분석해 보고자 한다. 이 항에서는 당시 공화당 예비선거에 출마했던 매케인(John McCain-애리조나주) 상원의원에 대한 예비선거 지지층과 부시 당시 텍사스 주지사에 대한 지지층의 성향을 비교해 봄으로써 부시 후보의 지지층이 훨씬 공화당의 당파성에 충실한 보수주의자들이었으며 종교적 성향이 강한 계층임이 제시될 것이다.

이어서 제2항에서는 2000년과 2004년 대통령 선거(본선거)에서의 출구조사를 통해 부시 대통령과 도전자였던 민주당의 후보들(고어(Al Gore) 부통령과 케리(John Kerry) 상원의원)에 대한 지지층을 각각 비교, 분석하여 부시 대통령에 대한 지지자들이 종교적 성향이 강한 보수적 유권자였음을 제시할 것이다.

마지막으로 제3항에서는 앞서 제시한 제2, 3항의 논의가 요약되어 제시될 것이다.

/2000/epolls/US/P000.html와 http://us.cnn.com/election/2004/pages/results/states/US/P/00/epolls.0.html). 예비선거 지지층을 분석하는 경우 2000년 출구조사 결과만을 사용한 이유는, 2000년 공화당 예비선거 당시에는 부시 후보와 매케인 후보라는 두 명의 주요한 경쟁자가 있었지만, 2004년의 경우 공화당 예비선거는 사실상 경쟁없이 끝났기 때문이다. 한편 CNN 출구조사 결과는 모든 주의 예비선거 결과를 망라하고 있지 않다. 공화당의 경우 출구조사 결과가 있었던 주는 24개 주이다. 필자는 이 가운데 개방형 예비선거제도를 실행하고 있는 9개 주를 선택하여 각각의 출구조사 결과를 필자가 선정한 공통의 항목별로 분석해 보았다(이렇게 개방형 예비선거제도를 실시하는 주만을 선택한 이유는 이들 주의 출구조사 결과에는 모두 공화당과 무당파로 정당일체감을 표기한 유권자들이 존재하여 부시 후보와 매케인 후보간의 유권자 지지층을 차별화하는 데 용이하였기 때문이다). 예비선거 유형과 관련하여 개방형과 폐쇄형의 기준은 인터넷 백과사전인 위키피디아(wikipedia)가 설정한 기준을 따랐다. 필자가 참조한 웹사이트는 다음과 같다. http://en.wikipedia.org/wiki/Primary_election#Open_vs._Closed_Primaries.

〈표 1〉 공화당 예비선거 유권자와 부시 지지율

(단위: %)

	지지자	정당일체감			기독교 우파여부		이념			낙태 합법화				정책우선순위[4]	
		민주	공화	무당파	예	아님	진보	중도	보수	항상 합법	대부분 합법	소수 사례 국한 합법	절대 불가	감세	사회 보장
조지아	전원	8(%)	62	29	30	65	10	29	61	14	26	38	18	55	40
	부시	45	77	52	80	59	47	58	74	55	57	72	75	75	56
	매케인	54	19	41	12	37	50	40	19	41	40	22	16	18	42
미시간	전원	17	48	35	27	67	17	37	45	16	27	33	19	42	53
	부시	10	66	26	66	36	17	37	45	31	29	50	62	59	25
	매케인	82	29	67	25	60	78	64	31	66	67	44	27	33	66
미시시피	전원	8	78	14	49	37	9	25	66						
	부시	0	90	75	90	84	0	78	91						
	매케인	0	4	8	2	9	0	11	3						
미주리	전원	10	61	29	24	70	12	33	56	10	23	37	23	48	47
	부시	21	72	43	72	52	43	42	71	52	43	63	69	70	46
	매케인	76	21	49	15	48	52	55	20	46	52	29	20	20	50
사우스 캐롤 라이나	전원	9	61	30	34	61	10	29	61	13	26	41	17	44	52
	부시	18	69	34	68	46	34	32	65	40	43	58	67	70	40
	매케인	79	26	60	24	52	63	59	29	56	56	37	19	23	57
테네시	전원	3	74	23	34	54	9	27	65						
	부시	0	83	65	86	71	0	68	84						
	매케인	0	9	28	4	21	0	22	8						
텍사스	전원	4	76	21	37	57	8	28	64						
	부시	0	93	77	91	86	79	89	90						
	매케인	0	4	15	2	11	21	7	5						
버몬트	전원	8	50	42	14	82	19	37	44	23	35	26	13	35	59
	부시	19	51	23	63	31	29	24	50	25	30	45	57	53	26
	매케인	81	44	74	31	65	69	74	44	73	67	52	33	41	72
버지니아	전원	8	63	29	19	77	12	33	55	18	30	35	13	42	52
	부시	11	69	31	80	45	27	35	69	33	40	64	73	70	38
	매케인	87	28	64	14	52	69	62	27	64	58	33	17	26	59

* 빈 칸은 해당주에서 출구조사 자료 항목이 없는 부분임.
* 출처: http://edition.cnn.com/ELECTION/2000/primaries/.
* 공란의 해당 주의 경우 출구조사에 해당 설문이 없는 경우임.

1. 2000년 공화당 대통령 후보선발 예비선거 참여 유권자의 성향과 부시 후보 지지율

1) 유권자의 정당일체감

위의 도표를 보면 전반적으로 공화당 예비선거에 참여한 유권자들 가운데 공화당에 대해서 정당일체감을 지닌 이들은 예외없이 매케인 후보보다는 부시 후보를 더 지지했던 것으로 나타나고 있다. 반면 공화당 예비선거에 참여하면서도 자신의 정당일체감을 민주당으로 표명한 유권자들 사이에서는 부시 후보가 매케인 후보에 대해서 지지율 면에서 우세를 보인 주는 하나도 없는 것으로 드러났다. 마지막으로 공화당 예비선거에 참여한 무당파 유권자들의 경우를 보면 부시 후보가 조지아, 미시시피, 테네시, 텍사스 주 등에서는 앞서고 있지만, 나머지 주에서는 매케인 후보가 우세한 것으로 집계되고 있다. 이러한 결과를 종합해 볼 때 공화당 예비선거에서 부시 후보는 공화당과 정당일체감을 표명한 유권자들의 압도적인 지지를 획득하는 데 성공했던 반면, 민주당에의 정당일체감 표명 유권자나 무당파 유권자층에서는 상대적으로 매케인 후보에 뒤지거나 그와 호각의 경쟁을 보인 것으로 드러났다.

2) 유권자의 이념

미국 유권자들의 이념 성향에 따른 각 후보별 지지성향을 보면 거의 대부분의 주에서 보수주의자의 절대 다수가 부시 후보를 지지하고 있

---

4) 본문에 제시된 예비선거와 대통령 본선거 출구조사를 토대로 작성한 도표들에서 세금에 관한 항목을 삽입한 이유는 감세에 관련된 유권자들의 입장표명이 예비선거 및 본선거 후보들 간의 유권자 지지를 차별화하는데 적절한 항목이었기 때문이다. 실제로 2000년 대선 당시 공화당의 부시 후보는 다른 어느 후보들보다도 대규모의 감세안을 선거공약으로 제시한 바 있으며, 2001년 제107대 의회에서 부시 대통령의 최우선 입법 어젠다 가운데 하나로서 감세법안 부시의 공약 내용과 매우 유사한 수준에서 통과될 수 있었다.

었으며, 텍사스주를 제외하고는 나머지 모든 주에서 진보주의자들의 부시 후보 지지율은 매케인 후보의 지지율에 뒤지고 있었다.[5] 한편 필자가 가장 관심을 가지고 지켜본 중도파 유권자들의 경우 조지아, 미시시피, 테네시, 텍사스 주를 제외하고는 모두 매케인 후보가 부시 후보를 지지율에서 앞서 있었던 것으로 나타나고 있다.

3) 유권자의 기독교 우파 여부

공화당 예비선거에 참여한 유권자들의 정당일체감의 경우와 유사하게 기독교 우파(Christian Right)로 자신의 정체성을 밝힌 예비선거 참여 유권자들의 압도적 다수는 부시 후보를 지지한 것으로 나타났다. 비록 미시시피주 한 곳을 제외한 지역에서 기독교 우파 소속 유권자들은 그렇지 않은 유권자들에 비해서 소수파에 머물고 있지만, 이들의 부시에 대한 지지도는 모든 주에서 중도파인 매케인 후보를 두 배 이상의 격차로 훨씬 앞지르는 것으로 나타나 인상적이다. 한편 자신을 다수파인 비기독교 우파로 자리매김한 유권자들의 경우를 보면 미시간, 사우스 캐롤라이나, 버몬트, 버지니아 주를 제외하고 부시 후보가 매케인 후보에게 앞서 있지만, 그 격차는 전반적으로 기독교 우파에 소속된다고 밝힌 유권자들의 부시 후보 지지율에 미치지 못하고 있다.

4) 낙태 합법화에 대한 유권자의 입장

한편 사회적 가치와 관련된 주요한 이슈 가운데 하나인 낙태의 합법화 문제에 대한 유권자의 지지여부를 중심으로 각 후보에 대한 지지율을 보면, 낙태 합법화의 절대불가를 주장한 유권자들은 압도적으로 부시 후보를 지지하고 있어서, 사회적 이슈에 대해 매우 보수적인 입장을 나타내는 후보들이 그를 강력히 지지하고 있음을 알 수 있다. 한편 소

---

5) 미시시피주와 테네시주의 경우 진보주의자로 자신의 이념을 밝힌 유권자들의 경우 매케인과 부시 후보 지지자들의 비중은 백분율 표시에 따르면 전무하다.

수사례에 국한하여서만 낙태를 합법화할 수 있다는 유권자들 역시 진보적인 버몬트주를 제외하고는 여전히 압도적으로 부시 후보를 더 지지하고 있다.[6] 반면 낙태를 항상 찬성하거나 대부분 찬성한다고 표명한 유권자의 경우 부시 후보에 대한 지지율은 앞서 언급한 두 성향의 유권자에 비해서 현저히 뒤떨어지고 있으며, 매케인 후보의 지지율에 못미치는 사례도 나타나고 있다.

5) 감세와 사회보장 간의 정책 우선순위에 관한 유권자의 입장

감세와 연금 등을 포함하는 사회보장제도 가운데 정책우선 순위에 관한 질문을 던지고 이에 대한 응답을 보면 부시 지지자와 매케인 지지자 간의 현저한 차이가 있음을 알 수 있다. 출구조사 결과가 있는 6개 주의 경우 사회보장문제가 감세문제보다 정책순위에 있어서 앞선다고 응답한 사람의 비중이 그 반대의 경우보다 더 많은 후보자는 예외없이 매케인 후보였다. 반면 부시 후보의 경우 이와는 달리 정책우선 순위에서 감세문제가 사회보장문제보다 더 중요하다고 응답한 유권자의 비율이 모든 주에서 그 반대의 경우보다 높았다. 이러한 결과에서 알 수 있듯이 부시 지지자들은 매케인 지지자들보다 사회보장보다는 감세에 좀 더 많은 관심을 지니고 있었다.

2. 2000년과 2004년 대통령선거 참여 유권자 성향과 부시 후보 지지율

부시 대통령(후보)에 대한 유권자들의 이념적 편향성은 2000년과 2004년 대통령 선거에 참여한 유권자의 수준에서도 잘 드러나고 있다. 부시 대통령은 2000년과 2004년 양대 대선에서 역대 그 어느 대통령보

---

[6] 다만 그 압도하는 정도가 "합법화 절대불가"의 경우보다 조금 약한 것은 사실이다.

다도 공화당 당파성과 보수적 이념성이 선명한 유권자들의 지지를 받았으며, 이러한 지지를 기반으로 그 또한 역시 이념적으로 매우 보수적인 대통령으로 자리매김하게 되었다. 아래에서는 유권자의 정당일체감, 이념, 기독교 우파 소속 여부, 낙태 합법화 및 조세에 대한 입장을 중심으로 양대 후보에 대한 지지율을 비교해 보고자 한다.

1) 유권자의 정당일체감

〈표 2〉 유권자의 정당일체감과 후보 선택[7]

(단위: %)

정당일체감	전체 비율	부시 지지(2000)	고어 지지(2000)
민주당	39	11	86
공화당	35	91	8
무당파	27	47	45

정당일체감	전체 비율	부시 지지(2004)	케리 지지(2004)
민주당	37	11	89
공화당	37	93	6
무당파	26	48	49

출처: http://www.cnn.com/ELECTION/2000/epolls/US/P000.html .
http://us.cnn.com/election/2004/pages/results/states/US/P/00/epolls.0.html.

정당일체감에 따라 부시 후보와 민주당 후보들에 대해 지지를 표명한 유권자들을 보면 2000년과 2004년 대통령 선거 출구조사 결과가 거

---

[7] 〈표 2〉 유권자의 정당일체감과 후보 선택(단위 %) 이하 〈표 6〉까지의 도표를 작성하는데 이용된 자료의 출처는, 모두 〈표 2〉를 작성하는 데 사용된 자료의 출처와 같다. 도표에 나타난 부시 후보 및 그와 대선에서 경합한 민주당 후보들(고어(2000년)와 케리(2004년))의 지지율 합계는 기타 제3의 후보들이 있었던 관계로 100%로 나타나지 않는 경우가 많다.

의 비슷함을 알 수 있다. 2000년 대선 당시 부시 후보와 고어 부통령에게 각각 지지를 표명한 유권자들, 그리고 2004년 대선 당시 부시 대통령과 케리 후보를 각각 지지한 유권자들은 소수를 제외하고 거의 대부분 모두 공화, 민주 양대 정당의 지지자였음을 알 수 있다. 이러한 현상은 닉슨 대통령이 당선된 1968년 대선이나, 혹은 레이건 대통령이 당선되고 재선된 1980년과 1984년의 대선 당시 남부의 백인 유권자들처럼 전통적인 민주당 지지자이면서 대통령 선거에서 자신들의 정치적 이념과 유사한 공화당 후보를 지지했던 현상과는 매우 다른 것이며, 이러한 혼합성향의 유권자들이 거의 사라졌다는 점을 강력하게 시사하고 있다.

2) 유권자의 이념

〈표 3〉 유권자의 이념과 후보 선택

(단위: %)

이념	전체 비율	부시 지지(2000)	고어 지지(2000)
진보주의자	20	13	80
중도주의자	50	44	52
보수주의자	29	81	17

이념	전체 비율	부시 지지(2004)	고어 지지(2004)
진보주의자	21	13	85
중도주의자	45	45	54
보수주의자	34	84	15

한편 유권자들의 이념과 양대 정당 후보자들에 대한 지지성향을 보면 정당의 경우보다는 다소 약하지만 거의 유사한 패턴이 드러나고 있다. 즉 2000년 대선의 경우 진보성향 유권자들의 80%가 고어 부통령을 지지한 반면 보수 성향 유권자들의 81%가 부시 후보를 지지하였고, 2004년 대선의 경우 진보성향 유권자들의 85%가 케리 후보를 지지한

반면, 보수성향 유권자의 경우 84%가 부시 대통령의 지지하고 있다. 이러한 결과는 대체로 이념적 성향에 따른 대선 후보 지지는 자신의 성향을 대변해 주는 후보에게 압도적으로 기우는 경향이 있음을 보여 주고 있다.[8]

3) 유권자의 기독교 우파 여부 [9]

〈표 4〉 유권자의 백인 기독교 우파 소속 여부

(단위: %)

백인 종교적 우파 여부	전체	부시 지지(2000)	고어 지지(2000)
그렇다	14	80	18
그렇지 않다	83	42	54

백인 복음주의 개신교도 여부	전체	부시 지지(2004)	고어 지지(2004)
그렇다	23	78	21
그렇지 않다	77	43	56

위의 도표를 보면 2000년 대선 당시 백인 기독교 우파에 속한다고 응답한 유권자들은 실제로 전체 유권자의 14%에 지나지 않는다. 그러나 이들 14% 유권자의 절대다수를 차지하는 80%의 지지자들은 부시

---

8) 다만 유권자들의 이념과 이에 따른 정당 후보 선택이 정당 지지자들의 대선 후보 지지패턴과 차이를 보이는 점은 전반적으로 중도파 유권자의 비율이 크고 이들이 민주당 후보들을 상대적으로 더 지지하였다는 점이다.
9) 2000년 대선과 2004년 대선의 CNN 출구조사 문항에서 유권자의 기독교 우파 소속 여부를 묻는 질문은 그 단어선택(wording)이 약간 다르다. 2000년 대선에서 출구조사는 실제로 유권자가 백인이며 기독교 우파에 속하는지 여부를 물었던 반면, 2004년 선거에서는 보다 구체적으로 유권자가 백인이며 동시에 복음주의자이거나 거듭난 기독교도(born again)인지의 여부를 물었다. 이 글에서는 다소 차이가 있는 이 두 항목을 모두 유권자의 백인 기독교 우파 여부를 묻는 질문으로 함께 취급하고자 한다.

후보를 지지한 것으로 나타나 실제 당시 언론의 보도와 마찬가지로 부시 후보의 대통령 당선에 대한 기독교 우파의 지지는 압도적인 것이었다. 한편 2004년 대선에서 자신을 백인 복음주의자로 자리매김한 유권자들의 비중은 2000년 대선과 마찬가지로 23%의 소수에 그치고 있다. 그러나 이러한 소수 유권자들의 절대다수인 78%는 2000년 대선과 마찬가지로 부시 대통령을 압도적으로 지지하고 있다.

한편 양대 선거에서 백인 기독교 우파가 아니거나 백인 복음주의자가 아닌 후보들은 비교적 민주당 후보를 좀 더 지지한 것으로 나타나고 있으나, 민주당 지지 편향성은 기독교 우파나 복음주의자에 비해 절대적이었다고 보기 어렵다.

4) 낙태 합법화에 대한 유권자의 입장

〈표 5〉 낙태 합법화에 대한 유권자의 입장

(단위: %)

입장	전체	부시 지지(2000)	고어 지지(2000)
항상 합법	23	25	70
대부분 합법	33	38	58
대부분 불법	27	69	29
항상 불법	13	74	22

입장	전체	부시 지지(2004)	고어 지지(2004)
항상 합법	21	25	73
대부분 합법	34	38	61
대부분 불법	26	73	26
항상 불법	16	77	22

2000년 대선과 2004년 대선을 보면 낙태의 합법화 문제에 대해서 이를 항상 혹은 대부분의 경우 불법으로 간주하는 유권자들은 비록 전체

유권자의 과반수에 미치지는 못하지만 부시 후보를 강하게 지지하고 있다. 반면 부분적이든 전면적이든 낙태의 합법화에 찬성하는 다수파들은 부시 후보보다는 민주당 후보를 지지하는 경향이 더 강하다. 그러나 그 편중성은 낙태의 합법화에 반대한 부시 후보 지지자들의 그것에 약간 미치지 못하고 있다.

5) 감세에 대한 유권자의 입장

〈표 6〉 감세에 대한 유권자의 입장[10]

(단위: %)

감세안 선호	전체 비율	부시 지지(2000)	고어 지지(2000)
전소득 대상 일률적 감세	51	68	29
소득에 따라 특정대상을 목표로 한 감세	44	29	67

부시 감세안에 대한 평가	전체 비율	부시 지지(2004)	고어 지지(2004)
경제에 기여	41	92	7
경제에 해악	32	7	92

위의 도표를 보면 감세안 혹은 부시 행정부의 감세정책에 대한 유권자들의 평가에 따라서 이들이 선호한 지지 후보가 확연히 달라짐을 알 수 있다. 2000년 대선의 경우 전반적으로 전 소득계층에 대한 일률적인 감세정책을 다른 감세안보다 지지하는 유권자들의 경우 고어 후보에

---

10) 2000년과 2004년 CNN 출구조사의 자료에서 감세에 관련된 항목의 설문은 동일한 설문문구가 존재하지 않는다. 필자는 2000년의 경우 감세안에 대한 유권자의 선호를, 2004년의 경우 제1기 부시의 감세정책에 대한 유권자의 평가를 각각 도표에 담았다. 그리고 2000년 설문항목에서 "전소득 대상 일률적 감세"와 "소득에 따라 특정대상을 목표로 한 감세"는 각각 "Across-the-Board Cut"과 "Targeted Tax Cut"의 번역어이다.

비해 두 배 이상 부시 후보를 지지한 것으로 나타났다. 즉 빈곤계층 등 저소득 계층과 고소득 계층에 대한 차별화없이 일률적인 세금 삭감을 선호한 후보들은 부시후보를 강하게 지지한 것으로 나타났다.

이와는 달리 빈곤층 등 특정 소득 계층을 대상으로 세금삭감이 실시되어야 한다는 입장을 지닌 유권자들은 압도적으로 고어후보를 지지한 것으로 드러났다.

한편 이러한 2000년의 출구조사 결과의 연장선상에 쉽게 추론될 수 있듯이, 2004년 출구조사를 보면 제1기 부시 행정부가 추진한 일률적 감세정책 대한 평가가 우호적인 유권자들은 압도적으로 부시 후보를 지지했으며, 그 평가가 부정적인 유권자들은 케리후보를 압도적으로 지지했다.

3. 예비선거와 본선거 지지 유권자 성향으로 본 부시 대통령 정당편향성의 연원

이 절에서는 대통령 업무수행의 정당편향성이 대통령의 이념이나 성향에서 기인하며, 이러한 이념이나 성향의 연원은 그 대통령을 지지한 유권자들의 의사를 반영한다는 전제 아래, 2000년 공화당 예비선거와 2000년 및 2004년 대선에서 부시 후보를 지지한 유권자들의 성향을 파악하고자 하였다. 이 절의 논의를 종합적으로 요약해 보면 다음과 같이 요약될 수 있다.

"공화당 예비선거에서 공화당과 정당일체감을 표명한 유권자, 기독교 우파에 속한 유권자, 보수파 유권자, 사회적 이슈에 대해서 보수적 가치관을 지닌 유권자, 그리고 사회보장보다는 감세에 정책우선 순위를 두어야 한다는 유권자"들과, 다른 한편으로 역시 "공화당 예비선거에서 민주당과 정당일체감을 표명한 유권자 혹은 무소속 유권자, 비기독교 우파 유권자, 진보파 유권자 혹은 중도파 유권자, 사회적 이슈에 대해서 진보적 가치관을 지닌 유권자, 그리고 감세보다는 사회보장문제에 중점을 두어야 한다는 유권자"라는 두 집단 사이에 존재하는 부시 후보에 대한 지지율 차이는 분명히 발견될 수 있었다. 그리고 부시 후보지지 유권자의 이러한 성향은 국민 대표자에 대한 위임자 모델에 입각해서 볼 때, 당선후 부시 대통령의 정책적 행보에 상당한 영향을 미쳤을 것으로 보인다. 특히 줄기세포 연구나, 감세방식에 대한 부시 대통령의 입장이나, 자신이 설정한 입법 어젠다의 추진을 위한 대의회 전략 등 그의 업무수행상의 정당편향성은 상당 부분 이러한 유권자의 성향과 관련되어 있다고 추정해 볼 수 있었다.

한편 양대 대선에 참여한 유권자들의 정당일체감, 정치적 이념, 기독교 우파 소속 여부, 사회적 가치를 둘러싼 이슈에 대한 입장, 그리고 감세정책에 대한 입장에 따른 유권자의 성향을 비교 분석해 볼 때, 부시 후보를 지지한 유권자들은 정당성향에 있어서 압도적으로 공화당 유권자였으며, 이념적으로 보수화된 인물들이었다. 한편 비록 소수이지만 백인이면서 기독교 우파에 속한 인물들의 압도적 다수는 부시 후보를 지지하였고, 또한 상당한 비중을 차지하였지만 역시 소수파에 속하였던 사회적 보수주의자들 역시 압도적으로 부시 후보를 지지한 것으로 드러났다.

그리고 저소득층에 대한 차별적 우대가 없는 감세정책을 지지하였거나, 이러한 정책이 경제에 도움이 되었다고 평가하는 유권자들은 압도적으로 부시 후보를 지지하였다. 이러한 결과를 종합해 볼 때 부시 후보의 정당편향적 경향은 공화당 중심적이며, 이념적으로 보수적이고, 기독교 우파적 가치를 지녔으며, 사회적 가치문제에 대해서 보수적인 입장을 지니고, 동시에 감세의 차별적 적용을 반대하는 대체로 중상위 이상 소득 수준 유권자들의 성향을 적절히 반영하는 것이었다고 추정해 볼 수 있다.[11]

---

11) 이러한 유권자층의 정당후보간 양극화 현상은 이전 대통령 선거인 1996년 당

III. 부시 대통령의 개인적 리더십 스타일

2007년 1월 제110대 의회가 새로 개원한 이후 애초의 기대와는 달리 이라크 연구집단(Iraq Study Group)의 제안이나 의회 다수당인 민주당의 철군요구를 비웃기라도 하는 듯 부시 대통령은 2만 여명의 추가 파병을 핵심내용으로 하는 이라크 사태 수습안을 제시하였다. 2006년 중간선거 패배 이후의 이러한 태도에서도 알 수 있듯이 부시 대통령의 정책결정 방식은 원내 다수당인 민주당의 반대의사를 개의치 않는 듯 사뭇 일방적이다. 요컨대 자신이 그 필요성과 성공 가능성을 확신하고 있는 정책이 있으면 의회나 여론의 동향 등 객관적인 주변여건 등에는 크게 주목하지 않고 자신이 원하는 방향으로 과감하게 추진하는 것이 지난 6년간 부시 대통령의 정책결정 방식이었다.

아래에서는 부시 대통령의 기독교적 신앙과 신념, 그리고 그의 행동

시 출구조사 결과와 비교해 보면 좀 더 분명하게 드러난다. 1996년 대통령 선거 당시 민주당 정당일체감 표명 유권자의 84%가 클린턴(Bill Clinton) 후보를, 10%가 공화당의 도울(Bob Dole) 후보를 지지하였으며, 공화당 정당일체감 표명 유권자의 13%가 클린턴 후보를, 80%가 도울 후보를 지지하여, 〈표 2〉에 나타난 결과와 달리 유권자가 일체감을 표명한 정당에서 출마한 후보에 대한 지지 경향이 상대적으로 약하다. 이러한 경향은 유권자의 이념성향에서도 나타나고 있다. 즉, 1996년 대통령 선거 당시 진보적 성향의 유권자 가운데 클린턴과 도울 후보에 대한 지지율은 각각 78%와 11%로 나타났고, 보수주의자 가운데 클린턴과 부시의 지지율은 각각 20%와 71%로 나타나 〈표 3〉에서 나타난 결과와는 의미있는 차이를 보인다(한편 낙태 등의 이슈에서도 1996년 출구조사 결과와 2000년 및 2004년 출구조사 결과 사이에서는 이러한 동일한 유형의 차이가 나타나고 있다. 아래 적은 사이트를 참조하기 바람). 한편 정당과 이념 수준에서 무당파 유권자들과 중도파 유권자의 클린턴 및 도울 후보에 대한 지지율이 각각 43% 대 35% 및 57% 대 33%로 나타나, 공화-민주 후보들에게 거의 반반의 지지를 보낸 2000년과 2004년 선거와는 상당히 다른 결과를 보여주고 있다. 1996년 CNN 출구조사 결과를 확인하기 위해서는 http://edition.cnn.com/ALLPOLITICS/1996/elections/natl.exit.poll/index1.html를 참조하기 바란다.

우선적인 성향을 중심으로 리더십 스타일을 분석하고, 이러한 리더십 스타일이 궁극적으로 결과의 면에서 그의 정당편향적인 업무수행 방식에 기여할 수 있었음을 설명해 보고자 한다.

1. 신앙과 신념에 기초한 명확한 우적(友敵)의식의 대통령

지난 6년간 원내 공화당의 명운을 좌우했던 부시 대통령은 무엇보다도 자신의 종교적 신념과 개인적 확신을 상황에 대한 객관적 분석이나 일반적 평가보다 앞세우는 "믿음의 대통령(president of faith)"으로 평가된다(Suskind 2004). 그리고 신앙과 신념에 입각한 이러한 스타일은 다양한 정책적 이슈와 관련하여 이념적으로 매우 보수적이며 공화당, 특히 공화당 우파의 입장을 지원하는 데 기여하는 것으로 해석되어 왔다. 국내적으로는 사회적 가치의 문제와 관련된 이슈들에 대해서, 그리고 외교정책의 측면에서는 국민의 자유를 억압하는 독재정권하의 국가에 대해서 부시 대통령은 자신의 복음주의적 신앙관과 여운을 두지 않는 선악구분이라는 윤리적 기준에 따라서 매우 보수적이며 비타협적인 태도를 취해 온 것이 사실이다.

하나의 예로 줄기세포에 대한 부시 대통령의 입장을 보면 기독교 복음주의에 입각한 부시 대통령의 신앙관이 정책결정에 어떠한 영향을 미쳤는지를 가늠해 볼 수 있다. 원래 부시 대통령은 2000년 대선 선거운동기간 중 인간배아를 파괴하는 줄기세포 연구는 비윤리적인 일이며, 이러한 연구에 대한 연방정부의 지원에 절대 반대한다고 공언한 바 있었다.[12] 그러나 실제로 줄기세포 연구가 인간의 불치병의 치료에 지

---

[12] 줄기세포 연구에 관한 부시 대통령의 정책내용의 추이에 관해서는 "Fact Sheet: President Bush's Stem Cell Research Policy"를 참조하기 바람. http://www.whitehouse.gov/news/releases/2006/07/20060719-6.html(검색일 2007/1/28).

대한 공헌을 한다는 여론과 공화당 일부 의원 등의 줄기세포 연구지원 찬성 주장 등에 부딪쳐 부시 대통령은 제1기 임기 취임 이후인 2001년 8월 9일 이미 존재하는 배아로부터 얻어낸 줄기세포 연구에 한하여 연방정부가 재정적으로 지원할 것임을 언명하였고, 이는 줄기세포 연구에 대한 연방정부 수준의 최초지원으로 평가되고 있다.

이어서 2004년 제2기 임기에 도전하는 부시 대통령은 선거운동기간이 다가오자 다시 보건부(Department of Health and Human Services)의 성명을 통해서 인간배아의 추가적인 파괴가 수반되지 않는 한 줄기세포 연구를 지원하겠다고 자신의 입장을 밝힌 바 있었다. 줄기세포 연구에 대한 이러한 부시 행정부의 입장은 흔히 "줄기세포 연구에 대한 절충정책(balanced policy on embryonic stem cell research)"라고 불리면서 현재까지 꾸준히 지속되어 오고 있었다.

줄기세포 연구에 대한 이러한 연방정부의 정책은 추가적인 인간배아의 파괴를 배제함으로써 인간의 존엄성을 보호한다는 차원에서 옹호되어 왔으나, 불치병의 치료를 요구하는 여론과 의학계 및 과학계의 기대수준에는 훨씬 미치지 못하는 것이었다. 따라서 줄기세포 연구의 진전을 위해서 의회가 추가적인 인간배아의 파괴를 허용한다는 취지의 내용을 담은 법안을 통과시키자, 부시 대통령은 자신이 일찍이 사용해 본 적이 없는 거부권 행사를 통해서 인간배아의 파괴를 수반하는 줄기세포 연구에 대해서 단호한 반대의 입장을 표명하였다.[13] 이와 같은 최초 거부권 행사 사례가 웅변적으로 보여주듯이 부시 대통령은 비록 공화당 내에서 줄기세포 연구에 대한 연방정부의 지원확대에 대한 요구가 있었음에도 불구하고 사회적 가치와 관련된 문제에 대해서 매우 단호한 보수적 입장을 견지하였다.[14]

---

13) 실제로 이 거부권 행사 시기까지 부시 대통령은 6년에 걸치는 재임기간 동안 단 한 차례도 거부권을 행사하지 않았으며, 2006년 7월 19일 줄기세포에 대한 연방지원을 확대한 법안에 대한 거부권 행사가 최초의 것이었다.

정책사안에 대한 이러한 종교적 인지경향과 무관하지 않게 부시 대통령은 또한 전통적인 동맹과 억지력 함양을 중심으로 한 공화당의 현실주의 정책에서 벗어나 국제법상 엄연히 주권국가인 폭정국가들을 악한 정권으로 규정하고 이에 대한 적극적인 정권교체(regime transformation)까지도 시도한 바 있다.

예컨대 2001년 취임 연설에서 언급한 "악의 축" 발언이나 북한에 대한 "폭정의 전초기지" 발언 등에서도 알 수 있듯이, 부시 대통령은 국민의 자유를 유린하는 폭정에 대해서 선의 세력에 대항하는 악의 화신으로 규정하기를 주저하지 않았다. 그리고 그의 이러한 국제정치관은 제1기 부시 행정부 당시 소위 신보수주의(neo-conservatism) 이념과 결부되어 군사정책에 있어서 선제공격을 허용하는 일방주의적 외교정책의 기조가 되기도 하였다.

한반도의 명운과 직접적인 관련이 있는 미국의 대북한 정책과 특히 북한 핵문제와 관련되어 빈번히 표출되어 나온 부시 대통령의 단호한 발언 등은 아주 빈번히 한국의 진보파들을 곤혹스럽게 하면서 북핵 포용론자들의 입지를 매우 위축시켜 왔다.

---

14) 줄기세포에 대한 연방정부 지원확대를 골자로 하는 "2005년 줄기세포 연구 증진법"(Stem Cell Research Enhancement Act of 2005: H.R. 810)에 대한 거부권 행사 성명에서 부시 대통령은 "이러한 경계(인간 배아 파괴를 허용하는 줄기세포 연구에 대한 연방정부 지원 불가)를 넘는 것은 중대한 실수이며 불필요하게 과학과 윤리 사이의 갈등을 조장하여 결국 양자 모두에게 손해를 입히고 우리나라 전체에 해악을 끼칠 것"이며 "나는 기술의 노예가 되지 않고 기술의 전망을 제어할 수 있다는 원칙을 고수하고 있으며, 과학이 인간성에 기여한다고 보증한다"라고 언술한 바 있다(George W. Bush, "Message to the House of Representatives"). (http:www.whitehouse.gov/news/releases/2006/07/20060719-5.html, 검색일 2007/1/28).

2. 행동우선과 설득부재의 대통령

일찍이 대통령의 성격과 통치 스타일을 연구하여 대통령 유형론에 공헌한 바 있는 바버(James D. Barber)는 1975년 그의 논문에서 대통령의 활동성(active-passive dimension)과 임기 중 활동에 대한 대통령 자신의 평가(positive-negative dimension)를 두 가지 축으로 해서 대체로 네 종류의 대통령 스타일을 구분한 바 있다(Barber 1975).[15] 이 가운데 하나인 "적극적-긍정형(active-positive)"의 대통령은 명백한 비전을 제시하면서 다방면에서 활동하고 업무 추진력이 높으며, 동시에 자신의 활동에 대해서 매우 긍정적인 평가를 내리는 유형의 대통령을 지칭한다. 바버는 이러한 유형의 대통령으로 트루만을 제시하면서, 동시에 이러한 유형의 대통령은 자칫 잘못하면 자신이 세상을 물정을 꿰뚫고 있으며 자신의 가치관과 전략을 다른 사람들이 다 공유하고 있을 것으로 잘못 생각하는 오류를 범할 수 있다고 지적하고 있다.

지난 6년간 부시 대통령의 리더십 스타일을 간단히 정리하는 것은 아직은 시기상조일 것으로 보이지만, 2001년 9·11 사태 이후 2006년 11월 7일 중간선거 이전까지의 부시의 리더십 스타일을 개괄적으로 평가해 보자면 그것은 대체로 적극적-긍정형으로 분류될 수 있을 것이다.[16]

다시 말해서 부시 대통령은 테러와의 전쟁 등 국가안보와 관련된 외교정책 분야에서 적극적이고 정력적인 활동을 펼쳤고, 이를 통해 국민

---

15) 이렇게 분류된 네 가지 유형은 적극적-긍정형, 적극적-부정형, 소극적-긍정형, 소극적-부정형으로 제시된다.
16) 그러나 이라크 전후 처리문제의 지지부진한 성과와 이의 후유증으로 레임덕 현상이 가속화되면서 여론의 반발과 민주당의 공세가 더욱 강화될 경우, 부시 대통령은 적극적-부정형 대통령(많은 활동에도 불구하고 자신에 대한 평가는 부정적인 대통령)의 유형을 포함하여 다른 유형의 대통령으로 변화할 수도 있을 것이다. 바버는 닉슨과 존슨을 적극적-부정형 대통령의 예로 든 바 있다.

의 지지를 확보하고 국가안보의 수호자로서 자신의 업적에 대해서 상당히 긍정적 평가를 내린(혹은 내릴) 대통령으로 보인다.

그러나 부시 대통령의 이러한 리더십 스타일의 부정적 측면으로 정책결정과 관련되어 충분한 의견수렴 및 의견반영이 요청되는 정책결정자 혹은 정부기관의 참여가 배제되었고 충분한 심의과정을 거친 합리적 정책결정이 도외시되었다는 사실이 무시될 수는 없다. 의회 민주당 등 마땅히 그 의견이 존중되어야 할 당사자의 정책결정 참여배제와 이들과 함께 진행되어야 할 합리적 심의와 토론과정의 생략은 곧 대통령의 독선과 독단 및 일방적 정책결정을 귀결하게 되며, 궁극적으로 국가 전체의 장기적 이익을 보장하는 정책보다는 정당편향적이고 행정부중심적인 정책을 가져오기 쉽다.

이러한 부시 대통령의 지나친 확신과 독선적 태도의 이면에는 소위 뉴스탯(Richard Neustadt)이 대통령의 중요한 정치적 자산으로 언급한 설득력(persuasive power)의 부족이 자리 잡고 있을 수도 있다(Neustadt 1990: chapter 3). 무엇보다도 뉴스탯은 입법과정에 있어서 대통령이 상대방을 설득하는 힘을 상실할 경우 권위와 위신을 상실하게 된다고 보았다. 특히 뉴스탯은 권력공유 기관으로 의회와 대통령 관계에 있어서 설득력의 상실은 대통령의 거래력(power to bargain)의 상실에서 나온다고 보았는데, 이라크 문제의 처리에서 있어서 민주당과의 타협을 거부하고 네오콘적인 해법을 고집한 부시 대통령은 바로 신속한 결과의 도출을 위해 의회 반대세력과의 거래를 거부하고 궁극적으로 대외정책에 있어서 의회를 무기력화한 대통령으로 기록된다(Mann and Ornstein 2006: chapter 5).

의회의 심의과정을 혐오하고 민주당과의 타협을 경원시하는 부시의 태도는 행동우선적이며 결과지향적인 그의 리더십 스타일과도 관계가 있다. 내편이 아니라면 오로지 적일 수밖에 없다는 이분법적인 사고방식은 적절한 의사결정과정을 무시하여 공화당 다수 의회에서 자신이 원하는 정당편향적 정책을 입법화하기에는 적절한 것인지 모르지만,

국가전체의 차원에서 보면 장기적으로는 의회의 무력화를 귀결하는 데 기여할 뿐이었다.

IV. 부시 대통령의 의회에 대한 전략[17]

2000년 대선 결과 소수파 대통령으로 출발하였음에도 불구하고 부시 대통령은 임기 초기부터 정당편향적 어젠다를 강하게 추진하면서 예상 밖으로 빠르게 국정을 장악해 나아갔다. 비록 짧은 기간이었지만 9·11 테러 발발 이전을 보면 정말 그가 소수파 대통령이었는지 의심스러울 정도로 부시 대통령은 공세적이고 대담한 방법으로 자신의 입법 어젠다를 관철시키려고 노력하였으며, 그 좋은 예가 감세안의 의회통과였다. 9·11 테러 이후에는 누구나 그 중요성과 우위성을 부정할 수 없는 국가안보라는 이슈를 적절히 활용하면서 의회를 압박해 갈 수 있었다.

그 좋은 예는 또한 현재도 인권침해 문제와 관련되어 논란을 불러일으키고 있는 애국법(the Patriot Act)의 제정과 연장 문제 등이라고 할 수 있다. 그리고 그가 이와 같이 정당편향적 어젠다를 적극적으로 추진할 수 있었던 데에는 자신을 지지해 준 유권자의 성향 및 요구와 부시 개인의 리더십 스타일이 뒷받침되어 있었다. 그리고 이러한 요인들은 또한 의회에 대한 부시의 전략의 성격을 매우 정파적이고 행정부 중심적인 것으로 만들었고, 궁극적으로 의회 의사결정과정의 양극화에 기

---

17) 이 절을 구성하면서 부시 행정부와 의회와의 관계에 관한 서술적 내용은 Mann and Ornstein 2006, chapter 4 "A Decade of Republican Control"과 Fortier and Ornstein 2003을 참조하였다.
18) 이러한 부시 지지자들의 성향과 부시 개인의 리더십 스타일을 고려하지 않고서는 부시 대통령 업무수행의 정당편향적 성격이 쉽게 설명되지 않는다. 사실

여하였다.[18]

 그렇다면 부시 대통령의 의회전략의 내용은 무엇이었는가? 민주당과의 논쟁적이고 갈등적인 관계 속에서 자신의 정책적 목적을 달성하기 위한 부시의 정당편향적 전략의 내용은 어떤 것들을 포함하고 있었는가?[19]

 무엇보다도 부시 대통령의 대의회 전략은 먼저 하원에서 공화당 의원들의 철저한 단합과 추종을 강요하고 이어서 이러한 압박을 통해서 상원을 공략하는 방식이었다. 마지막으로 부시 대통령은 이러한 과정에서 공화당 지도부를 적극적으로 활용하여 의사규칙을 신축적으로 운영하게 함으로써 자신의 정책 목표를 달성할 수 있었다. 이를 좀 더 상세히 논의하면 다음과 같다.

 첫째, 부시 대통령은 기존의 다른 여느 대통령보다도 적극적으로 자신이 속한 공화당 의원들의 내부단결과 대통령의 정책적 입장에 대한

상 적어도 제1기 임기가 시작될 무렵 부시 대통령의 업무수행 방식이 매우 공세적이며 정당편향적인 성향을 보일 것으로 예측한 사람은 거의 없었다. 대통령 선거 이후 30일 이상을 지체한 후에야 비로소 대법원 판결을 통해서 천신만고 끝에 당선이 확정된 부시 대통령의 약한 정당성 문제도 문제려니와, 양원의 의석분포 역시 부시 대통령이 강력한 정책적 추진력을 발휘하기 어려운 상황을 조성하고 있었다(2000년 대통령 선거와 함께 치러진 의회선거 결과 상원은 50 대 50으로 정확히 양당 동수의 상황이 되었고, 하원 역시 공화당 221석 대 민주당 212석의 결과가 나타나 70년 만에 가장 근소한 의석격차를 보이고 되었다). 이러한 정치지형에서 신임 부시 대통령에게 기대되는 것은 대통령 선거 후 분열된 국가적 혼란을 수습하고 정당 간 갈등을 봉합하면서 국내외적으로 산적한 문제들을 합의와 타협을 통해서 해결해 나가는 것이었지, 비범한 동원능력을 요구하는 입법 어젠다를 공세적으로 추진하라는 요청은 결코 아니었다. 한편 부시 대통령이 텍사스 주지사 시절 주의회를 백년간 지배한 민주당과의 타협을 통해 국정을 운영했다는 경력도 일반인으로 하여금 그의 국정운영 방식이 정파적이고 과감할 것으로 예상하지 못하게 만든 요인이 되었다.

19) 그러나 예외적으로 2001년 9·11 테러 직후 국가안보라는 문제로 촉발된 양당 간 단기간의 극대화된 협력(hyper bipartisanship)은 이듬해 초까지 지속된 바 있다.

지원을 압박하고 강요하였다. 1990년대 이후 사회의 분극화 현상을 반영하면서 강화되어 온 정당일체감에 편승하여 부시 대통령은 기존의 양당간 양극화 현상을 완화시키려 하기보다는 이러한 양극화 현상을 정치적으로 십분 활용하는 방식을 택했다. 이를 통해서 그는 정당 간 우적관계를 명확히 함으로써 공화당 의원 사이에 형성된 기존의 단합과 충성심을 더욱 강화하고 대통령의 입법 어젠다를 적극적으로 지원하게 만들었다. 참고로 다음의 두 도표를 보면 부시 행정부하에서 공화당 의원들의 단합도와 대통령 지지도가 그 이전 행정부들과 비교해 보았을 때 상대적으로 꽤 높았다는 사실이 잘 나타나 있다.

〈표 7〉에 나타난 공화당의 연간 평균 정당 단합도 패턴은 클린턴 행정부 이후 정당 단합도가 지속적인 상승 추세에 있으며 대체로 민주당의 정당 단합도보다는 공화당의 정당 단합도가 더 높은 것으로 나타난다는 점이다. 전반적으로 1995년 제104대 의회가 개원한 이후 현저하게 높아지기 시작한 공화당의 정당 단합도는 부시(George W. Bush) 행정부에 이르러 가일층 높아지기 시작한 것으로 제시되어 있다. 결론적으로 제1기 부시 행정부 기간 동안 양원 공화당의 정당 단합도는 더욱 강화되었으며 민주당의 그것보다 높은 것으로 나타나, 민주당의 반발 속에서 보수적 공화당 어젠다에 대해 소속 의원들이 이를 충실히 추종하고 지지했던 것으로 보인다.[20]

한편 정당 단합도와는 별도로 〈표 8〉에 나타난 공화당 의원들의 평균적인 부시 대통령 지지율은 양원을 통틀어서 역대 어느 정당의 대통령 지지율보다 높다. 먼저 하원의 경우를 보면 부시 대통령의 최초 임기 4년간의 공화당의 대통령 지지율은 클린턴 행정부 8년간의 민주당

---

20) 이 글에서 필자는 공화당의 정당단합의 증가가 부시 대통령의 리더십에 의해 "야기된" 것이라고 주장하는 것은 아니다. 필자는 부시 대통령의 등장 이후 그의 전략이 기존의 원내 양극화 현상을 십분 활용하는 것이어서 공화당의 정당 단합도가 더욱 증가되었다고 보는 것이다. 1990년대 이후 원내 양극화와 관련된 정당 단합도의 증가에는 특히 남부지역에서의 유권자층의 변화, 의원들

<표 7> 양대 정당(의원)의 평균 정당 단합도 [21]

(단위: %)

대통령 (정당)	의회	의회	상원		하원	
			공화당	민주당	공화당	민주당
부시 (공화당)		2004	90	83	88	86
	108대 의회	2003	94	85	91	87
		2002	84	83	90	86
	107대 의회	2001	88	89	91	83
클린턴 (민주당)		2000	89	88	88	82
	106대 의회	1999	88	89	86	83
		1998	86	87	86	82
	105대 의회	1997	87	85	88	82
		1996	89	84	87	80
	104대 의회	1995	89	81	91	80
		1994	79	84	84	83
	103대 의회	1993	84	85	84	85
부시 (공화당)		1992	79	77	79	79
	102대 의회	1991	81	80	77	81
		1990	75	80	74	81
	101대 의회	1989	78	78	72	81
레이건 (공화당)		1988	68	78	74	80
	100대 의회	1987	75	81	74	81
		1986	76	72	70	79
	99대 의회	1985	76	75	75	80

출처: *CQ weekly*, December 11, 2004, pp. 2952-2956 (http://www.cq.com/graphics/weekly/2004/12/11/wr20041211-48unitylede-votes.pdf).

의 이념적 동질성의 증가, 사회적 가치와 관련된 이슈를 포함한 갈등적 이슈의 등장, 원내 의회 지도부의 역할, 예비선거에서 극단적 성향의 유권자 참여와 이들의 영향력 증가 등이 원인이 될 수 있을 것이다.

21) 정당 단합도(party unity score)는 정당 단합 투표(party unity vote: 공화, 민주 양대 정당 가운데 어느 한 정당 소속 의원들의 다수가 찬성하거나 반대한 투표에 대해서 다른 한 개 정당의 소속의원들의 다수가 그와는 정반대로 반대하거

의 대통령 지지율 가운데 그 어떤 지지율보다도 높다. 민주당의 클린턴 대통령 지지율은 임기 8년 동안 77%를 넘어 본 적이 결코 없지만, 공화당의 부시 대통령 지지율은 80%를 밑돈 적이 없을 정도로 공화당 의원들의 부시 대통령에 대한 지지는 가히 절대적인 것이었다. 그리고 이러한 경향은 상원에서도 마찬가지로 나타났다.

둘째, 부시 대통령은 먼저 하원에서의 공화당 단합을 토대로 자신이 원하는 법안을 통과시킨 후 상원에서 이를 수용하게끔 압박하는 전략을 선택하였다. 전반적으로 미국하원은 다수주의적인 기관이므로 그 의사규칙이 다수당에게 유리하게 엄격하게 정해져 있는 반면, 상원은 소수의사 혹은 개별의원들의 영향력을 무시할 수 없고, 온건파 공화당 의원들을 강제할 적절한 수단이 없으며, 의사규칙이 소수파나 개별의원들에게 유리하게끔 융통성 있게 적용될 수 있어 하원처럼 대통령의 의사를 일사불란하게 추진해 나가기 어려웠다. 따라서 부시 대통령은 하원의 응집력과 견고한 단합을 토대로 민주당의 의사를 철저히 배제한 채 철두철미 자신의 의사를 반영한 법안을 통과시킨 후, 상원에서 소수의 민주당 의원의 협력을 얻어서 절충안을 만들어 법안을 통과시키는 방식을 채택하였던 것이다(Mann and Ornstein 2006: 124-125).

마지막으로 부시 대통령의 정당편향적 대의회 전략은 양원의 충실한 공화당 지도자들을 적절히 활용하는 것이었다. 하원의장이었던 해스터트(Dennis Hastert), 공화당 하원 원내대표 아미(Richard Armey), 그리고 상원 원내대표 러트(Trent Lott) 등은 개별 상임위원회 위원장들과 함께 부시 대통령이 원하는 정책들이 조속히 입법화될 수 있도록 의사규칙을 "탄력적으로" 활용하면서 민주당의 반대를 피해 나갔다.

나 찬성한 투표를 말함)에서 특정 정당 소속 의원이 그 정당소속 의원 다수파의 의견을 따라서 찬성하거나 반대한 투표의 비율을 의미한다. 예컨대 60%에서 70%의 공화당 의원이 찬성하고 60%~70%의 민주당 의원이 반대한 10여 차례의 투표에서 공화당 소속의원이 8차례 찬성하고 2번 기권이나 반대표를 던졌다면 그 의원의 정당 단합도는 80%이다.

〈표 8〉 대통령 소속 정당(의원)의 평균 대통령 지지율 [22]

(단위: %)

대통령 (정당)	의회	의회	상원	하원
부시 (공화당)	108대 의회	2004	91	80
		2003	94	89
		2002	89	82
	107대 의회	2001	94	86
클린턴 (민주당)	106대 의회	2000	89	73
		1999	84	73
	105대 의회	1998	82	74
		1997	85	71
		1996	83	74
	104대 의회	1995	81	75
		1994	86	75
	103대 의회	1993	87	77
부시 (공화당)	102대 의회	1992	73	71
		1991	83	72
		1990	70	63
	101대 의회	1989	82	69
레이건 (공화당)	100대 의회	1988	68	57
		1987	64	62
		1986	78	65
	99대 의회	1985	75	67

출처: DCCC/DSCC Rubberstamp Congress Report, November 17, 2005 (http://www.dscc.org/img/rubberstampcongress.pdf).

제1기 부시 행정부 임기 초기 대통령의 감세안을 조속하게 처리하기 위해서 하원 세입위원회 위원장이 감세안을 세 개의 별개 법안으로 처리

---

22) 의원들의 대통령 지지율은 개별 의원들이 대통령의 정책방향과 일치하는 방식으로 투표한 비율을 의미한다. 대통령의 입장이 표명된 열 번의 투표에서 아홉 번 대통령이 원하는 방향으로 투표하면 이 경우 대통령 지지율은 90%가 된다.

하여 민주당의 반대를 최소화한 사례는 좋은 예가 될 수 있을 것이다.[23]

공화당 원내 지도부의 이러한 충직한 노력과 이들의 변칙적인 의사진행으로 인해 토론과 심의를 그 핵심으로 하는 의회의 의사진행과정이 생략되거나 우회되는 현상이 등장하면서 소수당인 민주당의 의견개진이 원천적으로 봉쇄된 사례가 많았다. 이는 결국 법안에 대한 민주당의 의견개진이 무시되는 결과를 낳아 의회의 정파적 운영과 정책결과의 정당편향성에 기여하였고, 무엇보다도 정책사안에 대한 양당 간 합의과정을 파괴하여 정당대립의 지속과 의회 양극화의 심화를 가져왔다.

요컨대 지난 6년간의 대통령-의회관계의 전반적인 정황은 테러와의 전쟁이라는 안보상황에서 국가의 안위를 책임지는 대통령으로 자리매김한 부시 대통령의 권한 확대와 이에 적극 협력한 공화당 의회에 의해서 민주당의 위상이 지극히 위축되고 대통령의 권위가 극대화될 수 있는 훌륭한 토양이 되었다고 보인다. 일시적이지만 제왕적 대통령으로 군림할 수 있었던 부시 대통령은 의회내 민주-공화당 간의 대립을 해소하기보다는 이러한 대립을 정파적인 목적을 위해 적극적으로 활용하면서 의회 양극화의 심화를 가속화시켰다. 그리고 대통령에 편승해 온 공화당 의회는 토론과 심의, 법안수정과 질의라는 중요한 실질적 기능을 스스로 제한하여 의회의 제도적 약화를 가져 온 책임을 질 수밖에 없게 되었다.[24]

---

23) 2000년 중간선거 이전에 부시 대통령이 압도적인 인사권을 행사할 수 있게 한 국토방위부 신설 법안을 민주당의 저항을 최소화한 상태에서 조속히 추진하기 위해 상원에서 기존의 상임위원회에서 처리하지 않고 특별위원회를 설치한 사실 등은 바로 공화당 지도부가 부시 대통령의 정책을 입법화하기 위해서 그의 충실한 심복(lieutenants)으로 활약한 또 다른 좋은 예가 될 수 있을 것이다.
24) 그러나 공화당 단점정부 상황에도 불구하고 부시 대통령이 재선에 성공한 2004년 대선 이후 그의 전반적인 지지도가 꾸준히 하락하면서 부시 대통령이 의회에 대해서 사용할 수 있었던 정치적 자본(political capital)은 차츰 감소하기 시작하였다. 이는 이라크 전후 처리 및 내부 상황에 따른 비판적인 국내여론의 비등, 대법원장 후보 지명자인 마이어스(Harriet Miers)의 사임, 리비 스

V. 맺는 말

 이 글은 먼저 부시 대통령을 지지한 유권자들의 성향과 부시 대통령 자신의 리더십 스타일을 대의회 전략을 포함한 그의 국정운영의 정당 편향성에 영향을 미친 중요한 요소로 보고 이를 중심으로 논의를 전개해 나갔다. 부시 대통령의 정당편향적 의회전략은 특히 1990년대 중반 이후 더욱 가속화된 유권자 층의 양극화 현상과 무관하지 않다. 이러한 정치적 양극화 현상은 대선이나 총선의 정당별 예비선거 과정에 대한 보다 적극적인 참여자로서 중도성향의 유권자보다는 이념적으로 매우 편향적인 정당원(혹은 정당 지지자)들을 유도하는 계기가 되었다. 이와 같은 이념 편향적인 정당원들은 당연히 자신들의 이념에 충실한 의원후보나 대선후보를 선호하게 되고, 이들의 이러한 요구에 부응하면서 선발된 각 정당의 후보들은 총선에서의 전략적인 입장표명 경향(strategic positioning)에도 불구하고 훨씬 자기 정당의 평균적 지지자보다는 좀 더 극단적인 성향을 보이게 된다.

 이들이 당대당 경쟁을 벌여 대통령이나 의원으로 당선될 경우, 이들은 과거의 대통령이나 의원과 비교해 볼 때 민주당의 (중도세력보다는) 진보세력과 공화당의 (온건세력보다는) 보수세력의 입장을 더 충실히 반영하는 정책을 취할 수밖에 없고 정치권내의 양극화는 더욱 심해진다. 이렇게 볼 때 부시 대통령은 공화당 상원의원인 존 메케인(McCain)과 같은 온건파와는 달리 당내 보수세력의 지지를 등에 업고 2000년 대통령 예비선거에서 승리할 수 있었다. 결국 자신의 종교적 성향과 더불어 이들 지지세력의 보수적 성향은 사회적 가치의 문제와 테러와의 전쟁에 있어서 부시 대통령의 입장이나 국정운영 방식이 매우 정당편향

캔들, 이라크 전쟁 이전 이라크 상황에 대한 정보공유의 진실성 문제, 허리케인 카트리나 처리에 늦장 대응한 미국 연방정부에 대한 비난 등에 기인한 것이었다.

적인 것으로 만드는 데 기여하였다. 그리고 이렇게 당선된 부시 대통령은 궁극적으로 정당 간 갈등을 적절히 활용하여 의회의 양극화 심화에 일조하였다.

부시 대통령의 정당편향성과 이념적 보수성은 무엇보다도 그의 개신교 복음주의 신앙과 이와 관련하여 사물을 단순화하여 바라보는 가치관에 기인하고 있다고 보인다. 부시 대통령의 종교적 신념은 타협의 여지가 없는 선악개념과 분명한 우적(友敵)개념을 낳아 그로 하여금 사회적 가치문제에 있어서 지극히 보수적이고 정당편향적인 입장을 견지하게 만들었다. 한편 부시 대통령은 절차나 과정보다는 신속한 행동과 가시적인 결과를 선호하는 리더십 스타일을 지니고 있었다. 이러한 스타일은 부시 대통령으로 하여금 의회내 소수당이었던 민주당과의 적절한 대화나 타협을 소모적인 것으로 파악하게 하였고, 그의 정책결정 방식을 일방적으로 독단적으로 것으로 강화시키는데 기여하였다. 결국 민주당과의 대화거부와 결과지향적인 그의 리더십 스타일이 낳은 정책 결과는 대부분 대통령 자신과 공화당의 정책적 입장이 집중적으로 반영된 정당편향적인 것일 수밖에 없었고, 궁극적으로 의회의 정책결정 과정은 정당 간 대립으로 귀결되었다.

이러한 요인과 결부되어 부시 대통령이 취한 의회전략의 내용은 정당편향적이고 행정부 중심적인 것이었으며, 이는 공화당의 높은 응집력과 이념적 동질성, 그리고 대통령에 대한 적극적인 지지에 공화당 의회 지도부의 열성적인 협조에 의해 가능했던 것이다. 이러한 원내 공화당 자원과 지원을 통해서 부시 대통령은 집권 초기 소수파 대통령의 멍에와 양당 간 박빙의 정치지형에도 불구하고 대범한 정치적 이니셔티브를 도모해 갈 수 있었다. 그러나 국가적 거버넌스의 측면에서 볼 때 부시 대통령의 의회 전략은 원내 양극화의 해소보다는 이의 심화를 가져오게 되었으며, 정치권이 사회의 양극화를 완화하기보다는 이를 확대재생산하는 데 일조하였다. 한편 과연 이러한 부시의 의회전략이 이라크 전쟁의 전후 처리로 부시 자신과 공화당에 대한 여론이 악화되어 가고 있는 현시점에서 지속될 것인지도 흥미로운 관찰대상으로 남아 있다.

지난 2006년 11월 의회 중간선거가 끝나고 그 결과 2007년 1월 민주당이 지배하는 제110대 의회가 개원되면서 1995년 이래 사실상 사라졌던 분점정부가 다시 등장하였다. 분점정부의 한 축인 의회에서 다수당인 민주당은 이라크 전후 처리문제를 둘러싸고 부시 대통령과 장기간의 소모성 신경전을 펼칠 것으로 보인다. 2006년 선거 직후 민주당이 승리하면서 이라크 주둔 미군의 단계적 철군과 이라크 내부의 안정화 전략과 관련하여 부시 대통령과 민주당 의회가 적절한 선에서 타협하지 않을 수 없을 것이라는 관측이 지배적이었으나, 그 타협은 현재 그리 용이해 보이지 않는다. 여전히 부시 대통령은 적어도 이라크 사태에 관해서는 지난 6년간의 타성에 의해서 움직이는 듯하다.

2008년 대선을 앞두고 부시 대통령은 이라크 문제를 "적당한 수준"에서 해결하여 차기 대선에서의 공화당 패배가 부시의 이라크 정책에서 기인했다는 오명을 뒤집어쓰고 싶지 않을 것이며, 권력누수를 최소한으로 막고 어떤 형태로든 대통령의 권위를 다시 회복할 수 있는 방법을 찾으려고 노력할 것이다. 그러나 그 "적당한 수준"에 대한 의회 다수당의 의견은 상당히 다른 듯하다.

민주당은 급작스러운 철군보다는 보다 실용주의적이고 현실주의적인 이라크 문제의 해결을 모색하여, 안보에 대해서 적극적 관심을 가지고 이 문제에 공약하는 정당으로서 민주당을 부각시키면서도, 이라크 문제의 해결에 견인차 역할을 함으로써 차기 대선에서 민주당의 대유권자 호소력을 제고하고자 하는 의도를 가지고 있을 수도 있다. 그럼에도 불구하고 타협적인 모습을 보이지 않는 부시 대통령의 태도는 민주당의 입장을 경직되게 만드는 주요한 이유가 되고 있다. 이러한 양대 부처의 상호 경직된 태도가 어떠한 형태로 균형점을 찾아가면서 이라크 문제의 해결로 변화될 지가 남은 부시 대통령 임기 2년의 관찰 포인트가 될 것으로 보인다.

참고문헌

● 저서와 논문

Barber, James. 1975. "The Interplay of Presidential Character and Style: A Paradigm and David, Five Illustrations." Chapter 3 in *Perspectives on the Presidency*. Boston: Little Brown.
Cox, Gary W., and Samuel Kernell. 1991. *The Politics of Divided Government*. Boulder: West View Press.
Fortier, John C., and Norman J. Ornstein. 2003. "Congress and the Bush Presidency." Paper prepared for delivery at the conference on "The Bush Presidency: An Early Assessment." At the Woodrow Wilson School. Princeton University Press. April 25-26. 2003.
Hinckley, Barbara. 1990. "Politics and Morality." Chapter 3. In *The Symbolic Presidency: How Presidents Portraying Themselves*. New York: Routledge.
Jacobson, Gary. 2003. *Politics of Congressional Election*. New York: Longman.
Jones, Charles O. 1997. "The Separation of Powers in the United States." Chapter 1. In *Presidential Institutions and Democratic Politics: Comparing Regional and National Contexts*. Kurt Von Mettenheim, ed. Baltimore: The Johns Hopkins University Press.
Lammers, William W., and Michael A. Genovese. 2000. *The Presidency and Domestic Politics: Comparing Leadership Styles, FDR to Clinton*. Washington, D.C.; CQ Press.
Mann, Thomas, and Norman Ornstein. 2006. *The Broken Branch: How Congress Is Failing America and How to Get It Back on Track*. Cambridge: Oxford University Press.

Milkis, Sidney M., and Michael Nelson. 2003. *The American Presidency: Origins and Development 1776-2002.* Washington, D.C.: CQ Press.
Neustadt, Richard E. 1990. *Presidential Power and the Modern Presidents.* New York: The Free Press.
Peterson, Mark. 1990. *Legislating Together: The White House and Capitol Hill from Eisenhower to Reagan.* Cambridge: Harvard University Press.
Wildavsky, Aaron, ed. 1975. *Perspectives on the Presidency.* Boston: Little Brown.

● 인터넷 자료

Baker, Peter. 2006. "History Offers Post-Midterm Survival Tips for President." http://www.washingtonpost.com/wp-dyn/content/article/2006/11/26/AR2006112601131.html?nav=rss_print/asection.
New York Times. 2005. Editorial. "Mr. Cheney's Imperial Presidency." http://www.nytimes.com/2005/12/23/opinion/23fri1.html?ei=5088&en=955896b77f74060d&ex=1292994000&partner=rssnyt&emc=rss&pagewanted=print.
Oxford Analytica. 2006. "Congress Will Curb Presidential Power." http://www.forbes.com/2006/11/30/congress-presidential-power-biz-cx_1201oxford_print.html
Rice, Susan. 2006. "Post Election Analysis: Victories, Losses and What Lies Ahead." http://www.brook.edu/comm/events/20061110rice.pdf.
Saad, Lydia. 2006. "Public Overwhelmingly Names Iraq as Top Priority for Congress, President." http://poll.gallup.com/content/default.aspx?ci=25723.
Suskind, Ron. 2004. "Faith, Certainty and the Presidency of George W. Bush." http://www.nytimes.com/2004/10/17/magazine/17BUSH.html?ex=1255665600&en=890a96189e162076&ei=5090&partner=rssuserland.
Tenpas, Kathryn Dunn. 2006. "The Veto-Free Presidency: George W. Bush (2001-Present)." http://www.brookings.edu/views/papers/tenpas/20060706.pdf.

제5장

2004 미국 대선(大選) 평가와 전망:
공화당 상승세 정체와 양극화, 약화되는 일방주의의 기반

■ 김장수

I. 서론: 선거를 통해 드러난 민의와 정책 방향

2004년 미국 대통령선거가 공화당 후보 부시 대통령의 승리로 귀결되면서, 이의 의미와 파장에 대한 연구가 활발하다. 미국과 맺고 있는 특수 관계를 감안하면, 우리나라 학계와 언론계에서 나타나고 있는 부시 2기 행정부가 취할 정책방향에 대한 관심은 지나치다할 수 없다. 특히 북한에 대한 미국의 대응방안이 북핵문제는 물론 한반도의 주변정세 전반에 미치는 광범위한 영향력을 감안하면 2004년 미국 대선의 의미와 전망에 대한 연구는 시급한 연구 주제 중의 하나이다.

한 나라의 대외정책이 국제정치적 환경이나 행위자들에 의해서만 결정되는 것이 아니라 그 국내적 동인과 정책결정자의 정치적 기반에 미칠 향후 파장에 대한 판단에도 의존한다고 할 때, 우리나라에서의 연구는 미국 내부적 요인보다는 상대적으로 국제정치적 요소에 치중하였다고 할 수 있다. 특히 미국 유권자의 투표성향 변화 등 정치지형의 장기적 추세와 전망에 대한 연구는 상대적으로 저조하였다. 이런 맥락에서 미국의 국내 정치적 요인에 대한 연구는 부시 2기 행정부의 대외정책이 기존의 일방적 패권주의를 지속할 것인가에 관한 국제정치학자들 간의 논쟁을 한층 풍부하게 할 것이다.

이 논문은 선거와 정책결정 간의 관계(electoral connection)를 쌍방적 인과관계(mutual causality)로 보는 관점에 근거하여 서술되었다. 먼저 고려되는 인과관계의 한 축은 현재의 정책이 향후의 선거에 미칠 영향에 관한 것으로, 기존의 선거연구에서 "재선에만 관심이 팔린 자들"로 규정되는 정치가들은 정책결정을 포함하여 모든 정치적 행위를 할 때, 이 행위가 향후 선거에 미칠 영향에 최우선적 관심을 둔다(Mayhew 1973; Downs 1954). 메이휴의 언명을 현재의 상황에 적용하면, 부시 2기 행정부의 정책은 이 정책들이 2006년 중간선거, 2008년 대선 등 향후 선거에 미칠 정치적 영향에 대한 판단에 의해 결정된다고 볼 수 있다.

쌍방적 인과관계의 다른 한 축은 이미 끝난 2004년 선거가 부시 2기 행정부의 정책에 어떻게 영향을 미칠 수 있는가라는 질문에 관한 것이다. 이 상관관계의 두 번째 축은 발생한 시기상으로는 선행하지만 논리적으로는 앞에서 언급한 향후 선거에 대한 고려가 현재의 정책결정에 미치는 관계를 뒤따라온다. 두 축을 논리적으로 연결시키면, 현재의 정책은 향후 선거에 미칠 영향에 의해 결정되는데, 어떻게 영향을 미칠 것인가의 문제는 지난 선거를 통해서 표출된 민의(electoral mandate)를 어떻게 볼 것인가에 의존한다. 즉, 2004년 선거를 통해서 표출된 민의는 선거결과도 결정지었을 뿐만 아니라 새롭게 형성된 정치지형에 대한 정보 제공이라는 또 다른 역할을 한다. 2004년 선거를 통해 드러난 새로운 정치지형, 구체적으로 유권자의 민의는 정책결정자에게 현재 정책이 향후 선거에 어떻게 영향을 줄 것인가에 대한 판단근거를 제공함으로써, 정책결정과정에 작용한다.

선거와 향후 정책 간의 관계에 대한 이러한 쌍방적 인과관계 관점에 근거하면, 부시 2기 행정부의 정책방향에 대한 전망은 2004년 선거의 민의가 어디에 있었는가, 즉 부시 재선을 가능케 한 동력은 무엇인가에 대한 질문에서 출발한다. 2004년 선거에 대한 평가와 부시 2기 행정부의 향후 정책 간의 상관관계를 단순화시키면 다음의 두 가지 평가와 전망이 가능하다. 먼저, 2004년 대선에서의 부시 승리를 부시의 1기 정책에 대한 재신임으로 보고, 이것을 가능케 한 동력을 유권자의 보수화에서 찾는다면, 2기 행정부는 1기의 정책방향을 유지·강화하려 할 것이다. 이는 유권자의 보수화가 새로운 정치지형의 기본특징이라면, 향후 선거에서의 정치적 입지를 위해서도 국내적으로 보수주의적인, 대외적으로는 일방주의적인 정책이 공화당 정부에게 불리하게 작용할 이유가 없기 때문이다. 미국 내적인 요인에 의해 부시 2기 행정부가 기존의 정책을 고수할 것이라는 주장은 이러한 부시 1기정책의 재신임측면에서 부시의 재선을 평가하는 경향이 있다.

이 논문은 거시적 자료를 활용하여 2004년 부시 재선이 1기 정책에 대한 재신임이고, 유권자의 정치이념면에서의 보수화가 재선의 기본 동력이라는 첫 번째 관점을 반박한다. 이에 대한 대안으로 논문에서는 유권자의 보수화가 아니라, 80년대부터 지속되어 온 공화당에 유리한 방향으로의 집합적 정당일체감(macropartisanship)의 장기적 변화추세가 부시 재선의 기본 동력이었다고 주장한다. 그러나 9·11 테러 등 애국주의를 주창하는 공화당에 유리한 조건이 조성되었음에도 불구하고, 이 공화당 정당일체자의 장기적 증가추세도 이제 정체국면에 진입하였고, 2004년 대선은 정당일체감에 따른 유권자의 양극화된 인식과 투표 행태로 특징지어졌다. 따라서 2004년을 통해 드러난 미국의 새로운 정치지형은 민주당과 공화당 간의 불안정한 세력균형을 그 골간으로 하고, 이러한 상황에서 몇몇 격전 주(swing states)의 투표 결과에 좌우되는 미국 특유의 대통령 선거인단 제도로 인해, 공화당 정부는 기존의 일방주의적 정책을 지속할 경우 지불해야만 하는 정치적 비용을 심각하게 고려할 수밖에 없다. 이상의 근거로 선거에서의 승리에도 불구하고 부시 2기 행정부는 1기의 일방주의적 대외정책의 지속·강화하기에 어려움을 겪을 것으로 예측된다.

이상의 논의를 검증하기 위해 본 논문은 미국 전국선거조사(NES: American National Election Studies)와 미국 주요 언론사들의 출구조사(Exit Polls)자료를 활용한다. 두 자료는 공히 선거연구에서 가장 광범위하게 활용되어 왔지만 두 자료 간의 차이점도 존재한다. 전국선거조사 자료는 자료수집 항목이 방대하고 과학적 엄밀성에서 높게 평가받고 있다. 하지만, 출구조사에 비해 상당히 적은 사례수로 인해 지역이나 사회적 계층에 따른 소집단별 투표성향 분석에 약점을 지니고 있다. 이 논문에서는 전국선거조사 1948~2002 집합 자료 파일(NES 1948~2002 Cumulative Data File) 중 해당연도(1972~2002) 데이터를 활용하였다. 언론사가 주도하는 출구조사 자료는 최소 6천 명에서 최대 2만 명에 달하는 사례수로 인해 특정항목에 따른 소집단별 성향 차이가 그 분석대상인 경우 자주 활용된다. 특히 이 논문에서 2004년 대선분석을 위해 CNN 출구조사 자료를 사용하고 있어 그 비교를 위해 여타연도의 출구조사 자료를 활용한다.[1]

논문의 구성은 다음과 같다. 2절은 유권자 보수화의 결과인가 공화당의 승리인가에 대한 논의에 중점을 두고 2004년 부시 재선을 거시적 경향에서 분석한다. 3절은 정치이념상 보수화와 집합적 정당일체감의

---

[1] 전국선거조사(NES)와 달리 출구조사(Exit Polls) 자료는 주로 언론사가 수집주체이지만, 해당연도에 따라 주도한 언론사, 수집항목, 사례수를 달리한다. 예를 들면 1976년의 경우에는 CBS News와 New York Times가 15,300명을 대상으로, 2004년에는 CNN이 13,660명을 대상으로 자료를 수집하였다. 1994년 이후에는 Voter News Service 라는 주체를 명기하여 Inter-University Consortium for Political and Social Research(ICPSR)에서 공개하고 있다. 1976년부터 2000년까지의 출구조사 자료는 ICPSR 홈 페이지(http://www.icpsr.umich.edu/)에서 찾을 수 있고, 2004년 자료는 http://edition.cnn.com/ELECTION/2004. 사용된 자료는 ICPSR 웹 사이트에 산재되어 있는 자료를 저자가 해당연도별로 취합한 것이다.

역동적 관계를 검토한다. 이를 통해 2절에서 보고하는 보수주의자의 비율이 증가하지 않은 상태에서 공화당에 유리한 방향에서의 집합적 정당일체감의 변화가 가능했던 근거에 정치적 보수주의자들이 점차 정당으로서의 공화당과 자신을 일체화해나가는 점진적 과정이 있었음을 보여준다. 4절은 90년대 및 2000년 대선과의 비교를 통해 2004년 대선의 특징을 도출하고 있다. 2004년 대선의 가장 중요한 특징 중의 하나는 소위 랠리 라운드(Rally Round the Flag) 현상[2]이 사라졌다는 점이다. 5절은 이상의 논의를 근거로 2기 부시 행정부가 기존의 일방주의적 외교정책을 지속하기보다는 다자주의로 전환할 가능성이 높다고 전망하면서 이 논문의 한계를 논의한다.

II. 부시 재선의 동력: 보수화인가 집합적 정당일체감의 장기적 변화인가?

2004년 부시 대통령의 재선을 통해 드러난 미국 유권자의 민의는 무엇인가? 이 질문은 부시 재선의 기본적 동력이 무엇인가의 질문으로 등치될 수 있다. 이에 대해 상호 연결되어 있지만 동일하지 않은 두 가지 요인이 논의되고 있다. 하나는 언론매체를 중심으로 제기되는 것으로 유권자의 정치이념상의 보수화이다. 유권자의 보수화는 특히 2001년 뉴욕 쌍둥이 빌딩에 대한 테러 이후 격화된 것으로 주장된다. 이와는 달리 미국 선거연구의 전통에서는 공화당과 일체감을 느끼는 유권자의 비율 증대에서, 즉 공화당에 유리한 방향으로 진행되어 온 집합적 정당일체감의 장기적 추세에서 1980년 이후 공화당 상승세의 원인을 찾고

---

[2] 미국이 국제적 분쟁에 개입되었을 경우, 대통령에 대한 지지도가 올라간다는 랠리 라운드 효과에 대해서는 John Mueller (1970)와 Ostrom and Job (1986) 참조.

있다(Miller and Shanks 1996; Meffert et al. 2001).

　보수적인 유권자의 증가인가 공화당일체자의 증대인가에 대한 논쟁은 공화당이 정치이념면에서 민주당에 비해 보수적이라는 점을 감안하면 일견 동어반복으로 보일 수도 있다. 그러나 정당으로서 공화당에 느끼는 정당일체감과 정치이념면에서 보수주의자라고 생각하는 자기인식이 항상 일치하는 것은 아니다. 즉, 정치이념상 자신을 보수적이라고 규정하면서도 동시에 민주당과 일체감을 갖고 있다고 주장하거나, 자신을 정치적으로는 자유주의적이라고 인식하지만 보수적인 공화당과 일체감을 느끼는 유권자가 적지 않은 비율로 존재해 왔다(Campbell et al. 1960; Converse 1964). 따라서 보수적인 공화당의 승리 원인을 규명하려는 노력은 보수주의자의 증대인가 혹은 집합적 정당일체감의 변화인가를 구별하는 데서 출발한다.

　정치이념면에서 자신을 어떻게 인식하는가의 소위 정치이념면에서의 자기인식(self identification of political ideology)은 정당일체감과 마찬가지로 단위 선거의 단기적 요인으로부터 독립적으로 존재하는 장기적 투표결정요인으로 간주된다(Conover and Feldman 1981). 이 두 가지 장기적 투표결정요인은 집권당의 업적, 경제상황에 대한 평가 등 여타의 단기적이고 인지적 투표결정요인에 영향을 미치는 궁극적 원인인자로 간주되어 왔다 (Miller and Shanks 1996). 물론 무엇이 더 궁극적 결정요인인가에 대해서는 논쟁이 존재하여 왔고, 미시간 학파로 대표되는 선거연구의 주류적 시각에서는 정당일체감을 가장 중요한 결정인자, 즉 추동되지 않는 추동자로 간주하여 왔다(Markus and Converse 1979; Markus 1981). 반면 정치이념이 정당일체감의 형성에 미치는 영향력을 강조하는 학자들은 이후 수정주의자로 통칭된다(Niemi and Weisberg 1993; Franklin 1992).

　정당일체감과 정치이념이 유권자의 정치적 의견형성과 투표행태에 미치는 절대적인 영향력으로 인해 이 두 가지 요인이 선거연구의 중심주제로 자리매김되어 왔다(Niemi and Weisberg 1993). 그러나 보수주의와 자유주의로 대별되는 정치이념에 대한 유권자들의 낮은 인지수준과 정당일체감에 비해 상대적으로 낮은 투표과정에서의 역할(Campbell et al. 1960; Converse 1966; Green and Palmquist 1990; Green, Palmquist, and Schickler 1998) 등의 요인으로 인해 정치이념의 거시적 변화추세는 집합적 정당일체감의 변동에 비해 상대적으로 덜 조명되어 왔다.[3] 특히 개인적 차원에서의 양자간의 높지 않은 상관관계에 관한 축적된 연구들로 인해 거시적 차원에서 양자 간의 상호작용에 대한 학문적 연구는 상대적으로 미비하다.

1970년대 이후 미국에서 행해진 대부분의 여론조사가 그러하듯, 미국전국선거조사(NES: National Election Studies)와 선거후출구조사(Exit Polls)는 설문응답자에게 정치이념에 대한 자기인식과 정당일체감 질문을 포함시키고 있다. 1972년 이후의 전국선거조사와 1978년 이후의 선거후출구조사는 이 두 가지 항목을 한번도 누락시키지 않아, 거시적 차원에서의 변화추세에 대한 귀중한 정보를 제공한다. 정치이념의 자기인식 문항은 응답자가 자신의 정치적 이념을 보수적(conservative)/자유주의적(liberal)이라고 생각하는지를 묻는다. 이와 별개로 응답자는 정당과 일체감을 가지고 있는가, 있다면 민주당인가 공화당인가의 질문에 대답한다. 앞서 언급하였듯이 거시적 차원에서의 정치지형의 변화에 대한 대부분의 연구는 정당일체감에 집중되어 왔다. 이 논문은 이 두 가지 장기적 투표결정요인을 분리하여 각 요인의 변화 추세를 살펴본 후 양자 간의 상관관계를 규명하고자 한다.

〈그림 1〉은 유권자 스스로 자신을 정치이념면에서 자유주의자/보수주의자로 인식하는가를 묻는 소위 자기인식적 정치이념(Liberal/Conservative self-identifications) 항목에 대한 응답에 근거하여 이를 보고한 응답자 중 보수주의자의 비율을 보여준다. 이 집합적 정치이념의 변

---

[3] 정당일체감이 궁극적 원인인자가 아니라는 수정주의자들의 주장은 MacKuen, Erickson, and Stimson (1989; 1998) 참조.

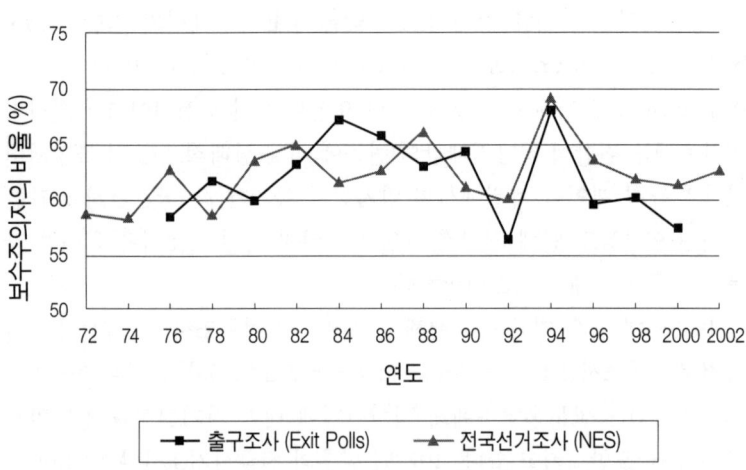

〈그림 1〉 정치 이념의 변화 추세

화추세는 집합적 정당일체감(macropartisanship)의 변화추세와 비교를 위해 동일한 수량화 방식을 사용하였다. 즉, 민주당 또는 공화당과 일체감을 지니고 있는 정당일체자(self-identified Democrat/Republican) 중 공화당일체자의 비율이 집합적 정당일체감의 추세변화를 위해 사용되었듯이, 보수주의적 또는 자유주의적이라고 자기인식적 정치이념을 보고한 응답자 중 보수적이라고 응답한 유권자의 비율 변화를 1972년부터 추적하였다.

출구조사와 전국선거조사 사이에는 약간의 차이가 존재하지만 그 경향은 대체로 동일하다. 70년대에 비해 보수주의자의 혁명이라 불리는 1980년 로널드 레이건 대통령의 당선 이후 보수주의자의 비율이 증가한다. 그러나 이 보수주의자의 상승추세가 92년을 전후해 하강하고 공화당 하원의장 뉴트 깅리치의 미국과의 약속이 발표된 94년에 급격한 상승세를 보이다가 이후 다시 하강하여 96년 이후의 상황은 70년대 말과 80년대 초의 상황으로 복귀한다. 이상에서 보고된 자기인식적 정치이념의 변화추세는 1980년 이후 시작되어 1994년 이후 본격화된 공

〈그림 2〉 집합적 정당일체감의 변화 추세

세로축: 공화당일체자의 비율 (%)
가로축: 연도

—■— 출구조사 (Exit Polls)   —▲— 전국선거조사 (NES)

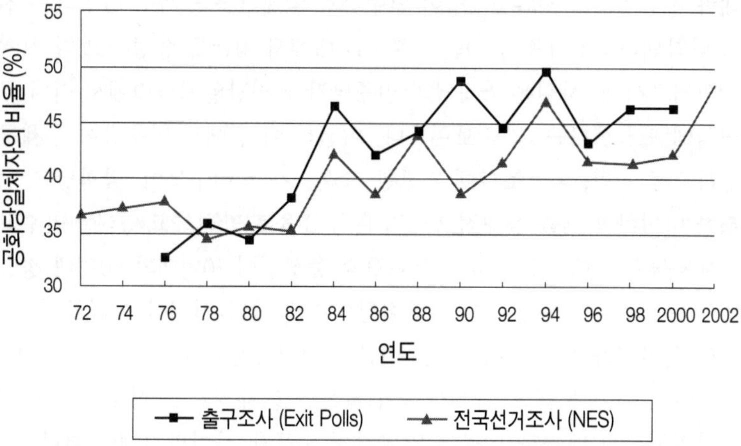

화당 상승세의 원인이 무엇인가에 관한 논의에 중요한 열쇠를 제공한다.

먼저 70년대 초반에 비해, 96년 이후에는 70년대 말 상황으로 복귀한 보수주의자의 비율은 1994년 이후 본격화된 공화당 강세 현상을 보수화의 증대로 설명하기에는 무리가 따른다는 점을 보여 준다. 만약 정치이념의 거시적 추세가 선거결과에 직접적인 영향을 주었다면 공화당은 80년대에 강세를 보이다가 1996년 이후부터 현재까지의 시점에는 약세로 전환하였을 것이다. 다음의 〈그림 2〉에서 보고하는 집합적 정당일체감의 변화추세와 비교하면, 집합적 정치이념의 변화는 70년대 말 이후 경향적 상승이나 하강이 없다는 점에서 전반적으로 안정적이라고도 평가할 수 있다.

〈그림 2〉는 집합적 정당일체감의 변화추세를 보여준다. 위에서 보고한 정치이념의 변화추세와 비교하면 이의 특징이 두드러진다. 두 개의 주요정당 중 하나의 정당에 일체감을 느끼는 응답자 중 공화당일체자의 비율은 비록 단기적인 상승과 하강을 반복하지만 1980년 선거 이

후 지속적으로 상승하여 왔다. 70년대의 공화당일체자 평균비율 37%는 대략 정당일체자 3명 중 2명이 민주당과 일체감을 느끼고 있었다는 점을 나타낸다. 이 비율이 90년 이후 44%대에서 평균을 형성하고 있다(전국선거조사)는 사실은 공화당과 민주당간에 정당일체감면에서 거의 균형점에 도달했다는 점을 보여준다. 여전히 이 점에서 민주당이 우세를 점하고 있지만, 출구조사에 기반한 그래프가 보여주듯이, 공화당은 이러한 미미한 약세를 상대적으로 높은 투표율로 만회하고 있다.[4] 민주당일체자들의 상대적으로 낮은 투표율과 충성심이 70년대와 80년대 정당일체자의 비율에서 불리했던 공화당이 대통령 선거에서 승리할 수 있었던 원인이라는 점에 대해서는 이론의 여지가 없다 (Lawrence 1994).

출구조사는 투표에 참여한 유권자들만을 대상으로 함으로 집합적 정당일체감의 배분과 더불어 양당간의 투표율 차이까지 반영한다. 출구조사 자료에 의하면, 양당의 일체자 비율은 평균 47:53으로 이미 대등한 수준에 근접하였다. 90년대 이후 이러한 정당일체감면에서의 공화당의 상승세, 즉 절대적 약세에서 대등한 수준으로의 반전은 양당 일체자의 비율이 정확하게 1:1로 균형을 보이고 있는 2004년 출구조사에서도 확인된다. 또한 이 공화당에 유리한 방향으로의 집합적 정당일체감의 변화추세는 80년 이후 지속되어 온 선거에서의 공화당 상승세와도 일치한다. 즉, 80년 선거 이후의 급격한 증대 이후 90년을 전후로 완만하지만 지속적으로 유지되는 공화당일체자 비율의 상승세는 1980년 이후 지속되어 온 의회선거에서의 공화당 의석비율의 증대와 94년 이후의 역전 현상과도 일치되는 경향을 보여준다.

---

4) 투표하지 않은 응답자들까지 포함하는 전국선거조사자료보다 투표에 참여한 유권자들만을 대상으로 하는 출구조사에서 공화당일체자의 비율이 높게 나타나는 기본 원인은 공화당일체자들의 상대적으로 높은 투표율에 기인한다. 이 점은 전국선거조사의 모든 응답자와 투표에 참여한 유권자 중 공화당일체자의 비율 비교를 통해서도 확인된다. 1980년 이후 공화당일체자들은 민주당일체자들에 비해 일반적으로 2~3%대 높은 투표율을 보여준다.

이상에서 사용된 두 가지 핵심적 투표결정요인, 즉 정당일체감과 정치이념에 관한 자기인식에 대한 거시적 자료는 80년대부터 2004년 선거까지를 관통하는 공화당 상승세의 기본 동력이 자기인식적 정치이념 면에서의 보수주의자 비율 증대가 아니라 공화당에 유리한 방향으로 진행된 집합적 정당일체감의 변화에 있었음을 보여 준다. 이런 측면에서 볼 때, 2004년 선거에서의 부시 재선도 2001년의 테러로 촉발된 단기적 정세변화와 이로 인한 유권자의 급격한 보수화가 아니라 1980년 레이건의 당선 이후 시작되고 90년대에 재도약한 공화당일체자의 비율 증대의 연속선상에서 설명되어진다.

만약 2004년 선거결과가 기존의 장기적 추세와 다른 경향을 보인다면 2001년 테러와 같은 단기적 요인에서 그 원인을 찾을 수 있지만, 위에서 다룬 두 가지 핵심적인 투표결정요인 항목에서 2004년 선거는 1980년 이후의 추세변화와 동일한 경향을 보여주고 있고, 역으로 2001년 테러를 전후한 2000년 선거와 2004년 선거는 이 두 가지 측면에서 주요한 차이를 보이고 있지 않다. 4절에서 다룰 2000년 선거와의 비교에 앞서 3절은 이상에서 개별적으로 논의된 핵심적인 투표결정요인 즉, 정치이념과 정당일체감의 거시적 차원에서의 상관관계를 규명한다.

III. 보수화 없는 공화당일체자의 증대

1. 정치이념과 정당일체감의 증대되는 상관관계

2절에서의 논의는 새로운 과제를 제기한다. 앞의 〈그림 1〉이 보여주듯이, 1980년 이후 집합적 정치이념의 변화, 즉 정치이념면에서의 보수주의자와 자유주의자의 비율에서의 변화가 없었다. 반면, 〈그림 2〉에 보고된 집합적 정당일체감은 공화당일체자의 비율이 점진적이지만 지속적으로 증가하였다. 즉 유권자의 보수화 없이 진행된 공화당일체자의 증대를 어떻게 설명할 것인가가 새로운 과제가 제기된다. 학계의 기존 연구는 정치이념과 정당일체감의 낮은 상관관계와 정치이념이 투표행태에 미치는 상대적으로 낮은 설명력(Campbell et al. 1960; Converse 1964) 등으로 인해 정치이념과 정당일체감 간의 역동적 관계에 대한 연구가 상대적으로 미약하였다. 정치이념의 역할을 상대적으로 높게 평가하는 수정주의적 관점에 선 연구들도 개인적 수준에서 정치이념이 정당일체감에 미치는 영향(Franklin 1992; Brody and Rothenberg 1988) 또는 정치이념 또는 유권자의 정치적 무드(public mood)가 정책결정자의 선출과정에의 개입을 통한 정책형성에 미치는 영향에 대한 연구(Stimson 1991; Page and Shapiro 1983)에 집중하여, 거시적 차원에서의 정치이념과 정당일체감 간의 상관관계는 상대적으로 간과되어 왔다.

　미시간 학파로 대변되는 선거연구의 주류적 관점은 정당일체감을 18세 이전의 사회화 과정에 형성되어 단기적 요인들로부터 독립적으로 지속되는 심리적 귀속감(psychological attachment)으로 파악한다. 정치이념에 대한 최근의 연구도 위와 유사한 방향으로 전개되어 특정집단과 느끼는 자아 일체감의 일종이라고 주장한다(Conover and Feldman 1981). 이 두 가지 심리적 일체감은 특별한 상황이 지속되지 않는 한 상당기간 안정적으로 유지된다고 간주된다. 그러나 이 두가지 일체감 간에는 심리적, 논리적인 친소의 관계가 작용하여 두 가지 일체감이 상호 조응하지 못한 경우, 즉 보수적 민주당일체자, 또는 자유주의적 공화당일체자는 서로 조응관계에 있는 경우에 비해 매우 불안정하고, 조응관계로 전환하기 위해 둘 중의 한 요소를 변화시킬 가능성이 높다 (Albarez and Brehm 2002; Festinger 1957; 1964).

　전환메카니즘에 대해서는 정치적 리더십이 정당일체감을 통해 대중의 태도변화를 유도한다는 존 잘러의 연구가 시사점을 주고 있다. 그의 연구는 어떤 정치적 사건이나 흐름에 대해 확고한 견해가 없는 대중들은 자신이 일체감을 느끼는 정당지도자들의 입장을 수용하여 태도를 변화시킨 역사적 사례들을 보여준다(Zaller 1992). 1980년 이전의 시점으로 돌아가면, 자신을 정치이념상 보수적이라고 인식하는 유권자 중 40%에 달하는 유권자가 정당으로서 민주당과 일체감을 가지는 부조응의 상태에 있었다. 앞의 〈그림 1과 2〉에서 살펴보았듯이, 1980 레이건 대통령의 보수주의 혁명은 보수주의자 자체의 비율 증가가 아니라 공화당일체자의 비율 증대로 귀결되었다. 1980년 이후의 보수화 없는 공화당일체자의 증가와 80년 이전의 정치이념과 정당일체감 간의 상당한 수준의 부조응에 주목하여, 본 논문은 조응관계의 강화를 가설로 제시한다. 즉, 전체에서 차지하는 비율을 증대하지 않았지만, 보수주의자들이 정당으로서 공화당과 일체감을 느끼는 비율이 증대함에 따라, 공화당일체자의 비율 증대와 선거결과에서의 공화당 상승이 가능하였다고 가정한다.

〈그림 3〉은 전국선거조사와 출구조사 데이터를 활용하여 1972년부

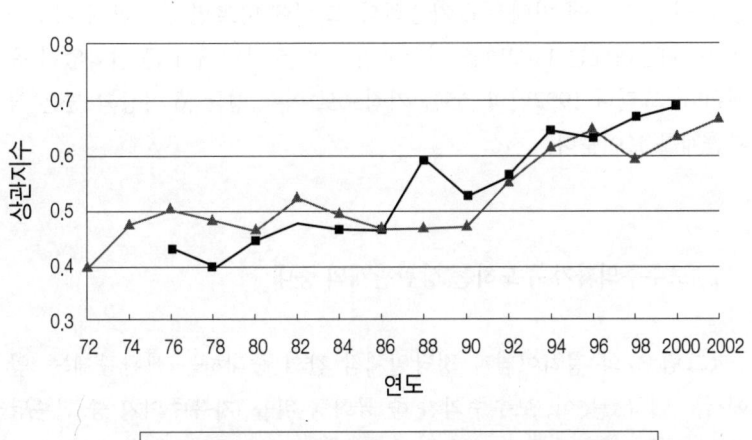

〈그림 3〉 정치이념과 정당일체감의 상관관계

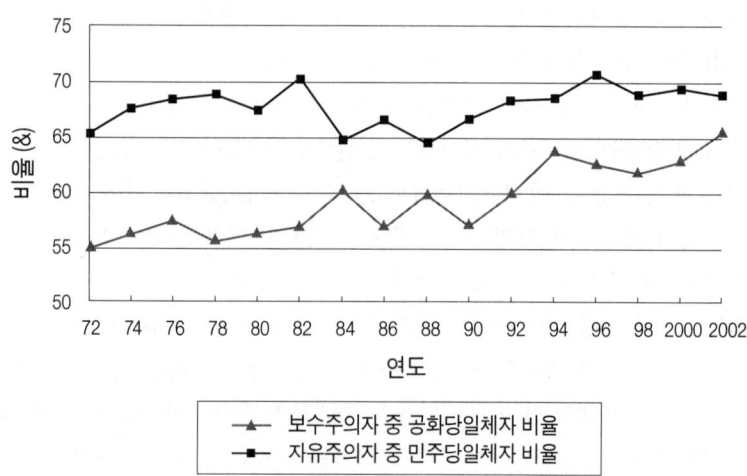

〈그림 4〉 정치이념과 정당일체감의 조응 비율

터 2002년까지의 유권자의 정치이념과 정당일체감의 상관관계를 보여준다. 높은 상관관계는 보수주의자 중 공화당일체자의, 자유주의자 중 민주당 일체자의 비율이 높아짐을 의미하는데, 다른 조건이 같다면, 둘 중 하나의 요소에 의해서도 가능하다. 그림에 따르면 상관관계 지수는 1970, 80년대에는 1982년을 제외하면 .4와 .5 사이에서 큰 변화없이 유지된다. 그러나 1992년의 .55를 기점으로 이후 평균 .6 이상의 높은 상관관계를 보여준다.

2. 보수주의자가 주도하는 상관관계의 증대

〈그림 3〉의 정치이념과 정당일체감 간의 증대하는 상관관계는, 앞에서도 언급했듯이, 보수주의자 중 공화당 비율, 자유주의자 중 민주당 비율 증대, 또는 양자의 병행에 의해서 가능하다. 따라서 본 논문의 가

〈표 1〉 정치이념에 따른 정당일체감의 발생빈도 (1972)

	공화당일체자	민주당일체자	합계
보수주의자	229	193	382
자유주의자	46	193	239
합계	275	346	621

설, 증대하는 상관관계와 이를 가능케 한 보수화 없는 공화당일체자의 증대를 검증하기 위해, 〈그림 4〉는 보수주의자 중 공화당일체자, 자유주의자 중 민주당일체자의 비율 변화를 분리하여 보여준다.

보수주의자와 비교하면, 자유주의자들은 80년대 이전부터 높은 비율로, 즉 80% 이상의 자유주의자가 민주당과 일체감을 지니고 있었고 이 비율은 보수주의자 중 공화당일체자의 비율을 항상 압도하고 있다. 큰 폭의 변동은 아니지만, 4절에서 논의될 정당일체감에 따른 양극화와 관련하여, 자유주의자 중 민주당일체자의 비율이 80년 중반의 하강과 90년의 재상승에 주목할 필요가 있다. 보수주의자들의 경우 공화당일체자의 비율이 72년도의 60%에서 단기적인 하강과 상승을 반복하면서도 2002년의 80%에 달하는 증대 경향을 나타낸다. 이를 〈그림 3〉의 정당일체감과 정치이념의 상관지수의 증대에 대입하면, 상관지수의 지속적 상승의 주원인이 공화당과 일체감을 가지는 보수주의자의 비율 증대에 있음을 알 수 있다. 1972년과 2002년 전국선거조사 자료를 구체적으로 살펴보면 다음과 같다.

1972년 전국선거조사에서 자신의 정치이념과 정당일체감을 공히 보고한 621명의 응답자 중 보수주의자는 382명으로 자신을 정치이념상 자유주의자라고 인식하는 239명을 압도하고 있다. 정치이념상의 보수주의자의 우세는 정당일체감면에서의 민주당일체자의 우세현상과 일치하지 않는다 (346:275). 이러한 역전현상은 자신을 자유주의적이라고 인식하는 응답자 중 압도적인 다수가 193 대 46의 비율로 정당으로서

⟨표 2⟩ 정치이념에 따른 정당일체감의 발생빈도 (2002)

	공화당일체자	민주당일체자	합계
보수주의자	342	78	420
자유주의자	28	201	229
합계	370	279	649

의 민주당과 일체감을 가진 반면 자신의 정치이념을 보수적이라고 밝힌 382명의 응답자들은 거의 유사한 비율(229:193)로 정당일체감을 양분하고 있다. 이 표에 의하면 ⟨그림 3⟩에서 보고한 1972년 정치이념과 정당일체감의 상대적으로 낮은 상관관계는 정치이념상 보수주의자, 구체적으로 이념상 보수적이라고 인식하면서도 민주당과 일체감을 느끼는 응답자들에 의해서 주도된 것으로 나타난다. ⟨표 2⟩는 동일한 사항에 대한 2002년 자료이다.

2002년과 1972년간의 가장 큰 차이점은 보수주의자 중 민주당과 일체감을 가지고 있다고 주장하는 부조응 사례의 급격한 감소를 들 수 있다. 이 논문에서 보고되지는 않았지만 다른 연도들도 동일한 경향을 보여준다. 즉 1972년부터 2002년까지 자유주의자들 중 압도적인 다수가 일정한 수준으로 민주당과 일체감을 가지고 있는 반면, 점차 공화당과 일체감을 느끼는 보수주의자들의 비율은 꾸준히 증가하는 추세를 보여준다.

이상의 논의는 보수주의자 비율의 증가 없는 보수적인 공화당의 상승세를 설명하는 연결고리를 보여준다. 보수주의자의 비율은 증가하지 않았지만, 공화당과 일체감을 가지는 유권자의 비율은 꾸준히 증가하여 왔고, 이는 민주당과 일체감을 느끼는 부조응 상태에 있었던 기존의 보수주의자들이 자신의 정치이념과 조응하는 공화당에 재정렬(realignment)함으로써 진행되었다. 이 논문의 논의 대상은 아니지만, 이러한 발견은 기존의 정당재정렬 문헌에서 상대적으로 논의되지 않았던 정치이념에 따른 정당일체감의 재정립이 정당재정렬의 주요변수 중의 하나일 수 있다는 점을 시사한다.

정치이념과 정당일체감의 증대하는 상관관계를 어떻게 설명할 것인가에 대해서는 아직 합의된 의견이 존재하지 않고 이를 위해서는 별도의 분석을 요구한다. 위에서 언급하였듯이 정치이념의 사회적 기원도 정당일체감과 마찬가지로 경쟁하는 사회집단에 대해 사회화 과정에서 형성되는 정서적 호·불호라는 카노버와 펠드만의 주장(1981) 또는 국민여론의 형성에 미치는 정당지도자들의 역할을 강조한 잘러(1992)의 주장이 증대하는 상관관계를 설명하는 실마리를 제공할 수 있다. 뿐만 아니라, 증대하는 상관관계를 보수주의자들이 주도한다는 점은 이와 관련된 역사적 맥락에 대한 분석을 요한다. 특히 거시적으로 보면 민주당과 일체감을 지니고 있던 보수주의자들의 변화가 그 중심에 위치하는데 1980년대 이전 보수주의자면서 민주당지지의 핵심층이었던 지역적으로는 남부, 종교적으로는 기독교도인인 백인 중산층들의 정당일체감의 변화 가능성에 주목할 필요가 있다. 그러나 이의 검증은 별도의 분석을 요한다고 판단된다.

IV. 일방주의적 외교정책의 걸림돌: 공화당의 불안정한 정치적 기반[5]

2절과 3절의 분석에 따르면, 1980년 이후 최근 20년의 공화당 상승세는 공화당일체자들의 완만하지만 지속적인 증가로 인해 양당일체자들 간의 비율이 거의 대등한 수준으로 접근했고, 이는 기존에 이념적으로 보수주의적이라고 인식하면서도 민주당과 일체화하였던 부조응적

---

[5] 이 장에서 논의되는 2004년 대선과 관련되는 모든 수치는 CNN 출구조사 자료에 근거하고 있어 별도의 출처 표기를 생략한다.

보수주의자들이 공화당일체자들로 재정렬하면서 가능하였다. 4절에서는 2000년 대선과 비교하여 민주당 후보의 득표율이 48%대에서 정체된 반면, 47.8%에서 50.7%로 공화당 후보 부시 대통령의 득표율이 3% 정도 상승하였음에도 불구하고, 취약한 국내정치적 기반으로 인해 부시 2기 행정부가 1기의 일방주의적 대외정책을 지속 강화하지 못할 것이라고 전망하고 그 근거로 다음의 세가지를 제시한다.

첫째, 부시 재선을 가능케 했던 공화당에 유리한 방향으로 전개된 장기적 추세가 2000년과 2004년 대선을 통해 정점에 달했다. 둘째, 2001년 테러와 대이라크 전쟁 등의 유리한 환경에도 불구하고, 기존의 "전쟁중인 대통령"이 누린다고 여겨진 소위 "랠리 라운드 현상의 소멸을 들 수 있다. 초당파적 지지의 증가로 특징지워지는 랠리 라운드 효과가 사라지는데 그치지 않고 정당일체감에 따른 극심한 유권자 양극화 현상이 새로운 정치현상으로 등장했다. 마지막으로, 공화당 상승세의 정체와 극심한 양극화 현상이 미국 특유의 대통령 선거인단 제도와 결합하여, 부시 2기 행정부가 많은 재정지출을 요구하는 1기의 일방주의적 대외정책을 지속할 경우, 2006년 중간선거와 2008년 대선에서의 패배를 그 대가로 지불할 가능성이 높아졌다는 점이다.

1. 공화당일체자 충원기반의 소진과 상승세의 정체: 새로 진입한 유권자

2절과 3절에서 1980년 이후 지속되어 온 공화당 상승세의 근저에 보수주의자 중 공화당과 일체감을 느끼는 유권자 비율의 증대가 있었음을 지적하였다. CNN 출구조사에 의하면, 민주당일체자와 공화당일체자의 비율은 정확하게 1:1의 균형을 유지하고 있다. 이 수치는 지난 90년대의 출구조사에 근거한 집합적 정당일체감의 비율과 거의 동일한 경향이 2004년 대선까지 지배하고 있음을 보여준다. 2004년 CNN 출구조사에 따르면, 보수주의자와 자유주의자들의 비율이 80년대와 90년대의 6:4에서 변화 없이 지속되고 있다. 정치이념과 정당일체감의 상관관계를 보면, 2002년 전국선거조사 자료는 보수주의자 중 공화당일체자가 81.4%, 자유주의자 중 민주당일체가가 87.6%로 정치이념면에서 잠재적 자당지지자를 동원하는데 지난 20년 동안 지속되어 온 양당 간 차이점이 거의 사라지고 있다.

이상의 근거로 지난 20여 년 동안 공화당의 상승세를 가능케 한, 공화당과 일체화한 보수주의자들의 비율 증대는 이미 그 정점에 달해, 공화당 추가상승을 가능케 할 유권자 기반이 소멸되었다고 결론지을 수 있다. 이 비율의 증대가 추가상승할 여지가 소멸하였다면, 보수주의자의 비율 증대라는 유권자의 보수화가 공화당에게 남아 있는 또 다른 가능성일 것이다. 그러나 2001년 테러와 대이라크 전쟁 등 보수화에 긍정적인 상황에도 불구하고 유권자 수준의 보수주의는 증가하지 않는 것으로 나타난다. 요약하면, 지난 20여년 지속되어 온 공화당에 유리한 방향으로의 정당일체감의 변화가 2004년 부시 재선을 가능케 한 기본 동력이었지만, 2004년 대선은 이 변화추세가 이미 그 정점에 달해 정체되기 시작했음을 보여준다.

양당의 추가적 충원기반이 소진된 상태에서 양당 간의 비율이 균형상태에 있다면, 향후의 균형추가 어디로 향할 것인가에 대한 전망은 흔히 투표인구로 새롭게 편입된 유권자의 투표성향에서 찾아진다. 다음의 두 가지 범주가 새롭게 편입된 유권자의 분류기준으로 사용된다. 첫째, CNN 출구조사가 제시하는 응답자의 연령상 분류에 따르면, 전체 유권자의 득표율에서 50.7:48.3으로 앞선 부시가 18세에서 29세까지 속한 젊은 유권자층에서 45:54로 뒤지고 있다. 반면 고령과 사망으로 인해 유권자층에서 점차 사라질(dying out) 60세 이상 고령층에서는 부시가 케리를 54:46으로 앞섰다. 새롭게 편입된 유권자를 분류하는 또 다른 범주인 지난 2000년 대선에서 투표에 참여하지 않은 2004년 투표자 중에서도 부시는 45:54로 케리에 뒤지고 있다. 따라서 공화당과 민주당의 현재의 1:1 균형상태가 지속되고 다른 변수들이 개입되지 않는다는 전제하에서 시간의 흐름만을 감안하면, 새로 진입한 유권자에서 앞서고 있는 민주당이 향후 선거에서 유리한 지점을 점하고 있다고 전망된다.

2. 랠리 라운드 현상의 소멸과 투표행태의 양극화

공화당의 향후 정치적 기반이 그다지 공고하지 않다는 또 다른 근거는 전쟁중인 대통령에 대한 지지율 증가인 랠리 라운드 현상이 2004년 대선에서 실현되지 않았다는 점이다. 2001년 9·11 테러부터 미국의 이라크 침공에 이르는 일련의 상황전개는 집권당인 공화당 정부의 지지기반 강화에 기여할 것으로 예측되었다. 그러나 공화당 행정부는 애국주의의 고양을 선거전술로 활용하였음에도 불구하고 전쟁중인 대통령에 대한 초당파적 지지가 증대하였다는 근거를 찾기 힘들다.

다음의 〈표 3〉은 미국 주요언론매체들의 의해 행해진 1992년과 96년, 2000년의 출구조사와 2004년 CNN 출구조사 비교를 통해 유권자 투표행태의 양극화 현상이 강화되어 온 최근의 경향을 보여주고 있다. 이 표에 따르면, 랠리 라운드 현상의 소멸에 그치지 않고 정치이념과 정당일체감에 따른 투표행태의 극심한 양극화 현상이 2004년 선거의 특징이다. 랠리 라운드 현상을 가능케 하는 동력은 전쟁 중인 대통령에 대한 초당적 지지, 즉 2004년 대선의 경우 보수적인 공화당 후보 부시 대통령에 대한 자유주의자 혹은 민주당일체자들의 지지율 증대에 있다면 위의 두 가지 항목에서 부시 행정부는 초당파적 지지를 끌어내는 데 이미 실패하였다. 공화당일체자의 93%, 민주당일체자의 89%가 자당후보에 투표한 2004년 대선결과는 지난 어떤 선거보다도 그 양극화의 정도가 심하고, 논리적으로는 완벽한 양극화 상태인 100%에 미치지는 않지만, 실제로 가능한 양극화의 극점에 달했다고 할 수 있다.

지금의 상황에서는 유권자의 정당일체감에 관한 단일의 정보만으로

〈표 3〉 투표양태의 양극화 경향

(단위: %)

연도	보수주의자 중 공화당 후보 투표	자유주의자 중 민주당 후보 투표	공화당일체자 중 공화당 후보 투표	민주당 일체자 중 민주당 후보 투표
1992	61	70	69	78
1996	69	79	79	85
2000	80	77	90	86
2004	84	85	93	89

그 유권자의 투표를 90% 이상의 정확도를 가지고 예측할 수 있다. 정치이념에 따른 투표행태도 동일한 양극화 경향을 보여준다. 90년대 두 차례 선거에서 60, 70%에 머물던 정치이념에 따른 투표행태가 2004년 선거를 통해 그 최고점에 달했다.[6] 9·11 테러 등으로 인해 상대적으로 초당파적 지지가 가능했던 2004년 대선에서도 이점에서 실패한 부시 행정부가 향후 일방주의적 대외정책을 취할 경우 이의 국내적 지지를 기대하기는 힘들다고 판단된다.

3. 선거인단 제도의 맹점과 핵심적 주들의 존재

2000년 선거에 비해 공화당 후보 부시 대통령은 전체 유권자 투표에서 3%의 지지율 상승을 기록하였다. 그러나 대통령 선거인단 투표라는 미국 특유의 선거제도로 인해, 향후 선거에서 공화당의 승리를 장담할 수 없는 상황이다. 2000년 부시는 47.8:48.4로 총유권자 투표에서 뒤졌음에도 불구하고 미국적 선거인단 제도로 인해 대통령에 당선되었다. 2004년 선거의 유권자 총투표에서 민주당 후보에 던져진 표는 48.4로

---

6) 정치이념과 정당일체감이 투표행태에 미치는 영향력면에서 90년대 이전 선거는 90년대 선거보다도 일반적으로 낮은 상관관계를 보여준다.

2000년과 거의 동일했던 반면, 부시는 50.7%로 전국유권자 투표에서 3%정도의 득표율 증대를 기록하였다. 주별 선거인단 득표를 보면 부시는 2000년 민주당 기반이었던 선거인단 5석의 뉴멕시코와 7석의 아이오아를 획득한 반면 2000년 자신의 근거였던 4석의 뉴햄프셔를 잃었다. 이와 더불어 10년마다 진행되는 인구센서스에 의해 각 주별 배분의 석수가 달라진 결과에 따라 2000년의 271:266에 비해 286대 251로 선거인단 득표를 결론지었다.

과도한 단순화를 무릅쓰고 2004년 대선을 2000년 대선과 비교하면, 부시의 취임 이후 지난 4년 동안의 정치적 격변과 사상 최대의 정치자금을 쏟아 부은 선거운동이 결국 오하이오 한 주에 의해 결정되었다고도 할 수 있다. 만약 오하이오 주가 민주당 진영으로 넘어갔다면 2004년 승자는 266대 271로 민주당 케리 후보로 바뀐다. 이러한 시나리오는 다른 모든 조건이 같다는 전제하에 플로리다의 경우에도 적용된다. 지난 두 차례의 선거가 분명히 부각시킨 사실은 법률적으로는 50개 주와 워싱턴 D. C.가 대통령 결정권을 지고 있지만, 실제적으로는 오하이오와 플로리다 등 소위 격전주(swing states)에서 대통령이 결정된다는 점이고 이러한 경향은 현재의 극도로 양극화된 정치지도를 보면 상당기간 존속할 것이다.

오하이오의 경우로 돌아가면, 2000년 선거에서 부시는 민주당 후보에 비해 16만 표 차이로 앞섰다. 그러나 2000년에 비해 전국 득표에서 3%를 더 얻은 데 반해 오하이오 주에서는 11만 표 차이로 줄어든다. 오하이오를 포함하여 2004년 선거를 통해 선거결과를 좌우할 격전주로 부상한 중서부주들은 경제와 실업문제가 투표결과에 중대한 영향을 미치는 주들이고 또 다른 격전주 플로리다는 유권자의 급속한 노령화로 인해 노인연금을 포함한 사회보장제도의 향배에 민감하게 반응하는 대표적인 주 중의 하나이다. 따라서 이들 격전주들이 부시 2기 행정부가 일방주의적 대외정책을 강화한다면 그 대가로 지불할 사회보장제도의 약화, 경기침체와 실업문제에 그 어느 주보다 민감하게 반응할 것으로 예상된다.

V. 결론: 정치지형과 대외정책에 대한 전망

이상의 논의를 요약하면, 부시의 재선은 1980년 이후 공화당에 유리하게 진행되어온 정치지형의 변화, 구체적으로 정당일체감을 표시한 유권자 중 민주당에 비한 공화당 일체자의 비율 증가의 결과물이라 할 수 있다. 문제는 지난 20여 년에 걸쳐 공화당에 유리하게 전개되어 온 이 변화추세가 지속될 것인가에 있다. 3절에서 살펴보았듯이 기존 20년 동안 공화당일체자의 비율 증가를 가능케 한 정치이념상 보수적인 유권자 중 공화당과 일체감을 느끼는 비율의 증대가 그 한계점에 도달하였고, 새롭게 투표에 참여한 유권자 중 친민주당 세력이 우위에 있다는 점, 일방주의적 대외정책의 지속은 오하이오나 플로리다 같은 몇몇 핵심적 주들에서 공화당의 패배를 야기할 수 있다는 사실에 근거하여 부시 2기 행정부는 1기의 일방주의적 외교정책을 지속 강화하기 어려울 것으로 전망된다.

기존의 랠리 라운드 현상이 보여주듯, 파생되는 비용의 많은 부분을 미국이 부담하여야 함에도 불구하고 초당파적 애국주의가 예측되는 상황에서는 일방주의적 정책은 여전히 매력적인 선택 중의 하나일 수 있다. 그러나 2004년 대선에서 표출된 유권자의 극심한 양극화 현상은 부시 2기 행정부가 이러한 초당파적 지지를 기대하기 어렵다는 점을 명백하게 하였다.

이상의 논의가 미국의 향후 외교정책이 어떠한 방향으로 전개될 것인가를 전망하는 데 주는 함의는 상대적으로 간명하다. 부시 2기 행정부 대외라인의 보수적 진용구축과 그들이 구사하는 정치적 수사에도 불구하고, 향후 선거에서 공화당의 패배를 촉발할 수도 있는 일방주의적 외교정책은 미국내 정치지형을 볼 때 지속되기 힘든 선택이다. 특히 2006년 중간선거와 2008년 대선으로 근접해 갈수록 다른 관련국과 비용과 부담을 분담하는 상호주의적 외교정책이 지니는 매력은 커져 갈 것이다.

부시 재선을 전후한 시기에 팽배하였던 일방주의적 외교정책의 지속, 강화에 대한 우려는 상대적으로 약화되고 있는 듯하다. 특히 북한의 핵보유 선언 이후 예상했던 것보다 유화적인 미국의 반응은 일방주의의 후퇴를 전망하는 이 논문의 취지와 부합하는 듯하다. 또한 이 논문은 시간이 지날수록 부시 1기 행정부의 일방주의가 퇴조할 것이라고 예측한다. 그러나 이 모든 전망들은 정치지형과 향후 선거의 상관관계에 대한 특정한 가정하에서 또한 주변관련국들의 반응과 상호작용을 누락한 상태에서 전개되었다. 이 두 가지 측면에서 이상에서 제기된 전망이 실패할 수 있는 개연성을 지적하는 것으로 논문을 맺고자 한다.

이 논문은 향후 부시 2기 행정부가 취할 대외정책에 관한 전망을 2004년 대선으로 표출된 미국내부의 정치지형, 특히 유권자의 민의로부터 모색하였다. 현재의 정치지형 또는 이미 지난 선거를 통해 표출된 민의가 향후 정책에 미치는 영향은 정책결정자들의 정치적 판단과정을 매개로 한다. 즉 선출된 정치가들이 정책을 결정할 때 가장 중요하게 고려하는 것은 향후 선거에 미칠 영향이라는 전제하에서 표출된 민의는 향후 정책에 영향을 미친다. 이러한 "정치적으로 결정되는 정책"이라는 대전제하에서 이 논문은 전개되었다. 만약 이 전제가 성립되지 않는다면 부시 2기 행정부의 정책은 다른 궤도를 그리면서 진행될 것이다.

이와 맞물려 우리나라에서 자주 언급되듯이 미국의 신보수주의자들이 향후 선거에 미칠 영향력을 고려하지 않고 이념에 몰입하여 정책을 결정할 가능성이다. 그러나 선거가 향후 정책에 미치는 영향력에 관한 기존연구를 감안하면 이 개연성은 높지 않은 것으로 보인다. 두 번째로는 부시 2기 정책결정자들이 2004년 대선으로 표출된 민의를 다르게 해석할 가능성이다. 선거결과는 정책에 대한 판단만이 아니라 후보자에 대한 평가 등 다른 요인들도 개입되므로 특정정책에 대한 민의를 정확하게 표출한다거나 이에 대한 해석에서 합의가 도출되지 못할 가능성이 있다. 그러나 선거를 전후로 형성된 정치지형은 일정 기간 안정적이고 그 과정에서 특정정책에 대한 의견의 흐름은 이를 반영하여 일관성을 지니게 된다. 이에 근거하면, 이라크 개입으로 대표되는 1기의 일방주의적 외교정책에 대한 국민여론은 점차 정치지형을 반영하게 되고 특정한 흐름을 보이면서 지속적으로 표출된다.

이라크 개입이 미국에 미치는 파급력과 강도로 인해 부시 행정부의 일방주의적 외교정책은 이미 국내화한 쟁점 중의 하나이고, 이에 대한 최근의 여론조사에 의하면 미국내 여론도 점차 악화되고 있다는 점도 부인할 수 없는 사실이다. 외교정책이 국내적 요인, 특히 여론에 어느 정도 영향을 받느냐에 대해서는 학자들 간에 이견이 존재하지만, 많은 유권자들이 이에 대해 명시적인 견해를 지니고 표출한다는 측면에서 국내정치화한 외교정책은 국내 여론을 무시하고 전개되지는 않는다. 이러한 차원에서 이라크 개입으로 대표되는 부시의 외교정책은 국내정치화한 정책이고 이에 대한 여론은 악화되고 있다. 또한 개입 초기 또는 신속하게 종결되는 경우와 달리 개입이 장기화되고 뚜렷한 성과를 제시하는 데 실패할수록, 여론은 악화되고 차기 선거에 부정적인 영향을 미친다는 점에 대해서는 이견이 없다. 이러한 지적들은 랠리 라운드 효과가 발생한 경우와는 상반되게 부시 2기 행정부의 일방주의적 대외정책은 국내적 요인에 의해 제동이 걸릴 것이라는 예측을 뒷받침한다.

또 다른 개연성으로는 미국 국내의 정치지형에도 불구하고 주변 관련국의 대응전략에 따라 미국이 취할 수 있는 정책의 운신 폭이 제한될 수 있다는 점이다. 예를 들면, 북한의 강공전략이 미국에게 상호주의적 외교에 근거한 해결책을 배제할 가능성이다. 이는 미국 정책결정자들이 국내 정치적 요인으로 인해 상호주의적 외교정책을 선호하더라도, 지나친 양보에 대한 미국내 여론이 악화될 경우에 발생할 수 있다. 여론의 악화는 정책결정자들에게 새로운 정치지형의 형성을 의미한다.

즉 2004년 대선에서는 랠리 라운드 현상이 표출되지 않았더라도, 여론의 악화는 정책결정자들로 하여금 확산되는 애국주의로 인한 새로운 랠리 라운드의 가능성을 기대하게 한다.

논문의 서두에서 지적하였듯이, 향후 미국이 취할 대외정책의 방향은 국내적 요인과 주변관련국들의 대응과 이에 대한 미국의 대응이 상호작용하면서 전개될 것이다. 이 논문은 국내적 요인에 대한 분석이 지닌 유의미성에 주목하여 2004년 대선으로 표출된 정치지형에 집중하여 분석을 전개하였고, 이에 근거하여 대외정책의 관한 대략적인 전망을 도출하려고 시도하였다. 일국의 대외정책이 국내적 요인과 외부적 요인이 상호작용하면서 전개된다면 이에 대한 분석도 양자의 동태적 관점에서 이루어져야 한다. 이러한 점에서 국내적 요인에 집중한 이 논문의 한계도 분명하다.

참고문헌

Alvarez, Michael R., and John Brehm. 2002. *Hard Choices, Easy Answers*. Princeton, NJ: Princeton University Press.

Brody, Richard A., and Lawrence S. Rothenberg. 1988. "The Instability of Partisanship: An Analysis of the 1980 Presidential Election." *British Journal of Political Science*, 18:445-465.

Campbell, Angus, Philip E. Converse, Warren E. Miller, and Donald Stokes. 1960. *The American Voter*. New York: Wiley.

Campbell, Angus, Philip E. Converse, Warren E. Miller, and Donald Stokes, eds. 1966. *Elections and the Political Order*. New York: Wiley.

Conover, Pamela Johnston, and Stanley Feldman. 1981. "The Origins and Meaning of Liberal/Conservative Self Identification." *American Journal of Political Science*, 25-2 (November, 1981), pp. 617-645.

Converse, Philip E. 1964. "The Nature of Belief Systems in Mass Publics." In *Ideology and Discontent*. David E. Apter, ed. London: Collier-Macmillan Ltd.: The Free Press of Glencoe.

Converse, Philip E., and Gregory B. Markus. 1979. "Plus ca Change···: The New CPS election Study Panel." *American Political Science Review*, 73:32-49.

Downs, Anthony. 1957. *An Economic Theory of Democracy*. New York: Harper & Row.

Festinger, Leon. 1957. *A Theory of Cognitive Dissonance*. Stanford, CA: Stanford University Press.

_____. 1964. *Conflict, Decision, and Dissonance*. Stanford, CA: Stanford University Press.

Franklin, Charles. 1992. "Measurement and the Dynamics of Party Identification." *Political Behavior*, 14:297-309.

Green, Donald Philip, and Bradley Palmquist. 1990. *Of Artifacts and Partisan Instability*. American Journal of Political Science, 34: 872-902

Green, Donald Philip, Bradley Palmquist, and Eric Schickler. 1998. "Macropartisanship: A Replication and Critique." *American Political Science Review*, 92:883-899.

http://edition.cnn.com/ELECTION/2004/pages/results/states/US/P/00/epolls.0. html (검색일: 2004. 11.11).

http://www.icpsr.umich.edu/

http://www.umich.edu/~nes/

Jacoby, William G. 1988. "The Impact of Party Identification on Issue Attitudes." *American Journal of Political Science*, 32:643-661.

Key, V. O. 1966. *The Responsible Electorate: Rationality in Presidential Voting, 1936-1960*. Cambridge, MA: Harvard University Press.

Lawrence, David. G. 1994. "Ideological Extremity, Issue Distance, and Voter Defection." *Political Research Quarterly*, 47:397-421.

Lodge, Milton, and Ruth Hamill. 1986. "A Partisan Schema for Political Information Processing." *American Political Science Review*, 80:505-520.

Lord, Charles G., Lee Loss, and Mark R. Lepper. 1979. "Biased Assimilation and Attitude Polarization: The Effects of Prior Theories on Subsequently Considered Evidence." *Journal of Personality and Social Psychology*, 37: 2098-2109.

MacKuen, Michael B., Robert S. Erickson, and James A. Stimson. 1989. "Macropartisanship." *American Political Science Review*, 83:1125-1142.

_____. 1998. "What Moves Macropartisanship. A Response to Green, Palmquist, and Schickler." *American Political Science Review*, 92:901-912.

Markus, Gregory B., and Philip E. Converse. 1979. "A Dynamic Simultaneous Equation Model of Electoral Choice." *American Political Science Review*, 73: 1055-1072.

Markus, Gregory B. 1982. "Political Attitude during an Election Year: A Report on the 1980 NES Panel Study." *American Political Science Review*, 76:538-560.

Meffert, Micheal F., Helmut Norpoth, and Anirudh S. Ruhil. 2001. "Realignment

and Macropartisanship." *American Political Science Review*, 95:953-962.
Mayhew, David R. 1974. *Congress: The Electoral Connection*. New Haven: Yale University Press.
Miller, Warren E., and J Merrill Shanks. *1996 The New American Voter*. Cambridge, MA: Harvard University Press.
Mueller, John E. 1970. "Presidential Popularity from Truman to Johnson." *American Political Science Review*, 64:18-33
Niemi, Richard G., and Herbert F. Weisberg. 1993. *Controversies in Voting Behavior*. Washington, D.C.: CQ Press.
Norpoth, Helmut, and Milton Lodge. 1985. "The Differences between Attitudes and Nonattitudes in the Mass Public: Just Measurement?" *American Journal of Political Science*, 29:291-307.
Ostrom, Charles W., and Brian L. Job. 1986. "The President and the Political Use of Force." *American Political Science Review*, 80:541-566.
Page, Benjamin I., and Robert Y. Shapiro. 1983. "Effects of Public Opinion on Policy." *American Political Science Review*, 77:175-190.
Stimson, James A. 1991. *Public Opinion in America: Moods, Cycles, & Swings*. Boulder: Westview Press.
Vallone, Robert, Lee Ross, and Mark Lepper. 1981. *Perceptions of Media Bias in a Presidential Election*. CA: Stanford University Press.
Zaller, John. 1992. *The Nature and Origins of Mass Opinion*. New York: Cambridge.

제6장

미국 50개 주들의 정치 선호도는 양극화되고 있는가?*

▮ 가상준

I. 서론

　미국정치에 있어 정당 간 이념적 차이, 정당의 역할 그리고 영향력은 다른 서방 국가들보다 크지 않다는 분석 그리고 미국 유권자의 정당일체감 감소로 인해 무당파(independent)가 증가하고 있다는 주장은 현재 미국정치의 상황을 잘 반영하고 있다고 말할 수 없다. 이는 1980년대 이후 본격적으로 나타나는 미국정치의 커다란 변화는 의회 내 민주당과 공화당 의원들의 정치적 선호도의 양극화로(Fleisher and Bond 2000a; Fleisher and Bond 2004; Hetherington 2001; Jones 2001; Layman and Carsey 2002), 정당 간 의원들의 선호도는 분명한 차이를 보이고 벌어지고 있는 반면 정당 내 의원들의 선호도는 동질성을 보이고

---

* 이 논문은 『국제지역연구』 11권 2호에 게재된 내용을 수정 및 보완하였다.

있기 때문이다.
 이러한 의원들 간 뚜렷한 변화로 인해 유권자들은 그들의 정치적 선호도와 상응하는 정당을 수월하게 일치시킬 수 있게 되었고, 이로 인해 정당일체감은 더욱 강해지는 모습을 보이고 있기 때문이다(Abramowitz and Saunders 1998; Bartels 2000; Hetherington 2001). 이러한 변화 속에 중심에 서 있는 것은 정당 및 정당지도부이며 정당지도부가 소속 의원들에 미치는 영향력은 점차 커져가고 있다고 말할 수 있다(Abramowitz and Saunders 1998; Bartels 2000; Hill and Rae 2000; Roberts and Smith 2003).
 미국 정치의 양극화가 진행되고 있다는 점에 대해서 커다란 반론은 없다. 이러한 미국정치 변화에 대한 학자들의 연구는 의회, 특히 하원에 집중되고 있다. 이는 연방의회가 미국정치에서 중요한 위치를 차지하고 있기 때문이며 또한 미국정치의 변화는 연방의회의 변화로부터 쉽게 감지할 수 있기 때문이다. 하지만 의회 내에서 진행되고 있는 양극화 현상과 함께 관심을 가져야 하는 것은 50개 주들의 변화다. 이는 미국의 변화는 주를 대표하고 있는 의회를 통해 알 수 있지만 50개 주의 변화를 통해서도 알 수 있기 때문이다. 미국 연방주의에 중요한 축을 구성하고 있는 50개 주는 상이한 정치적 문화, 특성, 제도를 가지고 있으며 상호 영향을 미치는 요인으로도 작용하고 있다. 이들은 동일한 변화도 보여주고 있지만 형태를 달리하는 변화도 보여주고 있어 동태적이며 다각적인 미국정치의 특징을 나타내고 있다.
 특히 정치적 선호도 면에서 50개 주들은 상이한 변화를 경험하였는데 과거 1930년대 일어난 정당일체감의 재편성으로 인해 남부 및 동북부 주들은 민주당에 대해 강한 정당일체감을 갖게 되었으며 중부권에 위치한 주들은 공화당에 강한 정당일체감을 가지게 되었다. 하지만 1960, 70년대 진보주의 시기와 1970, 80년대 경제적 위기를 맞이하면서 50개 주들은 정당일체감 및 정치 선호도에 있어서 많은 변화를 경험하였다. 남부에 위치한 주들은 보수적인 색채가 강해졌으며 정당일체감이 공화당으로 변화하였다.

　이에 비해 동북부 주들의 진보성은 그대로 유지되고 있으며 어쩌면 이러한 진보성은 과거보다 더 강화되었다고 해도 과언은 아니다. 반면, 유타 및 콜로라도와 같은 주들의 정치선호도는 더욱 더 보수적인 방향으로 변화하고 있기에 50개 주들의 정치적 선호도에 대한 변화 그리고 변화 양상은 학자들의 관심을 끌고 있다. 하지만 이에 대한 연구 및 분석은 상대적으로 미진한 편이다. 특히 50개 주들의 정치적 선호도는 70, 80년대를 지나 어떠한 형태로 변화하고 있는지 혹시 선호도 면에서 양극화가 일어나고 있는지 등에 대한 연구는 전무하다.

　50개 주들의 양극화가 주목받는 것은 이에 대한 부정적인 정치적 영향력 때문이다. 미국 의회의 양극화는 미국정치에 부정적인 영향을 미쳤다고 학자들은 결론내리고 있다(Binder 1999; Jones 2001). 특히, 미국의회의 양극화는 대통령과 의회 간 교착(gridlock)을 불러왔다는 점에서 문제시되고 있는데 즉, 양극화는 의회의 입법 생산성에 영향을 미쳐 국민들의 정책적 요구가 반영되는 것을 방해하였으며 양극화는 안건 상정(agenda setting) 및 정책결정에도 부정적인 영향을 미치게 되었다는 것이다(Covington and Bargen 2004). 일반적으로 안건 상정 및 결정에 있어 본회의 중간에 위치한 의원들이 중요한 영향력을 행사하는데 양극화 상황에서는 다수당 중심으로 결정되기에 다수당 중간에 위치한 의원들이 영향을 행사하게 되어 의회의 중요한 원칙인 합의가 무시된 채 그리고 소수당의 의견이 전혀 반영되지 않은 채 다수당의 독선에 의해 정책이 결정되고 있어 문제를 자아낸다고 할 수 있겠다.

　이렇듯이 미국 의회의 양극화가 미치는 부정적인 영향은 크다. 만약 50개 주들이 선호도 면에서 양극화 형태를 보이게 된다면 의회 내 양극화 못지않은 부정적인 영향을 미치게 될 것이다. 무엇보다 과거 남부 민주당 북부 공화당이 우의를 점하던 시기와 비슷한 결과를 도출할 것이다. 즉, 주들이 점진적으로 보수화 혹은 진보화된다는 것은 특정 정당의 지배적 영향력을 강화시킨다는 것이며 이는 정당 간 경쟁을 무의미하게 만들게 된다. 이는 과거와 같이 정당지도부의 영향력을 매우 강하게 만들 것이며 이는 경선과정 등 많은 정치충원과정에 정당지도부의 영향력은 점점 커질 것이다. 이로 인해 이념적 극단화(extremity)는 더욱 커지게 되며 소수의 의견이 정책으로 반영되길 기대하기는 힘들게 된다.

이러한 주들 간 양극화는 대립과 반목을 고조시킨다는 점에서 문제를 자아낸다. 미국정치의 특성은 연방주의를 통해 다양성(diversity), 경쟁성(competitiveness), 탄력성(resiliency)의 조화를 이루고 있다는 점이다(Shannon 1987). 즉, 미국의 주정부의 특성을 강조한 연방주의를 통해 다양한 선택의 기회를 제공하며, 경쟁을 통해 지나친 다양성을 방지하여 제도의 안정화를 가져오며, 지역적 특징과 개별성을 탄력적으로 흡수, 처리하고 있다는 것이다(Shannon 1987). 하지만 주들의 이념이 극단적으로 치우치게 된다면 다양성, 경쟁성, 탄력성이 잘 조화되어 있는 미국정치의 특성은 사라지게 될 것이다.

이러한 측면에서 50개 주들의 정치적 선호도는 크게 변화하고 있는지 그리고 변화가 양극화의 형태를 띠고 있는지 분석하는 것은 학문적으로 중요한 의미를 지닌다. 본 연구는 뉴딜시기의 변화를 통해 형성된 50개 주들의 정치적 선호도가 진보주의 시기인 1960년대를 지나 보수화 성향을 띠었던 80년대를 거쳐 2000년대까지 어떻게 변화하였는지를 살펴보고, 이들의 변화 형태를 분석함으로써 미국의 양극화가 미국 하원 및 상원에서뿐만 아니라 50개 주들 사이에서도 형성되고 있는지 분석하는 것을 목적으로 하고 있다. 2000년과 2004년 대선을 통해 50개 주들의 정치적 선택은 고착화되는 형태를 보이고 있으며 이와 함께 민주당 주들(Blue States)과 공화당 주들(Red States)로 양분화 되는 형태를 보이고 있어(Sabato 2006). 50개 주들의 변화에 대한 분석이 요구된다.

미국의 양극화는 연방의회를 통한 분석과 함께 미국 50개 주들에 대한 분석이 동시에 시도될 때 충분히 이해할 수 있다. 이에 본 연구는 50

개 주들이 이념 측면에서 커다란 변화의 모습을 보이고 있으며 이러한 변화가 양극화 현상을 띠고 있는지 알아봄으로써 미국정치 변화를 다각적인 측면에서 알아보려고 한다. 이를 위해서는 주 선호도 차이가 과거에 비해 어떠한지 그리고 진보적 주들 혹은 보수적 주들의 분포는 어떠한 형태를 띠고 있는지 분석해야 한다. 왜냐하면 이러한 주들에 대한 접근을 통해 미국정치의 특징 즉, 양극화를 이해할 수 있기 때문이다. 이를 통해 미국의 양극화를 이해하는 데 있어 정당을 중심에 놓아야 하는 것인지 아니면 정당과 주를 동시에 놓고 이해해야 하는 것인지 밝히려 한다.

앞서 언급했듯이 본 연구는 과거 연방의회를 통해 양극화를 목격하고 원인을 분석하는 연구에서 벗어나 미국 연방주의에 주요한 부분을 차지하는 50개 주들이 이념적으로 양극화의 모습을 띠며 변화하고 있는지 알아보는 것을 목적으로 삼고 있다. 이를 위해 두 가지 방법에 의해 주들의 정치적 선호도 변화를 조사하였다. 첫 번째로 유권자의 정치적 선호도 변화에 초점을 맞추어 주들의 선호도 변화를 분석해 보았으며, 두 번째로 연방 하원의원들의 정치적 선호도 변화를 통해 주들의 선호도 변화를 알아보았다. 즉, 주 유권자들의 평균 선호도가 어떠한 형태를 보이고 있으며 어떻게 변화하였는지 조사하였고 주를 대표하고 있는 연방하원의원들의 평균 선호도가 어떠한 형태를 띠며 어떻게 변화하였는지 알아보았다. 50개 주들의 평균을 종합적으로 묶어 주들 간에 선호도면에서 양극화가 이루어지고 있는지 알아보았으며 양극화가 나타나고 있다면 어떠한 특징이 나타나고 있는지 알아보았다.

이를 위해 베리와 그의 동료들에 의해 측정되고 최근까지의 자료도 잘 보여주고 있는 50개 주들의 선호도를 중심으로 양극화가 일어나고 있는지 알아보았다(Berry et al. 1998). 50개 주들의 평균 정치적 선호도를 시기별로 분석하며 이를 통해 각 주들의 선호도가 어떠한 방향으로 변화하고 있는지 살피며 변화의 정도는 어느 정도인지 분석한다. 마지막으로 50개 주들의 정치적 선호도를 분포도 측면에서 보았을 때 양극화가 이루어지고 있는지 밝힌다. 이와 함께 주들을 대표하고 있는 연방 하원의원들의 정치적 선호도를 풀과 로젠탈의 DW-NOMINATE 점수로 살펴보았다.[1] 즉, 각 주 연방하원의원 평균 DW-NOMINATE 점수를 측정한 후 이들의 분포를 통해 주들 간에 양극화 현상이 일어나고 있는지 살펴보았다.

본 연구의 결과는 다른 학자들의 연구에 자료로써 그리고 함축적 의미로써 많은 영향을 미친다는 점에서 의의를 지닌다고 할 수 있다. 19세기 말 미국정치는 현재와 같은 양극화를 경험하였다. 즉 두 정당 간 선호도의 상이성이 분명하게 드러났으며 이러한 양극화는 1896년 중대선거를 기점으로 완화되어 갔다. 하지만 축적된 자료의 미비로 미국정치의 양극화가 주차원에서 이루어진 현상인지 여부는 알 수 없다. 또한 양극화 원인을 찾는 데 있어 어려움을 겪고 있다. 본 연구는 100년 만에 일어나고 있는 양극화 현상을 다양한 각도에서 규명함으로써 양극화의 원인을 밝히며 결과들을 통해 향후 미국정치의 변화를 설명하고 예측하는 데 있어 많은 공헌을 하게 될 것이라 기대한다.

II. 미국정치의 양극화

미국정치에 대한 연구에서 가장 주목을 받는 부분 중 하나는 양극화

---

[1] DW-NOMINATE 점수는 의원들이 본회의에서 투표한 결과를 중심으로 의원들의 정치적 이념(political ideology)을 측정한 것으로 DW-NOMINATE 점수는 -1에서 +1 사이에 위치하고 있다. -1에 가까울수록 강한 진보를 +1에 가까울수록 강한 보수를 의미한다. 0은 중도를 의미한다. DW-NOMINATE 점수의 가장 큰 장점은 시기적 호환성으로 회기가 다른 의회 그리고 의원들간의 정치적 선호도를 비교할 수 있다는 점이다. 이에 대한 더 자세한 설명은 Poole and Rosenthal(1997)를 참조하기 바람.

현상으로 의회 내 민주당 의원과 공화당 의원 간 정치적 선호도가 점진적으로 차이를 보이며 구분되고 있다는 것이다(Fleisher and Bond 2000a, 2004; Hetherington 2001; Jones 2001; Layman and Carsey 2002). 이러한 양극화 현상으로 인해 유권자들의 정당일체감은 더욱 강해지고 있으며 정당이 유권자와 의원들에게 차지하는 위치는 더욱 커져가고 있다(Aldrich 1995; Cox and McCubbins 1993; Jacobson 2000; Rohde 1991).

양극화 현상이 미국정치에 나타난 원인에 대해 많은 설명이 있는데 특히 남부의 변화, 정당지도부들의 영향력 강화, 신진의원들 이념의 극단성 등을 강조하고 있다(Abramowitz and Saunders 1998; Bartels 2000; Hill and Rae 2000; Rohde 1991; Jacobson 1996; Fleisher and Bond 2004; Roberts and Smith 2003). 반면 국민들의 소득 양극화가 의회 양극화에 영향을 미쳤다는 학자들의 주장 또한 많은 관심을 불러일으키고 있다(McCarty et al 1997, 2006) 즉 유권자의 소득 양극화로 인해 이들의 대표들이 다른 상이성을 띠게 되었고 이는 의회 양극화로 이어졌다는 주장이다.

미국 의회의 양극화가 미국정치에 있어 처음으로 나타난 사건은 아니다. 19세기 말 미국의회의 양극화는 매우 심각한 수준이었다(Black 1998). 이러한 양극화는 20세기 대공황과 뉴딜을 거치면서 완화되었으며, 1950년대와 1960년대 들어 의원 간 이념적 대립은 크게 나타나지 않게 되었다. 하지만 1980년대에 들어 양극화가 다시 발생하고 있으며 양극화 수준은 매우 심각한 상태에 도달하였다고 말할 수 있다. 이러한 양극화 현상이 미국정치에 어떠한 영향을 미치는가에 대해서는 부정적 의견이 대부분을 차지한다. 양극화가 의원들의 반응성, 책임성, 대표성을 늘렸다는 증거도 없으며 양극화는 대통령과 의회의 교착상태(gridlock)를 심화시켰고 정당 간 대립만 가중시켰다는 것이다(Binder 1999); Jones 2001).

미국 의회의 양극화에 대해서 학자 간 별다른 이견은 발견되지 않는다. 하지만 미국 유권자들의 양극화에 대해서는 주장이 대립하고 있다. 피오리나의 경우 유권자 간 양극화는 발견되고 있지 않다고 주장하는 (Fiorina et al. 2004) 반면 플라이셔와 본드는 유권자들의 양극화로 인해 정당 간 양극화가 일어났다고 주장하고 있다(Fleisher and Bond 2000b). 특히 2004년 대통령선거는 이러한 양극화의 단적인 결과를 보여주는 선거였으며 유권자의 양극화에 있어 조지 W. 부시가 차지하는 영향력에 주목하는 연구도 보이고 있다.

이와 함께 공화당의 패배로 나타난 2006년 중간선거 결과가 미국 정치의 양극화에 어떠한 영향을 미칠지, 미친다면 점진적인 변화가 나타날지 아니면 급속도로 양극화가 완화되는 형태로 나타날지 관심을 끌고 있다. 이는 양극화에 있어 공화당 소속 의원들의 선호도 변화가 민주당 의원들의 선호도 변화보다 더 심각한 수준이었기 때문이다(Hacker and Pierson 2005). 의회의 양극화에 대한 연구는 주로 양극화의 원인에 대해 밝히고 있으며, 양극화가 어떠한 방향으로 전개되어 나아갈 것인지 조심스럽게 접근하고 있는 상황이다.

III. 주 정치적 선호도

미국 50개 주들에 대한 연구에 있어 핵심을 차지하고 있는 부분은 다양성이라고 하겠다(Erickson et al. 1989; Gray 1996; Morgan and Wilson 1990). 이러한 다양성의 근간은 미국 50개 주의 상이한 역사적 배경, 지리적 환경, 종교, 인종/민족적 특징으로(Elazar 1984) 다양성은 미국 연방주의를 이끄는 원동력이다(Nathan 1996). 50개 주들의 상이성 특징은 결과적으로 구별되는 정치적 선호도를 형성하게 하였다. 정치적 선호도는 주민들의 일반적 정치적 태도를 대변하는 것으로 주정부의 정책형성 및 정책방향에 영향을 미치고 있어 50개 주를 이해하는 데 있어 필수적인 요인으로 인식된다(Clarke and Saiz 1996; Dye 1966; Knack 2002; Rice and Sumberg 1997).

  주 정치적 선호도는 두 가지 측면에서 생각해 볼 수 있다. 첫 번째는 일반대중의 정치적 선호도고 두 번째는 주를 대표하는 선출된 공직자, 즉 연방하원의원의 정치적 선호도다. 주민들의 정치적 선호도는 주민들의 정치적 태도를 보여준다는 점에서 의미가 있고 연방의원들의 정치적 선호도는 대표되는 정치적 의견을 보여준다는 점에서 의미가 있다. 주민들의 정치적 선호도에 대한 연구에 있어 고려해야 할 부분은 일반대중의 선호도가 정태적(static)인가 아니면 동태적(dynamic)인가에 관한 것이다. 정태적이라고 주장하는 학자들은 일반대중의 평균 정치적 선호도에 관심을 가지며 이들의 선호도는 변하지 않는다는 점을 강조한다(Erikson et al. 1993; Wight et al. 1985).

  이에 비해 동태성을 강조하는 학자들은 인구의 이동, 사회·경제적 요인의 영향력 등으로 인해 일반대중의 정치적 선호도는 변화한다고 주장한다(Berry et al. 1998). 반면 브레이스와 그의 동료들은 주 유권자의 정치적 선호도는 일반적으로 안정적이지만 캘리포니아, 오리건, 웨스트버지니아 등의 경우는 변화가 있다는 점을 강조하였다(Brace et al. 2004). 에릭슨과 그의 동료들은 과거 주요 정책에 대한 설문조사를 통해 주들의 정치적 선호도를 측정하였으며 이들의 연구는 주정부의 정책 그리고 여론을 이해하는 데 많은 영향을 미쳤다(Erikson et al. 1993). 하지만 이러한 그들의 연구는 정치적 선호도의 안정성(stability)을 강조하고 있어 인구유입, 세대교체 등으로 인한 정치적 선호도 변화를 파악하기에는 어려움이 있다.

  이에 비해 베리와 그의 동료들의 연구는 선호도 변화의 동태성을 보여주고 있으며 여러 가지 요인에 의해 정치적 선호도는 변화한다고 밝히고 있다(Berry et al 1998). 그들은 에릭슨 등의 연구와는 달리 유권자의 정치적 선호도 측정에 있어 주에서 선출된 공직자들의 이념점수, 의회선거 결과, 주의회 의석분포 등을 중심으로 조사하였기에 여론조사

를 중심으로 한 조사와는 차이가 있다.[2]

 본 연구에서는 자료에 대한 접근성, 자료의 지속성, 그리고 무엇보다 50개 주의 정치적 선호도가 전혀 변하지 않는다는 주장에 대한 의구심 등의 이유로 인해 베리 등에 의해 조사된 자료를 사용하였다. 과거 연구들은 여론 및 대중들의 정책에 대한 정향의 변화를 보여주고 있기에 (Durr 1993; Stimson 1991). 정치적 선호도는 전혀 변화지 않는다고 주장하기에는 무리가 있다. 이에 1960년부터 2004년까지 주 선호도의 동태적 모습을 보여주는 베리 등에 의해 조사된 자료를 사용하여 분석을 시도하였다.

 50개 주들의 정치적 선호도는 구별되어 나타나고 있으며 조금씩 변화하는 것으로 파악된다. 이러한 변화 속에서 50개 주들이 어떠한 형태를 띠며 변화하고 있는지 분석하는 것은 의미가 있다. 특히 1980년대 이후부터 보이고 있는 의회 내 양극화가 미국 50개 주들 사이에도 발생하고 있는지 살펴봄으로써 미국의 양극화가 정당 간 일어나는 현상인지 아니면 정당과 주들이 연관성을 가지며 일어나고 있는 현상인지 알 수 있기 때문이다. 50개 주에 대한 관찰이 중요성을 띠는 것은 주들은 미국정치를 이해하는 데 중요한 역할을 수행하기 때문이다.

 즉, 대통령 선거에서 어떠한 결과가 나타날지 알 수 있는 기회를 제공하며, 사회·경제적 변화가 미국 유권자 변화에 미치는 영향을 파악하는데 도움을 주기 때문이다. 또한 주 정치적 선호도의 차이가 무엇에 근원하는지 그리고 정치적 선호도가 정책으로 연관되어 나타나는지 알 수 있는 기회를 제공하고 있기 때문이다. 무엇보다 50개 주 정치적 선호도에 대한 관찰을 통해 각 주들은 어떠한 변화를 경험하고 있으며 이러한 변화가 정치적으로 어떻게 나타나고 있는지 이해하는 데 도움을 줄 것이다.

---

2) 그럼에도 불구하고 Erikson et al.(1993)의 조사와 Berry et al.(1998)의 조사 간 상관관계를 보면 커다란 차이가 없는 것으로 나타나고 있다.

IV. 분석

  50개 주들의 정치적 선호도가 어떠한 변화의 형태를 띠고 있으며 특히 양극화의 모습을 보이고 있는지 알아보기 위해 본 연구는 두 가지 차원에서 주의 정치적 선호도를 조사하였다. 먼저 베리와 그의 동료들에 의해서 측정된 주의 정치적 선호도는 어떻게 분포하고 있는지 그리고 분포가 어떻게 변화하였는지 알아보았다. 두 번째로 주 유권자들에 의해 선출된 하원의원들의 평균 정치적 선호도는 어떻게 분포하고 있으며 얼마큼 변화하였는지 조사해 보았다.

  양극화의 특징은 50개 주의 분포를 통해 알 수 있는데 뚜렷하게 진보적 성향 및 보수적 성향을 띠는 주들은 많아지고 평균을 중심으로 중간에 위치한 주들은 적어진다는 점이다. 또한 두 집단간 거리는 점점 차이를 보이고 있지만 집단 내 선호도는 동질성을 띠고 있다는 특징을 가진다.[3] 이러한 점이 발견되는지를 통해 50개 주들이 양극화되고 있는지 알아보았다.

1. 유권자 분석

  먼저 평균 유권자의 정치적 선호도를 주 차원에서 살펴보았다. 〈표 1〉은 1960, 1970, 1980, 1990, 2000년, 그리고 2004년 50개 주들의 평균 유권자 선호도를 보여주고 있다. 이를 통해 알 수 있는 것은 무엇보다 변화의 정도 및 방향이 주에 따라 조금씩 다르게 나타난다는 점이다. 매사추세츠의 경우 매우 진보적인 주로 구분되며 진보성이 해가 거듭

---

3) 양극화 현상이 발생하였을 경우 평균에 위치한 주들의 수가 소수이며, 평균 주변에 위치한 주들이 많지 않다. 이와 함께 50개 주들의 분산은 크게 나타남을 발견할 수 있다.

⟨표 1⟩ 연도별 평균 50개 주 유권자 선호도[4]

주	60년	70년	80년	90년	00년	04년	주	60년	70년	80년	90년	00년	04년
AL	41.58	16.09	29.22	33.84	32.08	39.19	MT	55.08	49.7	51.36	38.58	42.38	43.76
AK	63.66	71.48	42.22	50.35	16.66	34.36	NE	21.45	30.31	30.24	35.16	25.47	31.4
AZ	38.18	41.29	25.55	38.65	40.23	46.15	NV	56.17	30.34	21.48	37.25	50.78	52.09
AR	25.6	24.17	28.94	41.14	33.55	51.96	NH	51.92	43.82	37.69	38.68	35.59	44.2
CA	63.82	53.85	48.57	53.5	49.6	58.31	NJ	75.9	65.68	65.54	59.24	57.96	59.8
CO	68.75	38.61	38.39	44.1	42.86	54.41	NM	50.31	42.32	15.35	43.99	42.08	55.13
CT	68.16	55.15	71.04	66.99	59.87	68.3	NY	66.87	68.22	61.43	71.25	60.58	71.19
DE	31.95	47.15	49.83	57.28	44.24	65.16	NC	13.06	16.63	24.6	34.77	38.04	45.62
FL	17.96	24.94	31.87	41.88	41.81	41.48	ND	43.01	49.08	47.59	55.16	55.54	61.62
GA	18.75	12.01	25.42	37.84	36.98	36.22	OH	50.63	49.96	45.37	50.59	44.7	51.66
HA	78.87	81.6	60.1	72.07	64.46	62.81	OK	46.68	28.18	27.8	38.89	28.6	28.29
ID	47.99	51.68	31.72	21.93	17.13	16.89	OR	63.71	52.57	60.61	63.74	52.31	56.99
IL	58.6	48.69	45.7	51.47	54.39	60.41	PA	72.05	58	48.93	54.55	47.44	53.86
IN	57.16	47.26	38.25	43.92	38.94	45.76	RI	78.49	78.04	75.17	68.34	77.26	67.85
IA	56.99	52.08	47.99	49.98	38.67	40.25	SC	6.47	11.02	30.37	39.16	44.79	41.14
KA	48.95	34.7	29.32	37.61	19.35	35.41	SD	55.7	49.51	39.85	46.35	39.04	48.68
KY	61.42	37.49	39.12	39.09	15.4	34.32	TN	41.14	27.96	39.25	45.14	32.94	40.17
LA	30.59	18.75	24.85	29.79	24.22	41.03	TX	27.48	26.82	26.96	35.84	39.9	42.74
ME	67.29	61.16	46.42	59.15	54.26	67.62	UT	50.92	47.82	15.7	40.1	31.52	30.38
MD	65.19	55.91	59.32	62.24	63.36	60.06	VT	57.91	63.01	62.71	64.26	70.95	66.53
MA	74.96	73.13	76.97	88.3	75.71	81.63	VA	6.22	12.1	27.05	37.42	37.88	47.42
MI	62.5	59.94	60.17	62.29	53.06	51.83	WA	63.48	58.21	64.85	54.98	38.77	57.11
MN	57.33	58.1	54.54	58.37	51.25	48.03	WV	76.81	51.49	53.59	58.41	54.29	66.88
MS	12.94	11.2	16.62	33.04	29.32	34.53	WI	64.89	57.54	52.93	50.1	50.48	51.63
MO	56.59	43.94	42.36	51.1	41.6	46.88	WY	42.1	37.62	32.38	32.47	23.79	26.77

---

4) 0으로 가까워질수록 강한 보수를 100에 가까워질수록 강한 진보를 나타낸다.

〈표 2〉 2003년 주 차원에서 본 정당일체감[5]

주	공화당(%)	민주당(%)	공화당우위(%)	주	공화당(%)	민주당(%)	공화당우위(%)
UT	61.2	31.6	29.6	NM	46.7	46.0	0.7
ID	59.6	32.2	27.5	WA	44.4	43.8	0.6
WY	60.2	35.4	24.8	ME	44.2	44.2	0.0
ND	57.7	34.5	23.2	NJ	44.1	45.0	-0.9
NE	57.9	35.7	22.2	PA	45.1	46.2	-1.1
SD	57.9	39.3	18.7	MN	44.2	46.8	-2.5
KA	55.0	37.4	17.6	WI	43.0	46.0	-3.0
NH	52.7	36.9	15.8	LA	44.7	48.1	-3.4
TX	51.9	38.1	13.8	KY	44.0	48.7	-4.7
SC	52.2	39.5	12.6	MI	41.8	47.0	-5.2
OK	52.7	40.8	11.9	DE	41.2	46.5	-5.3
AL	51.0	39.3	11.7	WV	43.2	49.6	-6.5
AZ	51.9	40.6	11.3	CA	42.2	49.4	-7.1
MS	51.7	42.0	9.7	OR	40.2	48.0	-8.0
VA	49.5	40.2	9.3	IL	40.9	49.4	-8.5
IN	49.4	40.6	8.9	RI	37.5	46.3	-8.8
CO	49.3	41.2	8.1	IA	38.0	47.0	-9.0
GA	48.8	42.6	6.2	MD	41.4	52.4	-11.0
TN	49.8	43.8	6.1	MA	37.4	50.5	-13.1
MT	45.6	39.5	6.0	CT	35.9	51.4	-15.5
MO	47.9	43.5	4.4	NY	36.6	53.1	-16.5
NC	47.7	45.0	2.9	AR	35.5	53.7	-18.2
FL	47.1	44.2	2.9	VT	35.9	54.9	-19.0
NV	45.9	43.2	2.7	D.C.	21.3	72.0	-50.7
OH	45.4	44.5	1.0				

출처: www.gallup.com

---

5) 여기서 공화당과 민주당에 정당일체감을 갖는 유권자들은 한쪽으로 약간 치우친(leaners) 응답자까지 포함된 %다. 알래스카와 하와이는 자료의 부재로 제외되었다.

할수록 점점 강해지고 있음을 발견할 수 있다. 이에 비해 뉴저지는 진보적인 주지만 진보성이 약해지고 있는 것으로 나타나고 있다.

반면 유타의 경우 보수적인 주로 분류되며, 보수성이 더욱 강해지는 주라고 할 수 있다. 버지니아의 경우 매우 보수적인 주였으며 그 보수성이 조금은 남아있지만 60년대와 비교하여 볼 때 많이 변화한 모습을 보이고 있음을 발견할 수 있다. 최근에 치러진 대통령선거 결과에 중요한 영향을 미친 오하이오의 선호도는 중도에 속한다고 할 수 있으며 특히 다른 주들에 비해 선호도 변화가 그리 크지 않은 것으로 나타나고 있다.

〈표 1〉의 값들이 50개 주들의 정치적 선호도를 잘 나타내고 있다는 점은 〈표 2〉와의 비교를 통해 보면 잘 알 수 있다. 〈표 2〉는 주별로 공화/민주 정당일체감의 비율을 그리고 공화당이 어느 정도 우위를 점하고 있는지를 보여주고 있다. 공화당 정당일체감 우위가 두드러지게 나타나는 주는 유타, 아이다호, 와이오밍으로 〈표 1〉을 통해 선호도 면에서 매우 보수적인 주들임을 알 수 있다. 반면, 민주당 정당일체감 우위가 두드러진 곳은 버몬트, 애리조나, 뉴욕 등으로 이들의 특징은 선호도 면에서 매우 진보적임을 알 수 있다.

〈표 2〉에서 나타난 공화당 우위 %와 〈표 1〉에서 보여주고 있는 2000년 2004년 각 주들의 정치적 선호도와의 상관관계를 살펴본 결과 2000년과는 -0.620(p〈0.001) 2004년과는 -0.709(p〈0.001)의 계수를 얻을 수 있다. 이는 주 평균 정치 선호도와 정당일체감 간에 깊은 연관관계가 있음을 보여주는 것으로 이러한 결과는 베리와 그의 동료들에 의해 측정된 50개 주들의 정치 선호도가 높은 타당성(validity)을 가지고 있음을 나타내는 것이다.

〈표 1〉에서 보여주는 주들의 개별적인 변화뿐만 아니라 50개 주 전체 평균의 변화는 어떠한 방향으로 진행되었는지 알아보았다.[6] 이를 통

---

6) 50개 주를 각각 하나의 단위로 생각하고 50개 주들의 평균 및 표준편차를 계산한 것이다.

미국 50개 주들의 정치적 선호도는 양극화되고 있는가? 187

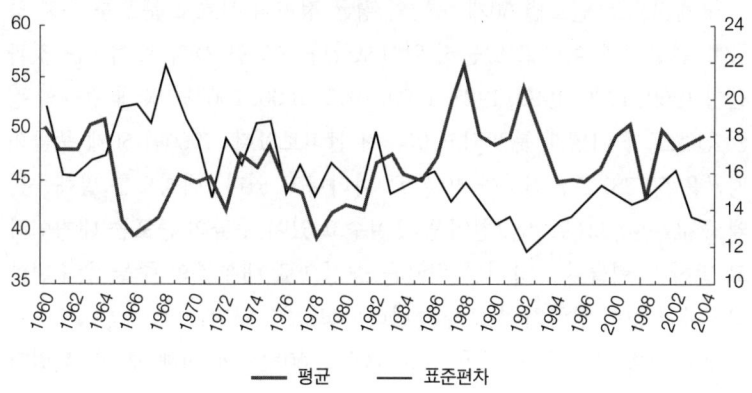

〈그림 1〉 연도별 전체 50개 주 선호도의 평균 및 표준편차[7]

해 50개 주들이 전체 평균 선호도가 어떠한 변화를 경험하였는지 조사해 보았다. 〈그림 1〉은 1960년부터 2004년까지 50개 주 전체 선호도 평균의 변화를 보여주고 있는데 일정한 방향으로 진행되었다기보다는 순환적 움직임을 보여주고 있다고 말할 수 있다. 또한 〈그림 1〉을 통해 1960년대 중반과 70년대 말 전체 선호도는 상대적으로 보수적이었음을 알 수 있으며 80년대에 들어와 전체 평균이 갑작스럽게 진보화되고 있음을 발견할 수 있다.

하지만 이러한 진보성은 점점 줄어들고 있으며 특히 2000년도에 강한 보수성이 발견됨을 보여주고 있다. 분포를 보여주는 표준편차를 통해 1960, 70년대에 주들 간 분포는 매우 컸으나 90년대 들어와 분포는 매우 작아졌음을 알 수 있다. 최근의 경향은 전체 선호도의 평균은 보수적인 방향으로 흘러가고 있으며 표준편차는 작다는 점을 알 수 있다. 〈그림 1〉을 통해 평균이 낮을 때, 즉 평균 선호도가 보수적일 때 표준편차가 크지만 평균이 높을 때, 선호도가 진보적일 때 표준편차가 작

---

7) 왼쪽 Y측은 평균을 오른쪽 Y축은 표준편차를 나타낸다.

다는 점을 발견할 수 있다.

구체적으로 연도별 50개 주들의 평균 정치적 선호도 분포를 통해 양극화 현상이 일어나고 있는지 알아보았다. 〈그림 2〉가 보여주는 것과 같이 1960, 1970, 1980, 1985, 1990, 1995, 2000, 2004년 50개 주들의 평균 선호도가 어떻게 분포되고 있는지 살펴보았다. 1960년 50개 주들의 평균은 50.28, 표준편차는 19.65로 나타나고 있다. 대칭도를 말해주는 왜도 값은 -0.721로 비대칭임을 보여주고 있어 주들의 분포는 대칭이라고 말하기 힘들다.[8] 하지만 평균을 중심으로 대부분의 주들이 주변에 위치하고 있어 양극화의 모습은 나타나고 있지 않다.

1970년 50개 주들의 평균은 44.53으로 60년도에 비해 보수화되었다는 것을 알 수 있다. 표준편차는 18.19로 60년도에 비해 작지만 큰 차이는 없다. 왜도 값은 -0.207로 나타나고 있어 왼쪽으로 기울어져 있음을 알 수 있다. 대부분의 주들이 평균을 중심으로 위치하고 있다는 면에서 양극화의 현상은 발견되지 않는다. 반면, 1980년은 1960년과 1970년에 비해 조금의 차이를 보이고 있다. 〈그림 2〉에서 보는 것과 같이 평균에 위치한 주는 소수인 것으로 나타나고 있다.

하지만 표준편차는 15.97로 70년도에 비해 더 작게 나타나고 있다. 이는 상대적으로 50개 주의 대부분이 평균을 중심으로 분포하고 있다는 것으로 보여주는 것으로 양극화와는 거리가 멀다. 50개 주의 평균은 42.47로 나타나고 있어 70년에 비해 더 보수화되었음을 알 수 있다. 1985년도 1980년과 비교하여 비슷한 경향이 나타나고 있다. 평균은 45.03으로 1980년에 비해 진보적인 것으로 나타나고 있지만, 그림을 통해 평균에 위치한 주들의 수는 소수라는 점을 알 수 있다. 하지만 표준편차는 15.72로 과거 어느 때보다 작게 나타나고 있다. 이러한 경향은 1990년에도 거의 유사하게 나타나고 있는데 〈그림 2〉에서 보듯이 평균

---

8) 왜도가 0이었을 때 완전대칭을 의미하며, 왜도가 〈0일 때 왼쪽으로 기울어짐을, 〉0일때 오른쪽으로 기울어짐을 의미한다.

<그림 2> 일반대중의 정치적 선호도[9]

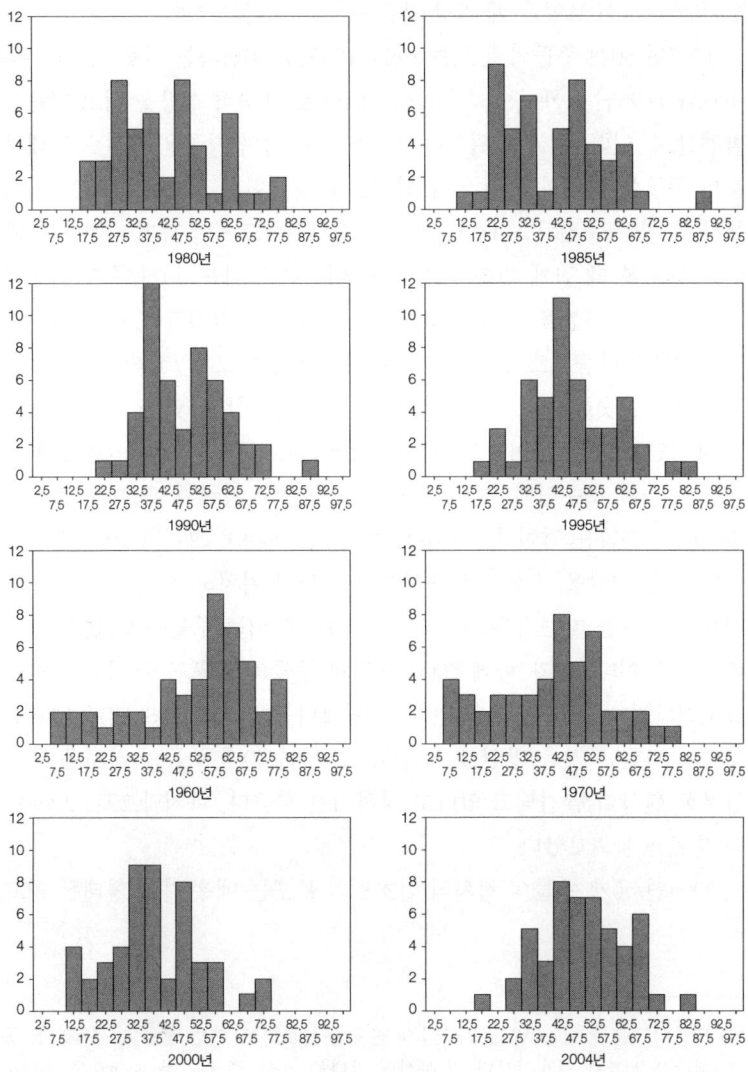

9) 마찬가지로 0으로 가까워질수록 강한 보수를 100에 가까워질수록 강한 진보를 나타낸다.

인 48.41에 위치한 주들은 소수다. 하지만 표준편차는 13.18로 다른 연도와 비교하여 보았을 때 가장 낮은 수치를 보이고 있다.[10]

1995년 50개 주들의 분포는 1980, 1985, 1990년과는 사뭇 다르다. 무엇보다 1995년 50개 주들의 평균은 45.06로 보수적 성향을 띠고 있음을 발견할 수 있다. 평균에 위치한 주들이 다수이며 평균을 중심으로 대부분의 주들이 위치하고 있다. 표면적으로 양극화의 모습은 찾아보기 힘들다. 또한 표준편차는 13.57로 1990년보다는 크지만 과거 다른 연도와 비교하여 볼 때 작게 나타나고 있다. 이러한 결과는 50개 주가 이념적으로 양극화 현상을 보이고 있는가에 대해 부정적이라는 답을 제시하는 것이다. 다음으로 2000년의 분포를 보면 1980년, 1985년, 그리고 1990년과 비슷한 형태를 띠고 있다는 점을 발견할 수 있다.

하지만 커다란 차이점은 1980년, 1985년, 1990년의 경우 평균에 위치한 주들이 소수였던 데 비해 2000년의 경우 평균인 43.24에 위치한 주들이 다수라는 점이다. 1980년, 1985년, 1990년, 그리고 1995년과 유사한 점은 평균을 중심으로 대부분의 주들이 위치하고 있다는 점이며, 진보적 성향을 띠는 주보다는 보수적 성향을 띠는 주들이 더 많이 관측된다는 점이다. 이와 함께 2000년 50개 주들의 분포를 보여주고 있는 표준편차는 14.63으로 1990년, 1995년보다는 크지만 1980년과 1985년보다는 작다는 것을 발견할 수 있다. 2000년 50개 주들의 분포를 통해 양극화 현상이 발견되고 있다고 말하기는 힘들다. 마지막으로, 2004년의 분포를 살펴보았다.

2004년 50개 주들의 정치적 선호도의 분포는 매우 다른 형태를 띠고

---

10) 분산비교를 통해 60년도 분산이 90년도 분산보다 크다는 점을 알 수 있다. 통계값은 2.22로 임계값보다 커 분산이 같다는 가설, 즉 H₀: $\sigma_{60} = \sigma_{90}$을 유의수준 0.01에서 기각한다. 이는 표면적으로 1990년도가 양극화되어 있는 것 같아 보이지만 50개 주들의 분포를 보여주는 분산을 1960년과 비교하여 보았을 때 1990년의 분산은 통계적으로 작다는 것을 보여주는 것이다.

있는데 2004년 평균은 49.32로 과거에 비해 진보성을 띠고 있다는 점을 발견할 수 있었으며 분포도를 나타내는 표준편차는 13.36으로 매우 작은 값을 보여주고 있다. 무엇보다 대칭도를 나타내는 왜도 값은 0.01로 2004년의 분포가 좌우대칭의 형태를 띠고 있다는 점을 발견할 수 있다.[11] 이러한 결과들을 통해 2004년 50개 주들의 선호도는 양극화 현상을 띠고 있지 않다고 결론 내릴 수 있다.

종합적으로 살펴보면 50개 주민들의 선호도의 분포를 1960년부터 2004년까지 분석해 보면 앞서 언급한 양극화가 의미하는 형태의 정치적 선호도 분포는 찾을 수 없다는 것이다. 이러한 결과는 50개 주들 간 양극화 현상은 발견되고 있지 않다는 결론을 내리게 한다.

이러한 경향은 〈그림 3〉을 통해서도 알 수 있다. 〈그림 3〉은 1960년과 2004년, 가장 보수적이었던 1978년과 2004년, 가장 진보적이었던 1988년과 2004년, 그리고 1978년과 1988년 50개 주들의 선호도가 어떻게 변했는지 대조해 보여주고 있다. 이를 통해 50개 주의 선호도가 어떻게 변화하였는지 알아보았다.[12] 만약 모든 주들이 똑 같은 정치적 선호도를 가지고 전혀 변화하시 않았다면 45° 선상 위의 놓여 있게 된다. 만약 정치적 선호도에 커다란 변화가 있었다면, 예를 들어 주의 선호도가 점점 극단성(extremity)을 띠게 된다면 1사분면의 왼쪽 끝부분과 3사분면 오른쪽 끝부분에 위치하는 주들이 많게 된다.

〈그림 3〉은 많은 주들이 45° 선상 및 그 부분에 위치하고 있음을 보여주고 있다. 또한 1사분면 왼쪽과 3사분면 오른쪽 끝부분에 위치한 주들은 매우 소수임을 알 수 있다. 1960년과 2004년 비교를 통해 아이다

---

11) 2004년이 특별한 경우일 수 있어 2002년을 조사하여 본 결과 평균은 47.76으로 나타나고 있으며 2004년과 같이 평균을 중심으로 놓여 있는 주들이 대부분을 차지하고 있다.
12) 2004년만을 대상으로 해서 비교한 것은 공간상 문제가 있기 때문이다. 정확한 분석을 위해서는 2004년 전 연도에 대한 분석도 필요하나 현재 양극화 현상이 일어나고 있는가를 알아보기 위해 2004년만 포함하여 알아보았다.

〈그림 3〉 연도별 비교를 통해 살펴본 선호도의 변화

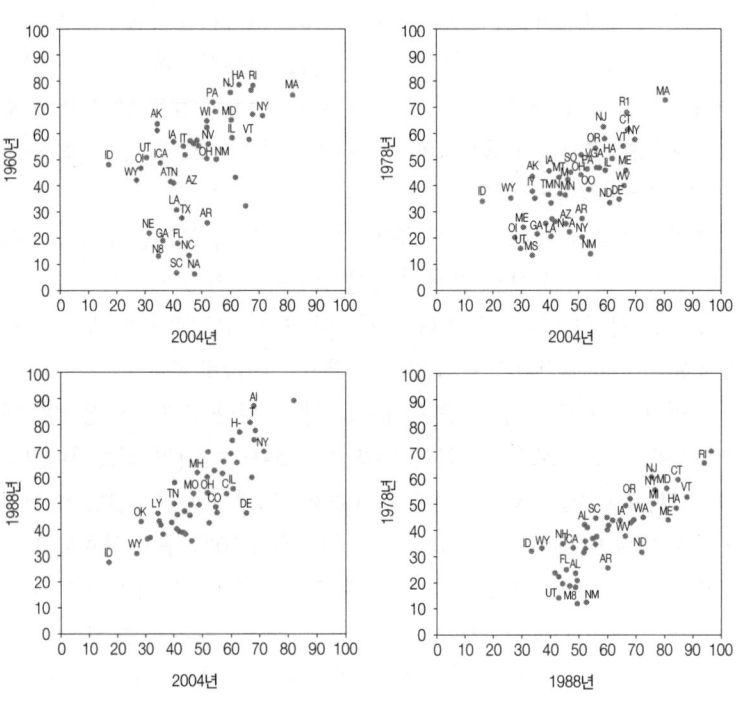

호(ID)가 선호도 면에서 커다란 변화를 경험하였다는 점을 알 수 있다. 반면, 델라웨어(DE)의 경우 1960년에는 보수적 성향을 띠었지만 2004년에 진보적 성향으로 변화하였음을 발견할 수 있다. 하지만 선호도 면에서 극단성을 띠고 있던 버지니아(VA), 사우스캐롤라이나(SC), 노스캐롤라이나(NC), 뉴저지(NJ), 하와이(HA) 등 많은 주들이 2004년에 중도 성향으로 변화하였음을 〈그림 3〉은 보여주고 있다. 가장 보수적인 성향을 나타내는 1978년과 2004년 50개 주들의 정치적 선호도 변화를 통해 알 수 있는 것은 많은 주들이 45° 선상 그리고 그 아래 놓여 있다는 점이다.

또한 1978년 보수성향을 띠였던 주들의 변화로 인해 많은 주들이 3

사분면 오른쪽에 그리고 4사분면 왼쪽에 놓여 있다는 점이다. 가장 진보적 성향을 보여주는 1988년과 2004년 50개 주들의 대조를 통해 알 수 있는 것은 많은 주들이 45°선상 그리고 그 위에 놓여 있다는 점이며 선호도 변화로 인해 1사분면 왼쪽 2사분면 오른쪽에 놓여 있는 주들이 많다는 점이다. 이러한 결과들을 종합해 보면 주들의 선호도 양극화는 나타나고 있지 않다고 결론 내릴 수 있다. 마지막으로 가장 보수적 성향을 띤 1978년과 진보적 성향을 띤 1988년 비교를 통해 어떤 주들이 커다란 선호도 변화를 경험하였는지 알아보았다. 두드러진 특징은 동북부에 위치한 주들의 선호도가 크게 진보적 성향으로 변화하였다는 점이며 아이다호(ID)와 와이오밍(WY)과 같은 주들의 선호도는 더 보수적으로 변화하였다는 점이다. 가장 진보적인 연도와 보수적인 연도를 대조해 보아도 대부분의 주들은 가운데 놓여 있다는 점을 발견할 수 있으며 양극화 현상은 발견되지 않는다.

2. 하원의원 분석

유권자에 이어 연방하원의원들의 정치적 선호도를 주별로 구분하여 평균을 구하였고 여기서 나타난 50개 주들이 어떠한 분포를 띠고 있는지 살펴보았다. 〈표 3〉은 90대(67~69년), 93대(73~75년), 96대(79~81년), 99대(85~87년), 102대(91~93년), 105대(97년~99년), 108대(03~05년), 그리고 109대(05~07년) 의원들의 선호도를 주(state)로 구분하여 평균을 살펴본 결과를 보여주고 있다.[13] 예상과 다르지 않게 동북부 주와 서부 주 의원들은 진보적인 성향을 보이고 있으며 인디아나, 콜로라도, 와이오밍, 유타 의원들은 대표적으로 보수적인 성향을 보이고 있음을 알 수 있다.

---

13) 〈표 3〉은 부록에 있음.

반면 애리조나, 켄터기, 몬태나, 오크라호마의 경우는 점진적으로 보수화 되고 있는 모습을 보이고 있으며, 반대로 노스다코타와 버몬트는 점진적으로 진보화되고 있는 모습을 보이고 있다. 앞서 살펴본 유권자들의 정치적 선호도와 의원들의 선호도는 어느 정도 연관성이 나타나는지 알아보기 위해 상관계수를 측정해 보았다. 1980년 유권자 선호도와 96대(79~81년) 의원들의 선호도, 1990년 유권자 선호도와 102대(91~93년) 의원들의 선호도, 04년 유권자 선호도와 108대(03~05년) 의원들의 선호도간에는 각각 -0.629(p〈0.001), -0.672(p〈0.001), -0.781(p〈0.001)의 상관관계가 형성되고 있음을 알 수 있다.[14] 이는 유권자와 그들의 대표자 간에 깊은 관련성이 있다는 것으로 무엇보다 유권자의 선호도가 잘 대변되고 있다고 말할 수 있다.

50개 주들의 대표의 평균 정치적 선호도가 양극화의 모습을 보이고 있는지 알아보기 위해 선호도 분포를 살펴보았다. 〈그림 4〉는 8번에 걸쳐 조사된 50개 하원의원들의 평균 정치적 선호도 분포상황을 보여주고 있다. 90대 하원의원들의 선호도를 주별로 구분하여 보았을 때 정규분포와는 좀 다른 형태를 띠고 있지만 선호도의 표준편차는 0.216으로 그리 큰 편은 아니다. 특히 평균인 0.009에 대부분의 주들이 위치하고 있어 양극화의 모습은 찾아볼 수 없다. 93대의 경우 선호도의 표준편차는 0.212로 90대와 비교하여 작다는 점을 알 수 있으며, 좌우 완전대칭은 아니지만 평균인 -0.017을 중심으로 대부분의 주들이 좌우에 고르게 분포되어 있음을 알 수 있다.[15]

96대의 경우 표준편차는 0.207로 90대와 93대에 비해 작아졌음을 알 수 있으며, 진보성향을 띠는 주들이 다수 출현했음을 발견할 수 있다. 90대와 93대와 비교하여 또 다른 차이점은 96대의 경우 왜도에 있어 커

---

14) 04년 유권자와 제109대 간 상관관계는 -0.843(p〈0.01)으로 또한 깊은 관련성이 있다는 점을 보여주고 있다.
15) 왜도는 -0.214로 완전대칭과는 거리가 멀다.

미국 50개 주들의 정치적 선호도는 양극화되고 있는가? *195*

〈그림 4〉 **주별 하원의원 평균 정치적 선호도**[16]

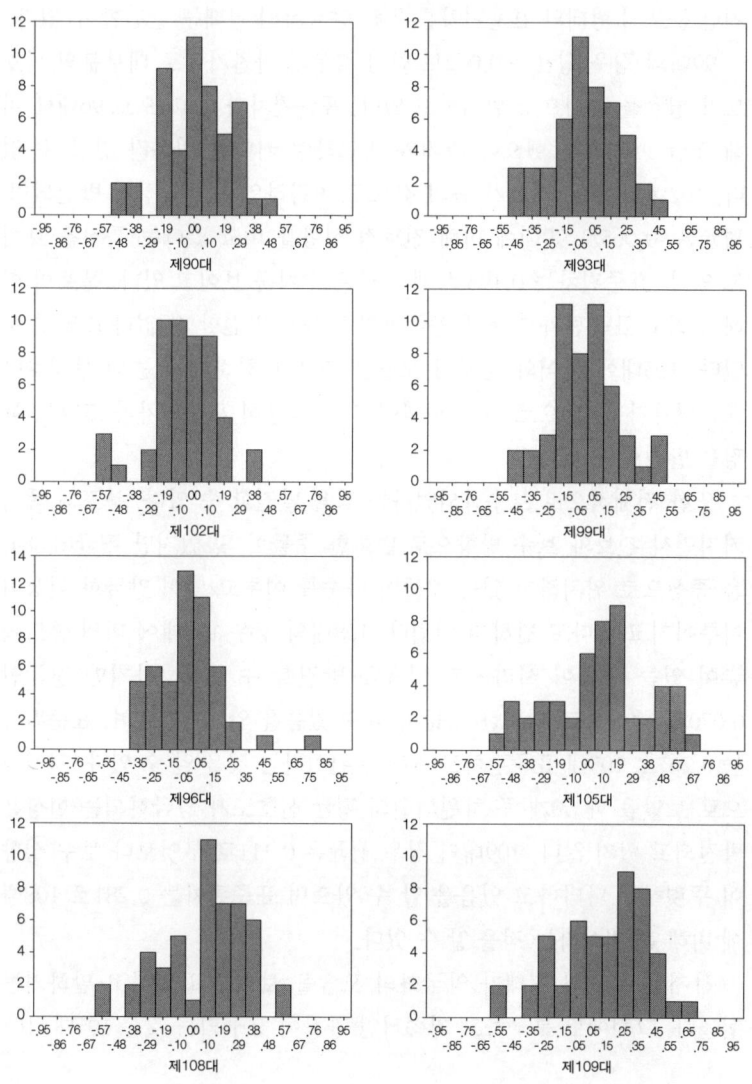

―――――――――

16) -1에 가까울수록 강한 진보를 1에 가까울수록 강한 보수를 의미한다.

다란 변화가 있는데 왜도의 값이 양의 값으로 변화하였다는 점이다. 하지만 분포의 형태와 표준편차를 통해 양극화의 형태는 발견할 수 없다.

99대의 경우 평균은 0.002로 앞선 경우와 마찬가지로 대부분의 선호도가 평균을 중심으로 위치하고 있다. 표준편차가 0.216으로 96대에 비해 조금 커지기는 했으나 과거와 비교하여 커다란 변화라 말할 수 없다. 102대의 경우 왜도가 음의 값으로 변화하였다는 특징이 발견되며, 평균은 -0.065로 99대에 비해 진보적 성향을 띠고 있다는 특징을 보이고 있다. 표준편차는 0.198로 매우 낮은 수치를 보이고 있다. 분포의 형태 그리고 표준편차를 통해 양극화의 모습은 발견할 수 없다고 말할 수 있다. 105대에 들어와 분포의 모습은 크게 변화하게 되는데 무엇보다 표준편차가 0.310으로 다른 의회에 비해 상당히 표준편차가 크다는 특징을 발견할 수 있다.[17]

또한 전체적으로 보수화되었다는 점을 발견할 수 있다. 분포의 폭이 커지면서 진보와 보수 방향으로 변화한 주들이 몇 있지만 평균(0.084)을 중심으로 위치하고 있는 주들이 다수를 이루고 있어 양극화 현상이 이루어지고 있다고 말하기 어렵다. 108대의 경우 105대에 비해 중도에 놓여 있는 주들이 사라지고 있음을 발견할 수 있다. 하지만 평균인 0.070을 중심으로 위치한 주들이 다수 있음을 알 수 있으며, 표준편차는 0.267로 105대 표준편차보다 작은 편이라는 것을 알 수 있다. 전체적으로 보았을 때 50개 주 하원의원의 평균 선호도가 양극화되는 현상은 발견되고 있지 않다. 109대의 경우 평균은 0.111로 무엇보다 보수 성향이 뚜렷하게 나타나고 있음을 알 수 있으며 표준편차는 0.281로 108대에 비해 큰 편이라는 점을 알 수 있다.

하지만 분포의 형태가 양극화의 모습을 보여주고 있다고 말하기는 힘들다. 그럼에도 불구하고 지속적인 관찰이 요구되는 것은 105대, 108

---

17) 분산비교를 통해 105대와 비교하여 108대의 분산이 통계적으로 크다는 점을 발견할 수 있다.

대, 109대의 경우 표준편차가 과거에 비해 커졌으며 평균을 중심으로 많은 주들의 선호도가 분포하고 있지만 그 수가 줄어들고 있다는 점이다. 이에 의회의 양극화보다 늦은 속도로 주 대표자들 간 양극화가 오고 있는 것이 아닌지 지속적인 관찰이 요구된다.

V. 함축적 의미 및 결론

본 연구는 미국정치에 있어 중요한 화두로 언급되고 있는 양극화 현상이 주들 간에도 일어나고 있는지 알아보기 위해 주 유권자들의 평균 선호도와 주 하원의원들의 평균 선호도를 측정하여 분포도를 살펴보았다. 50개 주들 간 선호도 면에서 양극화가 이루어지고 있는지 살펴보는 것이 중요한 것은 미국의 양극화가 의회내 정당 간 이루어지고 있는 것인지 아니면 정당과 주에서 동시적으로 이루어지고 있는지 밝히는 기회를 제공하기 때문이다. 또한 50개 주들의 선호도 변화에 대한 분석은 주들의 정책적 방향 그리고 정치적 성향의 변화를 살펴볼 기회를 제공하고 있기 때문이다.

유권자들 중심으로 보았을 때 주들 간에 차이는 있지만 유권자의 성향이 진보로 변화하는 주가 있는가 하면 보수로 변화하는 주들도 있었다. 하지만 선호도가 극단적인 방향으로 변화하기 보다는 중도 성향으로 변화하고 있음을 알 수 있었다. 구체적으로 주 유권자 평균의 분포를 보았을 때 1980년, 1985년, 1990년, 그리고 2000년 50개 주 선호도 분포는 1960년과 1970년과 비교하여 중간 위치를 차지하고 있는 주들이 소수이나 평균값 주위에 위치하고 있는 주들이 다수이고 분포도를 나타내는 표준편차가 커지기보다는 작아지는 경향을 보이기 때문이다.

즉, 양극화의 특징인 중간에 위치한 대상들이 점점 사라지고, 대상들이 두 집단으로 나뉘며, 두 집단 간에는 평균에 있어 차이를 보이고 있고, 집단 간 동질성이 나타난다는 현상이 보이고 있지 않기 때문이다. 즉, 평균을 중심으로 중간에 놓여 있는 주들이 없다는 점을 발견할 수는 있지만 양극화되고 있다고 단정해서 말할 수 없다. 특히 2004년의 선호도 분포는 전혀 새로운 모습을 보여주고 있기에 더욱 그렇다. 이러한 결과들을 통해 주들 간 선호도 양극화 현상은 발견되고 있지 않다고 결론 내릴 수 있다.

하원의원들의 평균을 주별로 구분하여 보았을 때도 마찬가지로 양극화 현상은 찾을 수 없었다. 102대 의회까지 주 대표의원들의 평균 선호도 분포를 보면 중간에 위치한 주들이 많으며 진보와 보수로 갈수록 주들의 수는 줄어들고 있다. 하지만 105대, 108대, 그리고 109대 의원들의 분포를 주별로 나누어 평균으로 살펴보면 양극화 현상은 발견되지 않지만 진행되려고 하는 조금의 모습이 관측된다. 이는 주 대표자들 간에 양극화가 발생하고 있는지 지속적으로 지켜볼 필요성이 있다는 것이다. 하지만 현재의 상황은 의회의 두 정당의 차이하고는 확연하게 다르다고 말할 수 있다. 마지막으로 발견할 수 있는 점은 주 대표의 평균 선호도와 주 유권자의 평균 선호도가 매우 깊은 상관관계를 가지고 있다는 점이다. 이는 대표성이라는 점에서 매우 긍정적인 발견이다. 이와 함께 정치적 선호도와 정당일체감에도 깊은 상관관계가 형성되고 있다는 점이다. 즉, 보수적인 주는 공화당이 우위를 점하고 있으며 진보적인 주는 민주당이 우위를 정하고 있다는 점이다.

종합하여 보면 미국정치의 양극화는 의회 내에서 발견되는 현상이지 주들 간에 나타나는 현상이 아니라는 점이다. 하지만 의회내에서 정당 간 양극화가 더욱 더 깊숙이 진행된다면 주들 간 양극화는 어떤 식으로 발견될 수 있다는 점이다. 특히 110대 의회에서 민주당이 다수당으로든 등극하는 것이 의회내 정당 간 양극화를 가속시키는 요인으로 작용하게 된다면 이러한 영향력이 50개 주들에게 어떠한 영향을 미치게 될지 지속적인 관찰이 요구된다.

〈표 3〉 하원의원의 평균 정치 선호도 변화[18]

주	90대 67-69년	93대 73-75년	96대 79-81년	99대 85-87년	102대 91-93년	105대 97-99년	108대 03-05년	109대 05-07년
AL	0.118	0.046	0.052	0.080	0.035	0.224	0.273	0.306
AK	-0.504	-0.477	-0.3695	-0.401	-0.528	-0.480	-0.288	0.388
AZ	0.087	0.238	0.192	0.310	0.337	0.433	0.353	0.381
AR	-0.010	-0.117	0.016	-0.082	-0.174	0.079	-0.069	-0.058
CA	-0.126	-0.126	-0.116	-0.103	-0.070	-0.069	-0.119	-0.079
CO	-0.166	0.064	-0.051	0.222	0.128	0.232	0.327	0.256
CT	-0.238	-0.128	-0.298	-0.173	-0.114	-0.212	-0.072	-0.047
DE	0.300	0.159	0.178	-0.129	-0.159	0.222	0.167	0.235
FL	0.019	-0.024	-0.073	0.009	0.063	0.133	0.227	0.265
GA	0.083	-0.037	0.064	0.026	-0.113	0.229	0.215	0.229
HA	-0.504	-0.477	-0.370	-0.401	-0.528	-0.480	-0.288	-0.275
ID	0.437	0.464	0.719	0.231	-0.153	0.633	0.539	0.593
IL	-0.041	0.006	-0.022	-0.100	-0.139	-0.015	-0.012	-0.034
IN	0.050	0.140	-0.013	0.083	-0.108	0.210	0.251	0.366
IA	0.280	0.209	-0.011	0.082	0.082	0.209	0.274	0.305
KA	0.275	0.161	0.278	0.161	0.160	0.546	0.314	0.337
KY	-0.012	-0.088	-0.027	-0.014	0.043	0.307	0.237	0.345
LA	0.018	0.054	0.035	0.030	0.156	0.201	0.174	0.269
ME	-0.423	-0.135	0.144	0.125	-0.163	-0.385	-0.369	-0.374
MD	-0.155	-0.0002	-0.142	-0.160	-0.121	-0.046	-0.155	-0.127
MA	-0.163	-0.321	-0.320	-0.370	-0.439	-0.515	-0.560	-0.558
MI	-0.040	-0.047	-0.257	-0.187	-0.185	-0.113	0.060	0.067
MN	0.010	-0.078	-0.117	-0.100	-0.190	-0.181	0.053	0.08
MS	0.187	0.109	0.104	0.073	-0.090	0.141	0.053	0.063
MO	-0.006	-0.229	-0.159	-0.131	-0.088	-0.011	0.091	0.125
MT	-0.095	-0.056	0.001	0.056	0.111	0.486	0.411	0.451
NE	0.346	0.317	0.083	0.299	0.160	0.387	0.364	0.433
NV	0.153	0.274	-0.052	0.115	0.133	0.525	0.158	0.217
NH	0.253	0.261	0.046	0.515	0.158	0.467	0.336	0.435
NJ	-0.182	-0.141	-0.207	-0.129	-0.095	-0.047	-0.088	-0.073
NM	-0.161	0.185	0.295	0.116	0.068	0.284	0.069	0.089
NY	-0.211	-0.156	-0.207	-0.162	-0.208	-0.151	-0.213	-0.203
NC	0.123	0.054	-0.070	0.054	0.006	0.080	0.095	0.189
ND	0.227	0.129	0.125	-0.216	-0.192	-0.263	-0.239	-0.221
OH	0.188	0.062	0.039	-0.009	0.0003	0.059	0.099	0.134
OK	-0.028	0.044	-0.014	-0.027	0.050	0.534	0.351	0.429
OR	-0.014	-0.004	-0.301	0.013	-0.264	-0.273	-0.305	-0.289
PA	-0.098	-0.075	-0.091	-0.051	-0.014	-0.043	-0.131	0.143
RI	-0.383	-0.382	-0.325	-0.201	-0.127	-0.373	-0.402	-0.39
SC	0.114	0.083	-0.040	0.122	0.0003	0.224	0.270	0.273
SD	0.266	-0.079	0.027	-0.214	-0.217	0.349	0.051	-0.21
TN	0.0002	0.105	-0.049	-0.053	0.002	0.176	0.129	0.186
TX	-0.066	-0.066	-0.015	0.056	0.001	0.088	0.146	0.299
UT	0.258	-0.249	0.076	0.564	0.068	0.493	0.337	0.375
VT	0.096	0.316	0.042	-0.010	-0.541	-0.567	-0.594	-0.528
VA	0.203	0.255	0.181	0.166	0.068	0.055	0.250	0.268
WA	-0.184	-0.317	-0.278	-0.166	-0.218	0.133	-0.149	-0.147
WV	-0.199	-0.291	-0.280	-0.315	-0.288	-0.276	-0.074	-0.062
WI	0.092	-0.098	-0.185	-0.072	0.046	0.015	0.069	0.074
WY	0.284	-0.407	0.423	0.591	0.416	0.545	0.600	0.632

---

18) -1에 가까울수록 강한 진보를 1에 가까울수록 강한 보수를 의미한다.

참고문헌

Abramowitz, Alan I., and Kyle L. Saunders. 1998. "Ideological Realignment in the U.S. Electorate." *Journal of Politics* 60(3): 634-652.

Aldrich, John H. 1995. *Why Parties?: The Origin and Transformation of Political Parties in America*. Chicago: The University of Chicago Press.

Bartels, Larry M. 2000. "Partisanship and Voting Behavior, 1952-1996." *American Journal of Political Science* 44(1): 35-50.

Berry, William D., Evan J. Ringquist, Richard C. Fording, and Russell L. Hanson. 1998. "Measuring Citizen and Government Ideology in the American States, 1960-93." *American Journal of Political Science* 42: 327-348

Binder, Sarah A. 1999. "The Dynamics of Legislative Gridlock, 1947-96." *American Political Science Review* 93(3): 519-533.

Black, Earl. 1998. "The Newest Southern Politics." *Journal of Politics* 60(3): 591-612.

Brace, Paul, Kevin Arceneaux, Martin Johnson, Stacy G. Ulbig. 2004. "Does State Political Ideology Change over Time?" *Political Research Quarterly* 57(4): 529-540.

Clarke, E. Susan, and Martin R. Saiz. 1996. "Economic Development and Infrastructure Policy." In *Politics in the American States*. Virginia Gray and Herbert Jacob, eds. Washington, D.C. CQ press.

Covington, Cary R., and Andrew A. Bargen. 2004. "Comparing Floor-Dominated and Party-Dominated Explanations of Policy Change in the House of Representatives." *Journal of Politics* 66(4): 1069-1088

Cox, Gary W., and Mathew D. McCubbins. 1993. *Legislative Leviathan: Party Government in the House*. Berkeley: University of California Press.

Durr, Robert H. 1993. "What Moves Policy Sentiment?" *American Political Science*

Review 87(1): 158-170

Dye, Thomas R. 1966. *Politics, Economics, and the Public Policy Outcomes in the American States*. Chicago: Rand McNally.

Elazar, Daniel J. 1984. *American Federalism: A View for the States*. New York: Harper and Pow.

Erickson, Robert, General Wright, and John McIver. 1989. "Political Parties, Public Opinion, and State Policy in the United States." *American Political Science Review* 83(3): 729-750.

Erikson, Robert S., Gerald C. Wright, and John P. McIver. 1993. *Statehouse Democracy: Public Opinion and Policy in the American States*. Cambridge, MA: Cambridge University Press.

Fiorina, P. Morris, Samuel J. Abrams, and Jeremy C. Pope. 2004. *Culture War?: The Myth of a Polarized America*. New York: Pearson Longman.

Fleisher, Richard, and John R. Bond. 2004. "The Shrinking Middle in the US Congress." *British Journal of Political Science*. 34: 429-451.

_____. 2000a. "Congress and the President in a partisan Era." In *Polarized Politics: Congress and the President in a Partisan Era*. Washington, D.C.: CQ Press.

_____. 2000b. "Polarized Politics: Does it Matter?" In *Polarized Politics: Congress and the President in a Partisan Era*. Washington, D.C.: CQ Press.

Gray, Virginia. 1996. "The Socioeconomic and Political Context of States." In *Politics in the American States A Comparative Analysis*. Virginia Gray and Herbert Jacob, eds. Washington, D.C. CQ Press.

Hacker, Jacob S., and Paul Pierson. 2005. *Off Center: The Republican Revolution & the Erosion of American Democracy*. New Haven: Yale University Press.

Hetherington, Marc J. 2001. "Resurgent Mass Partisanship: The Role of Elite Polarization." *American Political Science Review* 95(3): 619-631.

Hill, Kevin A., and Nicol C. Rae 2000. "What Happened to the Democrats in the South?: US House Elections, 1992-1996." *Party Politics* 6(1): 5-22.

Jacobson, Gary C. 2000. "Party Polarization in National Politics: The Electoral Connection." In *Polarized Politics: Congress and the President in a Partisan Era*. Jon R. Bond and Richard Fleisher, eds. Washington, D.C.: Congressional Quarterly Inc.

_____. 1996. "The 1994 House Elections In Perspective." *Political Science Quarterly* 111(2): 203-223.

Jones, David R. 2001. "Party Polarization and Legislative Gridlock." *Political Research Quarterly* 54(1): 125-141.

Knack, Stephen. 2002. "Social Capital and the Quality of Government: Evidence From the States." *American Journal of Political Science* 46(4): 772-785.

Layman, Geoffrey C., and Thomas M. Carsey. 2002. "Party Polarization and Conflict Extension in the American Electorate." *American Journal of Political Science* 46(4): 786-802.

McCarty, Nolan M., Keith T. Poole, and Howard Rosenthal. 1997. *Income Distribution and the Realignment of American Politics*. Washington D.C.: American Enterprise Institute Press.

_____. 2006. *Polarized America: The Dance of Ideology and Unequal Riches*. Cambridge, MA: The MIT Press.

Morgan, David R., and Laura A. Wilson. 1990. "Diversity in the American States: Updating the Sullivan Index." *Publius* 20: 71-81.

Nathan, Richard P. 1996. "The Role of the States in American Federalism." In *The State of the States*. Carl E. Van Horn, ed. Washington D.C CQ Press.

Rice, Tom W., and Alexander F. Sumberg. 1997. "Civic Culture and Government Performance in the American States." *Publius* 27(1): 99-114.

Roberts, Jason M., and Steven S. Smith. 2003. "Procedural Contexts, Party Strategy, and Conditional Party Voting in the U.S. House of Representatives, 1971-2000." *American Journal of Political Science* 47(2): 305-317.

Rohde, David W. 1991. *Parties and Leaders in the Postreform House*. Chicago: The University of Chicago Press.

Sabato, Larry J. 2006. *Divided States of America: The Slash and Burn Politics of the 2004 Presidential Election*. New York: Pearson Longman.

Stimson, James A. 1991. *Public Opinion in American: Moods, Cycles, and Swings*. Boulder, CO: Westview.

Wight, Gerald C. Robert S. Erikson, and John P. McIver. 1985. "Measuring State Partisanship and Ideology with Survey Date." *Journal of Politics* 47(2): 469-489.

제7장

국가정체성의 강화와 정당 양극화*:
미국정치의 패러독스

■ 임성호

I. 서론

한국뿐 아니라 미국에서도 오늘날 "양극화"가 사회적으로나 학문적으로나 중요한 화두이다. 대략 1980년대부터 레이거노믹스(Reaganomics) 공방을 기화로 경제적 양극화에 대한 논쟁이 진행되어 왔다. 사회·문화 차원에서는 1960년대 이래 베트남전이나 민권운동, 반핵, 낙태 등 사안별로 나타나던 양극화가 보다 근래에 와서는 대부분의 주요 사안에 걸쳐 진보 대 보수의 대규모 갈등 형태로 표출되고 있으며, "문화전쟁(culture war)"이라는 표현까지 들린다(Hunter 1991; Wolfe 1998; Himmelfarb 1999; Hunter and Wolfe 2006).

정치에서도 진보적 민주당 대 보수적 공화당의 이분법적 대립이 심

---

* 본 글은 『한국과 국제정치』 23권 1호 (2007)에 게재된 바 있음.

화되며 양극화 논쟁이 일어나고 있다(Fiorina 2005; Williams 1997, White 2003; Yankelovich 2005; Bond and Fleisher 2000). 미국정치의 양극화를 지적하는 사람들은 양극화가 의회와 정당뿐 아니라 일반 유권자와 이익단체, 민중운동 등 시민사회 영역에서도 증폭되며 각종 경제·사회·대외정책에 악영향을 미치고 있음을 우려한다.

미국정치의 양극화는 미국이 비교적 균질한 정치문화와 그에 기반을 둔 강한 국가정체성을 유지해 왔다는 기존의 역사적 평가를 감안할 때 흥미롭다. 근래 다양한 문화의 유입으로 미국 국가정체성이 원래의 균질성을 점차 잃고 있다는 일부의 우려에도 불구하고(Renshon 2001), 적어도 주류(主流)의 미국은 건국 이전부터 자유주의적 가치관과 정치문화를 물려받았고 여기에 독특한 역사경험이 쌓이면서 예외주의 관점에 입각한 미국인으로서의 국가정체성을 지켜왔다는 것이 중론이다. "도가니(Melting Pot)"로 요약되는 미국의 강한 국가정체성은 미국은 세상에 자유의 모범이 되는 "언덕 위의 도시(City upon the Hill)"라는 우월적 표현에 반영된 균질한 자유주의 정치문화로부터 자연스레 나온다는 것이다.

미국인의 균질한 정치문화와 강한 국가정체성을 상기하는 사람들로서는 미국정치의 양극화를 현실로 받아들이기 쉽지 않다. 미국정치가 과연 근본적으로 양극화되었는지 의문을 제기하는 사람들은 미국의 국가정체성이 여전히 강력한 힘을 발휘하고 있고 미국인들의 균질적 가치관이 상존한다는 점에서 논거를 찾는다(Fiorina 2005; Yankelovich 2005; Pachter 2004; Wolfe 2004; Citrin 2001). 예를 들어, 피오리나는 미국 일반인의 가치관이 기본적으로 양극화되지 않았으며 다만 정치인들 사이의 권력 대결의 격화로 인해 정치체제 전체가 양극화된 것처럼 착시현상이 나타나고 있을 뿐이라고 주장한다.

이 글은 미국정치의 양극화 논쟁에서 양 진영이 각기 사안의 한 측면만 강조하고 있다는 비판적 문제의식에서 출발한다. 한쪽 진영은 미국 유권자와 정치인들의 행태에서 양극화는 부인할 수 없는 사실이라는 점에 강조점을 둔다. 이렇게 양극화만 부각하다 보면 미국사회의 연대감과 미국인의 국가정체성은 결코 공고할 수 없다는 시사점이 나온다. 정치 양극화를 논하는 사람들은 사회적 갈등이 정치영역에서 극심하게 발현되면서 미국인의 국가정체성이 균열되고 국가기반이 흔들리게 될 것을 걱정한다. 반면 다른 진영은 역사적으로 견지돼온 미국적 가치들에 대한 미국인의 지지는 계속 강하거나 적어도 약화되지 않았다는 점을 각종 여론조사결과를 제시하며 강조한다.

이 관점에서는 미국정치가 근본적으로 양극적 분열상태에 있는 것은 아니고 정파적 이익을 추구하는 정치인들 간의 전략적 대결로 인해 표면적으로만 시끄러울 뿐이라는 시사점이 파생된다. 미국은 여전히 강한 연대감 속에서 안정을 누릴 것이란 낙관론이다. 이러한 반대 입장에도 불구하고 논쟁의 양쪽이 공통되게 받아들이고 있는 암묵적 가정은 정치 양극화와 국가정체성 강화는 상호 충돌하는 개념이라는 것이다. 전자가 사실이라면 후자는 틀린 말일 것이고, 역으로 후자가 현실에 부합한다면 전자는 잘못된 진단이라는 것이다.

과연 국가정체성과 정치 양극화는 상호 모순적 역비례 관계에 있다는 가정이 옳을까? 이 글은 일견 타당해 보이고 널리 받아들여지는 이 가정이 이론적으로나 경험적으로 설득력이 없다는 점을 밝히고자 한다. 사회적으로 강한 국가정체성이 퍼진 상황에서도 유권자들은 강한 정파성을 지닐 수 있고 그에 따라 정당과 정치인들은 극단적 대결구도를 형성할 수 있다. 자기 나라에 뜨거운 애국심과 자부심을 느끼고 자국 문화와 가치관을 열성적으로 신봉하는 사람일수록 개인적 · 합리적 사고보다는 집단적 · 감상적 정서에 지배 받기 쉬운데, 이러한 집단적 · 감상적 정서는 특정 정당에 충성심을 보이는 정당성향 또는 정파심의 근저를 이루기도 한다.

똑같이 열렬한 애국주의자들이 각기 다른 정당에 일체감을 느껴 상호 대립하게 되는 것은 결코 드문 일이 아니다. 바깥으로 국가정체성을 강하게 느끼는 사람일수록 안에서는 특정 정당에 대한 집단주의적 지지심으로 인해 반대자들과 정파적 갈등을 빚을 수 있다. 그러므로 강한 국가정체성과 강한 정당성향의 공존을 불가사의한 패러독스로 볼 수 없다. 만약 이러한 생각이 경험적으로 충분한 근거를 지닌다고 이 글이 밝힐 수 있다면, 정치 양극화와 국가정체성에 관한 미국학계의 논쟁은 양자가 어떻게 상호 강화해 어떤 결과를 낳는지 심층적으로 살피는 데로 연구의 지평을 넓혀야 할 것이다.

한 국가의 정치 양극화는 거시적 현상인 만큼 복잡한 성격을 띨 수밖에 없다. 미국에서 정치 양극화와 강한 국가정체성은 상호 부합하는 것이라는 이 글의 주장은 기존 학계의 암묵적 가정을 부인하는 것으로서, 만약 타당성을 지닌다면 정치 양극화에 대한 학계의 논의가 제한적 범위를 벗어나 보다 다양한 각도에서 이루어져야 한다는 교훈을 줄 수 있다. 「한국과 국제정치」 2007년 봄호에 실린 다른 특집 논문들도 미국의 정치 양극화가 지닌 복잡성을 지적한다.

손병권의 글은 부시 대통령의 정당편향성이 한편으로 대의회전략을 극단으로 이끌지만 다른 한편 지지 유권자 층의 성향에 의해 조건 지어진 것이라는 점을 밝힘으로써 정치엘리트의 양극적 행태와 유권자의 양극적 분화 사이의 복잡한 상호 영향력을 논한다.

안병진은 정치 양극화 속에서 존 매케인 같은 중도주의자가 일정 한계에도 불구하고 주요 대선 후보로 부각되고 있는 특이한 측면을 다룬다. 조성대의 글은 미국 유권자의 정당일체감이 근래 강화된 이면에는 소득수준의 양극화라는 사회차원의 근인(近因)이 있지만 이 경제적 불평등은 편향적 재분배정책이라는 정부차원의 원인(遠因)에 의한 것이라는 복잡한 다차원의 인과관계를 논한다.

엄기홍의 글도 미국 정치 양극화의 복잡성을 보여주는 바, 한편으론 정치엘리트의 양극화가 유권자의 정치참여를 촉진하는 경향이 있지만 다른 한편 유권자의 정치엘리트 양극화에 대한 인식이 정치참여에 미치는 영향력은 근래 들어 증가하지 않았다는 상충되는 측면도 있음을 지적한다.

주미영은 미국 민중운동이 좌와 우로 양극적으로 복잡하게 분화하며 정당정치와 영향을 주고받아온 과정을 서술한다.

마지막으로 남궁곤은 이라크 전쟁 사례를 통해본 미국인의 대외정책 관련 여론에서 뚜렷한 양극화 현상을 찾아내는 한편 그 이면에서 정당성향과 이념성향이 복잡하게 작용하고 있다는 점을 밝힌다.

이상의 여타 특집 논문들과 마찬가지로 이 글도 미국정치 양극화 연구의 지평 확대를 목표로 삼아 다음과 같은 구성으로 전개된다. 우선 II절에서는 국가정체성과 정당성향(정파심)이 상호 충돌하기보다 오히려 상호 강화하는 관계라는 점을 이론적 차원에서 논한다. III절에서는 미국 정치사를 살펴보며 미국인들의 국가정체성이 강했던 시기에 오히려 정당 간 대결이 양극적으로 격렬했고 근래 들어서도 국가정체성의 강화와 공화당 대 민주당의 양극화 심화가 같이 진행되고 있음을 서술한다. IV절에서는 보다 분석적으로, 국가정체성이 강한 사람이 정당성향도 강하다는 점을 경험분석으로 밝힌다. 9·11 사태 후 약 1년의 시간이 흐른 시점(2002년 8월부터 9월 사이)의 미국 여론조사 결과에 대한 분석을 통해 국가정체성과 정당성향이 명확한 정비례 상관관계를 지닌다는 점을 보일 것이다. 마지막 V절에서는 미국 경우로부터 국가정체성과 정당성향에 대해 어떠한 일반적 시사점을 찾아낼 수 있을지 언급한다.

II. 이론적 논의: 국가정체성과 정당성향

국가정체성(national identity)은 다의적인 개념이다. 한편으로, 개인 수준에서 볼 때, 개인이 자기 나라에 대해 느끼는 소속감, 일체감, 연대의식, 애정 등을 총칭하는 추상적 개념이다. 이렇게 본다면, 그것의 구체적 의미는 개인마다 다르겠지만 어떤 나라의 국민으로서 그 나라에 대해 느끼는 막연하지만 무언가 긍정적인 감정과 인식을 말한다. 다른 한편, 사회수준에서 보자면, 한 나라의 국민이 전반적으로 공유하는—혹은 공유해야 한다고 강요되는—인식과 근본적 가치관을 뜻한다. 이 경우 국가정체성은 그 나라의 정치문화 및 역사경험에 의해 규정되고 때론 그 동의어로 이해되기도 한다. 이러한 사회수준의 국가정체성을 헌법에 명시적으로 규정하기도 하지만, 이때에도 그것의 의미는 다양한 해석을 낳고 사람마다 달리 이해될 수밖에 없다. 이처럼 국가정체성은 다의적이고 주관적인 개념이지만, 어떻게 이해하든 간에 다음의 세 가지 기본적 특성을 지닌다.

첫째로 집단주의적 인식론에 입각해 있다. 국가정체성은 민족 또는 국가라는 집단의 공동 의식이나 그 집단에 대한 공통의 인식 및 감정을 의미하고 그러한 집단의식이 역사와 사회생활의 주된 원동력이라는 가정에 입각하고 있다. 그러므로 개인적 합리성과 독립성보다는 집단적 사고가 우선이 된다. 개인의 고유성과 우선성은 집단이라는 추상체 속으로 녹아들어가고, 개인은 때론 명확한 때론 어렴풋한 집단의식에 따라 행동하는 것으로 이해된다. 이런 의미에서 집단적 감상성을 띤다고 말할 수 있다.

둘째, 국가정체성 이면에는 우리와 다른 타자로서의 적(敵)이 상정되어 있다. 국가정체성의 이념적 구성물이라 할 수 있는 민족주의(nationalism)는 역사적으로 안티이즘(anti-ism)에서 추진 동력을 찾아왔다. 민족국가는 주변 국가들, 지방 토호세력, 초국가적 패권세력 등 일련의 적에 대한 대항 속에서 발전해 왔으므로 민족주의가 안티이즘을 내포하는 것은 자연스럽다. 통일, 독립, 주체, 단결, 연대 등 민족주의의 핵심 개념에는 가상의 혹은 현시된 적으로부터 우리를 지키겠다는 의식이 담겨 있다(Schmitt 1976).

셋째, 국가정체성은 우리 집단이 선(善)일 수밖에 없다는 절대적 관점을 북돋게 하고 무조건의 충성심을 요구한다는 데서 종교적 신념과 비슷하다고 말할 수 있다. 사람의 마음 속에 한번 형성된 국가정체성이 수많은 다양하고 때론 상충적인 경험에도 불구하고 잘 변치 않고 지속되는 이유라 하겠다.

　미국인들이 느끼는 국가정체성은 상기 세 특성을 특히 잘 반영한다.
　첫째로 집단주의적 성격을 보자면, 미국인들은 한편으로 개인주의적 가치관을 신봉하지만 그 점에서 지나친 도덕적 우월감을 느끼기 때문에 다른 한편으로는 역설적이게도 미국과 나머지 다른 세계를 배타적으로 구분하는 집단주의적 경향을 노정한다. 미국은 자유가 꽃핀 "City upon the Hill"로서 복 받지 못한 여타 나라와 지역을 깨우쳐주고 이끌어야 한다는 인식이다. 이는 "미국적 예외주의(American exceptionalism)"라는 독특한 정서로 이어졌다. 미국은 현실이익과 권력이 아닌 자유와 평등이라는 이상적 원칙에 입각한 나라로서 다른 국가들과는 다르다는 이 예외주의는 건국 이래 아직까지도 미국인의 마음에 깊이 자리 잡고 있다(Pachter 2004; 임성호 2002).
　예외주의 사고에 젖은 미국인들이 보기에, 미국은 자유를 실천하는 모범으로 타국에 좋은 예를 제시하고, 자유가 위기에 빠진 곳에서는 적극적으로 자유를 수호해주고, 또한 자유가 도입되지 않은 곳에는 직접 자유의 사상을 주입시키는 역할을 부여 받은 도덕적 국가이다. 이처럼 미국은 자유주의가 발현되고 그것을 확산시키는 세계에서 유일한 이상적 국가라는 신념과 자부심은 역사상 집단적 배타성과 경직성을 낳아왔다. 이와 관련해 미국학자 하쯔(Louis Hartz)는 "절대주의적 자유주의(absolutist liberalism)"나 "교조적 로크주의(dogmatic Lockianism)" 등의 모순어법으로 미국 정치전통을 논한다(Hartz 1955).
　둘째로 미국인들의 국가정체성은 다른 나라들의 경우와 마찬가지로 안티이즘이 저변에 깔려 있다. 유럽의 구질서를 피해온 이주자들이 건설한 나라이므로 초기에는 구세계로부터 신세계를 지켜야 한다는 의식이 강했고 구세계를 적으로 삼아 미국적 정체성을 강화시킬 수 있었다. 그 후에는 미국적 가치관을 세계에 퍼뜨리는 숭고한 임무인 "White Men's Burden"이나 "Manifest Destiny"에 방해되는 외부 세력을 적으로 상정했고 보다 근래에도 "Evil Empire"나 "Axis of Evil" 등의 표현에서 알 수 있듯이 여러 적을 상정해 왔다. 강한 국가정체성이 안티이즘을 낳은 면이 있을 것이고, 동시에 적을 상정한 덕에 강한 국가정체성을 견지해온 면도 있을 것이다. 이처럼 미국 국가정체성은 미국과 다른 생각을 갖는 세력을 적으로 간주하는 안티이즘과 맞물려 있으므로, 강한 미국적 정체성은 자연히 타국이나 국제세력에 협조적 태도보다는 완고한 독선적인 태도를 낳기 쉽다(Morone 2003; Davis and Lynn-Jones 1987).

셋째, 미국은 절대적으로 선이라는 종교와 같은 신념도 미국 국가정체성에 명확히 나타난다. 많은 미국인들은 미국이야말로 신의 축복을 받았고 신의 정의를 세계에 퍼뜨려야 하는 나라라고 믿는다. 그들은 미국이 절대선을 대표한다는 점을 의심치 않으므로 미국이 국제무대에서 비난 받을 수도 있다는 점을 잘 납득하려 하지 않는다. 2002년 실시된 여론조사에 의하면, 미국인의 75%가 미국은 다른 나라의 이익을 고려 · 존중한다고 말했다(Pew Research Center 2002, 70). 이처럼 스스로를 좋게 보니, 상당수의 미국인은 반미 감정은 미국에 대한 오해와 때론 세계 각국이 자신들의 문제를 덮으려는 사악한 의도에서 나온다고 탓을 바깥으로 돌리는 경향이 있다(Berman 2004). 오늘날 종교주의의 확산(후술할)은 미국인들로 하여금 세계무대에서 미국의 역할이 십자군으로서 온갖 악을 치유하는 신성한 사명에 있다고 믿는 경향을 더욱 강화하고 있다.

미국 국가정체성이 지니는 이러한 세 가지 기본적 특성은 정당성향(party identification) 또는 정파성(partisanship)이라는 상이한 수준의 개념에도 명확히 드러난다.

첫째로 정당성향은 집단주의적 성격을 띤다. 정당성향은 합리적 유권자 개인의 전망적 또는 회고적 평가로 정해지는 것이라는 시각도 있지만(Downs 1957; Fiorina 1981), 정당성향을 합리적 선택에 의한 것과는 구분해서 집단주의적 정서로 이해하는 시각이 과거에나 현재나 더 큰 공감을 얻는 것 같다(Campbell et al. 1960; Green et al. 2002). 민주·공화 양당 구도가 오래 안정적으로 굳어져 유권자에게 달리 선택할 마땅한 대안이 주어지지 않는 미국에서는 특히 더 그럴 것이다. 설혹 합리적 평가에 의거해 특정 정당성향을 갖게 된다 해도, 정당성향이 일단 형성되면 모든 정책사안을 재해석하는 프리즘의 역할을 한다는 의미에서 집단주의적이라 할 수 있다.

둘째, 정당성향이 적을 상정한다는 것은 자명하다. 민주당을 지지하면서 공화당에도 호감을 갖는 사람은 거의 없을 것이다. 특정 정당에 대한 지지성향은 자연히 경쟁 정당에 대한 적대감을 낳게 마련이다. 이 점은 다당제가 아니라 양당제로서 이분법적 대결구도가 오래 유지되어 온 미국에서 특히 그럴 것이다. 다당제에서는 상대방들에 대한 적대감이 분산되지만 양당제에서는 그 적대감이 한 곳으로 집중되어 부각되기 때문이다.

셋째, 정당성향은 무조건의 충성심을 장기간에 걸쳐 자아낸다는 점에서 종교적 신념과 비슷하다(Green et al. 2002). 물론 정당성향이 종교심만큼 절대적이고 견고하지는 않겠지만, 특히 미국처럼 정당체제가 안정된 곳에서는 일단 형성된 정당성향은 시기에 따라 강약의 변화는 겪을지라도 이 정당에서 저 정당으로 바뀌는 일은 흔치 않다. 정당성향 소유자가 단기 상황에 따라 다른 정당의 후보에 일탈적으로 표를 던지기도 하겠지만, 그의 정당성향은 장기적으로는 그대로 머무는 것이 보통이다.

이상 살펴본 것처럼 국가정체성과 정당성향은 여러모로 연결된다. 공히 적을 상정하고 절대적 신념을 자아내는 집단적 인식, 감정 내지 정서이다. 집단적 사고를 취하는 사람이라면 강한 국가정체성과 특정 정당을 지지하는 성향을 동시에 지닐 것이다. 그러므로 국가정체성과 정당성향이 꼭 상호 충돌을 일으킨다고 볼 수 없으며 오히려 상호 강화하는 관계일 것이라고 보는 것이 상식적으로 들린다. 물론 양자는 서로 다른 차원에 있다. 하나는 국가 전체 차원에서 다른 나라들과의 관계에서 생기고, 다른 하나는 대내적으로 같은 사회구성원들 간의 관계에서 생긴다.
  이처럼 다른 차원에 있으므로 서로 맞물리며 상호 강화하기가 더욱 용이할 수 있다. 만약 전쟁, 경제파탄, 테러 등 국가적 위기가 발생하면 사회 전반적으로 국가정체성이 강해질 것이고, 이에 병행해 기존에 정당성향을 띠고 있던 사람들의 집단주의적, 절대주의적 생각도 강화되며 각자의 정파성이 더욱 강해질 것이고 기존에 무정파적이던 사람들 중에서는 특정 정당으로 기우는 경우도 나타날 것이다. 이런 상황에서 경쟁 정당들 간 대립이 자연스레 격화될 수 있다. 강한 국가정체성, 강한 정당성향, 강한 정당 간 대립은 함께 나타나며 상호 강화하는 현상들로 보는 것이 적절할 것 같다.
  지금까지 이론적으로 논한 바를 다음 두 절에서는 경험적으로 관찰하고자 한다. III절은 거시적 관점에서 미국 정치사를 조망하며 국가정체성이 공고했던 시기에 미국 국민의 정당성향도 강했고 이에 따라 정당간 대결도 양극적으로 치열했다는 사실을 살펴본다. IV절에서는 미시적 수준에서 여론조사 결과를 분석해 과연 국가정체성이 강한 미국인이 지지정당을 불문하고 정당성향도 강한지 그리고 국가정체성이 강하지 않은 미국인은 집단주의적이기보다는 개인주의적 취향이므로 덜 정파적인지 확인할 것이다.

III. 미국 정치사의 조망: 미국 예외주의와 양당 정치

  건국 초부터 미국인들은 로크(John Locke)의 사상에서 이론적 뿌리를 찾을 수 있는 고전적 자유주의 가치관에 대해 절대적 신념을 품어왔다(Hartz 1955; Bailyn 1967). 토크빌(Alexis de Tocqueville)은 미국인들의 자유주의적 신념은 거의 종교의 경지에 달해 "시민적 종교(civil religion)"가 되었다고까지 말했다. 현실의 행태가 어떠했든 간에 당위적 신념의 차원에서 미국인 대다수, 특히 주류에 속한 미국인들은 자유주의적 민주주의 가치를 당연한 것으로 포용해 왔다. 물론 미국사회에 진보-보수 이념갈등이 없었던 것은 아니지만 그러한 이념상의 차이는 로크 류(流)의 고전적 자유주의 전통 내에 머문다는 점을 주지할 필요가 있다. 자유주의뿐 아니라 봉건적 보수주의와 사회주의 전통이 각축을 벌이는 유럽과 비교해 볼 때 미국사회의 이념 스펙트럼은 그 폭이 좁다.

자유주의 가치관에 대한 미국사회의 컨센서스는 너무나 균질하고 강해 도그마적인 성격을 지닐 정도였는데, 이것이야말로 미국이 봉건 잔재와 절대주의 왕정의 유산이 잔존하는 유럽이나 기술문명의 발달이 더딘 비서구 지역보다 우월하다는 배타적 국가정체성을 배양시키는 토양이 되었다. 대부분의 미국인이 보기에 "신세계"에서 꽃피운 자유주의 이념은 결코 틀릴 수 없는 절대적으로 신성한 것이었다. 이러한 균질한 자유주의 가치관에 입각한 강한 배타적 국가정체성은 20세기 중반까지 지속적으로 유지되었다. 19세기 남북전쟁은 엄청난 인명 피해를 초래한 내분이었지만, 남과 북은 어느 측이 더 미국적이고 더 미국 헌법정신에 충실한지를 놓고 명분 대결을 벌였다. 남측은 연방으로부터 탈퇴했지만 그것은 연방정부의 정책을 반대했기 때문이지 미국인으로서 국가정체성을 버렸기 때문이 아니다. 사회주의자나 그 동조자를 "비(非)미국적(un-American)"이라 하여 박해한 1950년대의 매카시즘은 미국의 너무 강한 그래서 배타적으로 흐른 국가정체성의 비극적 발현이라고 할 수 있다.

미국적 가치가 가장 우월하다는 배타적 집단의식은 미국적 가치를 외부에 적극적으로 전파해야 한다는 도덕주의로 이어지기도 했다. 그 결과, 제국주의적이고 다분히 인종주의적이기도 한 "Manifest Destiny", "White Men's Burden" 등의 슬로건이 적어도 20세기 초까지 미국사회에서 큰 공감을 일으켰다. 제2차 세계대전 이후로는 아시아와 아프리카의 신흥독립국들이나 중남미 국가들에 미국식 자유주의 가치를 이식·

고착시키겠다는 도덕적 동기가 작용하며 때론 안보나 경제상의 이해관계를 포장하기도 했다. 다양한 민족적 뿌리를 가진 이민자들이 기꺼이 미국 사회와 문화에 동화되어 "도가니(Melting Pot)"를 이루어온 것은 미국인이라는 국가정체성을 강하게 느꼈기 때문일 것이다. 미국인들은 자유라는 어렴풋한 이상에 대해 종교 차원에서의 막연한 숭배심을 품으며 자유를 이룬 나라에 살고 있다는 미국인으로서의 긍지를 키워온 것으로 보인다.

강한 국가정체성은 20세기 중반까지 이어진다. 그러나 이때까지의 시기에 양극적 정당정치가 예외적 상황이었던 것은 아니었다. 19세기 후반기와 20세기 전반기는 미국인의 정당성향이 가장 강했던 때이고, 시기에 따라 공화당과 민주당이 지배적 위상을 교차적으로 차지하곤 했지만 전체적으로 봐서 양당의 첨예한 대립이 미국정치의 중심 구도를 형성했다. 이 시기에 많은 미국인들은 한편으론 균질한 자유주의 정치문화를 신봉하고 미국이 가장 우월하다는 배타적 국가정체성을 공유했지만 다른 한편으로는 민주당 혹은 공화당 지지자로 상대 정당에 적대감을 노정하고 지지하는 정당에 무조건의 충성심을 보였다.

역사책의 각종 에피소드를 통해 엿볼 수 있듯이 당시 정당간의 집단주의적 대결은 결코 가벼운 수준이 아니었고 오늘의 관점에서 볼 때 극심했다는 표현을 써도 지나치지 않다. 시기별로 복잡한 증감이 있었겠지만, 대강의 추세를 보자면 1950년대까지 미국사회에는 한편으로 균질한 정치문화와 그에 바탕을 둔 강한 국가정체성이 또 다른 한편으론 강한 정당성향과 그에 따른 양극적 정당대립구도가 공존했다고 말할 수 있다.

그 후 미국인의 균질적 정치문화는 1960년대를 기점으로 균열을 겪기 시작하는데, 이로 인해 국가정체성도 어느 정도 약화되었던 것으로 보인다. 흑인 민권운동은 미국의 자유민주주의가 멋진 수사적 매력에도 불구하고 현실에서 얼마나 위선적일 수 있는지 보여주는 계기가 되었다. 월남전을 둘러싼 사회갈등은 미국은 자유를 전파하는 도덕적 국가라는 미국인의 도그마적 신념과 국가정체성을 약화시키는 또 다른 기회가 되었다. 자유의 이상은 결국 미국의 안보이익이나 패권의도를 가리는 포장지에 불과한 것이 아닌가하는 의문을 많은 미국인이 품게 되었다.

1970년대에 와서는 워터게이트 스캔들, 스태그플레이션, 오일 쇼크, 이란 인질 사태 등으로 미국적 가치의 절대적 우월성에 대한 믿음이 또 한 번의 상처를 입는다. 80년대부터 더욱 심화된 세계화는 미국 생활양식과 문화가 미국경계 내에서만 성격 지어지는 것이 아니고 외부와의 끊임없는 상호작용 속에서 그 성격이 규정되는 것이라는 점을 분명히 함으로써 미국인의 배타성과 문화적 균질성에 타격을 가했다. 세계화와 동시에 확산된 탈산업화는 미국 내 사회이익들을 파편화시키고 대중을 원자화시킴으로써 미국인들의 국가정체성이 더 이상 강하고 일체감 있게 유지되기 어렵게 하는 데에 일조했다. 아울러 새로이 퍼지기 시작한 다문화주의 사조는 미국사회의 단일한 국가정체성을 배격하고 소수집단의 정체성과 문화적 다양성을 강조하는 데에 기여하였다.

이와 같이 그 이전 시기에 비해 국가정체성이 약화된 1960~80년대에 와서 미국 유권자들의 정당성향은 감소하고 정치인들의 정당기율은 이완된다. 1950년대부터 1960년대 중반까지 23~25%에 머물던 무정파 성향자의 수가 늘어나 1960년대 후반 이래 34~38% 수준을 유지했고, 특정 정당으로 다소 기우는 사람들을 뺀 순수 무정파주의자는 1960년대 중반까지 10%를 넘지 않다가 그 후로는 계속 10%대 밑으로 떨어지지 않는다(Bloom 2002, 3). 이 시기에 미국 정당체제가 더 이상 재편성(realignment)되기 힘들 정도로 와해(dealignment)되었다는 데에 여러 미국정치학자들이 동의했다(Burnham 1970).

이런 상황에서 미국 정당정치에서 양당 대결구도는 유지되었지만 심각한 양극적 대치가 주를 이루었다고 말하기는 힘들다. 1968년 민주당 전당대회장에서의 소요와 당내 갈등이 단적으로 상징하듯이, 당시 베트남전 등 쟁점에 따른 심한 사회갈등이 정당의 구심력을 약화시키고 정당 간의 대립구도를 압도했다. 물론 예비선거제도의 확대, 국민 교육 수준의 향상, 이익단체들의 정치적 활성화 등 수많은 요인이 작용한 결과이지만, 이 시기 정당성향의 약화는 상기한 이유로 국가정체성이 균열을 보이기 시작한 것과도 무관하지 않을 것이다. 미국은 우월하다는 예외주의의 환상에 의문이 제기되면서 개인주의적 사고가 확산되었고, 이에 따라 집단주의적 국가정체성 그리고 마찬가지로 집단주의적인 정당성향이 함께 퇴조의 기미를 띠었던 것으로 보인다.

강화와 약화의 장기적 역사 사이클을 함께 걸어온 미국인의 국가정체성과 정당성향 및 정당대결은 1990년대 들어오면서 다시 점차 강화되는 국면으로 접어들고 그러한 경향은 2000년대에 와서 더욱 짙어진다. 우선 국가정체성의 증가를 살펴보자. 탈냉전 시대를 맞아 미국이 유일한 초강국이 됨에 따라, 20세기 중반 무렵 분열을 겪던 미국인의 국가적 자부심이 다시 커지고 미국인으로서의 일체감이 재차 강해졌을 것이라고 추측할 수 있다. 이미 1990년대 실시된 여러 여론조사에서 대다수 미국인이 미국적 가치관을 지지하고 강한 국가정체성을 지닌다는 것이 확인되었다.

예를 들어, 자기가 떠나온 나라의 고유한 문화적 습속과 전통을 고수할지 아니면 미국사회에 동화할지에 대한 설문에 대해 미국인은 인종을 불문하고 후자의 입장에 압도적 지지를 보냈다(Citrin 2001, 299). 미국적 정체성의 요체는 여전히 자유주의적 가치라는 데도 전폭적으로 동의했다(Citrin 2001, 300). 그 후 9·11 사건, 대테러 전쟁, 이라크 전쟁, 세계 각지의 반미운동 등을 계기로 외부로부터의 위협을 느끼게 된 미국인들이 그 반동으로 미국적인 모든 것, 즉 미국적 생활양식과 가치에 대한 애착심을 새삼 북돋게 됨은 자연스러운 일이다.

9·11을 계기로 더욱 증가한 애국주의적 정서는 Pew Research Center가 2003년 실시한 조사에 잘 드러난다. "나는 매우 애국적이다"라는 진술에 "완전히" 동의하는 비율이 현격히 증가하고 있고(Pew Center 2003b, 33), 그 진술에 "완전히" 또는 "거의" 동의한다는 비율은 합해

서 무려 91%에 달하고 있다(Pew Center 2003b, 28). 이러한 강한 애국주의는 외국에 대해 배타적인 태도로 이어지기 쉽다. 특히 2003년 이라크전의 여파로 반미 감정이 세계 각지에서 퍼짐에 대응하여 미국인들의 배타적 태도가 그 도를 높였다. 2003년의 여론조사에 의하면, 미국인의 77%는 외국인의 미국 이주를 제한해야 한다고 생각했다(Pew Center 2003b, 28).

이 시기에 중동은 물론 반미 시위가 퍼진 프랑스, 독일 등 서유럽국가들에 대한 부정적 태도도 증가했고 심지어는 수입품 불매운동에 대한 동정적인 여론도 퍼졌다. 물론 애국주의와 배타심의 정도는 성별, 인종 등에 따라 차이가 나지만(Pew Center 2003b, 29-36), 전반적으로 미국사회에서 배타적 애국주의가 고조된 경향을 부인할 수 없다.

이와 함께 미국 국가정체성의 핵심이라 할 수 있는 미국 예외주의의 바탕이 된 종교적 신념도 근래 더욱 강화되어왔다. 2003년의 Pew Research Center 조사에 의하면, 기도가 내 일상생활의 중요한 부분인가의 질문에 전적으로 혹은 상당 부분 동의한다는 답이 81%에 달했다(Pew Center 2003b, 65). 이 수치는 조사가 시작된 1987년 이래 가장 높은 것이다. 특히 전적으로 동의한다는 답은 51%로서 1987년의 41%에 비해 현격히 증가했다. 같은 조사에서 신의 존재를 결코 의심한 적이 없다는 진술에 87%의 응답자가 동의했고 특히 전적으로 동의한다는 답은 69%로서 1987년의 60% 이래로 꾸준히 증가해왔다.

2004년 선거 직후 한 여론조사에 의하면 미국인의 32%가 스스로를 기독교 복음주의자 내지 근본주의자로 간주했다(NYT/CBS Poll Paper Release 2004/11/18-21, 32). 미국사회의 종교적 분위기를 반영하여 낙태, 동성결혼, 줄기세포 연구, 진화론 등이 사회의 핵심 논란거리가 되고 있다. 미국은 신으로부터 선택 받은 국가로서 미국의 숭고한 가치인 자유와 민주주의를 힘을 통해서라도 세계에 퍼뜨려야 한다는 네오콘의 십자군적 신념이 1990년대 후반과 2000년대 초에 사회적 지지를 받을 수 있었던 배경이라 하겠다.

〈표 1〉 미국인의 강한 국가정체성

우리나라 문화가 다른 나라 문화보다 우수하다(%)	미국	캐나다	영국	프랑스	독일	이태리
전적으로 동의	23	16	9	10	8	14
주로 동의	37	33	28	23	32	41
주로 반대	23	33	32	32	32	25
전적으로 반대	13	16	26	34	26	15
모름/무응답	4	2	5	1	5	3
우리의 생활양식은 외국의 영향으로부터 보호돼야 한다(%)	미국	캐나다	영국	프랑스	독일	이태리
전적으로 동의	30	20	20	24	17	28
주로 동의	34	36	31	29	34	40
주로 반대	24	32	30	27	27	22
전적으로 반대	8	11	16	19	21	7
모름/무응답	4	2	3	1	1	3
외국인의 우리나라 출입을 지금보다 더 통제/제한해야 한다(%)	미국	캐나다	영국	프랑스	독일	이태리
전적으로 동의	46	33	47	40	29	48
주로 동의	35	36	33	35	38	32
주로 반대	12	21	12	14	19	12
전적으로 반대	4	9	5	10	12	5
모름/무응답	2	2	3	1	2	3

출처: Pew Research Center 2003a, T-59, 60, 62.

2000년대 초반 미국인의 국가정체성이 강하게 유지되고 있음은 〈표 1〉에 명확히 드러난다. 미국과 비슷한 사회환경을 지닌 서구 선진국들과 비교해 볼 때 미국인의 국가적 자의식과 배타심이 유독 크다. 자국 문화가 다른 나라 문화보다 우수하다는 점, 자국의 생활양식을 외국 영향으로부터 지켜야 한다는 점, 외국인의 자국 출입을 지금보다 더 통제하고 제한해야 한다는 점 등에 대해 미국인들이 가장 많이 적극적으로 동의하고 있다. 물론 이 정도의 단편적 설문들로 국가정체성이라는 복잡한 개념을 정확히 파악할 수는 없겠지만 미국인이 다른 서구 국가들에 비해 상대적으로 강한 국가정체성을 지닐 것이라는 시사점에 이의를 달기 힘들다.

근래 미국인의 국가정체성이 강화된 것에 비례해 정치적 양극화도 심화되었다. 민주·공화 양당 간의 이념적 차이는 더욱 크게 벌어지고 각 당 내부적으로는 동질성과 결속력이 높아졌다. 민주당은 더욱 진보적으로, 공화당은 더욱 보수적으로 바뀌며 중간세력이 약해짐으로써 양쪽 극단을 향한 원심력이 증가했다. 이는 미국의원들의 의정행태에 잘 반영되고 있고(Jacobson 2000; Sinclair 2000; Fleisher and Bond 2000), 유권자의 여론과 투표행위에도 여실히 나타난다(Pew Research Center 2003b; Jacobson 2000). 더욱이 대통령 소속당이 의회다수당 위치를 차지하지 못하는 분점정부(여소야대)의 빈번한 등장은 정당 간의 이분법적 대립을 더욱 격화시켰다(Binder 2000; 2001). 또한 상반된 가치관에 입각한 여러 사회·문화·종교 단체들이 정당대결에 가세해 양극화된 세력대결의 장을 넓히고 있다(Stonecash 2000; Ashbee 2000).

2001년의 9·11 테러가 아주 짧은 기간 동안 미국 정당 간의 양극적 대결을 중단시켰다. 좌우 양쪽의 이념적 극단세력의 목소리도 한동안 잦아들었다(Kelly 2002). 미국체제의 공식적 수호자인 정부와 공권력에 대한 믿음도 일시 증가했다. 동년 11월에 실시된 갤럽여론조사 결과를 보면, 부시의 테러와의 전쟁에 대한 지지율은 무려 89%, 의회의 대(對)테러 노력에 대한 지지율은 78%에 달했다(*The Economist*, Dec. 1, 2001, 35). 정부에 대한 일반적 신뢰도 역시 크게 증가하여, 정부가 하는 일을 항상 또는 거의 대부분 신뢰한다는 응답이 60%를 차지한 반면에 약간 신뢰하거나 전혀 신뢰하지 않는다는 응답은 40%를 차지해 70년대 초반 이래로 처음으로 신뢰수준이 불신수준을 초과했다(*The Economist*, Jan. 12, 2002, 24).

그러나 정파 간 대결의 소강상태는 오래가지 않았다. 2002년에 접어들자마자 민주·공화 양당 간의 정쟁이 본격적으로 재개되었다. 경제

〈표 2〉 공화당 지지자와 민주당 지지자 사이의 점증하는 차이

(%)

문항 \ 연도	1987	1988	1990	1994	1997	1999	2002	2003
정치/정책 관련 성향	12	10	12	15	11	14	14	17
사회적 태도/개인적 취향	7	7	9	7	7	9	9	11

주: 정치/정책 관련 성향은 24개 문항에 대한 답으로, 사회적 태도/개인적 취향은 17개 문항에 대한 답으로 측정한 것임.
출처: Pew Research Center Report 2003b, 1. 재인용 출처: 임성호 2005, 92.
* 표 안의 수치: 양당의 평균적 유권자의 성향/태도/취향 간의 거리

불황 문제, 예산적자 문제, 교육의 질 향상, 의료정책 개혁, 정치자금 개혁 등을 중심으로 다시 정파적 대립이 가열되었다. 여론에 민감한 정치인들이 이처럼 정쟁을 빨리 재개했다는 것은 그만큼 미국사회 저변에 양극적 정당성향이 강하게 자리 잡고 있기 때문이었을 것으로 추측할 수 있다. 수많은 여론조사 결과는 근래 미국 유권자의 정치의식이 점점 더 양극화되고 있음을 보여준다. 각종 국내외 정치 및 정책 사안에 있어서 공화당 유권자와 민주당 유권자 간의 의견 차이가 뚜렷이 드러난다.

예를 들어 Pew Research Center의 설문조사에 의하면 공화당 성향자와 민주당 성향자 간의 정치의식 차이는 근래에 와서 더욱 커져왔다. 〈표 2〉를 통해 정치/정책 관련 성향에서 양당 지지자 간에 간격이 점증해 왔음을 알 수 있다. 사회적 태도와 개인적 취향에서도 차이가 벌어지는 경향이 있지만, 정치/정책 관련 사안들에서 입장상의 양극화가 더욱 크다는 점을 주목할 필요가 있다.

정치적 양극화는 2000년 선거에서 뚜렷이 나타났고 2004년 선거에서 절정에 달했다(미국정치연구회 2005). 양당체제에서 입후보자들은 더 많은 표를 얻고자 중도로 수렴한다는 기존관념을 깨고 부시는 보수적 지지기반을 자극, 흥분, 동원시키는 전략적 극단주의에 의존해 결국 선거승리를 거두었다. 미국 유권자 모두에게 호소를 하기보다 한쪽의 유권자 진영만을 호소 대상으로 삼는 부시의 전략은 미국정치의 양극

〈표 3〉 2004년에 최고조에 달한 양당 지지자들의 결속력

자신의 정당성향에 따라 대통령 후보에 투표한 유권자 비율(%)	1992년	1996년	2000년	2004년
민주당 지지자	77	84	86	89
공화당 지지자	73	80	91	93

동일 정당의 대통령 후보와 하원의원 후보에 투표한 유권자 비율(%)	1992년	1996년	2000년	2004년
민주당	74	84	85	88
공화당	72	76	86	91

출처: 역대 선거 출구조사 자료. 재인용 출처: 임성호 2005, 93.

화를 더 심화시킨 한 원인이기도 하지만 결국 양극화에 따른 결과이기도 하다. 유권자가 정당구도에 따라 양극화되어 있지 않다면 부시가 전략적 극단주의를 채택했을 리가 없다. 〈표 3〉은 근래 대통령 선거들 중 2004년에 양극화가 최고조에 달했음을 보여준다. 자신의 정당성향에 따라 대통령 후보에 투표한 유권자의 비율과 동일 정당의 대통령 후보와 하원의원 후보에 투표한 유권자 비율이 민주·공화 모두 2004년에 최고를 기록했다.

근래 양극화는 미국 유권자의 행태뿐 아니라 미국정치체제 곳곳에서 심화되며 갈등을 증폭시키고 있다. 의회 의사결정과정은 대표적 사례이다. 근래 상하 양원에서 공히 정당투표가 강화되며 교차투표 비율이 떨어졌다. 즉, 양 정당이 내부적으로는 균질성과 일체감이 커졌으나 상호 간의 이질성은 더 심각해졌다는 것이다. 시민단체들도 진보와 보수로 나뉘어 거의 전면전 수준의 대결양상을 보이고 있다. 특히 1990년대 소위 "공화당 혁명" 이래 공화당 지지의 보수 단체들은 이념적 극단성을 배가시켰고 이에 대응해 진보 단체들도 이념성을 높였다(Hacker and Pierson 2005). 이러한 정치과정상의 양극화는 구체적 정책사안을

〈표 4〉 미국 대선 투표자들의 정당성향: 시대적 증감

기간	무소속 성향 (%)	강한 정당성향 (%) (강한 민주당 + 강한 공화당)
1952 ~ 1964	6.9	40.0
1968 ~ 1980	9.1	30.8
1984 ~ 2004	7.1	37.1

연도	'52	'56	'60	'64	'68	'72	'76	'80	'84	'88	'92	'96	'00	'04
강한 민주당	23	23	22	26	23	16	17	21	19	20	19	21	20	19
순수 무정파	5	9	8	5	9	9	10	9	8	7	9	6	7	6
강한 공화당	16	16	18	15	11	13	12	12	16	19	15	18	18	21

출처: http://www.tamu.edu/upress/BOOKS/2000/tableA.1.pdf.

놓고 때로는 극한적 대결로 이어지기도 한다. 이민, 낙태, 동성애, 교육 등 사회정책은 물론 조세, 기업규제 등 경제정책과 특히 이라크 전쟁을 둘러싼 대외정책 등에서 대통령, 의회, 정당, 이익단체·시민단체, 아울러 유권자가 이분법적 대결의 중요한 배역을 맡고 있다.

이상 살펴본 것처럼, 20세기 중반, 특히 1960년대를 고비로 미국인의 국가정체성과 정당성향이 상대적으로 약화되며 양극적 정당대결도 다소 완화되는 듯했으나 20세기 말과 21세기 초에 와서 다시 국가정체성의 심화, 정당성향의 강화, 정당정치의 양극적 대결이 함께 관찰되고 있다. 미국 정치사를 개관할 때, 이처럼 국가정체성과 정당성향의 강도는 정비례로 상호 강화해왔다.

〈표 4〉는 20세기 중반 이래의 투표참여자들의 추세를 잘 보여준다. 국가정체성이 아직 약화되기 전인 1952~64년 기간에 비해 베트남전 등 여러 요인에 의해 국가정체성이 분열을 겪던 1968~80년 기간에 무소속 성향의 투표자가 늘고 강한 정당성향을 지닌 투표자는 현격히 줄었다. 국가정체성이 점차 회복된 그 후의 상황을 보면, 다시 무소속 성향이 줄

고 강한 정당성향의 투표자가 늘어났다. 다른 수많은 개입변인들을 통제하지 않고 두 변인만을 단순하게 관찰한 것이라 확언은 힘들지만, 국가정체성과 정당성향 간에 상관관계가 있음을 〈표 4〉에서 알 수 있다.

〈표 4〉의 하단 부분은 시간적 범주를 보다 세분화해서 대통령선거 투표자들 중 "강한 공화당 성향," "순수 무정파 성향", "강한 민주당 성향"이 차지한 비율의 변화를 보여주는데 마찬가지의 결론을 얻을 수 있다. 매 선거의 특이성으로 인한 다소의 불규칙한 증감에도 불구하고 전반적인 패턴을 찾을 수 있다. 60년대 중반부터 강한 정당성향이 줄고 순수 무정파의 비율이 늘어나다가 다시 80년대 후반 이래로는 강한 정당성향의 증가와 순수 무정파 성향의 감소가 일어난다.

IV. 테러시대 미국 여론의 분석: 국가정체성과 정당성향의 상관관계

이번 절에서는 여론조사에 대한 심층 관찰을 통해 국가정체성을 강하게 느끼는 미국인일수록 공화당이든 민주당이든 특정 정당을 지지하는 성향을 지니고 반대로 무정파적 성향의 유권자는 상대적으로 국가정체성이 강하지 않다는 점을 밝히고자 한다. 관찰 시점은 9·11 사건 1년 후(2002년 8월~9월)로 잡았다. 그 이유는 9·11과 대테러전쟁으로 미국사회에서 국가정체성이 강하게 퍼졌지만 충격적 테러의 단기적 효과는 사라졌을 시점이라고 판단되기 때문이다.

여론조사는 Pew Research Center가 실시한 것을 택했는데, 미국만이 아니라 세계 각지를 고루 대표하는 44개국을 대상으로 한 것이기에 설문내용이 보다 보편적이고 그런 만큼 일반화에 좀더 유리할 것으로 보인다. 향후 비교학적 관점에서 미국을 포함한 여러 나라들을 함께 연구할 경우를 대비해서도 장점을 지닌다. Pew Research Center가 인터넷 홈페이지에 공개한 SPSS 파일 원자료를 분석했다(http://people-press.org/

〈표 5〉 미국인의 종교심과 정당성향

종교는 당신 생활에서 얼마나 중요한가?	공화당 성향	민주당 성향	무소속 성향
매우 중요함	303(66%)	317(62%)	206(48%)
어느 정도 중요함	120(26%)	111(22%)	130(31%)
아주 중요하지는 않음	23(5%)	44(9%)	43(10%)
전혀 중요하지 않음	14(3%)	30(6%)	45(11%)
모름/무응답	2(0%)	7(1%)	2(0%)
합계	462(100%)	509(100%)	426(100%)

정당성향의 방향(공화당 대 민주당)과 설문응답 간 상관관계: $x2 = 14.111$, Sig. = .015
정당성향의 유무(정당성향 대 무소속 성향)와 설문응답 간 상관관계: $x2 = 41.484$, Sig. = .000

도덕을 지키고 좋은 가치관을 갖기 위해서는 신을 믿어야 하는가?	공화당 성향	민주당 성향	무소속 성향
그렇다	291(63%)	316(62%)	191(45%)
아니다	169(37%)	182(36%)	223(53%)
모름/무응답	3(1%)	12(2%)	11(2%)
합계	463	510	425

정당성향의 방향(공화당 대 민주당)과 설문응답 간 상관관계: $x2 = 4.919$, Sig. = .178
정당성향의 유무(정당성향 대 무소속 성향)와 설문응답 간 상관관계: $x2 = 37.205$, Sig. = .000

dataarchive/).

국가정체성에 앞서 우선 미국인의 종교심과 정당성향 간의 관계를 보자. 전술했듯이 미국 국가정체성은 종교적 성격이 농후하므로 종교심이 강한 미국인일수록 국가정체성도 강할 것이라고 추측할 수 있다. 〈표 5〉는 공화당이든 민주당이든 상관없이 정당성향을 지닌 미국인이 무소속 성향자에 비해 훨씬 종교를 중시한다는 사실을 보여준다. 가장 종교적인 공화당 지지자와 그 다음인 민주당 지지자 사이에는 근소한 차이만 있는 반면, 민주·공화 정당성향자와 무정파적 유권자 사이에는 비교적 현격한 차이가 있다. "종교는 당신 생활에서 얼마나 중요한

〈표 6〉 미국인의 종교심과 이념성향

종교는 당신 생활에서 얼마나 중요한가?	매우 보수적	보수적	중도적	진보적	매우 진보적
매우 중요함	113(83%)	317(65%)	280(54%)	103(49%)	32(45%)
어느 정도 중요함	17(12%)	124(25%)	158(30%)	59(28%)	14(20%)
아주 중요하지는 않음	4(3%)	31(6%)	45(9%)	24(12%)	8(11%)
전혀 중요하지 않음	2(2%)	14(3%)	35(7%)	22(11%)	16(23%)
모름/무응답	1(1%)	5(1%)	4(1%)	1(0%)	1(1%)
합계	137(101%)	491(100%)	522(101%)	209(100%)	71(100%)

도덕을 지키고 좋은 가치관을 갖기 위해서는 신을 믿어야 하는가?	매우 보수적	보수적	중도적	진보적	매우 진보적
그렇다	106(79%)	308(63%)	281(54%)	93(44%)	30(42%)
아니다	27(20%)	177(36%)	229(44%)	111(53%)	41(58%)
모름/무응답	2(2%)	6(1%)	12(2%)	6(3%)	0
합계	135	491	522	210	71

가?", "도덕을 지키고 좋은 가치관을 갖기 위해서는 신을 믿어야 하는가?" 이 두 설문의 경우에서 공히, 응답과 정당성향의 방향(공화당이냐 민주당이냐) 간의 상관관계를 보여주는 통계치(카이제곱 값과 유의도)를 응답과 정당성향의 유무(공화든 민주든 정당성향을 지니는지 아닌지) 간의 상관관계를 보여주는 통계치와 비교해 볼 때 전자보다 후자가 더 의미 있는 것이라는 점이 명확히 드러난다.

흥미로운 사실은 미국인의 종교심은 이념성향 차원에서는 보수, 중도, 진보의 순서대로 강약이 변하지만(〈표 6〉 참조), 정당성향 차원에서는 공화당과 민주당이 거의 비슷하게 종교적이고 무정파 성향자만 덜 종교적이라는 것이다. 〈표 6〉에서 보듯이, 매우 보수적일수록 종교를 중시하고 신앙심이 깊다. 강한 종교심은 강한 미국 국가정체성의 바탕이 될 것이다. 반대로 매우 진보적인 미국인은 덜 종교적이므로 국가정체성도 별로 강하지 않을 것이다. 이처럼 이념성향은 어느 쪽이냐 그 방향에 따라 종교심과 상관관계를 보이지만, 정당성향은 방향과 상관없이 얼마나 강한지 그 정도에 따라 종교심과 상관관계를 보인다.

만약 사회 전체적으로 이념성향이 강해지면 보수도 늘고 진보도 늘어날 것이므로 종교심이나 국가정체성에서는 상호 상쇄되어 큰 변화가 없을 것이다. 반면에 정당성향이 사회 전체적으로 증가하면 공화당 지지자나 민주당 지지자나 공히 비슷하게 강한 종교심과 국가정체성을 지니기 때문에 사회 전반에 걸쳐 종교심과 국가정체성이 분명히 강화될 것이다. 여기서, 이념성향의 증가보다 정당성향의 증가가 미국 국가정체성의 강화에 더 중요한 변인으로 작용할 것이라는 점이 시사된다.

이제 국가정체성의 경우를 보다 직접 보여주는 설문항목들을 통해 정당성향이 국가정체성과 얼마나 밀접한 관계에 있는지 살펴보자. 먼저 〈표 7〉에서 적극적 국가정체성의 경우를 보자. 적극적 국가정체성이라 함은 미국적 민주주의, 생활방식, 기업활동 등 미국적 가치를 다른 나라에도 널리 전파해야 한다고 생각하는 것을 말한다. 〈표 7〉이 보여주듯이, 어느 정당과도 일체감을 느끼지 않는 무소속 성향자가 공화당 및 민주당 지지자들보다 적극적 국가정체성에 대한 수용 정도가 눈에 띄게 낮다. 물론 공화당에 비해 민주당 성향 유권자의 적극적 국가정체성이 다소 낮지만 그래도 무소속 성향자 만큼은 아니다. 정당성향의 방향(민주당 대 공화당)과 정당성향의 유무(정당성향자 대 무정파성향자)가 설문응답과 갖는 상관관계를 비교하면, 세 설문 중 둘에서 전자보다 후자의 통계적 의미가 더 있는 것으로 나왔다.

전반적인 정당성향의 강화와 국가정체성의 강화가 동시에 나타나는 것이고, 만약 미국 유권자 사이에 정당성향이 낮아지면 국가정체성도 높은 수준에서 유지되기 힘들 것이라는 시사점을 얻을 수 있다. 한편 이념성향에서는 예상대로 보수, 중도, 진보 순으로 적극적 국가정체성이 강에서 약으로 변하는 것으로 관찰되었다. 사회 전체적으로 이념성

〈표 7〉 미국인의 적극적 국가정체성과 정당성향 · 이념성향

미국은 민주주의를 세계로 촉진/장려해야 하는가?	공화당	민주당	무소속	보수적	중도적	진보적
그렇다	345(75%)	375(74%)	278(65%)	463(74%)	370(71%)	192(69%)
아니다	100(22%)	98(19%)	114(27%)	130(21%)	118(23%)	74(27%)
모름/무응답	17(4%)	35(7%)	34(8%)	33(5%)	34(7%)	13(5%)
합계	462(101%)	508(100%)	426(100%)	626(100%)	522(101%)	279(101%)

정당성향의 방향(공화당 대 민주당)과 설문응답 간 상관관계: $x2 = 5.332$, Sig. $= .149$
정당성향의 유무(정당성향 대 무소속 성향)와 설문응답 간 상관관계: $x2 = 11.499$, Sig. $= .009$

미국적 이념과 생활방식이 세계로 확산되는 것이 바람직한가?	공화당	민주당	무소속	보수적	중도적	진보적
그렇다	389(84%)	394(77%)	321(76%)	525(84%)	429(82%)	187(67%)
아니다	53(11%)	84(16%)	81(19%)	82(13%)	68(13%)	68(24%)
모름/무응답	21(5%)	32(6%)	23(5%)	20(3%)	25(5%)	26(9%)
합계	463(100%)	510(99%)	425(100%)	627(100%)	522(100%)	281(100%)

정당성향의 방향(공화당 대 민주당)과 설문응답 간 상관관계: $x2 = 7.076$, Sig. $= .070$
정당성향의 유무(정당성향 대 무소속 성향)와 설문응답 간 상관관계: $x2 = 6.055$, Sig. $= .109$

미국은 미국적 기업활동을 세계로 촉진/장려해야 하는가?	공화당	민주당	무소속	보수적	중도적	진보적
그렇다	309(67%)	330(65%)	248(58%)	428(68%)	343(66%)	145(52%)
아니다	123(27%)	155(30%)	139(33%)	161(26%)	136(26%)	122(43%)
모름/무응답	30(6%)	25(5%)	39(9%)	38(6%)	43(8%)	14(5%)
합계	462(100%)	510(100%)	426(100%)	627(100%)	522(100%)	281(100%)

정당성향의 방향(공화당 대 민주당)과 설문응답 간 상관관계: $x2 = 2.520$, Sig. $= .472$
정당성향의 유무(정당성향 대 무소속 성향)와 설문응답 간 상관관계: $x2 = 9.652$, Sig. $= .022$

향이 강해진다 해도 보수와 진보가 상쇄 효과를 낼 것이므로 미국사회의 전반적 국가정체성 수준에는 별 변화가 생기기 힘들 것이라고 추론할 수 있다.

〈표 8〉은 국가정체성 개념을 소극적 의미로 이해해 미국인들이 외국에 대해 얼마나 배타적이고 자기보호적인지 그 여부를 관찰하며 정당성향 및 이념성향과의 관계를 보여준다. 외국의 대중문화를 좋아하는지, 외국인의 미국 출입을 더 제한해야 하는지, 미국적 생활양식을 외국의 영향으로부터 보호해야 하는지, 이민이 얼마나 큰 사회문제가 되고 있는지 등에 대한 설문에서 예외 없이 무소속 성향의 유권자가 공화당이든 민주당이든 정당성향자에 비해 상대적으로 덜 배타적이고 덜 보호주의적인 모습을 보였다. 물론 그 차이가 아주 현격한 것은 아니지만 네 항목에서 모두 일관되게 정당성향자는 강한 소극적 국가정체성을 보이고 무정파적인 사람은 덜 그러하다는 점이 드러난다. 통계적 유의도를 살펴봐도 네 가지 설문 중 셋에서 정당성향의 방향보다 유무가 설문응답과 더 의미 있는 상관관계를 지니는 것으로 나왔다. 정당성향의 전반적 증가가 국가정체성의 강화와 밀접히 연결된다는 것을 알 수 있다.

한편, 이념성향에서는 보수가 가장 배타적이고 진보는 가장 덜 그러

〈표 8〉 미국인의 소극적 국가정체성과 정당성향·이념성향

당신은 외국 음악, 영화, 테레비를 좋아하십니까?	공화당	민주당	무소속	보수적	중도적	진보적
그렇다	191(41%)	261(51%)	226(53%)	244(39%)	271(52%)	185(66%)
아니다	200(43%)	193(38%)	128(30%)	288(46%)	167(32%)	71(25%)
모름/무응답	72(16%)	55(11%)	71(17%)	95(15%)	85(16%)	25(9%)
합계	463(100%)	509(100%)	425(100%)	627(100%)	523(100%)	281(100%)

정당성향의 방향(공화당 대 민주당)과 설문응답 간 상관관계: $x2$ = 11.322, Sig. = .010.
정당성향의 유무(정당성향 대 무소속 성향)와 설문응답 간 상관관계: $x2$ = 14.099, Sig. = .003.

외국인의 우리나라 출입을 지금보다 더 통제/제한해야 한다	공화당	민주당	무소속	보수적	중도적	진보적
전적으로 동의	215(47%)	231(45%)	189(44%)	313(50%)	249(48%)	93(33%)
주로 동의	175(38%)	178(35%)	139(33%)	230(37%)	187(36%)	88(31%)
주로 반대	48(10%)	66(13%)	61(14%)	55(9%)	59(11%)	62(22%)
전적으로 반대	9(2%)	26(5%)	26(6%)	13(2%)	14(3%)	35(12%)
모름/무응답	15(3%)	8(2%)	11(3%)	15(2%)	12(2%)	4(1%)
합계	462(100%)	509(100%)	426(100%)	626(100%)	521(100%)	282(99%)

정당성향의 방향(공화당 대 민주당)과 설문응답 간 상관관계: $x2$ = 12.088, Sig. = .034.
정당성향의 유무(정당성향 대 무소속 성향)와 설문응답 간 상관관계: $x2$ = 9.009, Sig. = .109.

우리의 생활양식은 외국의 영향으로부터 보호돼야 한다	공화당	민주당	무소속	보수적	중도적	진보적
전적으로 동의	150(32%)	150(29%)	116(27%)	220(35%)	137(26%)	65(23%)
주로 동의	165(36%)	191(37%)	134(31%)	243(39%)	182(35%)	74(27%)
주로 반대	110(24%)	105(21%)	119(28%)	115(18%)	149(29%)	84(30%)
전적으로 반대	22(5%)	49(10%)	43(10%)	35(6%)	37(7%)	48(17%)
모름/무응답	15(3%)	15(3%)	14(3%)	15(2%)	16(3%)	9(3%)
합계	462(100%)	510(100%)	426(99%)	628(100%)	521(100%)	280(100%)

정당성향의 방향(공화당 대 민주당)과 설문응답 간 상관관계: $x2$ = 11.093, Sig. = .050.
정당성향의 유무(정당성향 대 무소속 성향)와 설문응답 간 상관관계: $x2$ = 11.188, Sig. = .048.

우리나라에서 이민은 얼마나 큰 문제인가?	공화당	민주당	무소속	보수적	중도적	진보적
매우 큰 문제	172(37%)	192(38%)	149(35%)	248(40%)	192(37%)	81(29%)
약간 큰 문제	170(37%)	168(33%)	124(29%)	223(36%)	167(32%)	79(28%)
작은 문제	70(15%)	81(16%)	83(20%)	85(14%)	105(20%)	60(22%)
전혀 문제가 아님	32(7%)	51(10%)	55(13%)	50(8%)	39(7%)	48(17%)
모름/무응답	18(4%)	17(3%)	14(3%)	20(3%)	21(4%)	10(4%)
합계	462(100%)	509(100%)	425(100%)	626(101%)	524(100%)	278(100%)

정당성향의 방향(공화당 대 민주당)과 설문응답 간 상관관계: $x2$ = 6.980, Sig. = .222.
정당성향의 유무(정당성향 대 무소속 성향)와 설문응답 간 상관관계: $x2$ = 11.667, Sig. = .040.

하다는 것을 표를 통해 알 수 있는데, 이념성향이 사회 전반에서 상승해도 보수와 진보 간의 상쇄로 인해 외부에 배타성을 띠는 소극적 국가정체성의 수준에 큰 변화를 가져오지 못할 것이다. 그러므로 소극적 국가정체성과의 상관관계에서 이념성향은 정당성향에 견줄 수 있는 정도가 아니다.

마지막으로 미국인들이 정당성향이나 이념성향에 따라 미국과 타국 간의 차별성을 얼마나 찾는지(차별적 국가정체성이라고 범주화할 수 있음) 〈표 9〉를 통해 살펴보자. 미국 문화가 다른 나라 문화보다 우수하다는 진술에 공화당 성향자가 가장 높은 비율로 동의했고 그 뒤를 민주당 성향자와 무소속 성향자가 이었다. 이념성향에 있어서는 예상대로 보수-중도-진보의 순으로 미국 문화의 상대적 우수성을 믿었다. 미국과 유럽 간의 차이에 대한 인식에 있어서는, 근본적 가치관보다 단순한 정책의 상이성으로 인해 생긴다는 답변에 무정파적 유권자들이 정당성향자들에 비해 더 많이 동의했다. 공화나 민주 정당성향자들이 무정파자들에 비해 좀더 근원적으로 차별적 국가정체성을 느낀다는 점을 알 수 있다.

두 설문에 대한 통계적 유의도 검사에서도 정당성향의 유무가 정당성향의 방향보다 차별적 국가정체성과 더 의미 있는 관계를 갖는다는 점이 확인된다. 보수, 중도, 진보 간에는 거의 차이가 나타나지 않았다. 〈표 9〉가 종합적으로 시사해주는 바는 미국인의 국가정체성을 미국과 타국 간의 차별적 인식 측면에서 관찰할 때 정당성향의 강약과 상관관계를 보인다는 것이다. 정당성향의 전반적 강화는 미국사회에서 차별적 국가정체성의 증가와 연결된다. 반면 이념성향의 증감은 차별적 국가정체성의 수준과 별 관계를 보이지 못했다. 이는 앞의 표들에서 얻은 시사점과 별로 다르지 않다.

20세기 후반 이래로 공화당 유권자와 민주당 유권자 사이의 간격이 대부분의 정책영역에서 더욱 벌어져왔다는 점은 이미 전술한 바이다. 그런데 유독 국가정체성에 관련된 사안들에 있어서는 양당 성향의 유

〈표 9〉 미국인의 차별적 국가정체성과 정당성향 · 이념성향

우리나라 문화가 다른 나라 문화보다 우수하다	공화당	민주당	무소속	보수적	중도적	진보적
전적으로 동의	124(27%)	111(22%)	85(20%)	175(28%)	93(18%)	56(20%)
주로 동의	187(40%)	192(38%)	152(36%)	254(41%)	204(39%)	82(29%)
주로 반대	104(23%)	118(23%)	102(24%)	125(20%)	145(28%)	65(23%)
전적으로 반대	35(8%)	67(13%)	75(18%)	55(9%)	62(12%)	71(25%)
모름/무응답	12(3%)	21(4%)	12(3%)	18(3%)	17(3%)	7(2%)
합계	462(101%)	509(100%)	426(101%)	627(101%)	521(100%)	281(100%)

정당성향의 방향(공화당 대 민주당)과 설문응답 간 상관관계: x2 = 14.639, Sig. = .012.
정당성향의 유무(정당성향 대 무소속 성향)와 설문응답 간 상관관계: x2 = 18.296, Sig. = .003.

미국과 유럽 간의 차이는 어디에 기인하는가?	공화당	민주당	무소속	보수적	중도적	진보적
상이한 가치관	138(30%)	142(28%)	115(27%)	184(29%)	137(26%)	79(28%)
상이한 정책	295(64%)	327(64%)	264(62%)	392(63%)	340(65%)	182(65%)
모름/무응답	29(6%)	40(8%)	46(11%)	51(8%)	45(9%)	19(7%)
합계	462(100%)	509(100%)	425(100%)	627(100%)	522(100%)	280(100%)

정당성향의 방향(공화당 대 민주당)과 설문응답 간 상관관계: x2 = 3.036, Sig. = .386.
정당성향의 유무(정당성향 대 무소속 성향)와 설문응답 간 상관관계: x2 = 7.533, Sig. = .057.

권자들이 상호 유사한 입장을 지니고 무정파적 유권자들과의 사이에 눈에 띄는 차이를 보인다. 국가정체성을 적극적, 소극적, 차별적 의미로 다양하게 보아도 일관되게 민주 · 공화 상관없이 정당성향 자체와 정비례 관계에 있는 것으로 관찰된다.

미국인의 국가정체성과 관련해서 민주당이냐 공화당이냐의 구분은 큰 의미가 없고 정당성향자냐 무정파성향자냐의 구분이 더 중요하다는 것이다. 근래 미국사회에서 국가정체성이 강화된 것은 어느 한 정당의 지지자들에 의한 것이 아니고 양당 지지자들 모두에 의한 것이다. 국가정체성이 강해지고 있는 동안 다른 한편에서는 양당 지지자들의 정당성향이 같이 증가했고 강한 민주당 성향과 강한 공화당 성향의 충돌로 인해 정당 간의 이분법적 대결이 격화될 수밖에 없었을 것이라고 추측할 수 있다.

V. 결론

이 글은 근래 미국정치의 양극화와 미국 국가정체성의 강화가 함께 일어나고 있다는 점에 주목했다. 일부 학자는 미국정치의 양극화만 강조하고 다른 일부의 학자는 미국 국가정체성의 강화 혹은 유지만 강조하기 때문에 마치 서로의 입장이 모순되는 듯이 보인다. 정치적 양극화도 사실이고 국가정체성의 강화도 사실인데, 양자가 상호 충돌하고 서로를 부정하는 것으로 오해한다면 미국정치의 양극화 논쟁은 쳇바퀴 돌 듯 할 수밖에 없을 것이다. 이 글은 이론적 차원에서 볼 때 국가정체성과 정당성향(어느 정당이든 상관없이)은 공히 집단주의적이고 적을 상정하고 종교적 절대성에 입각한 개념들로서 한 사람이 대외적으로는 전자를 대내적으로는 후자를 동시에 강하게 느끼는 것은 상식적 경향이라는 점을 논했다.

또한 이 글은 미국 정치사를 개관하며, 일반대중의 국가정체성이 강했던 시기들에는 정당성향도 강해 정당들 간에 양극적 대립이 거셌고 반대로 국가정체성이 상대적으로 약했던 시기에는 정당성향도 감소하며 정당간 대립구도가 완화되었음을 지적했다. 마지막으로 이 글은 2002년의 여론조사에 대한 분석을 통해 공화당이든 민주당이든 정당성향을 가진 사람들이 무소속 성향의 사람들에 비해 좀더 우월적, 배타적, 차별적인 국가정체성을 강하게 지닌다는 점을 보였다.

국가가 어려운 상황에 빠지면 국가정체성을 새로이 북돋고 정파적 분열행위를 하지 말아야 한다는 당위적 주장이 우리 귀에 매우 익숙하지만, 이 글은 미국사례에 대한 연구를 통해 이러한 주장이 공허한 수사에 불과할 수 있다는 시사점을 우리에게 던진다. 국가적 위기의 시기에는 애국적 분위기가 사회에 퍼지지만, 국가정체성을 강하게 느끼는 사람들은 무정파적이기보다 특정 정당들에 충성심을 가지는 경향이 있으므로 이들 간에 정파적 대결이 가열될 수 있다. 대외적으로 그리고 동시에 대내적으로 국민 통합을 이룬다는 것은 극히 힘든 일일 수밖에 없다.

다른 나라들과의 관계에서 강한 국가정체성을 느끼는 집단주의적 성향의 사람들은 사회 내부적으로도 자기가 지지하는 정당이 무조건 옳다고 배타적으로 그리고 절대적으로 믿고 상대 정당에 적대심을 느끼는 경향이 있다. 이렇게 볼 때, 미국이든 한국이든 국민 사이에 국가정체성이 강화되는 가운데 정파적 갈등과 대결이 격렬히 불거지는 것은 오히려 정상적인 현실일지 모른다. 나라가 어려운데 왜 정파적 분열이 나타나는지 그 자체를 개탄하기보다는 그것을 현실로 받아들이면서 정파적 차이가 너무 지나친 갈등으로 치닫지 않도록 하는 데에 관심을 기울여야 할 것이다.

이러한 시사점이 좀더 공명을 자아내기 위해서는 더 많은 후속 연구가 필요하다. 이 글에서는 기존 연구에 대한 섭렵이 충분하지 않아 이론적 논의가 문제제기 수준에 머물렀고, 경험분석도 단순한 서술과 육안에 의존한 추론이 주를 이루었다. 이론적으로나 방법론적으로 보다 정치(精緻)한 향후 연구의 필요성을 절감하며, 여기서는 좁게는 미국정치의 양극화 논쟁에 관련되었고 넓게는 국가정체성과 정당성향, 정당정치의 일반적 관계에 관련된 새로운 문제제기를 했다는 데서 만족하고자 한다.

참고문헌

미국정치연구회 편. 2005. 『부시 재집권과 미국의 분열』. 서울: 오름.
임성호. 2002. "도그마와 컨센서스 사이: 테러시대의 미국민주주의." 『계간사상』 14(1).
_____. 2005. "부시의 전략적 극단주의: 정당양극화, 선거전략 수렴의 부재." 미국정치연구회 편. 『부시 재집권과 미국의 분열』. 서울: 오름.

Ashbee, Edward. 2000. "'Remoralization': American Society and Politics in the 1990s." *The Political Quarterly* 71, 2.
Bailyn, Bernard. 1967. *The Ideological Origins of the America Revolution*. Cambridge, MA: Harvard University Press.
Berman, Russell. 2004. *Anti-Americanism in Europe: A Cultural Problem*. Hoover Institution Press.
Binder, Sarah A. 2001. "Congress, the Executive, and the Production of Public Policy: United We Govern?" In Lawrence C. Dodd and Bruce I. Oppenheimer, eds. *Congress Reconsidered*. 7th edition. Washington, D.C.: CQ Press.
_____. 2000. "Going Nowhere: A Gridlocked Congress?" *The Brookings Review*. 18, 1.
Bloom, Joel David. 2002. "Independent Leaners and Party Loyalty: Cause or Effect?" Paper delivered at the Annual Meeting of the Western Political Science Association.
Bond, Jon R., and Richard Fleisher. 2000. *Polarized Politcs: Congress and the President in a Partisan Era*. Washington, D.C.: CQ Press.
Burnham, Walter Dean. 1970. *Critical Elections and the Mainsprings of American Politics*. N.Y.: Norton.

Campbell, Angus, Philip E. Converse, Warren E. Miller, and Donald E. Stokes. 1960. *The American Voter*. N.Y.: John Wiley and Sons.
Citrin, Jack. 2001. "The End of American Identity?" In Stanley A. Renshon, ed. *One America?* Washington, D.C.: Georgetown University Press.
Davis, Tami, and Sean Lynn-Jones. 1987. "Citty upon a Hill." *Foreign Policy*, Vol. 66. Spring.
Downs, Anthony. 1957. *An Economic Theory of Democracy*. N.Y.: Harper & Row.
Fiorina, Morris P. 1981. *Retrospective Voting in American National Elections*. New Haven, CT: Yale University Press.
_____. 2005. *Culture War? the Myth of a Polarized America*. N.Y.: Pearson Longman.
Fleisher, Richard, and Jon R. Bond. 2000. "Partisanship and the President's Quest for Votes on the Floor of Congress." In Jon R. Bond and Richard Fleisher, eds. *Polarized Politics: Congress and the President in a Partisan Era*. Washington, D.C.: CQ Press.
Green, Donald, Bradley Palmquist, and Eric Schickler. 2002. *Partisan Hearts and Minds: Political Parties and the Social Identities of Voters*. New Haven, CT: Yale University Press.
Hacker, Jacob S., and Paul Pierson. 2005. *Off Center: The Republican Revolution & the Erosion of American Democracy*. New Haven, CT: Yale University Press.
Hartz, Louis. 1955. *The Liberal Traditional in America*. San Diego: Harcourt Brace Jovanovich.
Himmelfarb, Gertrude. 1999. *One Nation, Two Cultures*. Vintage Books.
Hitt, Jack. 2000. "The Great Divide." *The New York Times Magazine*(Dec. 31).
Hunter, James Davison. 1991. *Culture Wars: The Struggle to Define America*. N.Y.: Basic Books.
Hunter, James Davison, and Alan Wolfe. 2006. *Is There a Culture War?* Washington, D.C.: Brookings Institution Press.
Jacobson, Gary C. 2000. "Party Polarization in National Politics: The Electoral Connection." In Jon R. Bond and Richard Fleisher, eds. *Polarized Politics*. Washington, D.C.: CQ Press.

Kelly, Michael. 2002. "A Renaissance of Liberalism." *The Atlantic Monthly*.
Morone, James. 2003. "In God's Name." *American Prospect*. May.
Pachter, Marc. 2004. "The American Identity." *EJournal USA: Society & Values*. 9, 2. December.
Pew Research Center. 2002. *What the World Thinks in 2002*. November.
_____. 2003a. *Views of a Changing World*. June.
_____. 2003b. *Evenly Divided and Increasingly Polarized: 2004 Political Landscape*. November.
Renshon, Stanley A. 2001. "America at a Crossroads: Political Leadership, National Identity, and the Decline of Common Culture." In Stanley A. Renshon, ed. *One America?* Washington, D.C.: Georgetown University Press.
Schmitt, Carl. 1976. *The Concept of the Political*. Rutgers University Press.
Sinclair, Barbara. 2000. "Hostile Partners: The President, Congress, and Lawmaking in the Partisan 1990s." In Jon R. Bond and Richard Fleisher, eds. *Polarized Politics: Congress and the President in a Partisan Era*. Washington, D.C.: CQ Press.
Stonecash, Jeffrey M. 2000. *Class and Party in American Politics*(Transforming American Politics). Boulder, CO: Westview Press.
White, John Kenneth. 2003. *The Values Divide: American Politics and Culture in Transition*. N.Y.: Chatham House.
Williams, Rhys, ed. 1997. *Cultural Wars in American Politics*. N.Y.: Aldine de Gruyter.
Wolfe, Alan. 1998. *One Nation, After All*. N.Y.: Viking.
_____. 2004. "Still E Pluribus Unum? Yes." *EJournal USA: Society & Values*. 9, 2. December.
Yankelovich, Daniel. 2005. "Overcoming Polarization: The New Social Morality." In Norton Garfinkle and Daniel Yankelovich, eds. *Uniting America*. New Haven, CT: Yale University Press.

제3부 | 이슈영역의 양극화

제 8 장 • 소득수준과 유권자 정당일체감의 이념적 재편성　　| 조성대

제 9 장 • 문화적 쟁점과 미국 정당 지지기반 양극화　　| 정진민 · 서현진

제10장 • 미국의 정치변화와 민중운동의 양극화　　| 주미영

제11장 • 외교여론 양극화 가설의 허와 실　　| 남궁 곤

제8장

소득수준과 유권자 정당일체감의 이념적 재편성*

▌조성대

I. 머리말

　대부분의 미국 정치학자들은 일반적으로 지난 20년간 엘리트 수준에서 정당 양극화(party polarization)가 심화되어 왔다는 것에는 동의한다. 이들의 의견은 대체로 다음과 같다. 1940년대부터 1970년대까지 미국정치는 민주당과 공화당이 비록 서로 구분되는 강령 및 정책을 제시해 왔지만, 이념적 측면에서 상당히 중복되어 있었고, 이는 정당쇠퇴와 정당 없는 유권자들(partyless electorate)이란 특징으로 나타났다 (Crotty 1984; Wattenberg 1996).
　그러나 1970년대부터 의회활동에 있어서 다수당 지도자인 하원의장과 정당의 리더십을 강화하는 일련의 의회개혁과 남부지역에서의 정당

---
* 이 글은 『한국과 국제정치』 23권 1호(2007)에 게재되었던 논문임.

재편성(가상준 2006; Jacobson 1996; Rohde 1991), 1990년대 강경 보수 성향을 띠는 소장의원들의 원내진입, 그리고 당파성이 강한 정치지도자의 등장은(Abramowitz and Saunders 1998; Bartels 2000) 중도파의 축소와 강경파의 성장을 가져와 결국 정당정치의 재출현을 통해 의회 내 양극화를 심화시켰다는 것이다(가상준 2005; Fleisher and Bond 2003; Poole and Rosenthal 1997).

 그러나 제도적 요인에 초점을 맞춘 위의 설명은 비록 의회 내의 정치과정과 의회 내 정당양극화 현상을 훌륭하게 설명하고 있지만, 그러한 의회 내의 제도적 변화가 어떠한 사회경제적 요인들을 배경으로 하고 있는가에 대해서는 관심을 두지 못하고 있다. 이에 반해 몇몇 연구는 미국사회의 정치경제적 변화가 엘리트 수준의 양극화의 원인이 되었음을 보여주고 있다. 스톤캐쉬와 동료들은(Stonecash, Brewer, and Mariani 2003) 지난 30년 동안 당일체감뿐만 아니라 인구통계학적으로 더욱 동질화된 지역구 혹은 주의 증가가 엘리트 수준의 양극화의 원인이 되었음을 보여주었다. 아울러 맥카티 · 풀 · 로젠탈(McCarty, Poole, and Rosenthal 2003)의 연구는 미국 사회의 소득불평등의 증가가 대중들의 정당일체감의 양극화로 이어져 결국 의회 내 정치적 양극화로 귀결되었음을 보여주었다.

 이 연구는 후자의 접근법에 토대를 두고 있다. 다시 말해, 미국사회의 정치경제적 변화가 어떻게 엘리트 수준의 양극화를 가져왔는가를 분석하고자 한다. 그러나 대부분의 기존연구는 사회경제적 환경의 변화가 초래한 정치적 변화 사이에는 대중과 엘리트 여론 사이의 역동적인 관계가 놓여 있음을 인정하면서도 엘리트 수준의 변화가 대중의 여론에 미친 영향, 즉 엘리트 단서(elite cue)에 주목할 뿐 사회경제적 변화가 대중의 정치적 판단에 미친 영향은 고찰하고 있지 않다(Carmines and Stimson 1989; Hetherington 2001; Keele and Stimson 2005; Zaller 1992). 이에 반해, 이 글은 미국사회의 정치경제적 변화가 시민들의 정치적 평가의 변화를 가져왔고, 아울러 엘리트 내부의 정치적 양극화와 상호작용하면서 미국 유권자들의 정당일체감의 재편성을 가져왔다는 인식하에 연구를 진행하고자 한다. 즉 미국의회의 정치적 양극화라는 거시적 현상의 미시적 토대를 밝히는 작업이라 하겠다.

앱라모비츠 · 사운더스(Abramowitz and Saunders 1998)의 정당일체감의 이념적 재편성(ideological realignment)은 이론적 근거를 제공한다. 그들은 최근 심화되고 있는 미국사회의 정치적 양극화의 배경에는 미국 유권자들의 정당일체감과 이념정향 사이의 조응도(congruity)의 증가가 자리 잡고 있다고 주장했다. 아울러 맥카티 · 폴 · 로젠탈(McCarty, Poole, and Rosenthal 2003; 2006 참조)의 소득불평등 현상과 미국 의회의 양극화현상에 대한 연구는 이 연구의 직접적 토대가 된다. 그들은 1990년대 이후 미국정치의 양극화는 유권자들이 자신의 경제적 처지에 걸맞은 정당일체감을 채택했기 때문이라는 정당-소득의 성층화(party-income stratification) 명제를 주장한 바 있다. 그러나 소위 저소득 20%의 공화당일체자에 대한 고소득 20%의 공화당일체자의 비율로 측정된 그들의 정당-소득 지수는 재분배 정책에 대한 소득수준별 집단의 정치적 평가의 변화, 그리고 그로 인한 정당일체감의 변화를 고찰하지 못한다는 한계가 있다.

따라서 이 연구는 1980년대 이후 미국 유권자들의 저-중-고소득층으로 나뉘어지는 소득수준별 이념의 변화, 민주 · 공화 양당의 재분배 정책에 대한 평가의 변화, 그리고 정당일체감의 변화에 대한 분석을 통해 미국사회 소득불평등 현상이 어떻게 유권자들 사이에 이념-정당일체감의 재편성(realignment)을 가져왔는지 분석하고자 한다. 분석결과는 미국 시민들의 소득불평등 현상은 1980년대 고소득층을 중심으로 한 정당일체감의 이념적 재편성을 가져왔음을 보여준다. 이러한 경험적 발견은 결국 엘리트 수준의 정치적 양극화 현상이 보수적이며 고소득의 유권자들이 자신의 경제적 처지에 걸맞은 공화당일체감을 소유함으로써 가져온 현상이라는 추론을 하게 한다.

II. 미국의 정치적 양극화에 대한 기존연구의 검토

1930년대 뉴딜시기 이후 1970년대까지 미국정치는 비록 민주당과 공화당이 상호 구별되는 강령 및 정책을 제시했지만 양당 간에는 상당한 이념적인 중복과 함께 그 차이가 크지 않았다. 아울러 이 시기 의회 내의 양극화 수준은 거의 변동이 없었다. 예를 들어, 풀·로젠탈(Poole and Rosenthal)의 미국 의회의 이념수준을 나타내는 DW-NOMINATE 점수 중 하원에서 1차원 평균 이념점수를 1941년부터 2003년까지의 변화를 〈그림 1〉에 의하면, 1941년부터 1979년까지 민주·공화 양당의 이념거리는 1941년 0.57, 1951년 0.54, 1961년 0.54, 1971년 0.56, 그리고 1979년 0.58로 거의 변동이 없었다.

이러한 정체적인 민주당과 공화당의 이념차이는 유권자들 수준에서 정당쇠퇴(party decline)와 정당 없는 유권자(partyless electorate)란 특징을 가져왔다(Crotty 1984; Wattenberg 1996). 정당 엘리트들이 이념적으로 뚜렷이 구분되지 않는 입장을 취할 때, 대중들은 이념에 근거해 지지정당을 선택하기 어렵다. 따라서 이 시기 민주·공화 양당 간의 중복된 이념적 입장은 선거에서 후보자 선택에서 정당이 차지하는 영향력의 축소를 가져왔는데, 그 대표적인 증거로 1950년대 이후 정치적 무당파(political independent)의 급격한 증가와 강한 정당일체감 소유자의 감소를 들 수 있다(Nie, Verba, and Petrocik 1976; Wattenberg 1996).

그러나 1970년대 후반부터 양당 간의 이념적 차이는 심화되기 시작했다. 예들 들어, 〈그림 1〉에서 민주·공화 양당 간의 이념거리는 1981년 0.61로 근소하게 증가하기 시작하여 1991년 0.68로, 그리고 2001년에는 0.85로 급속하게 증가했다. DW-NOMINATE 점수가 -1에서 +1로 범주화되었다는 점을 고려한다면, 2001년의 0.85는 미국 사회 정당양극화가 심각한 수준에 이르렀음을 보여준다. 몇몇 경험적 연구들은 이 시기 의회 내 정당양극화의 원인에 대한 진단을 시도했다.

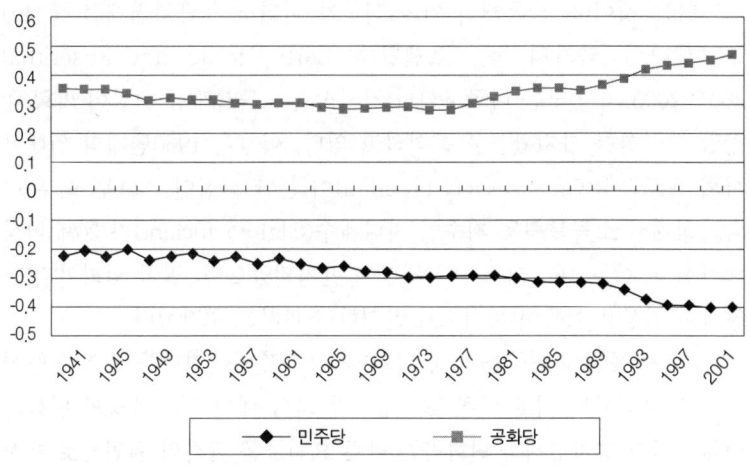

<그림 1> 미국 하원에서 민주·공화당의 이념변화: 1941년 ~ 2003년

출처: Poole and Rosenthal. http://www.vote.com(검색일 2006/3/15).

먼저 제도적인 접근은 1970년대 이후 의회정치의 다양한 제도적 개혁이 정당 양극화를 심화시켰다고 본다. 대표적인 연구로 상임위원회 위원장 선정 및 의원충원에 있어 정당 및 정당의 리더십을 강화(Rohde 1991; Jacobson 1996), 남부지역 의원들의 보수화(가상준 2005), 상임위의 약화와 의원총회의 영향력 증대(Bond and Fleisher 2000), 선거구 조정과 경쟁적 지역구의 감소결과 강경한 소장의원들의 의회 진출(Roberts and Smith 2003), 그리고 당파성이 강한 정치지도자의 등장(Abramowitz and Saunders 1998; Bartels 2000) 등이 그 증거로 제시되었다.

다른 몇몇 연구들은 지역구 혹은 유권자의 사회경제적 지위 변화가 의회 내 정당 양극화를 촉진시켰음을 경험적으로 보여주고 있다. 스톤캐쉬 외(Stonecash et al. 2003)는 전통적으로 민주당과 공화당지지 지역구들이 정당일체감과 사회경제적 지위측면에서 최근 더욱 동질화되어 왔음을 발견했다. 아울러 동질화된 선거구는 선거경쟁에서 안전한

지역구를 제공하며, 따라서 당선된 의원들은 타협에 대한 유인을 적게 느낀다는 것이다. 스톤캐쉬 외의 연구가 지역구의 사회경제적 특성에 주목했다면, 맥카티·풀·로젠탈(McCarty, Poole, and Rosenthal 2003; 2006)의 연구는 미국사회의 거시적인 소득불평등 현상이 의회 내 정당 양극화를 가져왔음을 분석하고 있다. 이들은 1960년대의 위대한 사회 프로그램(Great Society Program)이 끝난 시점인 1968년 이후 미국사회에서 소득불평등 지수인 지니계수(Gini coefficient)가 20% 이상 증가했고, 이는 대중의 정당일체감에 반영되었으며, 결국 의회의 정당 양극화 현상은 이를 정치적으로 반영한 결과라고 주장했다.

위의 두 종류의 연구는 미국 의회 내 정치적 양극화라는 동일한 현상을 진단하면서도 서로 다른 요인들, 즉 의회 내의 정치과정의 변화와 미국사회의 정치경제적 변화라는 다른 요인들을 각각의 원인들로 제시하고 있다. 양극화의 배경에 대한 차이는 엘리트와 대중 간의 정치적 양극화의 인과관계의 흐름에 대한 평가로도 이어지고 있다.

대부분의 기존연구는 엘리트 수준의 변화가 대중의 여론에 미친 영향, 즉 엘리트 단서에 주목해왔다(Carmine and Stimson 1989; Layman and Carsey 2002; Hetherington 2001; Keele and Stimson 2005; Zaller 1992). 헤더링턴(Hetherington 2001)과 바텔스(Bartels 2000)는 지난 20년간 엘리트 수준에서 급진전된 민주·공화당 간의 이념적 양극화 현상은 두 정당 간 정책적 상이성 및 정당이 추구하는 이념적 성향에 대한 시민들의 인식을 명료화시켜 유권자들 사이에 "정당의 부활(resurgence of parties)"을 가져왔다고 주장했다. 잘러(Zaller 1992, 311) 또한 베트남 전쟁 사례분석을 통해 "심지어 정치에 가장 민감한 사람조차도 새로운 쟁점에 반응할 때는 엘리트가 던지는 메시지속의 정당일체감과 이념을 근거로 삼는다"고 주장했다. 엘리트 수준에서 정당 간의 극심한 이념적 차이는 더욱더 정파적인 정치정보를 생산해내고, 결국 엘리트의 양극화는 더욱더 정파적인 대중의 반응을 이끌어 낸다는 것이다.

문제는 '엘리트로부터 대중으로' 라는 인과관계만으로 대중의 정치적 평가와 정체성의 변화를 모두 설명할 수 없다는 데 있다. 만약 미국 시민들의 정당일체감의 변화는 미국사회의 정치경제적 변화와 그러한 변화를 토대로 제시된 정당정책에 대한 대중들 스스로의 정파적 판단의 변화와 직접적인 인과관계를 지닐 수 있다는 것이다. 이러한 과정에서 엘리트 수준에서의 정치적 양극화는 유권자들의 정치적 판단의 변화와 상호작용하면서 유권자들의 정당일체감의 재편성을 가져왔다고 볼 수 있다. 다시 말해 미국사회의 정치경제적 변화에서 시작되어 시민들의 정치적 판단과 정파적 정체성의 변화, 그리고 엘리트 양극화와의 상호작용에 대한 인과관계를 파악하는 연구가 필요하다 하겠다.

이러한 문제의식을 토대로 이 연구는 맥카티 외(McCarty et al. 2003)의 연구를 토대로 미국사회의 사회경제적 변화가 가져온 엘리트 수준의 정치적 양극화 현상에 관심을 갖는다. 다시 말해, 엘리트 수준의 양극화는 비록 유권자들의 정치적 정향의 변화를 가져오기도 했지만 역으로 유권자들의 정치적 정향 변화를 반영한 결과물이라는 점을 고려할 때, 우선적으로 유권자들의 정치정향의 변화를 가져온 미국의 사회경제적 변화에 초점을 맞추고자 하는 것이다. 특히 이 글은 미국의 소득불평등 현상이 지난 30여 년 동안 지속적으로 증가해 왔음에 주목하여 소득수준에 따른 유권자들의 정당일체감의 변화를 고찰하고자 한다.

III. 미국사회의 사회경제적 양극화와 정당일체감의 이념적 재편성

2000년대 들어서 미국사회의 소득불평등 문제는 선진산업국의 일반적인 수준과 크게 차이를 보이고 있다. UNDP의 『인간개발보고서 (Human Development Report)』(2005, http://hdr.undp.org/statistics/data/)에 의하면 미국사회의 소득분포에서 상위 10%의 소득이 하위

10%보다 약 15.9배 많아 일본의 4.5배, 스웨덴 6.2배, 독일의 6.9배는 물론 한국의 7.4배를 크게 능가하고 있다. 아울러 미국은 여타 선진국들에 비해 국가가 담당하는 사회복지의 역할 또한 매우 미약한 것으로 나타났다. 미국의 GDP대비 총사회복지 지출비는 2001년 기준 14.7%로 스웨덴의 29.8%, 독일의 27.4%, 그리고 영국의 21.8%에 크게 밑돌고 있는 것으로 나타났다(OECD Social Expenditure Database 2001).

물론 이와 같은 현상이 미국사회의 개인의 결정권 존중, 개인복리의 최우선, 개인책임을 강조하는 자유주의 전통과 유럽사회에서 발달했던 복지국가(welfare state)의 미비에 원인을 두고 있다는 점은 널리 공유되고 있지만, 그것의 정치적 효과, 특히 정당정치에 미치는 효과는 큰 주목을 받아오지 못했다.

이러한 측면에서 맥카티 외의 연구는 주목할 만하다. 우선 그들은 지난 반세기 동안 소득불평등 현상과 의회 내의 양당 간의 이념격차가 거의 유사한 패턴으로 증가해 왔음을 발견했다. 우선 아래 〈그림 2〉는 1947년부터 2003년까지 〈그림 1〉의 민주·공화 양당의 DW-NOMI-NATE 점수의 차이 값과 소득불평등 지수(Gini Index)를 그려 넣은 것이다. 눈으로 보기에도 두 변수의 시계열적 흐름은 1970년대 후반부터 거의 동일한 패턴을 보이고 있다. 아울러 상관관계 또한 0.96으로 두 현상은 아주 밀접한 관계를 갖고 있음을 알 수 있다.

미국사회 소득불평등 정도와 미 의회의 양극화 사이의 높은 상관관계에 대해 맥카티 외(McCarty et al. 2003)는 경제정책에 대한 1960년대의 민주·공화 양당 간의 합의가 1990년대 가파른 이념적 균열의 양상으로 변모했고, 그 과정에서 유권자들이 자신의 경제적 처지에 걸맞은 정당일체감을 채택했기 때문이라고 보았다. 즉 미국사회 소득불평등의 심화는 미국시민들의 정당일체감이 소득수준별로 정렬되는—고소득층의 공화당 지지와 저소득층의 민주당지지 현상이 두드러지는—일종의 정당-소득 성층화(party-income stratification)현상으로 나타났다는 것이다.

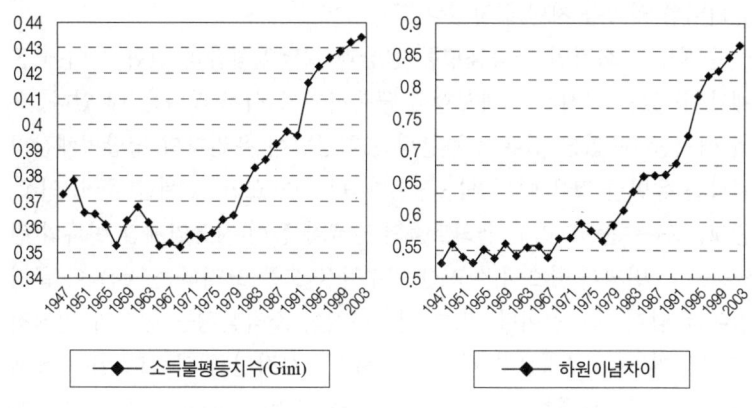

〈그림 2〉 미국사회 소득불평등 지수와 하원 내 민주-공화 이념차이

이러한 맥카티 외의 설명은 앱라모비츠 · 사운더스가 말하는 '정당일체감의 이념적 재편성(ideological realignment)'의 논리적 맥락과 맞닿아 있다. 이들에 의하면, 최근 심화되고 있는 미국사회 정치적 양극화의 배경에는 유권자들의 정당일체감과 이념정향 간의 조응도(congruity)의 증가가 자리 잡고 있다 한다. 1970년대 초까지만 하더라도 미국 유권자들의 이념성향과 정당일체감은 느슨한 관계를 가지고 있었지만, 1980년 이후, 이후 민주 · 공화 양당의 이념적 양극화의 심화는 유권자들로 하여금 정당 간 이념적 차이를 명확하게 인식하게끔 했고, 이를 바탕으로 이념적으로 가까운 정당에 일체감을 지니는 세속적인 재편성(secular realignment)을 경험하게 했다는 것이다.

물론, 앱라모비츠 · 사운더스는 정당일체감의 이념적 재편성이 남부 백인들 사이에서 가장 큰 폭으로 나타났으며 따라서 그 변화는 국지적인 것이었다는 경험적 발견(Abramowitz and Saunders 1998)을 내놓고 있지만, 정당일체감의 이념적 재편성이 지역을 넘어 보다 광범위한 정렬(sorting) 현상을 보였다는 레벤더스키(Levendusky 2005)의 경험적 발견을 고려할 때, 사회적 소득불평등 현상이 미시적으로 미국 유권자의 정당일체감의 이념적 재편성을 어떻게 가져왔는가에 대한 탐구는 유의미한 의미를 지닌다 하겠다.

문제는 사회적인 소득불평등 현상과 정당일체감의 변화 사이에 존재할 수 있는 미시적 인과모형을 구축하기가 쉽지 않다는 데 있다. 우선 지적할 수 있는 점은 소득불평등 현상만이 유권자의 정당일체감의 변화를 유발한 것은 아니라는 점이다. 다양한 요인들, 예를 들어, 인종, 종교, 교육수준, 그리고 엘리트들의 양극화 등이 정당일체감 변화의 원인들로 규명되어 왔으나 이러한 변수들을 모두 고려하는 것은 이 글의 범위를 넘어서는 것이다. 또한 미국사회의 소득불평등 현상과 전체적인 유권자 정당일체감의 변화율은 사회거시적인 현상으로 이를 통해 미시적인 인과관계를 추론하는 것은 생태론적(ecological) 환원의 위험성이 존재한다. 따라서 이를 유권자 개인수준의 미시적인 인과관계 모형으로 조정해야 할 필요가 있다.

미시적 조정작업에서 앱라모비츠 · 사운더스의 '정당일체감의 이념적 재편성' 논의는 인과관계 모형의 구축에 좋은 틀거리를 제공한다. 미국 사회의 소득불평등 현상과 정당일체감의 변화는 미시적 차원에서 유권자의 소득수준에 따른 정당일체감의 변화라는 개인적 수준으로 조정되며, 이 과정에서 유권자들의 이념적 정향은 매개체적인 역할을 한다는 모형이 구축된다. 즉, 유권자들이 자신의 소득수준에 걸맞는 정당일체감을 지니는 과정에는 우선 그들의 소득수준에 조응하는 이념적 정향의 소지와 그에 따른 민주 · 공화 양 정당의 소득정책에 대한 평가가 자리하고 있다는 것이다.

우선 소득수준에 따른 정당일체감의 이념적 재편성은 소득재분배정책과 관련된 정부정책에 대한 유권자들의 이념적 입장이 그들의 소득수준과 높은 조응도(congruity)를 지닐 것을 요구한다. 즉 고소득층은 중 · 저소득층보다 보수적인 입장을 일관되게 견지하고, 저소득층은 고 · 중소득층보다 진보적인 입장을 일관되게 견지함을 의미한다. 미국 사회 유권자들의 정당일체감의 이념적 재편성이 1980년대부터 본격적으로 일어났다는 점을 고려한다면, 이러한 패턴은 최소한 1980년대 중반이후 일관되게 나타날 것이다.

- H1: 1980년대 이후 미국 유권자들은 소득수준별로 일관된 이념적 성향(저소득층일수록 진보적, 고소득층일수록 보수적)을 보일 것이다.

두 번째 가설은 소득정책과 관련한 민주·공화당의 입장에 대한 유권자들의 인지가 일관된 조응도를 보여주어야 한다는 것이다. 이는 유권자들의 소득수준이 정당일체감의 변화에 반영되어지는 중간단계의 경로로 민주·공화 양당의 소득재분배 정책을 과연 유권자들이 자신의 소득수준과 비례해서 판단하고 있는가 하는 문제이다. 소득수준과 관련하여 유권자들의 정당일체감이 이념적으로 재편성되기 위해선 고-중-저소득층 별로 민주·공화 양당의 재분배정책에 대한 일관된 평가가 나타나야 한다.

공화당의 입장에 대한 평가를 예로 들면, 고소득층일수록 공화당을 더욱 보수적이게 보거나 더욱 진보적으로 보는 패턴이 일관되게 나타나야 한다. 즉 공화당의 정책의 보수성을 판단할 때, 고〉중〉저 소득수준별 패턴이나 저〉중〉고의 패턴이 발견되어야 한다는 것이다. 만약 뒤섞인 패턴이—예를 들면, 공화당의 보수성을 고-저-중, 저-고-중, 중-저-고, 중-고-저소득층 순으로 파악하는 경우—발견된다면, 이는 유권자의 소득수준과 이념적 재편성 사이엔 아무런 관련이 없음을 입증하는 셈이 된다. 이는 민주당의 경우에도 마찬가지로 적용된다. 아울러 양당의 정책입장에 관한 소득수준별 인지는 보수주의자들 사이의 이념적 재편성이 큰 폭으로 나타났다는 점을 고려한다면, 고소득층에서 가장 큰 폭을 보일 것으로 기대된다.

- H2: 유권자들의 소득수준과 민주·공화 양당의 소득재분배 정책

에 대한 판단사이엔 일관된 조응도가 나타날 것이다.

마지막으로 세 번째 가설은 소득수준별로 일관된 정당일체감의 변화가 나타나야 한다는 것이다. 이는 원칙적으로 저소득층의 민주당일체감의 증가와 고소득층의 공화당일체감의 증가로 나타나야 한다. 그러나 여기엔 정당일체감과 관련된 두 가지 현상—1970년대 이후 민주당일체자가 지속적으로 감소되어 왔다는 사실과 무당파가 증가했다는 사실—이 고려되어야 한다. 따라서 저소득층에서 민주당일체자의 변화는 기대와 달리 작은 폭의 변화에 그치거나 반대의 변화를 보일 수 있다. 오히려 두 번째 가설에서도 지적되었듯이 정당일체감의 변화패턴은 고소득층에서 가장 큰 폭의 변화를 보일 것이라고 기대된다.

- H3: 유권자들의 소득수준별로 정당일체감의 변화가 나타날 것이다. 특히 고소득층에서 공화당일체자의 증가가 예상된다.

요약하면, 소득수준에 따른 정당일체감의 이념적 재편성은 고소득층에서 가장 큰 변화를 보일 것이라는 점이다. 고소득층은 최소한 1980년대부터 일관되게 중·저소득층보다 더욱 보수적인 이념입장을 취할 것이고, 아울러 민주·공화 양당의 입장 차이를 가장 크게 인지할 것이며, 아울러 공화당일체자가 가장 큰 폭으로 증가할 것으로 예상된다.

IV. 재분배정책에 대한 소득수준별 이념적 재편성

위에서 제기한 가설을 검증하기 위해 ANES 데이터 중 소득재분배정책과 관련된 2개의 설문항목을 추출했다. 하나는 "정부가 일자리와 좋은 생활환경을 만드는 데 어느 정도 책임이 있는가? 1)정부의 책임 ~

7)개인의 책임"을 묻는 질문이고, 다른 하나는 "의료와 교육을 위해 정부서비스와 지출을 늘려야 하는가, 혹은 줄여야 하는가? 1)정부는 더 많은 서비스와 지출을 제공해야~7)정부는 서비스와 지출을 더욱 줄여야"는 설문이다. 이 두 가지 설문에 대해 소득재분배에 관한 정부정책에 해당하는 정책으로 유권자 개인의 입장, 그리고 민주당과 공화당의 입장에 대한 유권자의 주관적 판단을 설문한 자료를 이용했다. 아울러 가족 소득수준은 상(68%~), 중(34% ~67%), 하(~33%)로 구분하여 사용했다. 정당일체감은 민주당일체자(강한 민주당일체자, 민주당일체자), 공화당일체자(강한 공화당일체자, 공화당일체자), 그리고 무당파(민주당/공화당경도 무당파, 순수 무당파)로 조작했다.

우선 위의 첫 번째 가설을 검증하기 위해 소득수준별로 두 재분배정책에 대한 유권자들의 입장이 1980년대 이후 일관성을 보여 왔는지 알아보았다. 다음의 〈그림 3〉은 위의 두 설문에 관한 유권자들의 이념위치를 시계열로 표시한 것이다. 1980년대 이전 의료/교육에 대한 정부서비스와 지출을 묻는 설문이 없어 구체적인 변화 패턴을 파악하긴 힘들지만, 두 쟁점에 대한 소득수준별 유권자들의 입장은 기대한 예상에 크게 빗나가지 않아 보인다. 도표의 결과는 미국 유권자들은 경우 1970년대 이후 일관되게 소득수준별로 구분되는 이념을 지녀왔음을 보여주고 있다. 즉 고소득층일수록 보수적인 입장을, 그리고 저소득층일수록 진보적인 입장을 보이는 것으로 나타났으며, 시계열상으로 일관된 정렬구조를 보이고 있다. 따라서 첫 번째 가설은 일단 검증된 셈이다.

한 가지 흥미로운 점은 소득수준별 입장차이가 최근으로 올수록 점점 좁아지고 있다는 점이다. 예를 들어 소득수준 상위 5%와 하위 16%는 집단은 두 쟁점에 대한 입장차이가 가장 큰 편인데,[1] 일자리창출에

---

1) 1996년과 2004년은 예외적인 흐름을 보이고 있다. 이 두 해에서 소득수준 상위 5%의 평균위치는 각각 4.4와 3.8로 일반 고소득층의 4.49와 3.84보다 진보적인 입장을 취하고 있다.

대한 정부정책 설문에서 1972년 입장 차이는 1.47이었고, 1980년대 들어 그 간격이 점점 벌어지다 1984년 1.88로 최대 간격을 보이다 다시 좁혀지기 시작해 2004년 현재 1.35를 보이고 있다. 아울러 의료/교육 부분에 대한 정부 서비스에서도 입장차이가 가장 큰 집단 간의 차이가 1982년 1.24에서 점점 감소하다 2000년 1.43으로 갑자기 증가했다 2004년 현재 0.85 수준을 보이고 있다.

이러한 추세는 〈그림 1〉의 미국 의회의 양극화와 비교해 볼 때 의문을 제기하게 한다. 미국 사회의 소득불평등 정도와 의회 내의 양극화는 증가해 왔기에 유권자들의 소득수준별 입장차이도 증가하는 것이 당연할 것이라는 기대 때문이다. 그러나 위의 결과는 그러한 상식적인 기대와는 정반대의 추세를 보이고 있다. 이는 미국 의회 내의 정치적 양극화가 미국 유권자들이 소득수준에 조응하는 이념적 입장을 지니고 그 간격이 점점 확대되는 형태의 양극화가 원인이었다기보다는 이념적 입

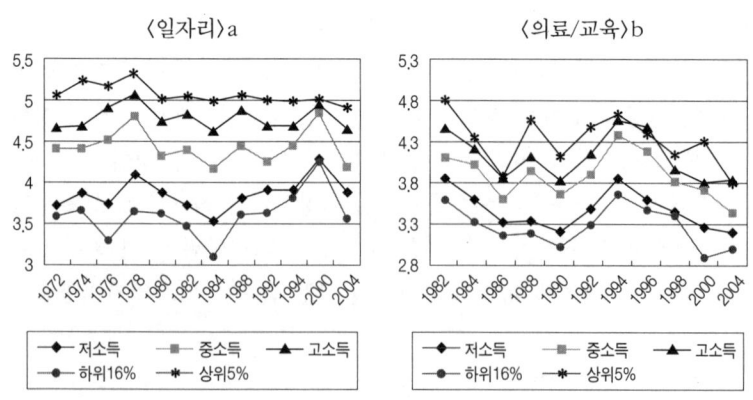

〈그림 3〉 일자리와 의료/교육에 대한 정부서비스에 대한 소득수준별 유권자들의 입장

쟁점 스케일: a. 1. 정부의 책임 ~ 7. 개인의 책임
b. 1. 정부는 서비스를 늘여야 ~ 7. 줄어야

장에 제대로 조응하는 정당일체감을 채택하게된 것에서 비롯되었기 때문이다.

다음으로 두 번째 가설을 검증하기 위해 재분배정책과 관련한 민주·공화당의 이념입장에 소득수준별 유권자들의 판단이 일관되게 상호 조응하는지 살펴보았다. 〈그림 4〉는 일자리와 의료/교육에 정책에 대한 민주·공화당의 입장에 대한 판단을 유권자들의 소득수준별로 나타낸 것이다. 전체적으로 두 재분배정책과 관련하여 유권자들은 소득수준과 관계없이 민주당을 진보적으로 공화당을 보수적으로 평가하고 있음을 알 수 있다. 그런데 유권자들의 소득수준으로 구분하여 고찰했을 때, 최소한 1980년대 초까지는 소득수준별로 일관된 정렬(sorting) 패턴이 보이고 있지 않다. 일자리 창출에 관한 정부의 역할에 대한 평가에서 소득수준별 공화당에 대한 평가는 1980년을 제외하고 1972년부

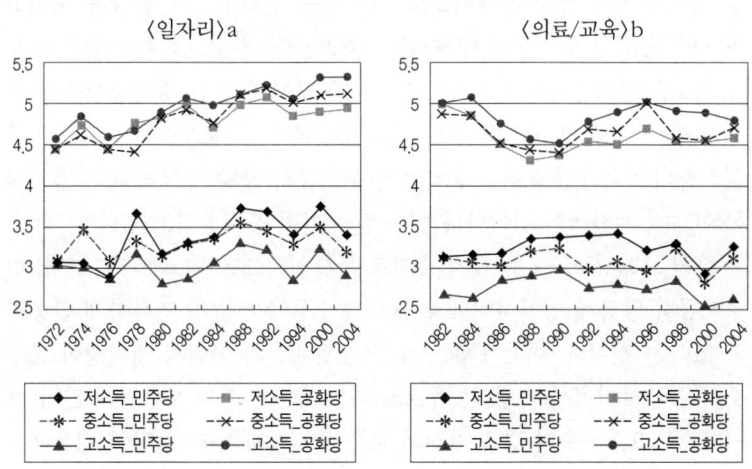

〈그림 4〉 민주당과 공화당의 재분배정책 입장에 대한
유권자들의 소득수준별 평가

쟁점 스케일: a. 1. 정부의 책임 ~ 7. 개인의 책임
b. 1. 정부는 서비스를 늘여야 ~ 7. 줄어야

터 1982년까지 모두 중-저-고소득층 순으로 공화당을 더욱 보수적으로 평가했으며 뒤섞인 패턴을 보여주다가 1984년부터 2004년 현재까지 저-중-고소득층 순서의 일관된 정렬현상을 보이고 있다.

민주당의 흐름은 더욱 복잡한 형태를 띠고 있다. 민주당의 정책에 대한 소득수준별 정렬은 1972년 중-고-저소득층과 중-저-고소득층, 그리고 저-중-고소득층 순서가 뒤섞인 흐름을 보이다가 1982년부터 2004년 현재까지 저-중-고 소득층 순으로 민주당을 더욱 진보적으로 보는 일관된 정렬현상을 보이고 있다. 이러한 소득수준별 유권자들의 민주·공화 양당의 입장에 대한 평가는 적어도 1980년대 초까지 미국 유권자들은 자신의 소득수준에 걸맞게 양당정책의 이념위치를 평가하지 않다가 1980년대 초반을 지나면서 소득수준과 일관된 이념기준을 가지고 정당의 정책을 평가하게 되었음을 의미한다.

의료/교육문제에 대한 정부지출을 묻는 설문에서도 거의 유사한 패턴이 발견되고 있다. 민주당의 입장에 대해 1982년에는 거의 저소득층과 중간소득층이 차이를 보이지 않고 있다가 1984년부터 저-중-고소득층 순으로 민주당을 진보적으로 인식하는 일관된 정렬양상을 보이고 있으며, 공화당의 입장에 대해서는 1982년 중-저-고소득층의 순으로 보수적으로 인식하다가 1984년부터 저-중-고의 일관된 정렬양상을 보이고 있다. 요약하면, 〈그림 4〉의 시계열적 패턴은 1980년대 초부터 미국 유권자의 소득수준별에 조응하여 민주·공화 양당 정책에 대해 평가하는 이념적 재편성이 일어났다는 두 번째 가설을 검증하고 있다 하겠다.

한편, 〈그림 4〉는 두 가지 흥미로운 사실을 보여주고 있다. 첫째, 민주·공화 양당의 정책차이에 관해서 고소득층이 가장 민감하게 반응하고 있다는 것이다. 이는 1980년대 정당일체감의 이념적 재편성이 보수주의자들 사이에서 가장 큰 폭으로 나타났다는 점과 무관하지 않아 보인다. 즉 고소득층의 경우 자신의 보수적 성향에 따라 양당의 재분배정책을 평가하면서 민주당을 다른 계층보다 더욱 진보적으로 평가하면서 지지를 철회하며, 공화당을 더 보수적으로 평가해 보수적인 개혁을 주문하는 것으로 추론된다는 것이다. 여기에 다른 소득층에 비해 고소득층이 가용할 수 있는 정보의 양과 질도 밀접한 관계를 지니는 것으로 보인다. 즉 고소득층일수록 보다 쉽게 고급 정치정보를 접할 수 있으며 따라서 양당 간의 차이를 보다 쉽게 인지하며, 따라서 양당 간 입장 차이를 더 크게 느끼게 된 것을 보인다.[2]

두 번째는 최소한 1980년대 말부터 유권자들이 인식하는 민주·공화 양당 간의 이념차이가 증가하는 형태를 보이고 있으며, 특히 고소득층에서 증가폭이 크다는 점이다. 〈그림 5〉는 〈그림 4〉에서 나타난 양당의 정책거리를 소득수준별로 변화양상을 나타낸 것이다. 두 정책쟁점에 관하여 소득수준별 양당의 이념거리는 대체로 1980년대 초 증가했다가 다시 감소하였고, 1990년대 초부터 본격적인 증가추세를 보이

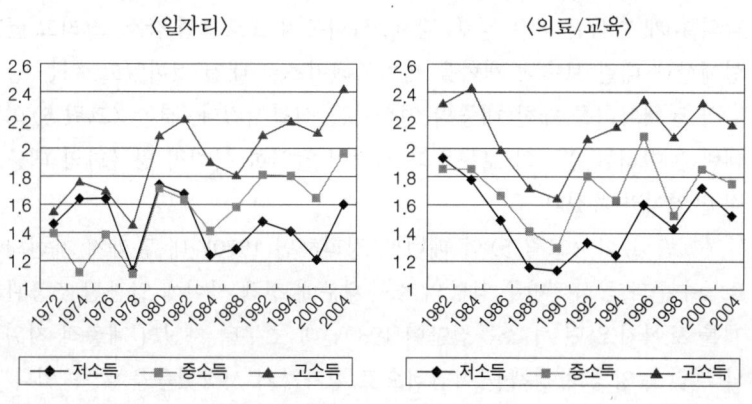

〈그림 5〉 소득수준별 재분배정책에 대한 민주당과 공화당 간 정책거리의 변화

---

2) 실제, ANES 데이터 중 "양당 간의 차이를 인지하는가?" 설문에 대해 1980년대 말부터 고소득층이 저소득층보다 인지하는 비율 또한 증가추세에 있었다. 예를 들어, 4년을 단위로 1988년부터 2000년까지 비율차이는 각각 12.8%, 15.2%, 17.9%, 25.7%로 수직적 증가패턴을 보였다.

고 있다. 그리고 그 변화의 흐름은 저소득층보다는 고소득층에서 현저히 나타났다.

이러한 현상은 1980년대 레이거노믹스와 1994년 "미국과의 계약(Contract with America)"을 주도한 공화당의 보수주의 개혁과 무관해 보이지 않는다. 1980년 레이건 공화당 후보의 대통령 당선은 미국의 보수주의 운동의 승리였고, 정당 지도부와 활동가들 사이에 이념적 양극화를 촉진시켰다. 레이건의 감세정책과 국방비 증액, 그리고 사회보장 프로그램의 감소정책은 미국사회를 이념적 노선에 따라 양분시켰고 의회 내의 정당응집도(party unity)를 최대로 끌어올렸었다. 〈그림 5〉의 1980년대 초 민주·공화 양당 간 소득재분배 정책에 대한 유권자들의 인식이 큰 폭으로 상승한 것은 바로 이러한 레이거노믹스의 사회적 반영이라 하겠다.

아울러 1994년 공화당의 하원다수당으로서의 승리는 1990년대의 이념적 양극화를 더욱 촉진시켰다. 이른바 '미국과의 계약'이라는 공화당의 10개 항목은 작은 정부, 감세, 사회복지 프로그램 감소, 그리고 균형예산에 대한 보수적 개혁을 캐치프레이즈로 내건 것이었고, 이는 양당의 정책차이를 대한 대중의 인식차를 심화시켰다. 결국 〈그림 5〉의 패턴은 이러한 일련의 보수주의 개혁이 양산한 사회적 양극화의 대중적 반영이라 하겠다.

〈그림 4〉와 〈그림 5〉의 패턴을 정리하면 1970년대 말까지 자신의 소득수준과 공화·민주 양당의 소득재분배 정책 사이에 일관된 조응관계를 보이지 않던 각 소득집단이 1980년대 초부터 자신의 계층적 지위와 걸맞게 양당의 정책을 이념적으로 평가하기 시작했음을 알 수 있다. 아울러 1980년대 말부터는 양당차이에 대한 인식이 고소득층을 중심으로 증가하기 시작했음을 알 수 있다. 다시 말해, 1980년대를 기점으로 고소득 유권자들이 자신의 계층적 이해관계와 일관된 정치적 정향을 가지기 시작했다는 것이다.

마지막으로 세 번째 가설인 미국 유권자의 소득수준별 이념적 재편성과 정당일체감 간의 관계를 살펴보기에 앞서 지적되어야 할 사항은 미국사회가 전체적으로 민주당일체자들의 감소와 공화당일체자의 증가현상을 겪어 왔다는 점이다. 민주당일체자들은 1980년대 초까지만 하더라도 40%대 이상을 유지했었다. 그러나 1980년대 말부터 감소하기 시작하여 1990년대 초 30%대 중반으로 그리고 2000년대 들어서 30%대 초반으로 감소했다. 반면 공화당일체자의 경우 1980년대 초까지 20% 초중반대를 기록하다 1990년대 들어서 20%대 말 30%대 초로 증가되었으며, 2000년대 들어서 30%초를 보이고 있다. 이러한 점을 염두에 두고 소득수준별 정당일체자의 분포를 살펴보면 〈그림 6〉과 같다.

〈그림6〉에서 보면 전반적으로 1980년대 이후 저소득층의 경우 민주당일체자의 감소, 무당파의 증가, 그리고 공화당일체자의 지체패턴을, 중소득층의 경우 민주당일체자의 감소, 무당파의 지체, 그리고 공화당일체자의 증가패턴을, 그리고 고소득층의 경우 민주당일체자의 감소, 무당파의 지체, 그리고 공화당일체자의 증가추세를 보여주고 있다.

특징적인 현상만을 추리면, 저소득층에서 무당파의 증가와 중·고소득층에서 공화당일체자의 증가현상이다. 무당파는 저소득층에서 1970년대 29~31%대의 지체현상을 보이다 이후 점점 증가추세를 보이기 시작하여 1980년대 말부터 약 34%대를 중심으로 증감현상을 보이다 2000년대 들어서 40%대로 치솟았다. 이에 반해 중소득층에서 무당파는 1984년과 1994/6년을 제외하면 소폭의 증감을 보이며 약 37%대를 계속유지하고 있다. 고소득층에서는 1970년대 40%대를 보이다 1980년대 35%대로 둔화되어 소폭의 증감을 보이며 2000년대에 이르고 있다.

공화당일체자의 비율은 정당일체감의 이념적 재편성을 단적으로 보여주고 있다. 저소득층에서 공화당일체자는 1972년 22.2%에서 출발하여 1988년과 1998년 각각 23.6%와 22.8%를 제외하면 대체로 19%대를 유지하고 있다. 전체적으로 저소득층의 공화당일체감 비율은 큰 폭의 변화를 보이고 있지 않다. 이에 반해 중소득층에서 공화당일체자는

1972년 20.5%에서 시작해 일정정도 지체패턴을 보이다 1980년대 중후반 20% 중후반으로 증가했으며, 이후 증감을 반복하면서도 증가추세를 보여 2004년 32%대를 보이고 있다. 무엇보다도 공화당일체자 비율이 가장 큰 폭의 변화를 보인 것은 고소득층에서다. 이 계층에서 공화당일체자의 비율변화는 23.7%를 보인 1978년을 제외하면, 1972년 29.8%, 1982년 31.2%, 1992년 33.1%까지 작은 폭은 증감추세를 보이다 1994년 39.8%까지 증가했다가 감소하여 2004년 37.5%를 보이고 있다.

두 가지 재분배 정책에 대한 소득수준별 유권자 집단의 이념적 평가와 정당일체감의 패턴을 분석한 지금까지의 경험분석 결과를 요약하면 다음과 같다. 먼저, 소득수준별 미국 유권자들의 이념성향은 1970년대부터 고소득층일수록 보수적인 입장을 그리고 저소득층일수록 진보적인 입장을 일관되게 지녀왔다는 것이다. 그러나 두 정책에 대한 민주·공화 양당의 입장에 대한 소득수준별 인식은 1980년대 초까지 일관된 정렬패턴을 보이지 않다가 1980년대 초반을 지나면서 저-중-고소득층별 순서로 공화당을 더욱 보수적인 정당으로 그리고 민주당을 더욱 진보적으로 인식하는 일관된 조응을 보였다.

특히 〈그림 4〉와 〈그림 5〉는 양당의 이념적 차별성에 대한 인식이 고소득층에서 현저히 나타났음을 보여주었는데, 이는 곧 〈그림 6〉에서 고소득층의 공화당일체감으로의 이념적 재편성과 직접적인 인과관계를 지니는 것으로 추론될 수 있다. 다시 말해, 최소한 소득수준을 기준으로 바라볼 때, 맥카티·풀·로젠탈의 정당-소득 성층화현상이 고소득층을 중심으로 진행되어 미국 유권자 사이의 정당양극화현상을 가져왔다 하겠다.

〈그림 6〉 소득수준별 정당일체자의 변화

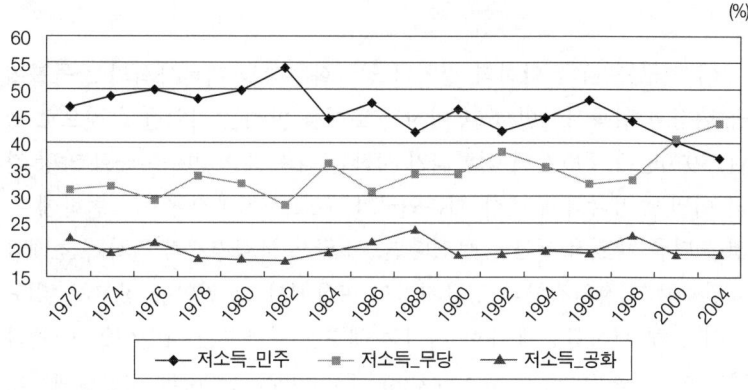

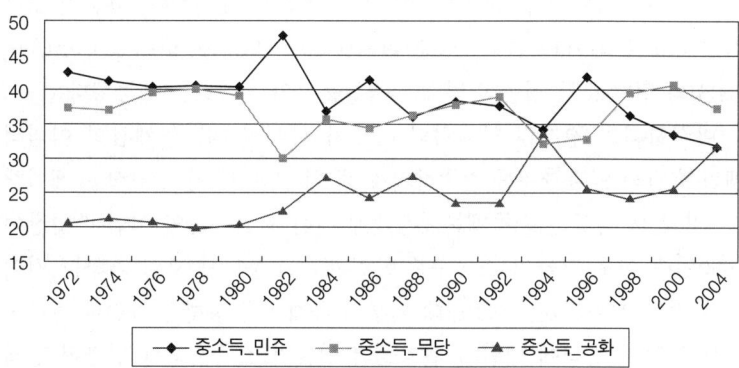

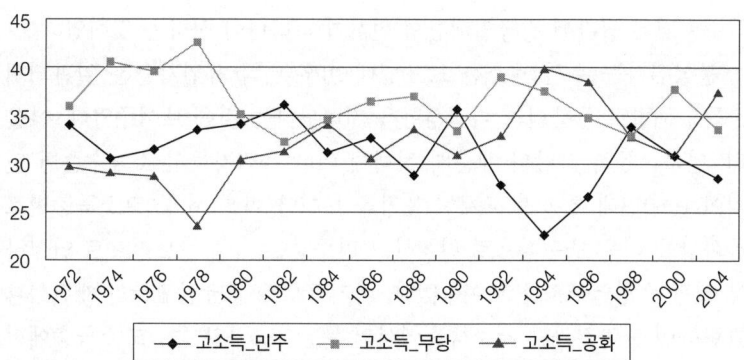

V. 맺음말

이 연구는 미국 의회의 정치적 양극화현상을 미국사회의 소득불평등 현상과 접목시키면서 그 미시적 토대를 밝히는 작업을 목적으로 했다. 1970년대 후반부터 심화되기 시작한 의회 내의 민주·공화 양당 간의 이념적 양극화에 대한 기존연구가 주로 정치과정에서의 변화에 초점을 맞춘 제도적 접근을 보였다면, 이 글은 사회경제적 변화가 초래한 유권자들의 정치정향과 정당지지의 변화에서 그 원인을 찾고자 했다. 다시 말해 거시현상에 대한 미시적 배경을 탐구하는 작업이었다. 앱라모비츠·사운더스(Abramowitz and Saunders, 1998)의 정당일체감의 이념적 재편성에 관한 논의는 이론적 틀거리를 제시했다. 아울러 보다 직접적으로 맥카티·풀·로젠탈(McCarty, Poole, and Rosenthal, 2003)의 정당-소득 성층화 명제는 경험분석의 실마리를 제공했다.

미국사회의 경제적 양극화와 유권자 사이의 정당일체감의 이념적 재편성 간의 인과관계를 검증하기 위해 이 글은 세 가지 가설을 제기했다. 첫 번째 가설은 소득재분배정책에 대한 유권자들의 이념적 입장이 1980년대 이후 그들의 소득수준과 일관된 조응도를 보일 거라는 것이었다. 두 번째 가설은 1980년대 이후 소득재분배 정책과 관련한 민주·공화 양당의 정책에 대한 유권자들의 인지가 소득수준과 일관된 형태의 정렬현상을 보여야 한다는 것이었다. 마지막으로 세 번째 가설은 소득수준별로 일관된 정당일체감의 변화가 나타나야 한다는 것이었다.

분석결과는 우선 최소한 1970년대 이후 미국 유권자들은 일관되게 소득수준별로 구분되는 이념성향을 지녀왔다는 것을 보여주었다. 아울러, 민주·공화 양당의 재분배 정책에 대한 유권자들의 소득수준별 인식이 1980년대 초까지 혼재된 유형을 보이다 이후 저-중-고소득층별로 공화당을 더욱 보수적으로 인식하고 민주당을 더욱 진보적으로 인식하는 일관된 정렬구조를 보여주었다. 마지막으로 정당일체감의 재편성과 관련하여 분석결과는 저소득층에서의 무당파증가와 중·고소득층에서의 공화당일체자의 증가를 보여주어 결국 소득수준과 관련한 정당일체감의 재편성이 보수적 고소득층을 중심으로 발생했음을 보여주었다.

결론적으로 이 글의 분석결과는 1980년대 이후 본격화된 미국정치의 양극화 현상의 배경에는 미국 유권자들의 계층적 이해관계가 자리 잡고 있음을 보여주고 있다. 특히 현재의 정치적 양극화현상은 보수적인 고소득 유권자들이 자신의 계층적 이해관계에 걸맞은 정당으로 지지를 옮기는 이른바 정당일체감의 이념적 재편성에 기인하는 것이라 하겠다.

물론 1990년대 후반 미국정치의 양극화 현상의 이면에는 소위 문화전쟁(Culture War)이 자리 잡고 있다는 평가가 없는 것은 아니다(Fiorina, Abrams, and Pope, 2005). 즉 공화당 지지주와 민주당 지지주가 첨예하게 양분되어 있고, 그 사이에는 이민과 유색인종 문제, 그리고 낙태와 동성연애 등의 종교적 문제로 인한 문화적 균열양상이 첨예해졌다는 것이다. 그러나 연구쟁점의 영역을 사회문화적 쟁점으로까지 확대하는 것은 이 글의 분석범위를 초과하는 것이어서 제외시켰다.

그럼에도 불구하고 이러한 문화적 균열이 2000년대 미국의 정치적 양극화에 주요한 원인 중 하나였음을 부정하지는 않는다. 다만 경제적 양극화가 정치적 양극화로 이어지는 미시적 기제분석이 이 글의 주요한 목적이었기에 논지를 흐리지 않기 위해 제외시켰을 따름이었다. 다차원 균열구조―예를 들면, 정치, 경제, 사회문화 등의 쟁점차원들―가 미국 유권자들의 정당일체감의 이념적 재편성에 어떠한 영향을 미쳤는지에 대한 분석은 차후의 연구과제로 남기기로 한다.

참고문헌

가상준. 2005. "미국 의회의 양극화를 통해 본 미국정치의 변화."『한국정치학회보』40(3): 211-236.
임성호. 2005. "부시의 전략적 극단주의: 정당양극화, 선거전략 수렴의 부재." 미국정치연구회 편.『부시 재집권과 미국의 분열』. 오름.
정진민·손병권·곽진영. 2005. "사회적 이슈와 미국 정당 재편성." 미국정치연구회 편.『부시 재집권과 미국의 분열』. 오름.

Abramowitz, Alan, and Kyle Saunders. 1998. "Ideological Realignment in the U.S. Electorate." *Journal of Politics* 60: 634-652.
Aldrich, Jon H. 1995. *Why Parties? The Origins of Transformation of Political Parties in America*. Chicago: University of Chicago Press.
Bartels, Larry. 2000. "Partisanship and Voting Behavior, 1952-1996." *American Journal of Political Science* 44: 35-50.
Bond, John R., and Richard Fleisher, eds. 2000. *Polarized Politics: Congress and President in a Partisan Era*. Washington, D.C: CQ Press.
Carmines, Edward G., and James A. Stimson. 1989. *Issue Evolution: Race and the Transformation of American Politics*. Princeton, NJ: Princeton University press.
Carmines, Edward G., Michael J. Ensley, and Michael W. Wagner. 2005. "Party Polarization and Mass Partisan Identification in the United States: 1972-2000." Paper presented at the Annual Meeting of Midwest Political Science Association.
Coleman, John. 1997. "The Decline and Resurgence of Congressional Party Conflict." *Journal of Politics* 59: 165-184.
Crotty, William. 1984. *American Political Parties in Decline*, 2nd edition.

Boston: Little Brown.

Fiorina, Morris P., Samuel Abrams, and Jeremy C. Pope. 2004. *Culture War? The Myth of a Polarized America*. New York: Person Longman.

Fleisher, Richard, and Jon R. Bond. 2003. "The Shrinking Middle in Congress." *British Journal of Political Science* 34: 429-451.

Green, Donald, Bradley Palmquist, and Eric Schickler. 2002. *Partisan Hearts and Minds: Political Parties and the Social Identities of Voters*. New Haven: Yale University Press.

Hetherington, Marc J. 2001. "Resurgent Mass Partisanship: The Role of Elite Polarization." *American Political Science Review* 95: 619-631.

Jacobson, Gary C. 2000. "Party Polarization in National Politics: The Electoral Connection." In Jone R. Bond and Richard Fleisher, eds. *Polarized Politics: Congress and President in a Partisan Era*. Washington, D.C.: CQ Press.

Jones, David R. 2001. "Party Polarization and Legislative Gridlock." *Political Research Quarterly* 54: 125-141.

Keele, Luke, and James A. Stimson. 2005. "Polarization and the Mass Response: The Growth of Independence in American Politics." Paper presented at the Annual Meeting of the American Political Science Association.

Layman, Geoffrey, and Thomas Carsey. 2002. "Party Polarization and Conflict Extension in the American Electorate." *American Journal of Political Science* 46: 786-802.

Levendusky, Matt. 2005. "Sorting the U. S. Mass Electorate." Paper presented at the Annual Meeting of the Midwest Political Science Association.

McCarty, Nolan, Keith T. Poole, and Howard Rosenthal. 2003. "Political Polarization and Income Inequality." Working Paper, http://voteview.com (검색일, 2006/3/15).

Nie, Norman H., Sidney Verba, and John R. Petrocik. 1976. *The Changing American Voter*. Cambridge, MA: Harvard University Press.

Poole, Keith T., and Howard Rosenthal. 1997. *Congress: A Political-Economic History of Roll Call Voting*. New York: Oxford University Press.

Roberts, Jason M., and Steven S. Smith. 2003. "Procedural Context, Party Strategy,

and Conditional Party Voting in the U.S. House of Representative, 1971-2000." *American Journal of Political Science* 47: 305-317.
Rohde, David W. 1991. *Parties, and Leaders in the Postreform House*. Chicago: University of Chicago Press.
Shafer, Bryon, E., and William J. M. Claggett. 1995. *The Two Majorities: The Issue Context of Modern American Politics*. Baltimore: Johns Hopkins University Press.
Stonecash, Jeffrey M., Mark D. Brewer, and Mark D. Mariani. 2003. *Diverging Parties: Social Change, Realignment, and Party Polarization*. Boulder, Colorado: Westview Press.
Zaller, John R. 1992. *The Nature and Origins of Mass Opinion*. Cambridge, MA: Cambridge Unviersity Press.

제9장

문화적 쟁점과 미국 정당 지지기반 양극화*:
1992~2004년 미국 대통령 선거 분석을 중심으로

▌정진민 · 서현진

I. 서론

　최근 들어 미국의 정당정치는 1960년대 이후 동요되어 오던 민주당 우위의 뉴딜 정당체계가 종식되고 민주-공화 양당의 유권자 지지규모가 대등한 균형의 정당정치(party politics of parity)로 바뀌면서 크게 변화하고 있다. 1930년대에 형성된 민주당 우위의 뉴딜 정당체계는 주로 경제적 쟁점(economic issues)을 둘러싼 계급적 분극화(class polarization)에 기초하고 있었다. 경제적 쟁점에 있어 대체로 친 노동자적 입장을 취하였던 민주당은 보다 많은 유권자 지지집단을 확보하는 데 성공함으로써 공화당에 대한 정치적 우위를 확보할 수 있었다.
　하지만 1960년대에 들어오면서 다양한 비경제적 문제들이 새로운

---

* 이 논문은 『미국학논집』 38집 3호(2006 겨울)에 게재되었습니다.

정치 쟁점으로 등장하였다. 이에 대해 민주-공화 양당이 입장을 달리하게 되었는데 일부 민주당 지지자들이 민주당을 이탈하기 시작하면서 민주당 우위의 뉴딜 정당체계는 동요하기 시작하였다. 보수적인 성향의 민주당 지지자들이 민주당을 이탈하여 공화당 지지로 옮겨가는 추세는 레이건의 등장으로 더욱 탄력을 받게 된다.

1990년대 들어와 문화적 쟁점의 비중이 한층 더 커지면서 정당 지지기반의 변화는 더욱 가속화되어 민주당을 다수당으로 하는 뉴딜 정당체계가 종식되고 민주-공화 양당 균형의 정당정치가 등장하게 된다. 이제 더 이상 공화당은 민주당과 비교하여 유권자 지지 규모에 있어 열세의 정당이 아니며 실제 선거에 있어서도 1994년 의회선거 이후 의회의 다수당이 되고 2000년 대선에 이어 2004년 대선에서도 승리하여 행정부를 장악하고 있다. 물론 아직 대통령선거를 비롯한 주요 선거에서 공화당의 득표율이 민주당의 득표율과 거의 비슷하게 나오고 있기 때문에 공화당이 새로운 다수당 집권연합을 형성하는 데 성공했다고 보기는 어렵다. 하지만 적어도 민주당 우위의 뉴딜 정당체계가 종식된 것만은 분명하다고 할 수 있다.

이렇듯 균형의 정당정치로의 변화는 1990년대 이후 가시화되었지만 사실은 1960년대 이후부터 일어난 점진적 재편성(secular realignment)으로 봐야 한다는 견해가 주를 이룬다. 그리고 이러한 재편성은 대체로 문화적 쟁점의 부상에 따른 공화당의 보수연합 결집으로 이해되고 있다. 기존의 관련 연구들은 주로 다른 쟁점들과 비교해 볼 때 문화적 쟁점이 유권자 투표행태에 중요하게 작용하고 있다는 경험적 분석결과를 보여주고 있다. 그러나 구체적으로 최근 선거에서 문화적 쟁점들에 대한 유권자들의 보수적 입장이 정당 후보 선택에 직접적인 영향을 미쳤는지, 그렇다면 문화적 쟁점에 영향을 받아서 구체적으로 어떤 유권자 집단의 정당선택이 변화되고 있는지에 대한 경험적 연구는 거의 없었다.

따라서 본 논문은 미국의 뉴딜 정당체계가 1990년대 이후 균형의 정당정치로 전환되고 있는 현상을 문화적 쟁점에 영향을 받은 주요 유권자 집단의 지지정당 이동에 따른 정당 지지기반 변화에 초점을 맞추어 경험적으로 설명하고자 한다. 구체적으로 본 연구는 최근 문화적 쟁점의 비중이 커지고 있는 미국 정치 상황에서 이러한 쟁점에 대한 유권자들의 입장이 정당선택에 어떤 영향을 주고 있는지를 살펴볼 것이다. 또한 문화적 쟁점에 근거한 정당 지지기반에 변화가 일고 있다면 어떤 유권자 집단이 그 변화의 중심세력인지를 경험적으로 분석하고자 한다. 먼저 II절에서는 문화적 쟁점의 정치화와 정당 지지기반의 변화에 대한 기존 논의를 정리하고 이론적 쟁점을 파악한다. III절에서는 이론적 논의를 바탕으로 문화적 쟁점이 정당 지지기반 변화에 미치는 영향을 1992년부터 2004년까지 치러진 네 차례의 대통령선거 자료를 이용하여 경험적으로 분석한다. 결론에서는 분석결과와 새로운 정당정치의 등장이 시사하는 바를 살펴본다.

II. 이론적 논의

1. 문화적 쟁점의 부상과 정당 지지기반 변화

1930년대 뉴딜 정당체계의 이념적 분극화가 기본적으로 경제적인 쟁점들에 기초한 계급적 분극화인데 반해 균형의 정당정치는 주로 도덕적 가치가 반영되어 있는 문화적인 쟁점들과 관련된 분극화라는 점에서 대조적이라 할 수 있다. 뉴딜 정당체계를 동요시킨 첫 번째 비경제적 쟁점은 1950년대부터 대두되었던 인종적 쟁점(racial issues)이었다. 흑인들의 권익 신장을 주 내용으로 하는 민권법(Civil Rights Act)의 의회 처리 문제를 둘러싸고 민주당과 공화당이 첨예하게 대립하는 형태로 전개되었다. 1964년 민권법의 의회 통과와 관련하여 민주당은 지지 입장을 분명히 하였다.

같은 해 공화당 대통령후보경선에서 민권법을 강하게 반대했던 공화당 내 보수파가 당을 장악함에 따라 보수파를 대표한 골드워터(Goldwater)가 승리하였고 민주당과 공화당 간의 인종문제에 기초한 이념적 분극화는 더욱 뚜렷하게 되었다. 이렇듯 공화-민주 양당의 새로운 이념적 분극화와 지지기반의 변화는 뉴딜 정당체계가 기초하고 있던 경제적 쟁점들을 둘러싼 계급적 분극화에 흑인 민권운동에 따른 인종 쟁점이 추가되면서 시작되었다.

그 후 이념적 분극화와 정당 지지기반의 변화가 가속화되는데 큰 역할을 한 것은 개인의 생활방식(life style)을 둘러싼 문화적 쟁점(cultural issues)의 부상이다. 이는 1960년대 후반 들어 젊은 세대 유권자들의 삶의 질을 중시하는 경향과 보다 허용적인(permissive) 개인의 생활방식 실현에 대한 요구가 강해지면서 시작되었다. 특히 1972년 대통령 선거를 계기로 문화적 쟁점에 기초한 민주-공화 양당 간 이념적 분극화가 경제 및 인종쟁점에 기초한 정당 간 분극화에 추가된다. 낙태 허용, 학교예배 반대, 마리화나 합법화 등 문화적 쟁점에 있어 진보적 입장인 맥거번(McGovern)이 민주당 후보로 선출되고 이에 대한 반작용으로 공화당은 보수적 입장을 취하게 되었다. 그 결과 기존 민주당 지지자 중 가족적 가치, 도덕성, 사회질서 등을 중요시하는 문화적 보수 성향의 유권자들이 새로운 쟁점들에 대한 민주당의 진보적 입장에 거부감을 갖게 되어 공화당 쪽으로 선회하게 됨에 따라 정당 지지기반의 변화가 나타난다.

공화당의 보수화는 1964년 골드워터의 공화당 대통령 경선 승리로부터 시작되었는데, 1980년대 도덕적 가치(moral value)가 관련된 문제들에 있어 보수적인 성향을 갖고 있던 레이건의 등장은 문화적 쟁점에 기초한 이념적 분극화와 이에 따른 정당 지지기반의 변화를 지속시키는 데 크게 기여한다. 레이건은 학교예배에 대한 지지와 낙태에 대한 반대 입장을 분명히 함으로써 가족적 가치들(family values)에 대한 진보적 도전에 맞서고 있다는 것을 보여주려 했고, 이러한 노력의 결과 공화당 지지자들을 결집시키고 문화적으로 보수적인 성향을 가진 민주당 지지자들을 공화당으로 끌어들이는 데 성공할 수 있었다.

1988년 선거에서 부시 후보도 학교예배, 낙태 문제, 총기 소지 및 사형제도 문제 등을 부각시킴으로써 이러한 문제들에 있어 민주당의 입장과 거리가 있는 전통적 가치를 중시하는 일반유권자들의 생각을 대변하려고 하였다. 즉 1980년대 공화당은 문화적 문제들을 정치쟁점으로 부각시킴으로써 일반 유권자들과의 관계를 강화시키려고 노력한 것이다. 이 당시 공화당의 보수화와 함께 민주당은 문화적 쟁점에 있어 더욱 진보적인 정당으로 자리매김 하게 되었다.

1960년대 이후 공화-민주 양당의 지지기반 변화가 문화적 쟁점들에 기초하여 이루어지고 있음은 경험적인 연구들에 의해서도 확인되고 있다. 1944년 이래 미국 대통령선거 결과를 분석하고 있는 라비노위츠 등(Rabinowitz et al. 1984)은 1930년대 뉴딜 정당체계 등장 이후 주로 경제적 문제들에 기초하고 있는 정당지지 축에 추가하여 1960년대 이후 새롭게 등장한 사회적 또는 문화적 쟁점들에 기초한 이념 축을 중심으로 한 유권자들의 변화된 정당지지 행태를 보여주고 있다. 애쉬어(Asher 1992) 역시 대통령선거 결과 분석을 통하여 경제적 문제들에 기초한 기존의 뉴딜 차원(New Deal dimension)과 문화적 쟁점들에 기초한 새로운 생활방식 차원(New Lifestyle dimension)이 1960년대 이후 미국 정당정치의 두 축을 형성하고 있다고 보고 있다.

제이콥슨(Jacobson 2000, 17-18)은 미국 유권자들의 정당지지와 쟁점들의 관계를 보기 위해 유권자들의 정당일체감과 경제적, 인종적, 문화적 쟁점 등 세 종류의 쟁점 간 상관관계를 1970년대부터 1990년대까지의 기간 동안 분석했다. 그는 뉴딜 정당체계의 토대인 경제적 쟁점들이 여전히 가장 높은 상관관계를 보였지만 가장 큰 변화를 보여주고 있는 것은 낙태문제와 같은 문화적 쟁점들인데, 특히 1990년대에 상관관계가 크게 높아지고 있음을 보여 주고 있다.

1972년 대선부터 2000년 대선까지 유권자들이 중요하게 생각하는 쟁점의 변화 추세를 분석하고 있는 애브람슨 등(Abramson et al. 2002, 131)도 1990년대 이후 대선에서 경제적 쟁점의 중요도가 지속적으로 하락하고 있는 것과는 대조적으로 문화적 문제를 포함한 사회적 쟁점의 중요도는 계속하여 증가하고 있음을 보여주고 있다. 레이만 등(Layman and Carsey 2002, 793)도 1972년부터 2000년까지 민주-공화 양당 지지자 간의 쟁점별 입장 차이에 관한 분석에서 경제, 복지 쟁점이나 인종 쟁점들과 비교해 문화적 쟁점들에 대한 입장 차이가 1990년대 들어 뚜렷하게 커지고 있음을 경험적 분석을 통해 보여주고 있다. 와이스버그(Weisberg 2005, 664)도 최근의 미국 정당정치에서 도덕적 가치를 반영하고 있는 문화적 쟁점의 중요성이 커지고 있음을 강조하고 있다.

2. 미국 대통령선거와 문화적 쟁점의 정치화

앞서 살펴본 바와 같이 문화적 쟁점에 기초한 정당 간 이념적 분극화는 대통령선거와 관련이 있는데 특히 1990년대 이후 대통령선거와는 밀접한 관련이 있다. 1990년대 민주당 클린턴의 등장으로 문화적 쟁점들의 중요성이 커지게 되는데 1992년 선거에서 동성애자 권리보호가 중요한 이슈로 등장하였다.[1] 클린턴 후보는 인종문제보다 동성애자 문제에 더 많은 관심을 보였다. 동성애자 권리보호 단체들은 민주당 후보

---

1) 1992년 공화당 예비선거에서 뷰캐넌(Pat Buchanan)후보의 TV 캠페인 광고 때문에 동성애자 문제가 연방차원의 선거에서 최초로 정치 이슈화되는 계기가 마련되었다. 이 광고에 거의 옷을 입지 않은 흑인 동성애자가 무대에서 춤을 추고 있는 장면과 'Freedom Abused'라는 슬로건이 연출되어 동성애자들의 반발을 사게 되었다. 동시에 민주당 클린턴 후보는 선거운동 초기에 동성애자 권리운동 지도자들을 향해 자신의 비전을 실현하는 데 이들의 동참을 요구하는 연설을 하였는데 이는 동성애자 권리에 대한 최초의 대중연설이었다.

에게 적극적인 지지를 보냈고 공화당은 민주당을 동성애자 당이라고 비난하였다. 클린턴의 당선과 함께 동성애자에 대한 차별금지와 군 입대 허용 등이 정치 쟁점화 되면서 동성애자 문제는 본격적 논란의 대상이 되었다.[2] 클린턴 대통령은 1995년 안전보장과 관련된 정부부처에 동성애자의 근무를 허용하는 행정령을 내리기도 하였는데 클린턴 행정부의 이러한 정책과 노력은 동성애자의 법적인 평등권을 보장하는 1996년 대법원의 판결을 통해 일단락되었다. 하지만 이 판결 이후 동성애의 합법성, 혼인과 자녀 입양 문제 등이 중요한 문화적 쟁점으로 떠올랐고 보수적 문화와 가족제도를 지향하는 사회단체들의 거센 반발을 불러일으켜 양극화된 이념 논쟁이 심화되었다.

2000년과 2004년 선거에서 부시 후보 역시 문화적 쟁점들을 통하여 공화당이 기독교 문화에 토대한 미국적 가치를 소중히 생각하는 일반 유권자들의 정당인 반면 민주당은 일반 유권자들과는 거리가 있는 대도시 진보적 엘리트들의 정당임을 부각시키려 하였다. 특히 2004년 미국 대선은 문화적 쟁점이 정치화된 대표적인 선거인데 경제문제보다는 안보와 도덕적 가치를 둘러싼 논쟁이 선거결과를 결정한 선거로 평가되고 있다. 대체로 미국 대선은 현직 대통령의 지지도나 경제상황에 대한 유권자들의 평가 요인들에 의해 결정되는 경우가 많았지만, 2004년 대선에서는 문화적 쟁점을 둘러싼 민주-공화 양당 간 입장 차이가 유권자들의 투표참여 및 선택에 적지 않은 영향을 주었다.[3]

---

2) 당선 이후 클린턴 대통령은 동성애자의 군 입대를 허용하는 발의안을 의회에 제출하였다. 그러나 동성애자 군입대 허용에 관한 발의안은 군대와 의회의 강한 저항에 부딪쳐서 결국 1993년 7월 "don't ask, don't tell, don't pursue, and don't harass"라는 타협안을 다시 내놓게 된다.
3) 실제로 2004년 대선 직후 실시된 한 조사(CNN 2004/11/9)에 따르면 문화적 쟁점과 관련되어 있는 도덕적 가치가 가장 중요한 문제라고 답한 유권자는 22%로서 경제문제(20%), 테러와의 전쟁(19%), 이라크 전쟁(15%) 보다 앞서고 있으며, 도덕적 가치가 가장 중요한 문제라고 답한 유권자의 80%는 공화당의 부시 후보를 지지한 것으로 나타나고 있다.

물론 9 · 11 테러 이후 국가안보에 대한 유권자들의 관심이 뚜렷하게 커지면서 이라크 전쟁 및 테러와의 전쟁 등이 2004년 대선에서 가장 중요한 쟁점으로 다루어졌던 것은 사실이다. 하지만 9 · 11테러 이후 테러에는 강력하게 대처한다는 거의 모든 유권자들의 합의가 이루어져 있는 상황에서 테러와의 전쟁에 관한 한 공화-민주 양당의 입장에 있어 뚜렷한 차이가 생길 여지는 별로 없었다. 정당 간 뚜렷한 입장 차이가 거의 없어 유권자들의 선택의 차이를 가져오기 힘든 사안이 선거결과에 큰 영향을 주기는 어려울 것이다.

또한 2004년 대선에서 안보와 관련된 두 문제, 즉 테러와의 전쟁과 이라크 전쟁이 모두 공화당의 부시 후보에게 유리하기만 한 것도 아니었다. 선거 전 조사에서 테러와의 전쟁을 누가 더 잘 수행할 수 있을 것인가에 대해 부시 후보가 케리 후보에 비하여 10% 정도 앞섰지만 이라크 전쟁 수행에 있어서는 케리 후보가 부시 후보를 비슷한 비율로 앞선 것으로 나타났다(Campbell 2005, 225-226). 선거 후 조사에서도 테러와의 전쟁이 가장 중요한 문제라고 답한 유권자의 86%가 부시후보를 지지한 반면 이라크전쟁이 가장 중요한 문제라고 답한 유권자의 경우는 26%만이 부시 후보를 지지했다(Mellow 2005, 78).

결국 테러와의 전쟁문제에서의 부시 후보의 우위를 케리 후보가 이라크 전쟁 문제에서의 우위로 상쇄하고 있어 선거결과에 크게 영향을 주는 변수로 작용하는 데는 한계가 있었다.[4] 다시 말해서 2004년 대선에서의 민주-공화 양당 간 경쟁구도를 포함하여 1960년대 이후 미국 정당정치의 변화는 문화적 쟁점들의 부상과 긴밀한 관계가 있다고 볼 수 있을 것이다.

---

4) 이러한 사정을 반영하여 실제로 선거과정에서 부시 후보는 이라크 전쟁을 테러전쟁의 일환으로 프레이밍하는 반면 케리 후보는 이라크 전쟁은 테러전쟁과는 별개라는 것을 강조하였다(Abramson et al 2005, 54)

3. 문화적으로 보수인 사회 집단과 정당 지지기반 변화

문화적 쟁점이 정당 지지기반 변화의 한 원인이라는 기존 연구에 비해 문화적 보수성으로 인해 민주당을 이탈하여 정당 지지기반의 변화를 초래한 주요 집단들에 대한 논의는 부족하다. 1990년대 이후 선거에서 어떤 사회 집단들이 정당 지지기반 변화의 중심세력인지, 그리고 문화적 쟁점에 대한 보수적 입장과 연관성이 높은지에 대한 직접적인 근거는 부족하지만 이를 유추해 볼 수 있는 이론적 논의를 살펴보겠다.

우선 남부 백인들의 경우인데, 이들의 민주당 이탈은 문화적 쟁점이 본격적으로 등장하기 이전부터 시작되었다. 1965년 민권운동의 결과 투표권을 행사하게 된 남부 흑인들이 민주당 지지자로 편입됨에 따라 일부 남부백인들이 공화당 지지로 이동하면서 이탈이 시작되었던 것이다. 이 과정에서 문화적 쟁점의 부상이 흑인문제로 민주당을 이탈하고 있던 보수적 성향의 남부 백인 유권자들의 이탈을 더욱 가속화시키고 남부를 공화당 우세 지역으로 전환시키는 데 기여했다는 지적이 있다. 결국 남부 백인들의 대규모 민주당 이탈은 미국 정당정치의 지형을 크게 바꾸어 놓은 핵심 요인이 되었다.[5] 2000년과 2004년 대선에서 민주당의 후보 모두 남부의 모든 주에서 패배했고 이는 민주당 대선 패배의 주요 원인 중 하나가 되었다.

경제적인 쟁점에 있어서는 진보적이지만 비경제적 쟁점에 있어 대체로 보수적인 백인 노동자계급 유권자들 역시 문화적 쟁점에 기초한 민주-공화 양당간 이념적 분극화가 시작되면서 동요했을 가능성이 있다. 실제로 뉴딜 정당체계로의 재편성이 이루어진 1932년부터 1964년까지 민주당은 백인 노동자계급으로부터 60% 이상의 높은 지지를 받아왔지만 1980년, 1984년, 1988년의 세 차례 선거에서는 43%, 35%, 40%

---

5) 애브람슨 등(Abramson et al. 2005, 37)은 이러한 남부의 지지정당 변화가 이차대전 이후 미국정치의 가장 극적인 변화라고 말하고 있다.

의 지지를 받는 데 그치고 있다(Judis and Teixeira 2002, 62-63). 이처럼 1980년대 들어 백인 노동자계급 유권자들이 공화당을 지지하게 된 데에는 문화적 보수인 레이건 후보의 등장이 기여한 바가 크다고 한다.[6] 1990년대 이후에도 계속하여 문화적 쟁점의 비중이 커지고 있어 이들 백인노동자 유권자들이 민주당을 이탈하여 공화당지지로 이동하는 현상이 지속되리라 예상해 볼 수 있다.

다음으로 주목해야 할 유권자 집단은 *종교와 관련된 사회집단*이다. 이는 낙태, 사형제도, 동성애자 문제 등 문화적 쟁점들은 도덕적 가치들과 관련된 문제들이고 도덕적 가치는 종교와 관련성이 높기 때문이다. 문화적 쟁점은 레이건의 등장으로 중요해졌지만 레이건이 퇴장한 1988년 대선에서는 그 비중이 일시적으로 쇠퇴했다가 1990년대 들어 다시 크게 증가했다. 이처럼 문화적 쟁점의 비중이 다시 증가하게 된 것에 대하여 레이만(Layman 2001)은 공화당 내의 보수적 기독교도들의 영향력 증대와 이에 맞선 민주당 내의 진보적 또는 세속적 기독교도들의 영향력 강화가 주 요인이라고 보고 있다. 따라서 개신교도 중 보수적인 복음주의 개신교도와 가톨릭교도, 그리고 교파에 관계없이 종교적인 신앙심의 강도가 높아서 교회에 열심히 나가는 유권자집단의 경우는 문화적 쟁점에 있어 보수적 입장인 공화당을 지지할 가능성이 클 것이다.

기독교리에 보다 철저한 복음주의 개신교도의 경우, 민주-공화 양당에 대한 지지에 있어서의 차이도 그다지 뚜렷하지 않았고 정치에 대한 관심도 저조하여 전통적으로 투표율이 다른 종교집단 유권자에 비해 상대적으로 낮은 유권자 집단이었다. 하지만 1980년대 레이건의 등장 이후 도덕적 가치와 관련된 문화적 쟁점들에 있어 공화당이 뚜렷하게 보수적 입장을 취하면서 보수적인 성향을 갖고 있는 복음주의 개신교

---

6) 1980년대 민주당과 정당일체감을 가지고 있으면서도 비경제적인 쟁점에서의 보수적인 입장 때문에 공화당의 레이건을 지지했던 백인 노동자계급 유권자들은 Reagan Democrat으로 불리어지기도 하였다.

도들의 공화당 지지는 크게 증가하였다. 이들은 집중적으로 거주하고 있는 남부와 서부 지역에서 공화당의 지지기반을 강화시키는 데 크게 기여하였다.[7] 1990년대에 이어 2000년대에 들어와서도 공화당의 복음주의 개신교도 유권자들을 동원해 내기 위한 노력은 지속되고 있다.

특히 공화당은 2000년 대선 당시 유권자 투표에서 고어 민주당 후보에게 뒤졌던 이유가 많은 복음주의 개신교도들이 투표를 하지 않았기 때문이라고 보고 2001년부터 이들 보수적 개신교도들의 지지를 끌어내기 위한 노력을 집중해 왔다. 예를 들어 부시 대통령은 준분만 낙태(partial-birth abortion)금지, 배아줄기세포 연구(embryonic stem cell research)금지, 오리건 주의 안락사 허용법 반대, 동성애 결혼을 금지하는 내용의 헌법 개정 지지 등 보수적 개신교도들을 만족시킬 수 있는 정책적 입장들을 취해온 바 있다(Abramson et al. 2005, 42).

개신교도에 비해 미국에 이민 온 역사가 상대적으로 짧은 가톨릭교도 유권자들은 전통적으로 민주당 지지가 강한 집단이다. 때문에 이들이 문화적 쟁점으로 인해 공화당을 지지하게 된다면 이는 곧 가톨릭교도 유권자들의 민주당 이탈을 의미하는 것이어서 정당 지지기반 변화의 한 요인이 될 수 있다. 또한 종교적인 신앙심의 강도를 기준으로 유권자들을 종교적 집단과 세속적 집단으로 분리하여 본다면 종교와 관련성이 높은 도덕적 가치가 반영되어 있는 문화적 쟁점에 있어 이들 집단 간 입장 차이는 쉽게 예상하여 볼 수 있다. 실제로 신앙심 강도의 지표로 교회예배 참석 빈도수를 사용하였을 경우 피오리나 등은 1960년부터 1996년까지의 기간 중 교회예배 참석 빈도수와 공화당 지지 간의 관계가 증가하고 있음을 보여 주고 있다(Fiorina et al. 2005, 69). 즉 교회에 자주 나가는 유권자들은 보수적인 공화당을 지지할 가능성이 높다는 것이다.

---

7) 남부와 서부 지역의 많은 주들에서 복음주의 개신교도들이 전체 유권자에서 차지하는 비율은 30% 내지 40%에 이르고 있다(Mellow 2005, 81).

III. 경험적 분석

1. 가설과 연구방법

　이와 같이 최근 문화적 쟁점들이 중요한 선거 쟁점으로 부상하게 되면서 1990년대 이후 민주-공화 양당 간 이념적 분극화에 미치는 영향이 커지고 있다. 또한 문화적 쟁점들은 민주-공화 양당의 지지기반 변화에도 직접적으로 연계되어있다는 논의가 일고 있다. 문화적 쟁점에 영향을 받은 정당 지지기반의 변화와 관련하여 카우프만이나 피오리나 등은 문화적 쟁점 또는 쟁점 입장에 영향을 미치는 종교가 유권자들에게 중요해진 것은 아니라고 한다. 오히려 민주당의 카터나 몬데일이 문화적 쟁점에서 중간지점에 위치했던 데 비해 1990년대 클린턴은 보다 진보적인 위치에 있었기 때문이라고 주장한다(Kaufmann 2002, 283-307; Fiorina et al. 2005, 80-89). 결국 유권자들의 투표선택에 있어 종교나 문화적 쟁점이 중요해지고 있는 이유는 유권자들이 이를 중요하다고 생각해서라기보다는 문화적 쟁점에 있어 후보들의 입장 이동 때문이라는 주장이다.
　하지만 이미 1972년에 민주당의 대통령 후보였던 맥거번도 문화적 쟁점에 있어 진보적인 입장을 취하고 있었지만 피오리나(Fiorina et al. 2005, 69)가 보여주고 있는 것처럼 정기적으로 교회예배에 참석하는 유권자와 전혀 교회를 찾지 않는 유권자 간의 민주당 후보 지지율의 격차는 1990년대 이후 1972년에 비해 2배 이상 늘어나고 있다. 이는 단순히 후보입장의 이동만으로는 설명할 수 없고 유권자들에게 있어 종교나 문화적 쟁점의 중요도가 증가하고 있음을 반영하고 있다고 보아야 할 것이다.
　미국 정당정치에 있어 문화적 쟁점의 등장 및 정당의 지지기반 변화에 관한 지금까지의 논의를 정리하면 아래와 같다.

| 문화적 쟁점의 정치화 | ⇨ | 문화적으로 보수적인 사회집단의 지지 정당 이동 | ⇨ | 민주-공화 양당의 지지기반 변화 | ⇨ | 뉴딜 정당정치의 종식과 균형의 정당정치 등장 |

　기존 논의들은 구체적으로 문화적 쟁점들에 대한 유권자들의 성향이 1990년대 이후 선거에서 정당 후보 선택에 직접적인 영향을 미쳤는지, 그렇다면 어떤 집단들이 문화적 쟁점에 대한 보수적 입장과 연관성이 높은지에 대해서 살펴보고 있지 않다. 다만 오랫동안 민주당을 지지해 왔던 유권자들 중에 공화당을 지지하는 쪽으로 이동하는 유권자가 늘고 있으며 그 이유는 문화적 쟁점들에 대한 이들의 보수적 입장 때문일 것이라고 유추하고 있다. 때문에 문화적 쟁점이 실제로 정당 지지기반 변화의 중요한 요인인지, 어떤 유권자 집단이 그 변화의 중심세력인지를 직접적으로 파악하는 데에는 한계가 있다.
　이상의 이론적 검토와 문제제기에 근거하여 여기서는 문화적 쟁점과 정당 지지기반 변화 간 관계를 경험적으로 분석한다. 이 절에서는 정당후보 선택에 있어서 문화적 쟁점들의 영향력과 새로운 공화당 지지 기반으로 등장한 주요 집단은 어떤 부류인지, 이들은 문화적 쟁점에 대해 보수적 입장을 취하는지를 경험적으로 분석하고자 한다. 기존 연구 검토를 통해 선거에서 문화적 쟁점이 정당 후보 선택에 영향을 미칠 것임을 예상해 볼 수 있다. 또한 문화적 쟁점에 대한 유권자의 보수적 입장 표명과 정당후보 선택은 이들이 속한 5개 사회적 집단들과 연관성이 있을 것임을 추측해 볼 수 있다. 따라서 다음의 가설들이 설정되었다.

- 가설1: 문화적 쟁점에 대한 유권자의 보수적 입장은 공화당 후보선택에 중요한 영향을 미칠 것이다.

- 가설2: 교회에 자주 나갈수록, 가톨릭교도이거나 복음주의 개신교

도일수록, 남부 또는 노동자 계급에 속한 백인 유권자일수록 문화적 쟁점들에 대해 보수적 입장을 취할 것이다.

• 가설3: 교회에 자주 나갈수록, 가톨릭교도이거나 복음주의 개신교도일수록, 남부 또는 노동자 계급에 속한 백인 유권자일수록 선거에서 공화당 후보에게 투표할 것이다.

이러한 가설들을 검증하기 위해 1992년~2004년 미국 대통령 선거자료(NES)를 이용하였다. 본 논문에서는 많은 문화적 쟁점들 중 가장 논란의 대상이 되고 있는 낙태 문제, 사형제도 문제, 동성애자 문제 등 세 가지를 분석에 사용하였는데 그 구체적 이유는 다음과 같다. 우선 민주-공화 양당의 후보들이 이들 3개의 문화적 쟁점들에 있어 정도의 차이는 있지만 지속적으로 차별성 있는 입장을 견지하고 있어[8] 유권자의 정당후보 선택에 영향을 미친다고 보기 때문이다. 또한 낙태, 사형제도, 동성애자 문제는 카마인 등(Carmines and Stimson 1989)이 말하는 유권자들에게 친숙한 상징적 쟁점, 소위 쉬운 쟁점(easy issue)이어서 선거에서 활용 가능성이 높기 때문이다.

낙태 문제는 1960년대부터 논란이 되고 있는 문화적 쟁점이다. 1973년까지 여성이 낙태할 수 있는가 여부와 어떤 상황에서 낙태를 허용할 것인가는 각 주의 법률이 규정하고 있었다. 그러나 1973년 로 대 웨이드(Roe v. Wade)소송에서 연방대법원은 최소한 임신 첫 3개월간 여성이

---

8) 1960년대 이후 문화적 쟁점에 있어 민주-공화 양당의 차별성 있는 입장이 견지되고 강화될 수 있었던 데에는 양당의 당내 역학관계의 변화도 중요한 요인으로 작용하고 있다. 즉, 샤퍼(Shafer 2003, 11-16)가 지적하고 있는 것처럼 공화당내 북부 출신 진보적 분파의 몰락 및 비경제적 쟁점들에 있어 보수적 입장을 갖는 세력의 강화와 민주당내 남부출신 보수적 분파의 쇠퇴 및 비경제적 쟁점들에 있어 진보적 입장을 갖는 중산층(liberal middle class)의 영향력 증대가 문화적 쟁점에 있어 양당의 차별성 있는 입장이 견지되는 데 적지 않게 기여하고 있다.

낙태여부를 선택할 수 있는 권리를 보호한다고 선언하여 낙태를 합법화하는 판결을 내린 바 있다. 이후 낙태금지를 주장하던 레이건과 공화당 보수파가 1980년 선거에서 당선되고 이들이 임명한 법관들이 대법원의 다수를 점하면서 상황은 반전되고 1989년 웹스터(Webster v. Reproductive Health Services)소송에 대해 대법원은 낙태 시술에 공공 병원이나 시설 사용을 제한한 미주리 법에 대해 합헌성을 인정하게 된다.

1992년 케이시(Planned Patenthood v. Casey) 소송을 통해 대법원은 낙태 전 상담을 하도록 하였고 18세 이하인 경우 보호자의 승인이 있어야 한다고 판결했다(Bardes et al. 2005, 128-130). 즉 1980년대에 이어 1990년대에 이르기 까지 낙태문제는 대선에서 중요한 논쟁의 대상이 되었다. 3개의 문화적 쟁점 중에서도 알바레즈 등(Alvarez and Brehm 2001)이 언급하듯이 낙태문제는 최근 미국정치의 가장 논쟁적인 문화적 쟁점이다.

사형제도의 경우, 1960년대 중반에는 사형제도 폐지 입장이 다수이었으나 그 이후 범죄율의 증가와 미국 사회의 보수화 경향에 따라 사형제도 존속 입장이 다수를 형성하고 있다(Glynn et al. 1999, 279-280). 1970년대 들어와 연방대법원으로부터 사형제도에 대하여 위헌판결이 내려졌다가 그 후 위헌 판결이 번복된 바 있다.[9] 하지만 사형제도에 대한 반대 여론도 적지 않은데 잔인하고 비정상적인 처벌 금지에 관한 수정헌법 8조가 청소년이나 정신지체 장애자에 대한 사형집행까지 금하는 것은 아니라는 1989년의 대법원 판결은 많은 논란을 야기한 바 있다. 2002년에는 대법원이 다시 정신지체 장애자에 대한 사형집행이 개

---

9) 1972년 연방대법원은 Furman v. Georgia 소송에 대한 판결에서 사형제도가 잔인하고 비정상적인 처벌(cruel and unusual punishment)을 금지하고 있는 수정헌법 8조와 적법절차(due process) 등을 규정하고 있는 수정헌법 14조에 위반된다고 결정한 바 있다. 하지만 1976년 대법원은 다시 Gregg v. Georgia 소송에 대한 판결을 통하여 사형제도가 헌법에 합치한다고 4년 전의 결정을 번복한 바 있다(Grant 2004, 153-154).

정헌법 8조에 위반된다고 판결함으로써 1989년 결정을 번복했다(Grant 2004, 154-155). 이처럼 사형제도는 최근까지 끊임없는 논쟁의 대상이 되고 있는 대표적인 문화적 쟁점이다.

동성애자 문제는 언급한 것처럼 1990년대 들어와 동성애자의 군복무 허용 여부를 둘러싸고 본격화되었다. 대법원은 1996년 로머(Romer v. Evans)소송을 통해 인종과 여성 차별의 선례에서와 같이 동성애자에 대해서도 다른 사회구성원으로부터 차별받지 않고 법의 평등한 보호를 받을 권리를 최초로 인정하였다(Koppleman 2002, 7-29). 또한 2003년 대법원은 로렌스(Lawrence v. Texas)소송에서 동성 간 성행위를 처벌하도록 한 텍사스 주의 동성애 금지법(Anti-Sodomy Law)이 위헌이라는 판결을 내려 동성애를 합법적 관계로 인정하였다.[10] 동성애자 단체들은 이 판결이 향후 동성혼과 가족법에 긍정적인 영향을 미칠 것으로 기대하였지만 보수단체들은 이로 인해 동성혼이 허용되거나 합법화되어 가족과 결혼제도의 근간이 파괴될 것을 우려하였다.[11] 따라서 이 판결은 보수-진보 간 새로운 사회적 논란의 계기를 마련하였고 오히려 동성애자의 권리에 반대하는 여론이 증대하는 등 그 파급효과가 크게 나타났다. 2004년 대통령선거에서는 동성혼 합법화가 주요 쟁점이 되기도 하였다.

---

10) 1960년에는 모든 주법이 동성애(sodomy)를 범죄로 규정하고 있었으나 1995년에는 25개 주가, 2003년에는 13개주만이 동성애 처벌법을 고수하고 있었다. 그 중 하나인 텍사스에서 1998년에 동성애자인 로렌스(Lawrence)와 가너(Garner)가 자신들의 집에서 성행위를 하다가 체포된 것에 대해 텍사스 주법을 상대로 소송을 제기하였다. 이에 대법원은 수정헌법 14조에 의거하여 동성애자들도 다른 사회구성원처럼 동등하게 사생활을 존중받고 보호받을 법적 권리가 있으며 주는 그들의 사적인 성행위를 범죄로 규정할 수 없다고 했다.
11) 부시 대통령은 "동성애자들을 존중해야 하지만 결혼은 남녀 간에 이뤄지는 것이라는 엄격한 정의를 법률로 성문화하길 희망한다"고 밝혔다. 보수주의자들의 동성 간 결혼 반대운동은 교황청의 동성 결혼과 그들의 자녀 입양 반대 운동으로 이어졌다.

이상 세 가지 문화적 쟁점들에 대한 유권자 입장이 정당후보 선택에 중요한 영향을 미친다는 가설을 검증하기 위해서 로지스틱 회귀분석이 사용되었다.[12] 종속변수는 공화당 후보(1)와 민주당 후보(0)로 기호화 하였다. 그리고 통제변수로 다섯 가지 경제/인종 이슈들이 사용되었다.[13] 다음으로 문화적 쟁점들에 대한 유권자들의 보수적 입장 표명과 정당후보 선택은 이들이 속한 사회적 집단과 연관성이 있다는 가설을 검증하기 위해서 집단 관련 요인은 가톨릭교도(0/1), 복음주의 개신교도(0/1), 교회에 나가는 빈도수가 높은 사람(1-5), 남부 백인(0/1), 백인 노동자 계급(0/1) 등 다섯 가지 변수로 측정하였다.

이 외에 통제변수로 유권자들의 교육과 소득 수준, 연령, 그리고 결혼여부 변수가 사용되었다. 유권자들이 속한 사회 집단이 문화적 쟁점에 대한 입장 표명에 미치는 영향력은 주로 회귀분석에 의해 측정되었다. 그리고 유권자가 속한 사회집단이 정당후보 선택에 미치는 영향력을 검증하기 위해 로지스틱 회귀분석을 사용했다.

2. 분석결과

1) 문화적 쟁점들에 대한 보수 성향이 정당후보 선택에 미치는 영향

먼저 문화적 쟁점에 대한 유권자들의 보수적 입장이 공화당 후보 선택에 미치는 영향을 로지스틱 회귀분석을 통해 검증하였다. 문화적 쟁점에 대한 유권자들의 보수 성향과 정당 후보 선택 간의 관계를 검증하기 위해 경제와 인종 변수 일부를 통제변수로 사용하였다.[14] 2004년 미

---

12) 분석에 사용된 여러 가지 변수들은 〈부록〉에 정리되어 있다.
13) 이를 측정할 수 있는 이슈가 매우 다양하였으나 여기서는 1992년부터 2004년까지 선거자료에 일관적으로 포함된 이슈를 중심으로 분석하였다. 또한 경제/인종/문화적 쟁점들 간의 이론적 경계가 분명하지 않은 것도 사실이지만 여기서는 방법론상으로 보편적인 분류기준에 따라 변수들을 측정하여 사용하였다.

국대선의 경우 테러와의 전쟁 및 이라크 전쟁과 같은 안보문제가 유권자들의 주요 관심사였던 것은 사실이지만 1992년부터 2004년까지 치러진 네 차례의 대선에서 지속적으로 정당 간 차별성이 뚜렷한 쟁점은 경제/복지, 인종, 그리고 문화적 쟁점 등 세 종류의 쟁점이었다.

여기서는 이들 쟁점에 속하는 많은 문제들 중 빈곤층 구호, 복지프로그램, 사회보장 등 세 가지 경제문제와 흑인 구호, 흑인에 대한 소수자 우대정책 등 두 가지 인종문제를 통제변수로 하였다. 다른 쟁점 변수들의 영향력을 통제한 상황에서 독립변수인 사형제도, 낙태, 동성애자 군 입대 허용(2004년의 경우 동성혼 합법화)[15] 등 세 가지 문화적 쟁점에 대한 유권자들의 보수 성향이 정당후보 선택에 영향을 미쳤는지를 분석하였다.

〈표 1〉에 분석결과가 정리되어 있는데, 세 종류의 문화 쟁점들에 대한 유권자들의 보수적 입장은 네 차례 대선 자료 분석에서 정당후보 선택에 모두 통계적으로 유의미한 영향을 미친 것으로 나타났다. 즉, 사형제를 지속하고 낙태를 반대하며 동성애자의 군 입대를 반대하는 유권자일수록 대통령 선거에서 공화당 후보를 선택할 가능성이 높은 것으로 나타났다. 또한 통제변수인 사회복지나 흑인문제에 대한 보수적 태도도 예상대로 공화당 후보 선택과 관계가 깊은 것을 알 수 있다. 사회복지나 흑인 문제 해결에 드는 정부 예산을 줄이는데 찬성하는 유권

---

14) 지면상 생략하였지만 이 가설을 검증하기 위해 설정 가능한 여러 가지 로지스틱 회귀분석 모델을 만들었다. 문화적 쟁점만을 살펴보았을 때 보수성향이 정당후보 선택에 미치는 영향력은 통계적으로 유의미하였다. 또한 유권자들의 투표결정에 영향을 미칠 만한 다양한 통제 변수들의 영향력을 살펴보았는데 예를 들면, 정당일체감, 연령, 성별, 인종, 종교, 교육수준, 소득, 지역 등 여러 변수들을 통제한 상황에서도 문화적 쟁점들의 영향력은 통계적으로 유의미하였다.

15) 2004년 동성혼 문제를 변수로 상정한 것은 당시 이 문제가 가장 중요한 동성애자 이슈였기 때문이며 동성애자 군 입대 허용 변수를 사용하였을 때도 검증결과에는 별 차이가 없었다.

〈표 1〉 유권자들의 보수적 쟁점 입장이 공화당 후보선택에 미치는 영향

	1992	1996	2000	2004
사형제 찬성	.1787(.0625)**	.1797(.0782)*	.2521(.0601)***	.4875(.0766)***
낙태 반대	.2627(.0781)***	.5203(.0915)***	.4729(.0846)***	.6248(.1138)***
동성애자 군 입대 반대	.3505(.0483)***	.4118(.0581)***	.2770(.0592)***	1.0390(.2415)***
빈민층 구호정책	.7434(.1334)***	.2445(.0759)**	.2246(.0739)**	.2825(.0912)**
복지 프로그램	.3771(.1226)**	.4248(.0939)***	.2168(.0699)**	-.0284(.0831)
사회보장정책	.4986(.1402)***	.3766(.0805)***	.4121(.0798)***	.2976(.0989)**
흑인 구호정책	.1714(.0512)***	.2113(.0749)**	.1958(.0799)*	.2209(.0777)**
소수자 우대정책	.1849(.0659)**	.2725(.0961)**	.3234(.0895)***	.2713(.0978)**
상수	-7.09(.53)***	-8.74(.71)***	-6.82(.59)***	-7.06(.66)***
-2 Log Likelihood	1008.783	742.555	823.522	568.400
정확도(%)	74.62	77.96	72.87	77.10
N	997	812	774	607

출처: American National Election Studies, 1992-2004
주: 1. 종속변수: 공화당 후보 선택(1), 민주당 후보 선택(0)
2. 유의수준: ***p<.001, **p<.01, *p<.05
3. 2004년에는 동성애자 군 입대 반대 대신 동성혼 반대를 변수로 사용하였음

자 일수록 공화당 후보를 지지하는 경향이 재확인 된 것이다. 따라서 1990년대 이후 네 차례의 대선 분석을 통해서 기존의 사회복지나 흑인문제뿐만 아니라 문화적 쟁점에 대해 보수적 입장을 가진 유권자들이 공화당 지지기반이 되었다는 경험적 근거가 확보되었다고 할 수 있다.

2) 사회집단이 문화적 쟁점입장에 미치는 영향

앞의 분석결과, 1990년대 이후 치러진 네 차례의 대선에서 유권자들의 문화적 쟁점입장이 정당후보 선택에 일관적인 영향을 미치는 것을 알 수 있었다. 이제부터는 문화적 쟁점에 대한 유권자들의 보수적 입장 표명과 정당후보 선택은 이들이 속한 5개 사회적 집단들과 연관성이 있을 것이라는 가설을 검증하고자 한다.

먼저 새로운 공화당 지지기반으로 예상된 5개 사회 집단들의 공화당 후보 지지율과 투표율 변화를 살펴보았다. 〈표 2〉에 5개 사회집단들의 변화 추세가 나타나 있는데 가톨릭교도를 포함한 5개 사회집단 모두에서 공화당후보 지지율이 증가하고 있음을 확인할 수 있다.[16] 1992년과 2004년을 비교해 보면, 남부 백인의 경우 39.3%에서 67.3%로, 백인 노동자의 경우 37.4%에서 54%로 지지율이 증가하였고 특히 2000년대에 와서 큰 변화를 보이고 있다. 그리고 가톨릭교도의 경우에도 1992년 37.6%에서 2004년 49.2%로 증가하고 있다. 즉 1992년에 비해 2004년에는 5개 사회집단 모두에서 공화당 후보 지지율이 증가하였는데 이는 이들 집단의 정당지지가 민주당에서 공화당으로 이동하고 있음을 보여주는 것으로 해석될 수 있다.

또한 선거에서 경쟁하는 정당 간 지지집단의 투표율은 선거결과를 가르는 중요한 요인이기도 하다. 더욱이 정당간의 힘이 팽팽하게 맞서 있는 균형 상황에서는 각 정당이 지지집단의 투표율을 얼마나 끌어올릴 수 있느냐 하는 것에 의해 선거의 승패가 좌우될 수 있다. 균형의 정당정치가 나타난 1990년대 이후 민주-공화 양당은 각기 지지 유권자들을 동원하기 위해 총력을 기울이고 있다. 그 결과 2004년 대선의 경우 2억 2천 2백만 명 이상 투표하여 2000년 대비 1,700만 명이 증가하였는데 이는 16% 증가한 것으로 1952년 이래 최대 증가율이다(Campbell 2005, 219).

특히 2004년 대선에서는 민주당보다 공화당 지지집단의 투표율이 크게 증가하고 있다. 민주당의 케리 후보가 2004년 10월에 열린 3차례의 TV토론에서 부시 후보를 앞섰음에도 공화당 지지자들의 투표율 증가는 이를 상쇄한 바 있다. 이는 통상 투표율 증가가 지지집단의 사회경제적 배경 요인들로 인해 투표율이 낮은 집단에 지지가 집중되어 있

---

16) 실제로 이들 5개 집단 외에 다른 종교적, 사회적 집단들과 공화당 후보 지지율 간의 관계를 살펴보았으나 지지율에 변화를 보인 다른 집단은 찾기 힘들었다.

〈표 2〉 5개 사회집단의 공화당 후보 지지율과 투표율 변화 추세

	공화당 후보 지지율				투표율			
	1992	1996	2000	2004	1992	1996	2000	2004
가톨릭교도	37.6% (123)	40.6 (112)	49.8 (129)	49.2 (97)	69.4 (404)	69.6 (296)	63.5 (228)	69.5 (203)
복음주의 개신교도	50.7 (76)	61.8 (107)	50.0 (59)	61.8 (47)	68.6 (186)	65.8 (175)	70.9 (117)	73.8 (79)
종교적 집단	53.1 (223)	54.7 (175)	59.1 (199)	59.1 (123)	69.2 (460)	66.4 (295)	66.0 (316)	75.0 (213)
남부 백인	39.3 (119)	41.2 (110)	67.3 (150)	67.3 (101)	67.6 (391)	69.7 (325)	60.8 (222)	70.2 (151)
백인 노동자계급	37.4 (189)	n/a	53.2 (157)	54.0 (108)	69.1 (712)	n/a	62.0 (336)	64.3 (211)

출처: American National Election Studies, 1992-2004
주 : 1. 괄호()안의 숫자는 응답자 수임.
    2. 종교적 집단은 거의 매주 교회에 간다는 유권자 집단을 선별한 것임.

는 민주당에 유리하다는 통념을 깬 것이었다. 2004년 9월 말 등록한 유권자들(registered voters)에서 54 대 46으로 앞섰던 부시가 3차례의 토론이 끝나고 51 대 49로 격차가 크게 좁혀지면서 토론 후 민주-공화 양당 간 접전 양상으로 바뀌었다(Campbell 2005, 235). 하지만 선거 결과 결국 부시 후보가 선거 전 마지막 여론조사에서 예상했던 것보다 큰 폭으로 승리하게 된 요인 중 하나는 공화당 지지자들의 예상보다 높은 투표율이었다.[17]

실제로 투표율과 5개 사회집단 간의 분석결과를 보여주는 〈표 2〉에서도 비슷한 양상이 나타나는데 이들 집단의 2004년 대선 투표율은 다

---

17) 2004년 대선 당시 11개 주에서 동성애자 결혼 합법화에 관한 주민투표를 실시한 것도 이에 반대하는 공화당 지지자들의 투표율을 높이는 한 요인이 되었다. 실제로 캠벨(Campbell 2005, 237)은 부시 후보가 크게 승리한 주에서 투표율이 높았음을 보여 주고 있다.

른 선거에서보다 높게 나타났다. 2000년 대선과 비교하여 2004년 대선에서 가톨릭교도와 복음주의 개신교도 집단에서 투표율이 각각 6%와 3% 증가하였다. 거의 매주 교회에 나간다는 유권자들의 경우, 1992년 69.2%에서 1996년과 2000년에 66% 수준으로 하락하였으나 2004년에 다시 75%로 증가하였다. 남부 백인과 백인 노동자 집단의 경우도 2004년 선거에서 투표율이 증가한 것을 알 수 있다. 즉 5개 사회집단에 속한 유권자들의 공화당 후보 지지율이 대체로 증가하는 추세이고 2004년 대선에서 부시 후보는 이들을 투표장으로 끌어내는 데 성공한 것으로 보인다.

다음으로 정당후보 선택에 영향을 미치는 문화적 쟁점이 정당의 사회적 지지기반 변화와 실제로 어떤 연관성이 있는지 살펴보기 위해 문화적 쟁점에 관한 유권자들의 입장에 이들의 사회집단적 배경이 미치는 영향력을 분석하였다. 이를 위해 사형제도, 낙태, 동성애자 군 입대 허용(2004년의 경우 동성혼 합법화)을 각각 종속변수로 하는 3개의 분석 모형을 만들었다. 분석에는 남부 백인, 백인 노동자 계급, 가톨릭교도, 복음주의 개신교도, 종교적 집단 등 5개의 사회집단 변수와 교육, 소득, 연령, 결혼 여부 등 4개의 사회경제적 변수가 통제변수로 사용되었다. 여기서 검증될 두 번째 가설은 교회에 자주 나갈수록, 가톨릭교도이거나 복음주의 개신교도 일수록, 남부 또는 노동자 계급에 속한 백인 유권자일수록 문화적 쟁점들에 대해 보수적 입장을 취할 확률이 높다는 것이다.

먼저 〈표 3-1〉에 교육, 소득, 연령, 결혼 여부 등 사회경제적 변수들의 영향력을 통제한 후 유권자의 사회집단적 배경이 사형제 찬성에 대한 보수적 입장에 미치는 영향력을 분석한 결과가 정리되었다. 분석결과를 보면, 가톨릭교도의 경우 사형제도에 관한 유권자들의 입장에 통계적으로 유의미한 영향을 미치지 않았다. 또한 1996년, 2000년, 2004년 선거에서 교회에 자주 나가는 유권자일수록 사형제에 반대할 확률이 높아서 예상과 다른 결과가 나타났다.

〈표 3-1〉 유권자들의 사회집단적 배경이 사형제 찬성 입장에 미치는 영향

	1992	1996	2000	2004
가톨릭교도	-.104(.099)	-.006(.105)	.172(.111)	.003(.137)
복음주의 개신교도	.368(.131)**	.213(.118)	.179(.157)	.436(.209)*
종교적 집단	-.005(.034)	-.137(.039)***	-.141(.040)***	-.109(.051)*
남부 백인	-.226(.099)*	.0003(.101)	.289(.120)*	.498(.157)**
백인 노동자계급	-.200(.086)*	n/a	.605(.109)***	.177(.141)
교육수준	-.0009(.028)	.0004(.032)	.004(.030)	-.118(.042)**
소득수준	.0003(.007)	.0007(.008)	.002(.015)	.002(.010)
연령	.0005(.002)*	-.0005(.003)	.00008(.003)	-.0003(.004)
기혼	.008(.084)	.001(.093)	-.112(.098)	.546(.122)***
상수	4.098(.216)***	4.63(.249)***	3.73(.264)***	3.96(.297)***
r^2	.025	.020	.054	.068
N	1220	999	1030	701

출처: American National Election Studies, 1992-2004
주 : 1. 종속변수: 사형제 유지(4pt scale): (1)매우 반대한다-(4)매우 찬성한다
　　 2. 유의수준: ***p〈.001, **p〈.01, *p〈.05
　　 3. 1996년 자료에는 백인 노동자 계급 변수가 포함되어 있지 않음

한편 복음주의 개신교도인 유권자들은 1992년과 2004년 선거분석에서 사형제에 찬성하는 경향이 발견되었다. 백인 노동자의 경우도 1992년에는 사형제에 반대하는 입장과 관련이 있었으나 2000년에는 찬성 입장과 관계가 있는 것으로 나타났다. 또한 남부 백인들은 1992년에는 사형제 반대와 관계가 있었으나 2000년과 2004년 선거 분석결과 사형제에 찬성할 확률이 높은 것으로 나타났다. 따라서 예상과 다른 결과도 나타났지만 보다 최근의 선거 결과에 주목하면 복음주의 개신교도, 남부 백인, 백인 노동자 계급에 속한 유권자일수록 사형제에 찬성하는 보수적 경향을 발견할 수 있다.

다음으로 〈표 3-2〉를 보면 낙태 반대 입장에 영향을 미치는 유권자

<표 3-2> 유권자들의 사회집단적 배경이 낙태 반대 입장에 미치는 영향

	1992	1996	2000	2004
가톨릭교도	-.008(.063)	.003(.070)	-.007(.072)	.127(.092)
복음주의 개신교도	-.383(.087)***	.171(.079)*	-.324(.100)***	-.192(.137)
종교적 집단	.320(.022)***	.308(.026)***	.323(.026)***	.302(.035)***
남부 백인	.008(.064)	.153(.067)*	-.008(.078)	.277(.105)**
백인 노동자계급	.009(.056)	n/a	.009(.071)	-.004(.094)
교육수준	.0003(.019)	-.001(.021)	-.00009(.020)	-.133(.028)***
소득수준	-.001(.005)	.0008(.005)	-.005(.010)***	-.001(.007)
연령	-.0001(.002)	-.00005(.002)	-.0001(.002)	-.0001(.002)
기혼	.004(.055)	.009(.062)	-.108(.063)	.139(.081)
상수	1.244(.140)***	.976(.164)***	1.521(.171)***	1.915(.200)***
r^2	.136	.137	.168	.187
N	1432	1124	1057	636

출처: American National Election Studies, 1992-2004
주 : 1. 종속변수: 낙태(4pt scale) (1)여성의 선택권 인정에 매우 찬성-(4)매우 반대
  2. 유의수준: ***p<.001, **p<.01, *p<.05
  3. 1996년 자료에는 백인 노동자 계급 변수가 포함되어 있지 않음

집단의 영향력을 알 수 있다. 분석결과, 백인 노동자 계급과 가톨릭교도는 예상과 달리 낙태 문제에 관한 유권자들의 입장에 영향을 주는 유의미한 변수가 아니었다. 복음주의 개신교도는 1992년부터 2000년까지 낙태문제와 관련이 있었으나 그 영향력은 부정적이기도 하고 긍정적이기도 했다. 한편 교회에 매주 정기적으로 가는 사람일수록 1992년부터 2004년 선거 모두에서 낙태에 반대할 확률이 높은 것으로 나타났다. 남부 백인 집단은 1996년과 2004년에 관계가 있는 것으로 나타났는데 남부 백인 집단에 속한 유권자 일수록 낙태에 반대할 가능성이 높은 것을 확인할 수 있었다. 그러므로 낙태 반대 입장과 관계가 있는 사회 집단은 교회에 자주 나가거나 남부 백인 유권자들일 가능성이 높았다.

〈표 3-3〉 유권자들의 사회집단적 배경이 동성애자 문제에 미치는 영향

	1992	1996	2000	2004
가톨릭교도	-.437(.113)***	-.417(.118)***	-.436(.112)***	-.571(.211)**
복음주의 개신교도	.001(.151)	.314(.134)*	-.295(.155)	-.061(.343)
종교적 집단	.229(.039)***	.177(.044)***	.230(.041)***	.497(.082)***
남부 백인	.142(.114)	.213(.115)	.160(.121)	.295(.274)
백인 노동자계급	.001(.099)	n/a	.169(.110)	.013(.231)
교육수준	.003(.033)	.004(.036)	.007(.030)*	-.318(.068)***
소득수준	.0007(.008)	-.0003(.009)	-.002(.015)	.017(.016)
연령	.0001(.003)	.00008(.003)	-.0003(.003)	.020(.006)**
기혼	-.004(.096)	-.004(.105)	-.007(.099)	.495(.193)*
상수	1.94(.247)***	1.705(.281)***	1.477(.265)***	-.496(.451)
r^2	.043	.048	.063	-2 Log Likelihood: 696.095, 정확도: 75.65%
N	1432	996	1019	690

출처: American National Election Studies, 1992-2004
주 : 1. 종속변수: 동성애자 군 입대 허용(4pt scale): (1)매우 찬성-(4)매우 반대
　　2. 유의수준: ***p〈.001, **p〈.01, *p〈.05
　　3. 1996년 자료에는 백인 노동자 계급 변수가 포함되어 있지 않음
　　4. 2004년에는 동성혼 합법화 반대(찬성-0/반대-1)를 변수로 사용하였음

　마지막으로 〈표 3-3〉에는 동성애자 군 입대 허용(2004년의 경우 동성혼 합법화) 문제에 대한 사회집단의 영향력을 검증한 결과가 정리되었다. 네 차례 선거에서 종교적 집단만이 동성애자 문제에 통계적으로 유의미한 영향을 미치는 것으로 나타났다. 즉 교회에 자주 나가는 사람일수록 동성애자 군 입대나 결혼 합법화에 반대할 확률이 높다는 것을 알 수 있다. 복음주의 개신교도 변수는 1996년 분석결과에서만 동성애자 문제와 관계가 있었다. 그 밖에 가톨릭교도의 영향력은 예상과 달리 동성애자 군 입대나 동성혼 합법화에 반대하지 않는 방향으로 나타났

다. 또한 남부 백인과 백인 노동자 계급의 경우는 통계적으로 유의미하지 않아서 동성애자 문제에 관한 유권자들의 입장과 별 연관성이 없는 것으로 나타났다.

3) 사회집단이 정당후보 선택에 미치는 영향

앞의 분석들을 통하여 1990년대 이후 치러진 네 차례의 대선에서 유권자들의 문화적 쟁점입장이 정당후보 선택에 일관적인 영향을 미치는 것을 알 수 있었다. 그리고 문화적 쟁점에 관한 유권자들의 보수적 입장에 남부 백인 등 5개의 사회집단 변수들이 통계적으로 어느 정도 유의미한 영향을 주고 있음을 확인할 수 있었다. 그렇다면 민주-공화 양당이 문화적 쟁점에 있어 지속적으로 차별성 있는 입장을 견지해 왔음을 고려할 때 이들 5개의 사회집단 변수들이 유권자들의 정당선택에 유의미한 영향을 주고 있으리라 예상해 볼 수 있다. 여기서는 여러 변수들의 영향력을 통제한 후 정당 후보선택에 미치는 5개 사회집단의 영향력이 통계적으로 유의미한지 살펴보았다.

〈표 4〉에는 교회에 자주 나갈수록, 가톨릭교도이거나 복음주의 개신교도 일수록, 남부 또는 노동자 계급에 속한 백인 유권자일수록 선거에서 공화당 후보에게 투표할 것이라는 가설 3을 검증한 결과가 나타나 있다. 학력, 소득, 연령, 결혼여부 등 4개의 변수를 통제한 후 가톨릭교도의 경우, 예상과 달리 유권자들의 정당선택에 영향을 미치지 않는 것으로 나타났다. 또한 복음주의 개신교도의 영향력도 1996년에만 나타났다.

하지만 백인 관련 집단들에게는 중요한 변화가 있음을 알 수 있다. 최근 선거인 2000년과 2004년 선거결과를 보면 남부 백인일수록 공화당 후보를 선택한 것으로 나타났다. 그리고 백인 노동자 계급에 속한 유권자들의 경우, 1992년에는 민주당 후보 지지 가능성이 높았는데 반해 2000년에는 공화당 후보를 선택할 가능성이 높게 나타난 것도 의미 있는 변화라고 하겠다. 특히 종교적 집단 변수는 분석에 포함된 모든

<표 4> 유권자들의 사회집단적 배경이 공화당 후보 선택에 미치는 영향

	1992	1996	2000	2004
가톨릭교도	-.2708(.1648)	-.0897(.1704)	.0316(.1770)	.0149(.2177)
복음주의 개신교도	.2060(.2154)	.8869(.1979)***	.1281(.2433)	.3118(.3227)
종교적 집단	.2057(.0590)***	.2139(.0649)**	.3096(.0676)***	.1909(.0826)*
남부 백인	-.2626(.1649)	-.2227(.1722)	.9482(.2057)***	.9166(.2539)***
백인노동자	-.2997(.1456)*	n/a	.4006(.1840)*	.2225(.2252)
교육수준	-.0816(.0491)	-.0026(.0532)	.0458(.0499)	-.0510(.0658)
소득수준	.0121(.0116)	.0126(.0126)	.0907(.0255)***	.0155(.0161)
연령	.0032(.0041)	.0011(.0045)	-.0005(.0045)	-.0063(.0061)
기혼	.0953(.1392)	.2076(.1530)	-.1127(.1598)	.8096(.1933)***
상수	-.6811(.3668)	-1.3756(.4306)	-2.0856(.4592)***	-.9542(.5045)
-2 Log Likelihood	1180.965	992.151	930.888	659.856
정확도(%)	57.39	61.70	62.67	63.12
N	873	752	718	507

출처: American National Election Studies, 1992-2004
주 : 1. 종속변수: 공화당 후보 선택(1), 민주당 후보 선택(0)
   2. 유의수준: ***p<.001, **p<.01, *p<.05
   3. 1996년 자료에는 백인 노동자 계급 변수가 포함되어 있지 않음

선거분석에서 유권자들의 정당선택에 통계적으로 유의미한 영향을 미치고 있음을 알 수 있다. 즉 네 차례의 선거에서 모두 교회에 매주 정기적으로 나가는 유권자 일수록 공화당 후보를 선택하는 것으로 나타나서 종교적 집단의 영향력은 일관적으로 유의미하게 나타났다. 이처럼 남부 백인이나 종교적 집단 같은 몇몇 사회집단 내에 정당 지지기반의 변화가 일어나고 있음을 알 수 있다.

이상의 결과를 요약하면 남부 백인, 백인 노동자계급, 가톨릭교도, 복음주의 개신교도, 종교적 집단 등 5개의 사회집단 변수들의 영향력은 이슈별로 또는 연도별로 일관적이지 않다. 그럼에도 불구하고 몇 가지 패턴을 발견할 수 있었다. 우선 네 차례 선거분석에서 공화당 후보 선

택과 아무런 연관성이 없었던 가톨릭교도 변수는 사형제와 낙태 문제에 대해서도 전혀 영향력이 없었고 동성애자 문제에는 예상과 다른 영향력을 갖는 것으로 나타났다. 다음으로 복음주의 개신교도의 경우 이슈별, 연도별로 영향력이 일관적이지 못했는데 1996년 선거 분석 결과에서만 다소 일관성이 발견되었다. 복음주의 개신교도 집단에 속한 유권자일수록 1996년에 낙태와 동성애자 군 입대 허용에 반대하는 입장이고 공화당 후보를 선택할 가능성도 높게 나타났다.

백인 노동자 집단은 2000년 선거에서만 사형제에 찬성하는 입장이었고 공화당 후보를 선택할 확률도 높았다. 남부 백인 집단은 2000년과 2004년에 공화당 후보 선택과 관계가 깊은 것으로 나타났는데 2000년에는 사형제 찬성 입장과 관련이 있었고 2004년에는 사형제 찬성과 낙태 반대와 관련이 있었다. 그리고 1990년대 이후 모든 대통령 선거에서 공화당 후보 선택과 연관성이 높은 종교적 집단은 사형제를 제외한 낙태 반대와 동성애자 문제에 있어서도 보수적 입장과 관련이 있는 것으로 나타냈다. 즉 교회에 매주 정기적으로 가는 사람일수록 낙태에 반대하거나 동성애자 군 입대와 결혼 합법화에 반대할 확률이 높았고 선거에서 공화당 후보를 지지할 가능성도 높은 것으로 나타났다.

따라서 연도별, 이슈별 차이가 있지만 가톨릭교도를 제외한 4개 사회 집단들은 문화적 쟁점에 관한 유권자들의 입장과 공화당 후보 지지에 어느 정도 통계적으로 유의미한 영향을 미친다는 것을 확인할 수 있었다. 복음주의 개신교도나 백인 노동자 계급 변수의 영향력은 특정 선거에서만 산발적으로 나타나고 있다. 하지만 최근 선거 분석 결과를 보면 남부 백인이나 교회에 자주 나가는 유권자들의 경우 이들 집단에 속하지 않은 유권자들과 비교하여 문화적 쟁점에 대해 보수적 입장을 가질 가능성과 공화당 후보지지 가능성은 높은 것으로 나타났다. 그러므로 남부 백인이나 교회에 자주 나가는 유권자 집단은 최근 문화적 쟁점에 관한 보수적 입장과 공화당 후보 선택에 영향을 미치는 중요한 유권자 집단이라고 할 수 있다.

IV. 결론 및 시사점

본 연구는 최근 선거에서 미국 유권자들의 정당선택에 영향을 미치는 문화적 쟁점들의 비중이 커지고, 이런 쟁점에 있어 보수적 입장을 갖는 일부 민주당 지지자들이 공화당 지지로 옮겨감으로써 민주-공화 양당의 지지기반에 변화가 생겨 균형의 정당정치가 등장한다는 논의에 주목하였다. 구체적으로 선거에서 문화적 쟁점에 대한 유권자 성향이 정당 후보 선택에 영향을 미치는지, 정당선택에 있어 문화적 쟁점의 영향을 받은 주요 유권자 집단은 어떤 부류인지에 대한 경험적 연구는 거의 없었다. 따라서 이 연구는 문화적 쟁점이 정당 후보 선택에 중요한 변수인지, 공화당 후보 선택에 영향을 미친 주요 집단들은 문화적 쟁점에 대해서 보수적 입장을 취할 가능성이 높은지를 경험적으로 분석하였다.

1992년~2004년 네 차례의 미국 대선 분석 결과, 문화적 쟁점에 대한 유권자들의 보수적 입장은 공화당 후보선택에 영향을 미치는 것으로 나타났다. 유권자들의 문화적 쟁점에 대한 입장이 이들의 정당선택에 영향을 미치고 있는 것이다. 또한 정당의 지지기반 변화와 관련된 5개 사회집단 변수가 정당 후보선택과 세 가지 문화적 쟁점에 대한 입장에 미치는 영향력을 검증하였다. 이슈별, 연도별로 차이가 있었지만 가톨릭교도를 제외한 다른 사회집단들은 다소 영향력이 있었다. 특히 2000년대 선거에서 남부 백인이나 교회에 정기적으로 나가는 유권자들은 문화적 쟁점에 대해 보수적 입장을 갖고 공화당 후보를 지지할 가능성이 높은 것으로 나타났다. 그러므로 이들 유권자 집단은 최근 일어나고 있는 민주-공화 양당의 지지기반 변화에 있어 매우 중요한 집단이라 할 수 있다.

이런 결과가 미국의 정당정치 변화에 시사하는 점은 무엇일까? 미국에서는 1950년대부터 시작된 인종 쟁점, 그리고 1960년대 이후 등장하게 된 문화적 쟁점들로 인해 일부 민주당 지지집단의 공화당으로의 이탈로 민주-공화 양당의 유권자 지지기반에 변화가 일어나면서 기존 민주당 우위의 뉴딜 정당체계의 재편성이 이루어지게 되었다. 문화적 쟁점들이 민주-공화 양당의 입장차를 반영한 정치적 중요 쟁점으로 다루어지면서 공화당은 문화적 보수이면서 농촌이나 준교외(exurb)지역에 거주하는 종교적인 유권자집단과 문화적 쟁점에 있어 상대적 보수인 백인 노동자집단과 남부 백인 유권자들의 지지를 강화시켜 나가고 있다. 반면 민주당은 대체로 교육수준이 높고 대도시 지역에 거주하는 세속적인 유권자들과 소수 인종 유권자들의 지지를 확고하게 하고 있다. 이런 미국 정당정치의 변화는 1990년대 들어 민주-공화 양당 간 유권자 지지규모가 대등한 균형의 정당정치가 등장하는 결과를 가져오고 있다.[18]

이러한 균형의 정당정치는 정당 간 이념적 차별성이 뚜렷해지면서 정당지지자들의 결집도가 커지는 정당분극화(party polarization)를 강화시키는 주요인이 되고 있다. 실제로 2004년 출구조사를 활용한 애브람슨 등(Abramson et al. 2005, 51-52)에 따르면 공화당 및 민주당과 일체감을 갖고 있는 유권자들의 비율이 37%씩으로 같고 무당파 유권자가 26%인 것으로 나타났다. 또한 정당일체감을 갖고 있는 유권자의 90%는 자신들의 정당일체감에 따른 투표선택을 하고 무당파 유권자들은 민주-공화당에 거의 같은 비율로 나뉘어져 투표하고 있다. 이처럼 양당 지지자와 투표자가 정확하게 양분되는 상황은 2004년 대선에서 부시 대통령이 현직 대통령으로는 역사상 가장 낮은 득표율 차이인 2.5%차이로 당선되는 결과를 가져오기도 했다(Ceasar and Busch 2005, 6).[19]

---

18) 캠벨(Campbell 2005, 224)은 1990년대 이후 등장한 균형의 정당정치를 마치 1876년부터 1896년 기간 동안 유지되었던 균형의 정당체계와 비슷한 양상으로 보고 있다.
19) 부시 이전에 미국 역사상 가장 낮은 득표율 차이로 재선된 현직 대통령은 3.2% 차이로 재선된 1916년의 윌슨 대통령이었다.

정당분극화가 강화되고 있음은 공화당과 민주당 지지자 간 대통령 지지도의 차이(partisan difference in approval ratings)에서도 나타난다. 1950년대 아이젠하워 대통령 이래 한 번도 70%를 초과했던 적이 없던 정당지지자 간 차이가 2004년 대선 이전 3개월 동안 평균 79%였고 최고 83%였으며 70% 밑으로 떨어진 적은 한번도 없었다(Jacobson 2005, 205-206). 또한 정당지지자들의 결집도가 커지면서 하원선거와 대통령선거 결과의 일치도(district-level consistency in House and Presidential voting)도 커졌다. 하원선거 결과와 하원선거구 내 대통령선거 결과가 일치하지 않는 선거구의 숫자가 크게 줄고 있는데, 1984년 190개에 달했던 불일치 선거구 숫자가 2004년에는 59개로까지 떨어지고 있다(Jacobson 2005, 207). 이처럼 높은 정당지지자 간 대통령 지지도 차이나 하원선거구의 선거결과 일치도 증가 등은 최근 미국 정당정치의 분극화가 어느 정도 심화되고 있는지를 잘 보여주고 있다.

결론적으로 1990년대 이후 미국 정당정치에 있어 민주-공화 양당의 이념적 차별성과 지지자들의 결집도가 커지는 정당분극화가 점점 더 심화되고 있다. 이처럼 1990년대 이후 정당분극화가 심화되고 있는 데에는 민주당 우위의 뉴딜 정당체계를 대체하여 민주-공화 양당 간 균형의 정당정치가 등장한 것이 중요하게 작용하고 있다고 본다. 유권자 지지규모가 대등한 상황에서 정당들에게는 무당파나 상대당지지 유권자로부터 지지를 얻는 것보다 자당 지지자의 투표율을 최대한 끌어 올리는 것이 선거 승리의 관건일수 밖에 없다. 그리고 이러한 균형의 정당정치는 1960년대 이후 시작된 문화적 쟁점의 정치화와 이로 인해 도덕적 가치와 관련된 문제들에 있어 보수적인 유권자들의 적극적인 정치참여가 1990년대 이후 가속화되면서 가능해지고 있다고 볼 수 있다.

참고문헌

Abramson, Paul, John Aldrich and David Rohde. 2002. *Change and Continuity in the 2000 Elections*. Washington, D.C.: CQ Press.
_____. 2005. "The 2004 Presidential Election: The Emergence of a Permanent Majority?" *Political Science Quarterly* 120: 33-57.
Alvarez, Michel, and John Brehm. 1995. "American Ambivalence towards Abortion Policy." *American Journal of Political Science* 39: 1055-1082.
Asher, Herbert. 1992. *Presidential Election and American Politics*. 5th ed. Pacific Grove: Brooks & Cole.
Bardes, Barbara, Mack C. Shelley, and Steffan W. Schmidt. 2005. *American Government and Politics Today*. Belmont, CA.: Thomson/Wadsworth.
Carmines, Edward, and James Stimson. 1989. *Issue Evolution: Race and the Transformation of American Politics*. Princeton: Princeton University Press.
Campbell, James. 2005. "Why Bush Won the Presidential Election of 2004: Incumbency, Ideology, Terrorism, and Turnout." *Political Science Quarterly* 120: 219-241.
Ceaser, James, and Andrew Busch. 2005. *Red over Blue: The 2004 Elections and American Politics*. Rowman & Littlefield.
Fiorina, Morris, Samuel Abrams, and Jeremy Pope. 2005. *Culture War? The Myth of a Polarized America*. New York: Pearson Longman.
Glynn, Carroll, Susan Herbst, Garrett O'Keefe, and Robert Shapiro. 1999. *Public Opinion*. Boulder: Westview.
Grant, Alan. 2004. *The American Political Process*. 7th ed. New York: Routledge
Jacobson, Gary. 2000. "Party Polarization in National Politics: The Electoral

Connection." In Jon Bond and Richard Fleisher, eds. *Polarized Politics: Congress and the President in a Partisan Era*. Washington, D.C.: CQ Press.

_____. 2005. "Polarized Politics and the 2004 Congressional and Presidential Elections." *Poitical Science Quarterly* 120: 199-217.

Judis, John, and Ruy Teixeira. 2002. *The Emerging Democratic Majority*. New York: Scribner.

Kaufmann, Karen. 2002. "Culture war, Secular Realignment and Gender Gap in Party Identification." *Political Behavior* 24: 283-307.

Koppelman, Andrew. 2002. *The Gay Rights Questions in Comtemporary American Law*. Chicago: The University of Chicago Press.

Layman, Geoffrey. 2001. *The Great Divide: Religious and Cultural Conflict in American Party Politics*. New York: Columbia University Press.

Layman, Geoffrey, and Thomas Carsey. 2002. "Party Polarization and Conflict Extension In the American Election." *American Journal of Political Science* 46: 786-802.

Mellow, Nicole. 2005. "Voting Behavior: The 2004 Election and the Root of Republican Success." In Michael Nelson, ed. *The Elections of 2004*. Washington DC: CQ Press.

Miller, Warren, and J. Merrill Shanks. 1996. *The New American Voter*. Cambridge: Harvard University Press.

Rabinowitz, George, Paul-Henri Gurian, and Stuart MacDonald. 1984. "The Structure of Presidential Elections and The Process of Realignment, 1944 to 1980." *American Journal of Political Science* 28: 611-635.

Shafer, Byron. 2003. *The Two Majorities and the Puzzle of Modern American Politics*. Lawrence: University Press of Kansas.

Weisberg, Herbert. 2005. "The Structure and Effects of Moral Predispositions in Contemporary American Politics." *Journal of Politics*, 67: 646-668.

[부록]

1. 정당후보선택
    1992: Bush(1), Clinton(0)
    1996: Dole(1), Clinton(0)
    2000: W. Bush(1), Gore(0)
    2004: W. Bush(1), Kerry(0)

2. 문화적 쟁점들과 통제 변수들
    Abortion(4pt): Pro-Choice(1)-Pro-Life(4)
    Death Penalty(4pt): Oppose strongly(1)-Favor strongly(5)
    Gay in Military(4pt): Favor strongly(1)-Oppose strongly(5)
        Gay Marriage: yes(0), no(1): 2004년 자료
    Aid to Poor(3pt): Increase(1)-Decrease(3)
    Welfare Programs(3pt): Increase(1)-Decrease(3)
    Social Security(3pt): Increase(1)-Decrease(3)
    Help Blacks(7pt): Government should help(1)
        -help themselves(7)
    Affirmative Action(4pt): Favor strongly(1)
        -Oppose strongly(4)

3. 사회집단적 배경 변수들 & 통제변수들
    Church Attendance: Never(1)-Every Week(5)
    Catholic: (1/0)
    Evangelical: (1/0)
    White*South: (1/0)
    White*Working Class: (1/0)

    Edu(7pt): 8 grades or less(1)-advanced degree(7)
    Inc: 0-23
    Age: 17-99
    Marital Status: married(1), not(0)

제10장

미국의 정치변화와 민중운동의 양극화*

■ 주미영

I. 머리말

　미국에서 민중운동이란 용어가 오늘날에는 다소 생소하게 들릴 수는 있으나 최초의 민중운동은 19세기 말 농민들의 급진주의 운동에 그 기원을 두고 있다. 이 운동은 당시 민중당을 만들어 정치적으로 큰 영향력을 행사했고, 그 정치적 영향력은 전례 없을 정도로 중요한 가시적 결과를 이끌어 냈기 때문에 아직까지도 민중운동 연구에서 핵심적 사례로 평가되고 있다.
　그렇지만 미국의 역사를 살펴보면 19세기 말 이전에도 민중운동으로 간주될 수 있는 사례는 상당수 존재했었다. 민주주의적 가치 실현에 있어서 권력 엘리트들이 방관하기 쉬운 '평등' 가치에 대한 요구는 어

---

* 이 논문은 2007년 3월 『한국과 국제정치』 23권 1호(2007)에 이미 게재된 바 있다.

떤 시기에서든지 나타날 수 있는 저항이데올로기라고 할 수 있다. 따라서 미국 민중운동은 시간이 흐름에 따라 그 목적과 운동방법의 측면에서 다양한 변화를 보여 왔을 뿐만 아니라 정치적 측면에서도 그 역할과 중요성이 매우 다양하고 복잡하게 평가되고 있다.

20세기 중반부터 미국 사회에서는 갑자기 민중주의에 대한 관심과 논쟁이 증가하기 시작하였다. 그 이전까지만 해도 잭슨주의(Jacksonianism), 진보주의(Progressivism), 그리고 뉴딜(New Deal) 시대로 이어져 온 개혁적 전통이 평등을 요구하는 민중운동의 흐름이며 이런 운동들이 미국 민주주의 발전에 크게 기여해왔다는 보편적인 평가만이 존재했었다. 하지만 이와는 달리 1950년대 중반 이후부터는 미국사회 내에서 등장한 민중주의에 대해서 부정적, 퇴폐적 그리고 반사회적이라는 공격이 표면화되기 시작했는데, 특히 인종주의, 반유대주의, 토착주의, 전체주의, 배외사상, 심지어는 파시즘과 관련된 민중운동에 대해서는 사회적 불안과 부도덕성을 가져왔다고 비판하였다. 이를 기점으로 민중운동이 좌-우의 성향을 띠면서 양극화가 되기 시작했다고 할 수 있다.

민중주의는 한 사회 내에서 엘리트들 때문에 보통사람들의 관심이나 이익이 억제되거나 저해된다고 믿는 정치철학 또는 수사적 표현이다. 민중주의는 엘리트에 집중된 정치권력, 즉 특권과 독점된 권력에 대항하여 민중이 자신의 권리와 평등을 주장하는 정치적 사상을 의미한다(Viguerie 1983, 11). 이런 의미에서 민중운동은 부자들과 빈자들 사이에서 국가의 부를 보다 더 공정하게 분배해야 한다고 강하게 주장하는 좌파적 성향을 띠는 것이 당연하다.

그럼에도 불구하고 최근의 민중운동은 좌파와 우파 모두에서 나타나고 있다(Canovan 1981; Kazin 1995; Berlet and Lyons 2000). 두 파 모두 이념적 차이가 분명히 존재함에도 불구하고 대기업들과 부패한 엘리트의 권한을 축소시키고, 민중을 가장 우선시 하고, 정부에 반대하려는 점에서 공통적인 특성을 가지고 있다. 특히 새롭게 등장된 신우파와 극우파 민중운동은 이전의 민중운동과는 달리 전통적인 좌-우의 이념적 대립적 틀 속에서 설명될 수 없는 특이한 성향을 보이고 있다.

민중주의는 사회가 불안할 때, 특히 경제적 불황, 경제적 부정부패, 경제적 불평등이 만연해질 경우 급속도로 민중의 지지를 얻게 되는 반면, 경제적·사회적 상황이 좋아지는 즉시 반대로 지지가 감소하면서 민중주의 운동은 쇠퇴하게 된다. 따라서 대중들이 미국이 잘못된 방향으로 가고 있다고 생각하는 비율이 높아질 때 민중주의 운동이 사회 전반에 확대될 가능성은 높아진다. 이를 통해 민중들에게 희망을 주고 상황을 변화시킬 수 있는 길을 제공할 수 있다면, 어떤 성향의 민중 운동이든 간에 집단적인 힘을 행사함으로써 개인적으로나 정치적으로도 큰 변화를 가져올 수 있다는 긍정적인 평가를 얻을 수 있다.

뉴딜체제하에서의 정치·경제적 진보주의 세력과 뉴딜 이후의 문화적 신좌파(New Left)의 결합인 진보-좌파 세력은 그 당시만큼은 아니지만 아직도 미국정치 내에서 여전히 안정된 권력지도를 유지하고 있다. 반면 이에 대한 반대세력인 보수-우파는 뉴딜 이전의 성향과는 다른 성격을 지닌 신우파(New Right)로 탄생되었고, 냉전 종식과 함께 미국 내에서는 급진적인 성향을 띤 극우파(Far Right)가 상당수 증가하고 있다. 미국 내에서의 이념적 이해를 둘러싸고 나타나는 민중운동은 과거의 진보-보수의 모습이 아닌 공동체주의/진보-보수/자유지상주의로 분할되고 있다. 심지어는 극좌파(Far Left)인 무정부주의자로 간주하는 집단도 증가하고 있다. 자유, 평등, 그리고 질서유지라는 미국 민주주의의 가치들 간의 갈등이 다양하게 전개되면서 민중운동은 미국 정치를 새로운 양극화 환경에 놓이게 하는 주요 변인이 될 수도 있고, 반대로 이런 가치들을 분배하는 정치권에 대한 대응세력으로의 역할을 할 수도 있다.

민중운동에 참여하는 주체는 정확하게 파악할 수 없을 정도로 미국 내의 작은 마을로부터 전국 단위에 이르기까지 수많은 운동단체들로 존재하고 있기 때문에 그 회원 수는 그야말로 추측에 의존할 수밖에 없다. 현재에는 양극화의 수준을 넘어 신좌파, 극좌파, 신우파, 그리고 극우파 등 다극된 민중운동들이 미국사회를 이전과는 다른 방법으로 대중들을 분열시키고 있으며, 이들 간의 갈등은 미국이 해결해야 할 중요한 정치적 이슈가 되고 있음이 분명하다. 민중운동이 더 이상 과거처럼 긍정적 역할을 할 것이라고 기대할 수 없는 상황이 전개되고 있다. 특히 보다 더 다양해지고 폭력화되고 있는 다수의 우파적 성향 민중운동과 소수의 좌파적 운동은 미국 민주주의에 도전적 요소가 될 위험성을 지니고 있기 때문에 그들의 활동과 정치적 영향력을 살펴볼 필요가 있다.

이 글의 목적은 전통적인 미국적 가치, 즉 개인주의에 대한 신념과 청교도적인 생활양식이 붕괴되는 데 있어서 가장 큰 원인이 되었던 뉴딜체제하에서 등장한 공동체주의적(communitarian), 사회주의적, 정부간섭주의적 가치를 기초로 복지국가를 건설하고자 했던 진보주의운동과 뉴딜체제가 끝난 1960년대 등장한 신좌파운동, 그리고 이에 대한 반발세력으로 시작된 신우파운동, 더 나아가서 최근에 와서 우려의 목소리가 높아지는 극좌파나 극우파운동에 초점을 두고 이들의 등장 배경, 목표, 이들 간의 갈등, 정치적 영향 등을 살펴보는 데 있다. 이런 과정 속에서 뉴딜 이후 강화되기 시작한 진보적 성향의 미국 사회가 다시 우경화 되는 방향으로 움직이게 되고, 결국은 민주당에 의해 대변되는 진보-좌파적 가치와 공화당에 의해 대변되는 보수-우파적 가치 간의 정치적 갈등으로 미국사회가 양극화되고 있음을 살펴보고자 한다.

또한 이런 민중운동이 정당과 같은 정치적 기제를 통해 자신들의 주장을 얼마나 관철해 낼 수 있는가에 대한 평가와 더불어 민중운동으로 인해 발생하는 미국 내 갈등을 해소할 수 있는 효율적인 방안에 대해서도 생각해 보고자 한다. 미국 민중운동의 변화와 민중운동과 미국 정치의 양극화와 관계를 살펴보는 것은 현재 미국 사회 전반에서 해결되어야 할 중요 과제들에 대한 진단은 물론 향후 미국 정치가 직면할 수 새로운 문제에 대해서 전망해보는 데에도 도움이 될 것이다. 무엇보다도 아래로부터 결집된 힘을 기초로 한 민중운동이 과연 미국정치의 양극화의 원인으로 작용했는지 아니면 정치적 환경 속에서 발생한 결과물로서 등장된 것인가에 대한 답을 찾는 것이 가장 중요한 과제가 될 것이다.

II. 미국 내 좌파 민중주의

　제2차 세계대전이 끝난 후 미국 사회 내에서는 공산주의에 대한 두려움이 팽배하는 가운데 공산주의자들이 정부에 영향력을 행사했다는 사실이 국민들에게 알려짐에 따라 정치의 핵심이 반공산주의에 맞춰졌고, 국민들이 공산주의에 느끼는 공포감과 '매카시즘(McCarthyism)'[1]의 출현이 동시에 이루어짐으로써 반공을 주장하는 현대적 민중주의가 부활되었다. 또한 제2차 세계대전 이후 미국 사회가 정치적·사회적·경제적으로 큰 어려움을 느끼고 있던 상황에서 민중들의 불만과 항의가 쌓이기 시작하여, 결국 1960년대에 접어들어 그런 감정은 마침내 과격한 행동으로 표출되었다. 주로 불평등의 문제를 가장 심각하게 느끼고 있던 흑인들의 항의가 폭동으로 전개됨으로써 미국 사회는 공포와 혼란에 휩싸이게 되었다. 1968년 흑인지도자인 킹(Martin Luther King) 목사가 피살되자 미국 내 125개 도시에서 폭동이 일어나는 등 사회적 혼란은 그 절정에 이르렀다.

　1960년대와 1970년대에 걸쳐 나타난 정치적·경제적 소요와 경제적 불황 속에서 보통사람들, 즉 민중들은 정부 지도층을 불신하게 되었고, 큰 정부, 대기업, 방대한 노동조합, 금융기관 등 보다 강력해진 제도와 그 대표자들로부터 무시당하고 기만당했다고 느끼는 심리적 상실감 때

---

1) 매카시즘은 제2차 세계대전 이후 미국 내 공산주의자들이 국가 안보를 위협하고 있다고 간주되는 정부 내의 공산주의자를 색출하려는 반공산주의 운동이라고 평가되기도 하지만, 동부의 정치적·지적 엘리트, 즉 와스프(WASP)에 저항하던 당시의 진보주의 성향의 기득권 집단과 상층계급에 대항함으로써 민중의 지지를 받았던 보수주의 운동으로 보는 시각도 있다.

〈그림 1〉 미국 민중운동의 변화

〈표 1〉 1960년대 신좌파/급진파 민중운동 단체의 예

- 민주학생연합(Students for a Democratic Society, 1962): 비폭력 시민불복종
- 버클리 자유언론운동(Berkeley Free Speech Movement, 1964): 사회혁명 추구
- 흑인민중의 힘(Black Power)
- 검은 표범당(Black Panther Party): 1966년 흑인들이 조직한 급진적/전투적 조직
- 검은 무슬림(Black Muslim): 흑백인의 완전 격리를 주장하는 흑인 회교 단체
- 갈색 베레모(Brown Berets): 1967년 결성된 멕시코계 미국인 청년들의 자치조직
- 아메리칸 인디언 운동(American Indian Movement)
- 기상예보자 지하조직(Weather Underground Organization)

문에 또 다른 성향의 민중운동을 일으켰다. 그들은 대기업과 큰 정부에 권력이 지나치게 집중되어 있는 것에 반대하면서 민중이 이익집단의 주인이 되어야 함을 강하게 주장하였다.

1960년대 이전의 좌파민중주의는 주로 계급주의를 기반으로 백인들은 노동문제를 그리고 흑인들은 흑인민족주의 운동이나 흑인우월주의를 강조하고 있었던 반면, 1960년대에는 대학생을 중심세력으로 한 사회적 엘리트 위주의 급진주의적 정치운동이 나타나기 시작하였다. 전자는 구좌파(Old left)로 후자는 신좌파(New left)로 정의되고 있다. 20년간의 뉴딜체제가 끝나고 공화당 출신 아이젠하워 대통령 집권하에서도 진보주의자들의 활동은 계속되었고, 행정부 정책도 이전과 같은 패턴을 유지하였다. 한편 신좌파는 주로 기존 권위구조에 반대하면서 경제적으로 풍부한 사회 내에서 나타나는 병폐의 일종인 소외나 아노미 등 사적인 이슈를 해결하려는 대항문화적(countercultural) 성향을 띠면서 사회운동이나 사회혁명의 특성을 지닌 문화적 좌파의 특성을 보여주었다.

당시 민주학생연합(SDS)은 도덕주의적 관점에서 기성사회에 대해 저항하고 사회 변혁의 방향을 추구하려고 했다. 신좌파는 보수 세력에 대해 반대는 물론 경제적 평등을 위해 강력한 국가권력과 중앙통제를 요구했던 구좌파에 대해서도 반대하고, 마르크스주의자에 대해서도 반대하는 입장을 보였다. 이들은 개인의 자유가 최고의 목표인 자유지상주의를 실현하고자 했고, 모든 제도적 권한을 부정하는 무정부적 성향을 지닌 유산계급에 의한 급진주의 운동을 전개하였다. 이들은 소비지상주의를 거부하고 중산계급의 노동 윤리를 부정함으로써 사회 전반의 빈곤을 조장하는 주원인이 되어 오히려 흑인들의 생활을 더욱 더 궁핍하게 만들었다는 비판을 받았다. 결국 신좌파 운동도 근본적으로는 엘리트 운동이었을 뿐 평등주의적 운동은 결코 아니었다.

당시 이들은 새로운 영역에서 활동하기 시작했는데, 이들은 민권신장을 위해 민권법(Civil Rights Act) 제정, 낙태허용(1973, Roe vs. Wade), 소수자 우대조치(1978, Affirmative Action) 등 많은 성과를 이루어냈다. 특히 베이비붐 세대인 백인 신좌파들은 참여민주주의란 인간의 '총체적인 해방'이 이루어졌을 때 실현될 수 있으며, 혁명을 통해 억압과 불평등의 상징인 기성세대를 타도할 경우에만 달성될 수 있는 것이라고 주장했다.[2] 극단적인 경우 이들은 신마르크스주의, 트로츠키

---

2) 베이비붐 세대의 백인들은 대체로 대학교육을 받은 유한계급에 속했다. 하지만

주의, 흑인민족주의, 공동체주의, 히피사상, 여성해방운동, 동성애주의 등을 주장하면서 중공의 마오쩌둥, 쿠바의 카스트로, 아르헨티나의 체 게바라, 베트남의 호치민 등의 제3세계 혁명 운동가들을 존경하는 행태를 보이기도 했다.

한편 신사회 운동의 한 측면에서 나타난 흑인 과격주의는 사회의 주류계급인 부르주아 타도를 위해 폭력 사용을 옹호하기도 했는데 이는 오히려 그들이 계급주의 타파를 주장하던 구좌파로 복귀하는 모습으로 비춰졌다. 그 예로는 백인들로 구성된 '기상예보자,' 흑인들에 의한 '검은 표범당'과 '검은 무슬림,' 멕시코인들에 의한 '갈색 베레모' 등이 있다. 이 시기에는 정치혁명이 문화혁명으로 전환되어 미국인들의 문화지도가 바뀌고, 개인주의적 생활방식이 공동체주의적 생활방식으로 변화되는 결과가 나타나기도 했다.

신좌파, 급진파(Radicals), 그리고 개혁파들의 성과가 미흡하자 1970년대 좌파 민중주의자들은 불평등과 불의의 근본적 문제를 해결하는 것을 최우선시 하였다. 이들은 민권, 소수민족, 여성 평등의 문제는 물론 환경, 생태, 반핵, 반전, 군축, 소비자보호, 공공이익 등과 관련된 이슈에도 관심을 보이는 등 다양한 개혁 운동을 전개하였다. 1980년대에 접어들어 빈부의 격차가 심각해지자 중산계층의 블루칼라 노동자, 중소기업가, 가족농장주와 소수인종 내에서 민주적이고 진보적인 성향을 가진 시민행동주의가 나타나기 시작했다. 주로 중서부와 남부의 농민과 노동자들이 연합하여 은행과 상인들에게 대항했는데, 수많은 공동체 조직과 이웃주민들이 만든 협회에서 출발하여 주와 전국적 차원에서 시민연대를 형성하는 방법으로 신속하게 미국 전역으로 확대되었다.

대졸 출신자 수가 사회적으로 급증하고 있지만 경제는 침체에 빠져 있어 취업난이 심각한 상황이었고, 결국 목적 없는 백인학생들이 흑인들의 민권운동에 가세하게 되었다. 1965년 대학생 수는 550만 명으로 10대 인구의 절반을 차지했고, 21세에서 24세 청년층의 1/4이 대학생이었을 정도로 그 수는 최대치를 기록하였다.

200만 명에 이르는 시민들이 포함된 시민연대는 20여개 주의 노인 단체, 노동조합, 소작인, 인종단체, 교회, 여성단체, 환경운동가, 소비자들로 구성된 조직으로서 세금반대, 공공요금 인상 반대, 핵동결운동과 핵폐기물 청소 등을 요구하는 민초 중심의 조직이었고, 시민행동주의를 대표하는 좌파 민중주의의 지도적 단체로서의 역할을 담당하였다. 이들의 노력에 의해 노인의료보험, 빈민 의료비 지원 개혁, 노인을 위한 처방약 보조금 계획, 독성물질에 대해 알 권리, 공공요금 등에 대한 진보적 법률을 통과시키는 데 성공하였다. 이들은 캔버스(Canvass) 방법을 사용하면서 가가호호 방문하여 모금하고, 사람들을 교육시키고, 민초들의 분위기를 파악하고, 조직이 해결하고자 하는 문제를 결정하려고 노력하였다. 이에 대응하여 정치인들은 이 방법을 지속적으로 금지시키고자 하였다.

1979년 최초로 오리건 공평분배(Oregon Fair Share), 매사추세츠 공평분배, 일리노이 공동행동회의, 코네티컷 시민동맹회의, 오하이오 공익운동 등이 연합하여 시민행동(Citizen Action)이란 단체를 결성하였다. 이런 시민운동 조직은 주로 흑인, 백인, 히스패닉, 빈민, 중산계층, 환경운동가, 노동조합원, 농민 등으로 구성되어 있어 중산 계급의 행동주의로 확대될 수 있었다. 시민들은 충돌이 아닌 협력을 통해, 즉 직장과 공동체 안에서 사람들을 폭넓게 접촉하는 방법을 사용하고, 의사 결정에 보통사람들이 참여함으로써 주 정부와 연방 정부의 문제를 해결하는 데 있어서 직접적이고 적극적인 역할을 할 수 있었던 것이 이전의 민중운동과 크게 다른 점이었다. 다시 말하면 이 시기의 신좌파적 민중운동은 오늘날 시민단체나 NGO 영역 활동과 같은 것이었다.

그들의 경제적 목표는 민중의 안녕과 사회 여러 부문에서 민중의 경제적, 사회적 지위를 향상시키는 것이었다. 따라서 도시의 병폐, 범죄 확산, 민족과 인종 간의 갈등 문제뿐 아니라 무책임한 은행의 고리대금, 부동산에서 얻은 막대한 이익, 공포와 분열 속에서 이익을 얻으려는 선동적 정치가들에게 도전하기 위해 공동체의 협동을 강조하였다. 하지만

<표 2> 1980년대 신좌파 민중운동단체의 예

- 진보주의 민주주의자 회의(Progressive Populist Caucus)
- 시민행동(Citizen Action) 등을 통한 활동 산업지역재단(Industrial Areas Foundation)
- 전국훈련정보센터(National Training and Information Center)
- 조직 훈련 센터(Organizing Training Center)
- 중서부아카데미(Midwest Academy)
- 소비자운동-Ralph Nader
- 노인시민전국회의(National Council of Senior Citizens)
- AFL-CIO의 연합

좌파적 민중주의자들은 결코 정부에 대해 적개심을 가지고 싸우지는 않았지만, 그들만의 자치정부를 추구하는 특성을 보였다. 이렇게 오랫동안 좌파적 성향의 민중운동은 비교적 건전하고 평화롭게 진행되어 왔음에도 불구하고 최근에 와서는 좌파적 문제를 둘러싸고 형성된 단체들에 의한 공격적 활동, 즉 급진적 좌파 성향이 점차 증가하고 있다.

동물보호전선(ALF: Animal Liberation Front), 지구보호전선(ELF: Earth Liberation Front), 기상예보자 등의 환경보호주의자와 푸에르토리코 민족해방단체 등이 테러공격을 시도하는 과격한 단체들이 바로 그 예들이다. 그러나 그런 과격한 공격성에도 불구하고 이들 좌파운동은 현시점에서의 우파 민중운동과 비교해 볼 때 그 활동 범위나 공격성의 정도는 좌파운동은 거의 미비한 수준에 머물러 있다.

III. 미국 내 우파 민중주의

미국 내 우파 민중주의는 진보적 좌파 민중주의 운동을 반격하기 위해 나타난 반사적 운동이었다. 우파적 민중운동의 경우 1820년대 잭슨

시대 때에는 가톨릭 반대운동과 프리메이슨 반대운동[3]에서 그 기원을 찾아볼 수 있었고, 1930년대에는 큐클럭스클랜(KKK)이나 파시스트단체에 대한 반대 운동이 있었으며, 제2차 세계대전이 끝난 후에 나타난 매카시즘도 우파민중주의 운동의 한 부분으로 설명될 수 있다. 하지만 이들은 좌파민중주의만큼 정치적 영역에 큰 영향력을 행사했다고 평가되기에는 미흡한 측면이 많다. 이들은 인종주의, 민족주의, 맹목적 애국주의(jingoism), 종교적 근본주의 등의 특성을 보이면서 꾸준히 그 명맥을 이어오고 있으며, 오히려 최근에 와서는 그 영향력이 과거보다 훨씬 강해지고 있다. 따라서 선거권 확대 반대로부터 반공산주의, 국가안보, 도덕적 가치의 회복에 이르기까지 오늘날에도 보수주의적 가치를 유지하고자 하는 다양한 우파적 민중운동은 미국 사회에서 계속되고 있다.

우파 민중운동은 다양한 모습으로 존재하는데, 좌파 민중운동과 마찬가지로 우파, 신우파, 극우파에 이르기까지 그들의 주장과 운동방법에서 큰 차별성을 찾아볼 수 있다. 우파 민중주의자들은 공통적으로 애국주의와 인종차별주의를 주장하고 기업 자본주의에 대한 규제가 없는 경제적 진화론인 자유방임주의를 지지하지만, 가장 우선하는 목표에 따라 운동의 방향을 달리한다. 우파민중주의는 미국인들의 경제적, 도덕적, 문화적인 전통적 생활방식이 변화하는 것에 위협을 받아 두려움을 느끼는 사람들에게 호소력이 컸으며, 정치적 문제보다도 경제적, 사회적 문제에 관심을 두었다. 따라서 그들은 학교 예배문제, 낙태, 흑백통합문제, 교육세 혜택 문제, 사유화, 세금삭감, 큰 정부, 판사들의 관대

---

3) 이는 '보통사람의 시대'에 비밀 공제조합인 프리메이슨단에 대한 광범위한 분노와 불신이 동기가 되어 일어난 대중운동이다. 프리메이슨주의자인 앤드루 잭슨(1829~1937년 미국 대통령)의 반대세력은 반(反)프리메이슨 정당을 만들기 위해 감정적 소요상태를 이용했다. 반프리메이슨 정당은 미국 최초의 제3정당이며 처음으로 후보지명 전당대회를 개최하고 유권자에게 정당의 신조에 대한 강령을 제시했었다.

한 판결 등 미국인들의 삶의 방식과 가치와 관련된 문제를 보다 더 중요하게 생각하고 있었다.

1. 신우파 단체의 등장

20세기 초반 미국 북부와 동부의 중상층이 중심이었던 보수 우파는 기업이익의 동원화와 경제적 안정을 중시했지만 당시의 진보 좌파 세력을 견제하는 데에는 성공적이지 못했다. 1930년대의 진보주의 권력층과 1960년대의 '문화적 좌파'는 수십 년간 미국 내에서 하나의 결집된 공동세력으로 행동해오면서 민주당 행정부하에서 의회, 대도시의 시장, 큰 주의 주지사, 워싱턴의 주요 관직, 언론직 등의 전문직까지 독차지하는 데 영향을 끼쳐왔다. 결국 '리무진 진보주의자'로 일컬어지기도 하는 이런 '진보-좌파' 엘리트에 분노하는 반발세력이 된 민중들, 즉 신우파로 표방되는 중산층 대중들이 우파민중주의의 새로운 중심세력이 되었다. 이들은 사회계급 내 상류층과 하류층 모두가 게으르고, 악하고, 죄짓는 사람들이라고 비난하면서 지속적으로 이들과 갈등하면서 열심히 일하던 중산층의 입장을 보여주고자 하였다(Berlet & Lyons 2000, 348).

1960년대 말에서 1970년대에 걸쳐 낙태와 동성애자의 권리와 같은 대항문화적 이슈에 반대하면서 가정의 가치를 중요시하던 중산층 백인들과 종교적 지도자들을 주축으로 한 신우파들은 미국의 "전통적 가치"를 위해 전국적 조직을 형성하게 되었다. 주로 대도시 교외에 거주하는 미국인들로 구성된 이들은 진보주의자들의 반전운동과 흑인운동이 채택한 급진주의적 전략에 크게 반발하였고, 그들 역시 정부와 기업을 불신하면서도 사회 내 범죄예방은 강조하였고 사형제를 찬성했다. 하지만 이들은 인종, 성, 종교와 관련된 이슈와 혼전성경험에 대해 보수 우파보다는 좀 더 관대한 태도를 보일 뿐 아니라 이전 보수 세대들

〈표 3〉 신우파 민중운동 단체의 예

- 존 버치 협회(The John Birch Society): 1958년 창설된 미국의 반공 극우 단체
- 도덕적 다수(Moral Majority): 1979년 기독교 우파(침례교회)가 창설한 조직
- 팻 로버트슨 목사의 700클럽(The 700 Club)
- 자유 로비(Liberty Lobby)
- 미국을 걱정하는 여성들(Concerned Women for America)
- 기독교 연합(Christian Coalition)
- 독수리 포럼(Eagle Forum)
- 가족우선 모임(Focus on the Family): 1977년 창설된 복음주의적 비영리 단체

보다 환경의 중요성을 좀 더 의식하는 모습을 보였다.

1970년대와 1980년대의 미국 우파민중주의는 진보-좌파 지식인, 관료, 언론인, 성공한 여성에 대한 분노를 표출을 의미했다. 주로 남부와 서부지역의 중산층 이하의 고졸 출신 기독교인들과 북부의 일부 가톨릭 신자들로 형성된 신우파는 19세기 말 자유방임을 주장해온 구우파(Old Right)와도 아주 다른 성향을 보였다. 이들은 연방정부의 복지제도인 아동부양가족보조제도(AFDC) 반대, 반전주의자와 병역기피자들에 대한 비난, 사형제도 찬성, 성해방에 대한 비난, 전위예술에 대한 분개 등을 표출하면서 국가 구원의 십자군운동으로서의 활동을 전개하였다.

이들의 입장에서 보면 루즈벨트의 뉴딜정책은 사회악의 근원이었기 때문에 이들의 목적은 당연히 뉴딜 이전의 미국의 모습으로 되돌아가는 것이었다. 그럼에도 불구하고 이념적으로는 전통주의적이고 보수주의적이지만 행동에 있어서는 아주 급진주의적인 모습을 갖고 있는 것이 신우파의 특징이다. 다시 말하면, 이들은 기존체제를 바꾸려는 변혁의 세력이기도 하지만 과거의 전통적인 체제로 되돌아가려 복고세력으로서의 '민중주의적 보수주의자들(populist conservatives)' 이었다(이주영 2003).

이들의 대표적인 활동은 주로 근본주의 신앙을 가진 프로테스탄트

인 '기독교 연맹(Religious Right)'에서 출발하여 1979년 '종교적 원탁회의(Religious Roundtable)'를 창설하고, 1980년 '도덕적 다수(Moral Majority)'를 통해 선거에서 진보주의 정치인에 대한 낙선운동 전개하고, 1992년 로버트슨(Pat Robertson)의 기독교연합(The Christian Coalition)을 통해 미국의 세속화 방지를 위해 노력하였다. 또한 이들은 1977년 가정수호연합회를 통해 남녀평등헌법수정안(ERA)에 대해 반대하고, 가정보호법(Family Protection Act) 제정을 위해 노력하고, 연방정부의 세금부과를 직접 제한하려는 헌법수정운동을 전개하고, 노동조합을 약화시키고, 반공주의와 애국심을 천명하는 등 미국 사회의 '좌경화'와 '세속화'를 저지하려는 활동을 적극적으로 전개해왔다.

탈산업화가 이루어지고 성역할의 변화에 따른 미국 사회의 양극화가 '종교'라는 변수에 의해 보다 더 양분된 셈인데, 신우파들의 활동은 정치영역에서 가시적인 영향력을 행사할 수 있었다. 1990년대 중반 미국의 보수적인 정치인들과 신우파 운동가들이 공조하여 진보적인 엘리트와 드러나지 않는 정부 관료들에 대해 반기를 들기 위해 민중주의 운동을 전개하겠다고 주장하면서 미국 사회 내의 우파민중운동은 활발하게 진행될 수 있었고, 이들 활동에 영향을 받는 인구는 거의 1,000만 명에 달했다. 기독교연맹의 경우 1990년대 중반 50개 주 중 24개 주에서 실제로 영향력을 행사할 수 있었다.

2. 극우파 단체의 확대

극우파는 이미 오랫동안 준군사조직(paramilitia organization)과 관련되어 왔는데, 제2차 세계대전 이전에는 우파와 파시스트단체와 연계되었던 반면 냉전기간에는 애국주의적 성향을 아주 강하게 보여주었다. 1980년대에 접어들자 극우적인 성향을 지닌 '힘없는 민중'이 탄생하였고, 이들은 '연방정부의 폭정'으로부터 민중인 자신들을 지키기

〈표 4〉 극우파 민중운동 단체의 예

- 흰동백기사단
    (Knights of the White Camellia)
- 붉은 셔츠(Red Shirts)
- 침묵의 형제애
    (Silent Brotherhood=The Order)
- 기독교일치(Christian Identity, Oklahoma)
- 블루리지사냥클럽
    (Blue Ridge Hunt Club, Virginia)
- 조지아공화시민군
    (Georgia Republic Militia)
- 몬태나 자유민(Montana Freemen)
- 제3회 대륙회의
    (Third Continental Congress)
- 북미시민군(North America Militia)
- 큐클럭스클랜(Ku Klux Klan)

- 백색리그(White Leagues)
- 구출작전(Operation Rescue)
- 포세 코미타투스(Posse Comitatus)
- 기독교 애국자(Christian Patriots)
- 애리조나 독사 시민군
    (Arizona Viper Militia)
- 워싱턴 주시민군
    (Washington State Militia)
- 웨스트버지니아 산악시민군
    (West Virginia Mountain Militia)
- 현명한 사용(Wise Use Movement)

위한 무장단체인 시민군(militia)이나 준군사조직을 조직하기도 했다. 1985년에서 1987년 사이 아리안 국가(Aryan Nation), 포세코미타투스(Posse Comitatus), 침묵의 형제애(the Order)[4] 등 극우파 단체들의 무력적 활동이 등장했고, 이와 함께 1980년대에는 군국주의적 성향의 기독교애국방위연맹(CPDL) 등이 등장하기도 했다. 자유지상주의적이고 무정부주의적인 성향의 극우파들은 신우파와는 달리 반유대주의적 태도를 강하게 보이면서 기독교 신앙과 무장투쟁을 결합시킨 단체를 조직하였다.

'기독교 애국자들(Christian Patriots),' 아이다호의 '기독교 성약 공동체', '주의 칼과 팔' 등의 종교적 무장 공동체가 하나 둘씩 등장하기

---

4) 이 단체는 원래 'The Order'라는 이름을 지니고 있지만 동시에 '침묵의 형제애(Silent Brotherhood)'라는 명칭을 사용하기도 한다.

시작하는 가운데 1989년과 1991년 사이에 소련과 동유럽 공산정권이 붕괴되는 계기를 맞아 극우파의 활동은 보다 활성화되었다. 미국 내에서 극우파의 주공격 대상은 물론 민주당이었지만 연방정부에 대한 증오심 때문에 공화당 역시 그들의 대상이 되기도 하였다. 실제로 클린턴 행정부시기에 이들의 비난 수준은 최절정에 이르렀다고 볼 수 있다. 극우파 민중주의자들 역시 좌파 민중주의자들과 마찬가지로 보통사람들의 이해를 대변하는 반정부적 성향을 지니고 있다.

극우파는 다양한 우파 민중적 사회운동 중 가장 투쟁적인 성격이 강한데, 미국 사회가 엘리트들에 의해 정부, 경제, 문화 모두가 비밀리에 통제되고 있다는 음모론을 믿고 있다. 따라서 이들은 총기제한, 세금, 헌법적 자유, 연방규제 등에 책임이 있는 정부에 저항하기 위해 투표 대신 총탄으로써 다른 사람들이 자신들의 생각을 받아들이게 하는 충격요법을 사용하였다. 주로 무장된 시민군이나 준군사조직으로 불리는 이들 단체들은 강한 반민주적 성향을 보이면서 연방법과 규제를 거부하는 권위주의적이고 신정주의적 목표를 수행하는 사적 군대를 지니고 있다.[5]

백인우월주의자들인 극우파들은 유색인종을 2등 시민으로 여기고, 무력을 통해서라도 낙태를 금지시키고, 동성애자들을 사형시키고, 유대인들을 미국 사회로부터 몰아내자고 주장한다. 따라서 극우파의 희생양이 되고 있는 대상들은 주로 연방정부 공무원과 경찰 및 치안담당 공무원, 소수인종단체와 유대인 단체, 낙태제공자와 지지자, 환경주의자와 자연보호운동가, 동성애자 권리 지지자, 유색인종, 이민자, 복지혜택 수혜자 등 그 대상자의 범위를 상당히 넓혀가고 있다.

1990년대 초 새로운 운동을 시작한 우파를 분노케 한 일련의 사건이

---

5) 시민군 단체의 수는 정확하게 파악되지 않았지만, 1995년 의회 청문회에서 48개 주에 272개가 있다고 보고되었으나, 1996년에는 858개라는 주장이 제기되기도 했다(Reuters, May 9, 2001).

발생했는데, 로드니 킹 사건으로 인해 발생한 흑인폭동, 북미자유무역협정(FTA) 통과, 1992년 아이다호 주의 루비리지(Ruby Ridge) 사건, 그리고 1993년 텍사스 주 웨이코(Waco) 사건 등이 바로 그 예들이다. 민주당 출신 클린턴이 대통령으로 당선되고, 웨이코 사건이 발생한 후 우파 극단주의 운동은 갑자기 증가하기 시작하여 1995년에는 거의 모든 주까지 확대되었는데, 이들이 1995년 오클라호마시티에서 발생한 연방정부건물 폭발사건에 연루되었다는 혐의를 받게 되자[6] 오히려 이와 관련된 단체가 증가하고 그 활동도 증가하는 기이한 현상이 나타나게 되었다. 극우파들은 정부가 대부분의 미국인들에게 참담한 비극으로 비춰진 이런 사건들과 관련된 문제를 감당하려는 의지가 없다고 판단했기 때문이었다.

결국 이들은 정부를 신뢰하지 않고 스스로를 보호하고 방어하기 위해서는 총기를 사용해야 한다고 주장했다.[7] 1994년 미시간 시민군, 몬태나 시민군 등이 조직되면서 1996년 초에는 각 주에 시민군 조직이 적어도 한 개씩은 존재하고 대부분의 주에는 여러 개의 시민군들이 존재할 정도로 전국적으로 확대되어 결국 언론매체와 경찰 및 치안 담당기관의 주목을 받는 상황에 이르렀다. 시민군 조직들은 총기 전시회, 도서관과 학교에서 열리는 공공모임, 대담프로그램, 팩스, 라디오, 인터넷 등을 통해 일반인들에게 자신들의 취지와 활동을 알리고 있다. 시민군의 수는 현재 정확하게 파악하기 어렵지만 1만에서 4만 명 정도로 추정되고 있다.

하지만 1996년에서 1997년 사이에 시민군 활동을 약화시킬 만한 사건이 발생했다. 시민군 네트워크 활동을 하던 3개주 연합시민군(Tri-

---

6) 시민군 회원들 중 특히 미시간 주 시민군에 혐의자가 연루되어 있다고 알려졌으나, 사실은 발견되지 않았고 덕분에 시민군 활동이 전국적으로 알려지는 계기가 되었다(Bock 1995).
7) 코네티컷 주와 플로리다 주에서는 시민군 단체 회원은 연방 총기법(gun laws)에서 제외됨을 인정하였다(http://www.adl.org).

State Militia)[8]의 지도자가 FBI로부터 돈을 받은 사건이 알려지게 되어 활동을 접게 되자 시민군 내의 급진적 성향의 회원들이 흩어지게 되어 이들의 활동은 점차 쇠퇴하였다. 그럼에도 불구하고 미시간, 오하이오, 인디애나, 켄터키 등 중서부 지역에서는 아직도 비교적 규모가 큰 활동적인 시민군이 활동하고 있다.

한편 남북 전쟁 후 재건기에 남부군이었던 포레스트(Nathan Forrest)가 백인의 우월성을 주장하면서 해방노예의 정치적 권력에 저항하기 위해 결성되었던 KKK는 1960년대 중반 4만에서 5만 명에 이르는 회원을 거느릴 정도로 그 활동이 절정기에 있었다. 하지만 이들의 규모는 점차 감소하여 1974년에는 FBI가 1,500명으로 추산할 정도로 쇠퇴하였다. 1980년대에는 경제적 위기와 더불어 소득 불균형으로 미국의 사회적 양극화가 심각해지면서 소수인종과 여성에 대한 우대정책으로 인해 백인들의 불만이 높아짐에 따라 클랜의 반발이 확산되었다. 그들은 소수인종과 여성우대 정책에 반대하고, 가정수호를 위해 높은 이혼율, 취학 전 아동을 둔 여성근로자 증가, 낙태증가, 동성애, 이민, 복지정책, 국제연합을 반대했던 반면, 총기소유를 찬성하고, 강력한 외교정책과 미국을 위한 미국인에 의한 경제를 주장하였다.

하지만 1980년대 중반 이후 클랜 지도자 간의 불화가 발생했고, 클랜에 대한 법이 강화되었으며, 인권운동단체들에 의한 집단소송이 이어져 클랜이 파산하게 됨으로써 결국 회원들이 급격히 감소하게 되었다. 결국 클랜의 지도자였던 뉴올리언스의 듀크(David Duke)는 오직 백인들의 권리를 위한 활동만을 하고, 가톨릭에 저항하는 클랜의 장벽을 허물고 여성들도 남성과 동일하게 받아들이겠다고 선언하면서 비폭력적인 활동을 할 것을 공언하는 등 이전과는 다른 방향을 제시하였다. 이를 계기로 그는 1988년 대통령선거에서 민중당 대표로 47,000표를 획득했으며, 1989년에는 루이지애나 주 하원의원에 당선되었다. 클랜

---

[8] 이는 오클라호마, 캔자스, 그리고 미주리 등 3개 주의 시민군 연합을 의미한다.

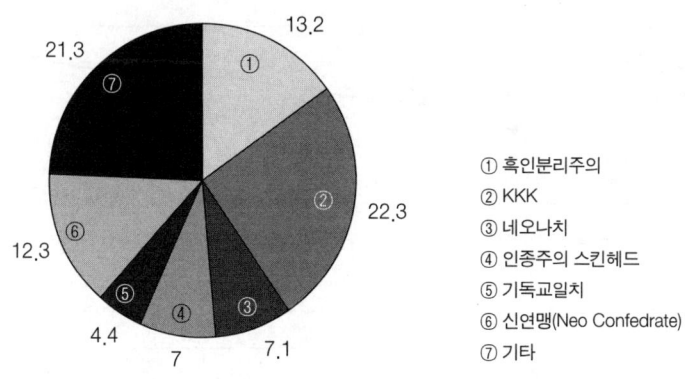

〈그림 2〉 2005년 미국 내 혐오집단 성향

① 흑인분리주의
② KKK
③ 네오나치
④ 인종주의 스킨헤드
⑤ 기독교일치
⑥ 신연맹(Neo Confedrate)
⑦ 기타

출처: Southern Poverty Law Center, http://www.splcenter.org/intel/intelreport

은 현재 남부 오지에 소수가 남아 있으며, 북부, 중서부, 서부 주에 남아 있는데 약 110개의 조직과 97개의 웹사이트를 운영하면서 수천 명 정도 존재할 것으로 추정되고 있다.

2001년 9·11 테러가 발생하기 전까지만 해도 대부분의 미국인들은 이런 급진주의 단체들의 활동이 비극적인 사건을 일으키고 있긴 하지만 미국 내 안녕과 안전을 크게 위협하고 있다고는 생각하지 않았다. 하지만 9·11 테러가 발생한 후 변화와 도전의 시기에 직면하여 이슬람 테러단체와 같은 급진세력은 엄청난 주목을 받게 되었고 미국인들은 국내에 존재하는 급진적인 과격단체 활동을 심각하게 우려하기 시작하였다. 보다 심각한 문제는 현재 남아 있는 시민군 조직원들이 전보다도 더 극우적이고 더 인종적인, 다시 말해서 백인우월주의적 인 단체로 전환되는 경향을 보인다는 점이다.

이들은 미국의 네오나치주의자들이 선호하는 반유대인 기독교일치(Anti-Semitic Christian Identity) 신학이나 또 다른 소수파의 한 부류인 기독교부흥주의(Christian Reconstructionism) 신학의 영향을 받았다.

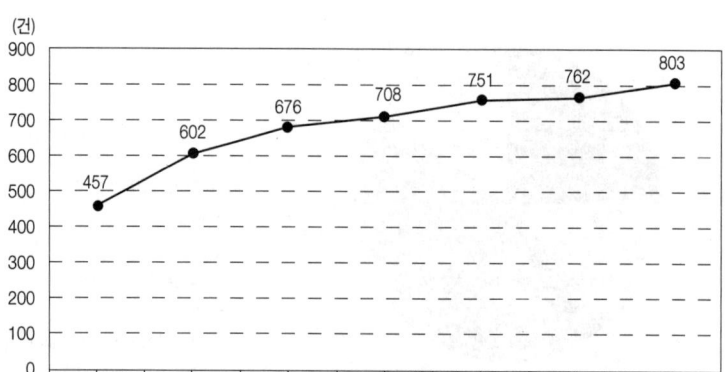

〈그림 3〉 극우적 혐오단계 활동 상황

출처: Southern Poverty Law Center, http://www.splcenter.org/intel/intelreport

이들은 미연방정부가 백인을 말살하려는 정책을 시행하고 있다는 불만을 보이면서 이에 대항해 싸워야 한다는 논리로 무장하고 있다. 인터넷이 널리 보급됨에 따라 큐클럭스클랜, 네오나치, 백인우월주의 기독교 단체 등 특정 집단에 대한 인종차별주의적 혐오단체(Hate Group)들이 급증할 위험성은 다른 어느 때보다 더욱 높다. 〈그림 2〉의 혐오단체의 성향에서 보더라고 이들의 비율은 상당히 높은 편이다.

〈그림 3〉에서 볼 수 있듯이 혐오단체의 숫자와는 별도로 해를 거듭할수록 그 수가 계속 증가하고 있다는 점에 주목할 필요가 있다. 이렇듯 반정부적 성향, 총기압류에 대한 두려움, 또 UN을 주요기구로 사용하면서 미국이 국민의 자유를 훼손하는 "신세계질서(New World Order)"를 수립할 것이라는 음모론 등의 세 가지 이유를 근거로 활동하는 극우파들은 많은 급진주의적 자유지상주의자들에도 호소될 수 있고, 아프리칸 아메리칸 시민군들과도 공조할 수 있기 때문에 그 세력은 더 확대될 가능성이 높다.

게다가 네오나치 단체들은 지도부가 약화됨으로써 그 세력이 사라질 수 있지만 오히려 이들이 국내에서 테러를 일으킬 위험성은 상대적으로 더 높아질 수 있다. 변화와 도전의 시기에는 극단주의적 성향의 단체들이 왕성하게 활동할 가능성이 높아진다. 9·11테러 이후 이슬람 테러에만 초점이 맞춰지고 있지만 국내 테러단체, 즉 혐오단체에도 감시의 노력을 기울여야 한다. 상당히 많은 우파단체 활동이 테러형태의 위협을 일삼고 있고, 반정부성향의 혐오단체 활동의 잠재성은 항상 위험하기 때문이다.[9]

IV. 민중운동의 문제점과 그 해결책

민중주의 운동은 좌파 성향이든 우파 성향이든 그 의미로만 본다면 엘리트들에 의해 주도되는 정치에서 불이익을 받는 보통사람들의 요구를 충족시킬 기회를 마련해 줄 수 있다는 점에서 아주 건전하고 필요한 저항운동이라 할 수 있다. 미국에서 과거에는 집권한 정부의 통치이념이나 정책적 결과로 인해 소외된 집단들이 불만을 해소하거나 중요한 사회문제를 해결하기 위해 민중운동이 발생했지만, 오늘날에는 이념적 성향과는 상관없이 어떤 민중주의적 운동이든지 반정부적 성향을 띠는 공통점이 있다. 또한 폭력을 동반하는 극우파와 극좌파 단체들의 증가는 분명히 미국 사회에 큰 위협이 될 수밖에 없다.

1994년 이후 군사적 운동이 급증하는 경향이 나타났지만, 정부나 일반 국민들은 별로 심각하게 생각하지 않았다. 하지만 유대인 인권협회인 반명예훼손연맹(Anti-Defamation League) 내의 시민군감시기구

---

9) 1980년대는 다양한 사회운동이 전개되었지만, 1990년대 이후는 '혐오의 시대'라고 일컬을 수 있을 정도로 약 70%가 사람에 대한 공격이었고, 30%는 재산에 대한 공격이었다(http://www.publiceys.org/hate99ASA.toc.htm).

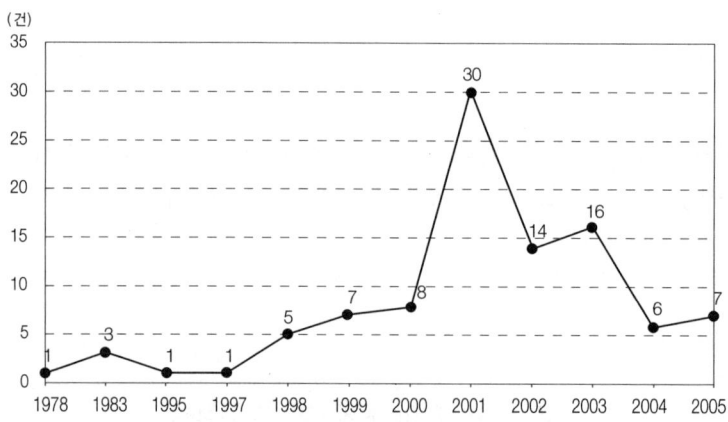

〈그림 4〉 미국 내 테러단체 활동

출처: Terrorism Knowledge Base, http://www.tkb.org

(Militia Watchdog)나 남부빈곤법센터(Southern Poverty Law Center)가 설치한 클랜감시기구(Klanwatch) 등이 이들 운동에 대해 보고서를 발표하면서 극우나 극좌 단체 활동은 세간의 관심을 서서히 받기 시작하였다. 클랜감시기구는 1994년 테러 위험성이 있는 단체의 수가 809개에서 1996년 858개로 6%가 증가했다고 보고하였다(The New York Times, March 5, 1997). 그 외에도 민주주의 회복 센터(Center for Democratic Renewal), 미국 시민자유연합(American Civil Liberation Union) 등의 감시단체도 과격한 극우적 단체들의 활동을 항상 주시하고 있다.

미국인들은 테러 공격이 미국 영토 바깥에서만 일어나는 것으로 여겨왔지만, 1993년 뉴욕 세계무역센터 폭파사건이나 1995년 오클라호마 폭파사건은 미국인들이 미국 내에서 테러 폭파가 일어날 수 있다는 생각을 하게 만들었다. 결국 이 사건 뒤 1996년 FBI는 500명의 직원을 새로 모집해 반테러리즘센터를 설치하여 테러리즘에 대한 경계는 물론 반정부 시민군운동단체에 대한 감시를 시작하였다.[10] 그럼에도 불구하고 2001년 뉴욕의 세계무역센터가 또 다시 테러공격을 받았기 때문에 그 충격은 미국 정치에 엄청난 영향을 미치게 되었고 많은 부분에서 변화가 나타나기 시작했다.

우선 9·11 테러 이후 미국은 테러공격을 막아내고 테러의 위협과 위험으로부터 국가를 보호하고 테러에 대응하기 위하여 국토안보부(Department of Homeland Security)를 설치하여 국내외의 존재하는 테러단체 목록을 만들어 관리하고 있다. 〈그림 4〉를 보면 테러방지에 대한 정부정책이 마련됨에 따라 테러단체 활동의 수가 9·11 테러 이후 급감하고 있는데 이는 정책적 효과가 있음을 보여주는 것이다.

그럼에도 불구하고 국토안보부가 제시하고 있는 단체목록을 보면 심각한 문제점을 찾아 볼 수 있다. 동물보호와 환경보호를 목표로 하는 급진적 좌파 단체들의 이름은 목록에 포함되어 있는 반면 백인우월주의적인 급진적 우파 단체의 이름이 전혀 언급되어 있지 않기 때문에 테러로부터의 위협을 효과적으로 방지할 수 없는 위험성이 여전히 존재하고 있다. 테러활동의 성향을 보면 환경운동을 포함한 좌파운동은 약 16%에 불과하고 거의 대부분이 우파적 활동과 관련된 것임에도 불구하고 그 단체들의 이름이 목록에서 빠져 있다는 점은 정부의 관리정책에 허점이 있음을 보여준다(〈그림 5〉 참조). 물론 재산 파괴에 초점을 두고 있는 좌파 운동의 활동이 증가하면 사회적으로 위험적인 대상이 될 수 있다.

하지만 납세에 반대하고, 반정부적인 성향, 인종주의적 성향을 보이는 우파 단체들의 경우 대부분 군부조직을 갖춘 시민군 형태로 존재하기 때문에 살상의 결과를 가져올 수 있을 정도로 폭력적인데도 현 공화당 정부가 그들의 활동을 묵인하고 있는 것은 아주 정치적인 대응

---

10) 현재 이들 단체들의 활동을 담당하는 경찰 및 치안담당기관의 수는 법무부 내의 연방수사국(FBI: Federal Bureau of Investigation)과 연방 주류담배 및 화기폭발물관리국(ATF: Bureau of Alcohol, Tobacco, Firearms, and Explosive)을 포함하여 전국적으로 약 5,700개 정도가 있다.

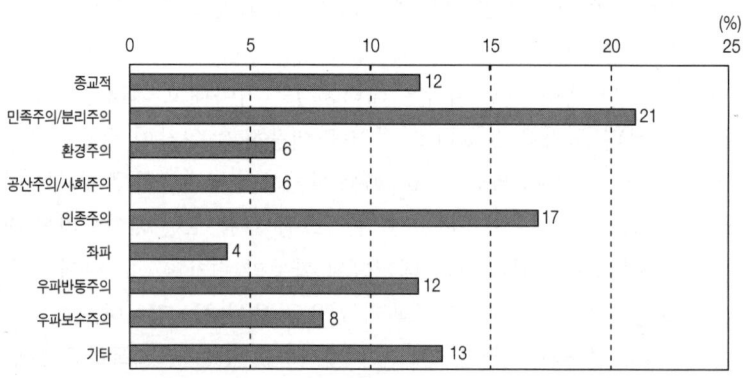

〈그림 5〉 미국 내 테러활동단체의 성향

출처: Terrorism Knowledge Base, http://www.tkb.org

이고 나중에 심각한 문제를 일으킬 가능성이 높다. 보수적인 공화당 정부가 집권한 상황에서 이념적 스펙트럼 상 반대 성향의 운동이 더 활발해질 가능성이 높기 때문에 좌파 성향의 단체만이 우려의 대상이 된다는 생각에서 발생한 문제이다. 민중운동의 성향과 정부 이념과의 일치나 불일치를 떠나 사회적으로 큰 불안과 혼란을 가져올 수 있는 단체 활동이라면 그 활동을 제한시킬 수 있는 일관되고 엄격한 기준이 있어야만 한다.

미국의 민중주의는 정치적 측면에서 볼 때 중산층과 노동계층의 유권자들에게 호소될 수 있는 힘이 있기 때문에 그 영향력은 상당히 크다고 할 수 있다. 특히 이들의 영향력은 정치적인 불만이 발생할 경우, 즉 전쟁이 일어날 경우, 원치 않는 전쟁에 개입할 경우, 경제적으로 침체 또는 후퇴할 경우, 소외되거나 좌절된 젊은 층이나 퇴역군인의 인구가 증가할 경우에 보다 심각하게 나타날 수 있다. 현 시점에서 미국은 민중운동의 확대를 일으킬만한 환경요소를 갖추고 있을 뿐만 아니라, 컴퓨터, 네트워크, 팩스, 라디오 방송 등과 같은 빠른 전자통신 미디어에

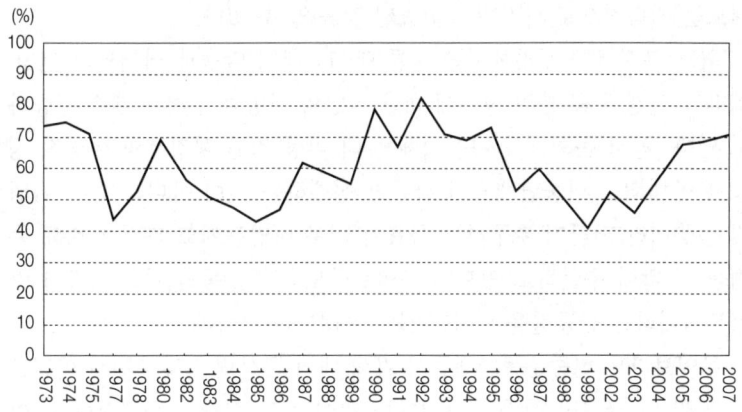

〈그림 6〉 미국이 잘못된 방향으로 가고 있다고 생각하는 여론의 추이

출처: Roper, 1973.10-1980.2; Washington Post, Public Opinion Poll 1982.1-2007.1

의존하는 이들 단체들의 활동적 특성을 감안한다면 민중운동이 가져올 사회적 혼란의 위험성은 상당히 높은 편이다. 더욱이 사회의 양극화가 심각한 문제로 떠오르고 있는 상황에서 집권 정부의 무능이 문제가 된다면 좌파든 우파든 상관없이 언제든지 불만이 폭발될 수 있다. 따라서 정부차원에서의 급진적 성향의 민중운동은 그 이념과는 무관하게 반드시 철저하게 관리되어져야 한다.

최근 이루어진 워싱턴포스트의 여론조사에서 미국인들의 74%가 '미국이 잘못된 방향으로 가고 있다'고 생각하고 있다고 발표한 바 있다(Washington Post, Jan. 23, 2007). 1973년부터 동일한 질문으로 실시된 여론조사에서의 결과 추이를 보면 국민들의 정부에 대한 생각과 사회적·경제적 안정과의 관계를 찾아 볼 수 있다(〈그림 6〉 참조). 정치부패, 경제적 침체, 전쟁개입 등의 사건이 있을 때마다 국가에 대한 국민들의 태도가 변화되고 있다. 1980년부터 12년간 집권했던 공화당 행정부가 끝난 후 민주당 출신 클린턴 대통령이 취임했을 당시의 국민의 염려는 최고조에 이르렀고 이후 극우파 단체의 활동이 어느 정도 전개되어왔음에도 불구하고 계속된 경제적 안정 속에서 국민들의 부정적인 태도는 지속적으로 사라지고 있었던 것을 알 수 있다.

최근 부시 행정부하에서는 물론 9·11 테러 발생과 테러와의 전쟁, 이라크 전쟁 등을 통해 정부에 대한 국민의 실망과 우려가 계속 상승하고 있다. 앞서 논의되었지만 이제는 더 이상 집권 행정부의 이념적 성향과 반대되는 민중단체들의 활동만 성행하는 것이 아니라 같은 이념적 성향이라도 각기 추구하는 목표가 너무 다양해지고 과거에 비해 폭력을 더 많이 수반하고 있으며 무엇보다도 민중운동의 기본 목표가 반정부적이라는 공통점을 보이는 것이 우려되는 점이다.

무엇보다도 민중운동단체들이 자체 내의 군사력을 갖추면서 이전보다 훨씬 더 급진적 성향을 보인다는 것이 가장 심각한 문제점이다. 미국 내에서 시민군 조직을 불법이라고 간주할 수 없는 이유는 연방법이 공식적으로 의무적 시민군을 포기하면서 '비조직화된 시민군' 이라는 표현을 연방법과 주법에 명시됨으로써 시민군은 공식적인 동원력으로 간주될 수 있다고 주장되고 있기 때문이다.

하지만 시민군의 존재는 그렇다 하더라도 문제는 정부를 위해 시민군을 동원하는 것이 아니고, 폭정을 방지하기 위해 또 정부에 대항하기 위해 그들을 동원하는 것이 급진주의적 단체들의 목표라는 사실이다. 결국 일부 주들에서 시민군(준군사조직)에 대해 제한을 두는 입법이 통과되긴 했지만, 표현의 자유는 전혀 법적으로 구속할 수 없고 단지 범죄행위에 동원될 경우에만 법을 적용할 수 있어서 극우파의 수적 증가를 막지 못하고 있다.

1990년대 후반 우파운동단체가 연방, 주, 법원, 그리고 공무원들은 미국 시민에 대해 판결권이 없다고 주장하면서 '관습법에 의한 재판(Common Law Court)' 운동을 벌이면서 수백 건의 소송을 제기한 사건의 경우 38개 주에서 수많은 운동지지자들의 범죄를 인정하고 투옥시키는 강경조치를 취하는 법집행을 시행하기도 했다.[11] 한편 최근 극우파 단체들의 지도자들이 사망하거나 투옥됨으로써 이들 단체들이 구심력을 잃고 행동강령의 혼란이 발생할 가능성이 높아져 이들의 세력이 위축될 것으로 보이지만 오히려 그들의 위협은 더 커질 수 있다.

테러 공격은 특성상 혐오단체에 의해 계획되는 것이 아니고 범죄 성향을 지닌 자들이 결집하여 형성한 시민군에 의해 발생할 가능성이 더 높기 때문이다. 특히 최근에는 사회적, 정치적 불만을 지닌 자들에 의한 무차별 혹은 보복적인 폭력의 행사가 급증하고 있고, 급진적 성향의 룸펜프롤레타리아계층이 증가하고 있는 것도 큰 위협이 된다. 따라서 일관되고 강경한 국가 차원의 제약이 존재하지 않는 한 미국 전역에서 풀뿌리단체처럼 활동하는 이들의 활동을 제한하기는 어렵다.

V. 결론

오늘날 미국의 민중주의는 더 이상 19세기 말 등장했던 엘리트에 대항하여 자신들의 권리와 평등을 요구하는 힘없는 보통사람들만의 저항 이데올로기의 역할을 하지 않는다. 그것은 보통사람들로부터 정치지도자들에 이르기까지 언제 어디서든 목적에 따라 얼마든지 표출해낼 수 있는 도구가 되어버렸다. 최초의 민중주의 운동이 좌파적 성향을 띠고 등장한 이후 20세기 중반 이에 대한 저항으로써 우파 성향의 민중운동이 등장함으로써 본격적인 민중운동의 양극화가 시작되었다.

하지만 초기 민중운동은 신분정치(status politics)나 계급정치(class

---

11) http://www.msnbc.msn.com/id/7408353. 각 주가 각기 채택한 금지법은 다음의 세 종류, 즉 ①범죄행위를 위해 무장한 2인 이상의 집단을 제한하는 집회금지(associational ban), ②상해 또는 살인 가능한 무기사용이나 방법을 습득하는 훈련을 중죄형으로 처벌하는 경우(instructional ban), ③시민 소요를 야기할 목적으로 훈련에 참가하기 위해 모이는 사람들에 대해 처벌하는 경우(participatory ban) 중 하나였다(Mercer Law Review, Winter 1996. http:///www.law.mercer.edu).

politics) 때문에 나타났던 반면, 이제는 이익정치(interest politics) 때문에 오히려 좌파나 우파 민중운동 각기 내부적 양극화를 경험함으로써 전반적으로 민중운동은 다양한 동태성을 보이고 있다. 민중주의 운동을 통해 다원주의적 민주주의 운영이 불가피한 미국 사회 내에서 다양한 이익표출이 나타나는 것은 아주 당연한 현상이며, 다양한 공동이익을 공유하고자 하는 사람들의 목표 달성의 도구가 되는 것도 바람직하다고 볼 수 있다.

미국에서 민중주의는 정치영역에서 일익을 담당하고 있는 미국적 특징이 보여주는 저항이데올로기의 역할을 해왔다. 특히 1980년대 이래 민중주의는 정치적 이념의 다양화라는 점에서 오히려 수사적 표현이라고 생각할 수도 있는데, 이런 의미에서 본다면 민중주의적 전통은 미국 민주주의 발전에 필수불가결한 요소임에 틀림없다. 하지만 최근 민중운동의 역할에 대해 긍정적으로 평가할 수 없는 이유는 어떤 민중운동이든지 '반정부적'인 태도를 공통적으로 보이면서 사회적으로 또 정치적으로 불안을 야기시키는 원인을 제공하고 있기 때문이다.

긍정적 역할을 해오던 민중주의 전통이 오늘날까지 계승되고 있지 않은 것은 그동안 미국 민주주의 환경이 변화되기도 했지만, 무엇보다도 민중들이 반정부적 태도를 갖도록 한 정치권의 책임이기도 하다. 예전에는 각기 다른 이념과 가치를 추구하던 민중운동의 양극화가 정치적인 영향을 행사했던 반면, 최근의 민중운동의 양극화는 오히려 정치인들의 전략적 선택이 만들어낸 결과에 대한 민중들의 불만과 분노로 나타나는 현상이다. 좌파 민중운동은 물론 애국심을 주장하는 우파민중운동 역시 '반정부적' 성향을 띠고 있다는 점은 국가 차원이 아닌 행정부 책임자와 정치인에 대한 반감이기 때문이다.

최근 미국의 보수주의적 우파 정치인이나 좌파 성향의 정치인들도 전략적 선택으로써 민중주의적 수사를 사용하는 것을 흔히 찾아 볼 수 있다. "최고로 막강한 회사고문 변호사의 로비활동", "진보적 엘리트(liberal elite)", "할리우드 엘리트" 등의 표현을 사용하는 우파 정치인이나, "미국의 자유주의자들은 보통사람들을 착취해 이윤을 획득하고 자신들의 요구를 충족시키기 위해 정부과정을 혼란시키는 대기업에 반대한다"는 좌파 정치인의 주장 모두 분명히 대중들을 선동하려는 의도가 엿보이는 좋은 예들이다. 2004년 대선 민주당 예비선거에서 에드워즈(John Edwards) 후보가 사용한 "두 개의 미국(Two Americas)"이란 표현도 양분화된 미국 내 유권자들을 설득하기 위한 민중주의적 표현이었다고 할 수 있다.

카진(Michael Kazin 1995, 3)은 민중주의란 이념이라기보다는 "설득의 방법", 즉 정치적으로 체제안정에 반대하는 세력을 동원하기 위해 그들이 공감하고 동경할 만한 표현, 비유, 주제와 이미지를 혼합하는 방법이라고 주장하였다. 이렇듯 정치지도자는 대중의 감정을 동요시키고, 보통사람들을 동원하여 그들과 자신을 연합 세력화하기 위해 '민중'이라는 이름으로 단결하려고 노력한다. 일부 정치인들에 의해 민중주의는 사회 내에서 민주주의적이고 긍정적인 힘이 된다고 간주되지만, 정치학자들은 민중운동이 비합리적이고 정치과정을 불안정하게 만들 가능성에 대해 우려한다.

특히 우파적 민중운동은 경제적, 사회적 위기가 발생할 때 나타나는 경향이 있다. 우파는 편집형적이고, 극우적이고, 급진적으로 인식되고 있기 때문에 그들의 관심사가 해결되지 않고 그대로 남겨지게 될 경우 이들은 분노와 격정에 휩싸여 심각한 사회적 분리감과 불만을 느끼게 된다. 이는 결국 사람들의 병리현상과 자포자기의 현상을 일으키는 주원인이 된다. 경제적, 사회적 변화의 소용돌이 속에서 자신의 경제적·사회적 지위를 방어하기 위해서는 지푸라기라도 잡는 심정으로 결국 타인에 대한 위협과 공격을 생각하게 되기 때문이다.

미국 사회 내 민중운동이 보다 더 증가되고 그로 인해 사회가 혼란해질 위험성은 시간이 흐를수록 더 높아질 것이다. 우선 국제사회 내 많은 전쟁이나 테러 때문에 국민들이 직·간접적으로 폭력에 익숙해지고 있고, 또한 미국 사회가 개인의 자유를 최대한 허용함으로써 개인행동을 자제시킬 수 있는 도덕적 구속력이 매우 약해짐으로써 민중운동은 그 빈도에 있어서나 폭력성 수준에 있어서나 우려할 시점에 이르렀다. 최근 허리케인 카트리나 때문에 발생한 피해에 대처하는 정부 태도에 많은 사람들이 실망하여 큰 불만이 쌓이면서 사람들은 반정부적 성향을 강하게 드러내고 있다.

또한 9·11 테러 이후 미국 내 불법이민자들을 막기 위한 이민법을 둘러싸고 여론이 양분되어 있다. 여론의 한쪽은 법과 질서를 내세워 불법 이민자들을 엄격히 단속하여 추방해야 한다고 주장하는 공화당 보수층이 차지하고 있고, 반대편엔 경제계, 가톨릭계, 상당수 공화당과 대부분의 민주당이 있다. 하지만 양당제적인 미국에서는 양극화된 민중들을 만족시키기 위해 정당이란 기제만으로는 충분하지 않다. 어떤 결정이 이루어지든 결과에 불만을 가진 민중들은 결집하여 과격한 방법을 통해서라도 자신들의 욕구를 이루려 하기 때문에 위협적인 혐오 대상이 되고 있다.

민중 운동의 성향이 다양하게 표출되는 상황에 맞춰 유럽과 같이 미국에서도 다당제가 가능하다면, 사회적 혼란은 그다지 심각하지 않을 수 있지만, 장기간 지속되어 온 미국의 양당제가 당장 다당제로 변화될 가능성은 거의 없다. 미국 사회가 이념적, 지리학적, 문화적, 인종적, 종교적, 계급적으로 분할되어 있고 이들 간에 서로 대립 또는 결집될 수 있는 가능성은 언제든지 존재한다는 점을 감안한다면 정치적으로 다양한 민중집단의 문제를 해결하기란 쉽지 않다. 의회 내 의원들 간에도 다양한 이념적 지도가 형성되고 있는 정치적 상황에서는 민중들은 물론 정치인들도 우파든 좌파든 민중주의적 분위기에 휩싸일 가능성이 아주 높다.

1984년 민중당이 다시 등장된 이후 해를 거듭해 오면서 민중주의적 성향의 정당이 지속적으로 등장하고 있는 것도 바로 그런 이유 때문이다.[12] 특히 도시나 주 수준에서 나타나는 민중주의의 정치적 영향력은 연방보다 더 크게 나타나고 있는데, 이는 선거에서 공화당이나 민주당 후보이면서도 자신의 정당 강령과는 다르게 지역의 대중들을 위한 정책을 표명하는 전략적 선택을 통해 당선되는 정치인들이 많이 탄생되고 있는 것을 보더라도 알 수 있다. 결국 최근 민중운동의 양극화가 심화되고, 그 역할이 사회에 긍정적이라기보다는 부정적이라는 평가가 이루어지는 것은 민중운동 자체의 책임이라기보다는 정치적으로 민중들을 분열시켜 지지 세력을 이끌어내려는 정치인들의 선택 때문에 발생하는 문제이므로 이에 대한 해결도 정치인들이 책임질 의무라 할 수 있다.

---

12) 1988년 듀크의 우파애국운동(Patriot Movement), 1995년 페로의 개혁당(Reform Party), 2000년 뷰캐넌의 개혁당, 2002년 미국민중당(American Populist Party), 2005년 미국민중부활(American Populist Renaissance), 미국온건당(American Moderation Party) 등의 민중주의적 소수정당이 있다.

참고문헌

안윤모. 2006. 『미국 민중주의의 역사』. 이화여자대학교 출판부.
이재원·이종태 옮김. 1999. 『신좌파의 상상력』. 서울: 이후.
이주영. 2003. 『미국의 좌파와 우파』. 서울: 살림.

Berlet, Chip, and Matthew N. Lyons. 2000. *Right-Wing Populism in America: Too Close for Comfort*. New York: Guilford Press.
Betz, H-G. 1994. *Radical Right-wing Populism in Western Europe*. New York: St. Martin's Press.
Bock, Alan. 1995. "Ties that blind - Militia movement and the Oklahoma City bombing." *National Review* May 15.
Boggs, Carl. 1983. "The New Populism and the Limits of Structural Reforms." *Theory and Society* 12, 3(May), 356-367.
Boyte, Harry. 1980. *The Background Revolution: Understanding the New Citizen Government*. Philadelphia, PA: Philadelphia University Press.
Canovan, M. 1981. *Populism*. New York: Harcourt Brace Jovanovich.
Conover, Pamela Johnston. 1983. "The Mobilization of the New Right: A Test of Various Explanations." *Western Political Science Quarterly* 36, 632-649.
Dahon, Russell J. 2002. *Citizen Politics*. 3rd ed. Chatham, NJ: Chatham House.
Dees, Morris, and James Corcoran. 1996. *Gathering Storm: America's Militia Threat*. New York: Harper Collins.
Federici, Michael P. 1991. *The Challenge of Populism: The Rise of Right-Wing Democratism in Postwar America*. Praeger Publishers.
Gamson, William A. 1990. *The Strategy of Social Protest*. 2nd ed. Homewood, IL: Dorsey.

Ginsberg, Benjamin, and Martin Shefter. 2002. *Politics by Other Means*. 3rd ed. New York: Norton.

Goodwyn, Lawrence. 1976. *Democratic Promise: The Populist Movement in America*. New York: Oxford university Press.

_____. 1978. *Populist Movement*. New York: Oxford University Press.

Haider-Markel, Donald P., and Sean P. O' Brien. 1997. "Creating a "Well Regulated Militia": Policy Response to Paramilitary Groups in the American States." *Political Research Quarterly*, Vol. 50, No. 3(Sep.), 551-565.

Janowitz, Morris. 1984. *The Last Half-Century: Societal Change and Politics in America*. University of Chicago Press.

Kann, Mark E. 1983. "The New Populism and the New Marxism: A Response to Carl Boggs." *Theory and Society*, Vol. 12, No. 3(May), 365-373.

Kantrowitz, S. 2000. *Ben Tillman & the Reconstruction of White Supremacy*. Chapel Hill: University of North Carolina.

Kazin, Michael. 1995. *The Populist Persuasion: An American History*. New York: Basic Books.

Levitas, Daniel. 2002. *The Terrorist Next Door: The Militia Movement and the Radical Right*. New York: St. Martin's.

Lyons, Paul. 1996. *New Left, New Right, and the Legacy of the Sixties*. Philadelphia: Temple University Press.

Malanga, Steven. 2006. "The New New Left: The Politics of Ever-Expanding Government." Heritage Lectures, No. 921(Jan), http://www.heritage.org/research/ governmentreform/hl921.cfm.

Mullins, Wayman C. 1988. *Terrorist Organizations in the United States*. Springfield, IL: Charles C. Thomas Books.

Panizza, Francisco. 2005. *Populism and the Mirror of Democracy*. W.W.Norton & Company.

Parsons, Stanley B., Karen Toombs, Walter Killilac, and Beverly Borgers. 1983. "The Role of Cooperatives in the Development of the Movement Culture of Populism." *The Journal of American History*, Vol. 69, No. 4(March), 866-885.

Stern, Kenneth S. 1995. *Militia: A Growing Danger*. New York: The American Jewish Committee.

_____. 1996. *A Force Upon the Plain: The American Militia Movement and the Politics of Hate*. New York, Simon & Schuster.
Zimmerman, Joseph. 1985. *Participatory Democracy: Populism Revisited*. Praege Publishers.

제11장

외교여론 양극화 가설의 허와 실*:
이라크 전쟁과 미국여론

■ 남궁 곤

I. 이라크 전쟁과 미국 외교여론의 양극화

이라크 전쟁은 미국이 영국, 오스트레일리아와 함께 2003년 3월 20일 바그다드에 폭격을 가함으로써 시작되었다. 이라크 전쟁은 4월 14일 미군이 이라크의 최후 보루이자 후세인의 고향인 북부 티크리트 중심부로 진입함으로써 발발 26일 만에 사실상 끝이 났다. 이라크 전쟁은 작전명 '이라크의 자유(Freedom of Iraq)'에 나타나듯이 미국이 대량 살상무기 제거와 자국민 보호, 그리고 세계평화 달성 등의 명분으로 개시 되었다.

부시 행정부의 일방적인 이라크 전쟁 개시로 대변되는 미국 외교정책 방향 선회는 미국인 사이에서 치열한 찬반논란을 일으켰다. 이라크

---

* 이 글은 『한국과 국제정치』 23권 1호(2007)에 이미 게재된 바 있다.

전쟁은 테러 응징 차원에서 지지를 받기도 했다. 테러에 대한 과잉대응 측면에서 비판을 받기도 했다. 미국의 이라크 전쟁 기획과 개시는 세계화 확산과 겹쳐지면서 일부 국가에서 반세계화와 반미여론이 중첩되는 현상을 야기했다. 전쟁을 반대하는 시위가 세계 곳곳에서 이어졌으며, 민간지역에 대한 오폭 등으로 인해 민간인 사상자가 늘어나면서 비난의 강도도 더욱 거세졌다. 게다가 미국의 실질적인 전쟁목적이 이라크의 자유보다는 원유 확보, 중동 지역에서 친미 블록 구축, 미국의 경기회복 돌파구 마련, 그리고 중동 지역 정치구도 재편 등에 있다는 이유로 미국 조야에서 논란이 끊이지 않았다.

이라크 전쟁 논란은 일반 대중 차원에서도 일었다. 여론이 이라크 전쟁 수행을 둘러싸고 양극화되었다는 주장이 제기되었다. 미국 패권 유지와 군사력을 통한 국제개입이 외교정책 선택대안으로 효과적인가에 대한 논란이 새로운 정치의제로 부상하면서 이라크 전쟁에 대한 미국인의 동의여부가 외교정책 수행에 중요한 변수로 등장했다. 전쟁 평가를 둘러싸고 2004년 미국 대통령 선거와 2006년 미국 중간선거에서 이라크 전쟁이 가장 중요한 정책의제로 등장했다.

이 연구는 이라크 전쟁에 관한 미국 여론을 외교여론의 양극화란 관점에서 파악한다.[1] 양극화 논의가 정치권에서 시작되어 외교여론으로 확산된 것인지 아니면 그 반대인지, 순서에 대해선 논란의 여지가 많다. 외교정책 자체의 양극화가 초당적 합의 영역을 최소화시켜 외교여론이 양극화된 것으로 볼 수도 있다. 또는 외교정책 자체가 정치화된다고 보면 국내정치 양극화가 외교정책을 얼마나 설명할 수 있는가의 문제로 간주되기도 한다. 분명한 점은 외교적 사안에 있어서 미국 국민들

---

[1] 미국에서 문화적·종교적 가치의 차이에 따라 국민 여론에는 양극화가 초래되고 있다는 점은 쉽게 설명되지 않는다. 학계가 이에 대해 통일된 의견을 내지 못하고 있는 실정이다. 미국 정치권의 양극화와 여론의 양극화 간의 관계에서도 어느 것이 다른 것의 원인이고 결과인지는 불분명하다. 이 연구에서는 그 선행 관계를 다루지 않았음을 밝혀둔다.

사이에 메우기 힘들 만큼의 간격이 있음을 부인하기 힘들다는 점이다. 미국인의 외교여론 양극화에 대한 탐구와 분석은 미국정치 양극화 현상을 분석하는 하나의 방법이다. 이라크 전쟁에 관한 미국 여론의 양극화는 이라크 전쟁에서 목표로 했던 전쟁수행 목적이 얼마나 달성되었는가에 대한 미국인의 평가를 통해 그 타당성을 판단할 수 있다. 외교여론의 양극화 가설이 타당하고 적실성이 확보될 때 외교여론의 분열상태가 미국정치 양극화의 한 단면으로 자리매김 될 것이다.

　미국 외교 여론의 양극화 되어 있는가에 대한 입장은 두 가지로 요약된다. 양극화 되어 있다고 주장하는 입장, 즉 양극화 가설은 부시 행정부와 집권 세력이 주도하는 외교 전략과 그에 대항한 진보진영의 결집으로 인해 사회·문화·종교적 차원의 거시적 갈등이 수반된다는 점을 주목한다. 상반된 사회적 가치관들에 입각한 비타협적 대립이 외교정책에 투영되어 합리적 정책 수립에 지장이 초래될 뿐 아니라 미국 국민이 양분화 되어 사회통합에 장애가 생길 수 있는 문제점을 주목한다. 양극화로 인한 미국 국정운영의 장애는 행정부의 우위가 더 이상 안정적으로 유지될 수 없도록 했다. 미국 의회와 사회세력이 대외정책 문제에 적극적으로 개입하며 대통령의 대외정책 기조에 강한 견제를 가하게 했다는 것이 세간의 평이다. 더구나 미국 외교여론은 양극화되어 이념적으로 강한 분열양상을 보일 때 여론조작의 가능성도 높아진다 (Fritz et al. 2004,17-8).

　미국 외교여론이 양극화되었다고 보는 주장은 또 부시 행정부가 수행한 이라크 전쟁 때문에 미국 국민들이 외교현안에 대해 갈라진 것은 역사상 유래가 없다는 점을 지적한다. 이라크 전쟁 여론의 분열은 미국 사회의 이념과 가치관의 양극화를 초래하는 데 결정적인 역할을 담당했다고 본다(Brennan 2006). 예를 들어 AP통신과 아메리카온라인(AOL)이 발표한 공동 여론조사 결과는 부시 대통령에 대해 극단으로 갈리는 미국인들의 평가를 보여 준다. 1,004명의 미국 시민 중에서 25%가 부시 대통령을 2006년 최대의 악당으로 꼽았다. 반면 같은 해 최고의 영웅을 묻는 질문에서도 부시 대통령은 13%의 지지를 받아 1위를 차지했다(동아일보, 2006년 12월 30일). 부시 대통령에 대한 평가뿐만 아니라 다른 여러 사회적 이슈에 관해서도 특히 이라크 전쟁은 공화당과 민주당 지지자들 간의 양극화를 심화시키는 데 결정적인 역할을 했다(Jacobson 2006). 미국의 일방적인 군사행동 지지 여부가 이라크 전쟁 이전과 이후에 커다란 격차를 보이고 있다.

미국 외교 여론의 양극화 가설에 대해 회의적으로 보는 입장은 외교여론이 현대 미국정치의 양극화 속에서 수렴의 영역임을 주목한다. 보수와 진보 세력 사이의 양극화 흐름 속에서 이념의 틀과 정책방향에 대해서 합의를 형성하고 있는 분야가 바로 국가안보 정책을 중심으로 한 외교정책영역이라는 주장이다. 미국사회가 근본적으로 양분된 것이 아니라 정치권에서 정파적 이유로 양극화가 생겼고 그 여파가 사회에까지 미친 것일 뿐이라고 주장하기도 한다. 따라서 이라크 전쟁에 대한 외교여론의 분열은 미국 사회와 미국 시민의 양극화 차원이 아니고 부시 행정부의 정책 실패에 따른 비판 여론의 쟁점화라는 관점에서 이해된다(Fiorina et al. 2004). 이 주장을 따르면 양극화의 대세 속에서 이루어지고 있는 외교여론의 분열이 등장하게 된 요인, 양상, 그리고 결과를 면밀하게 검토해야 하는 과제를 남긴다. 외교여론의 분열은 1960년대 이후 미국 사회가 재편되는 일련의 과정으로 이해된다(Williams 1997).

이 글은 미국 외교여론의 양극화 논의를 외교여론의 양극화 가설이 성립될 수 있는 타당성을 중심으로 분석한다. 이를 위해 이 연구는 외교여론의 '양극화' 개념을 '양분'이라는 정태적 개념과 '극화'라는 동태적 개념으로 구분지어 파악한다. 이 연구는 실제 여론조사 데이터를 활용해 외교여론의 존재가 두 개의 대립적인 입장으로 나누어 파악될 수 있는가를 검증한다. 또 대립적인 구조를 갖는 외교여론이 지속성을 띠고 있는가의 문제와 정치사회적 단층에 따라 일관성 있게 구별되고 있는가의 문제를 다룬다. 두 개의 대립적인 입장이 존재하고 이것이 지속성을 띠고 또 사회적 단층선에 따라 뚜렷하게 구별될 때 외교여론의 양극화 가설은 성립될 것이다. 이 연구는 이들 연구 과제를 이라크 전쟁 여론을 중심으로 탐구해 본다.

이 글은 이라크 전쟁에 관한 여론의 양극화 가설이 갖는 타당성을 다음 세 가지 차원에서 검증한다. 첫째, 이라크 전쟁에 관한 미국 여론의 분열이 얼마나 지속적인가? 둘째, 이라크 전쟁에 관한 미국 여론의 분열이 미국여론의 포괄적 외교목표에 관한 여론 분열과 상관관계가 있는가? 셋째, 이라크 전쟁에 관한 미국여론의 분열이 여러 정치사회적 단층선에 따라 결정되고 있는가? 이 세 가지 차원의 이라크 전쟁 여론의 분열이 타당성을 확보할 때 외교여론의 양극화 가설은 의미 있는 명제로 성립된다. 이는 외교여론의 양극화 현상이 미국정치의 양극화 현상의 주요 측면으로 다루어져야 함을 의미한다.

II. 미국 외교여론의 양극화 가설과 정치사회적 기반

미국 외교 여론의 양극화 가설이 성립되기 위해서는 적어도 다음 세 가지 조건이 만족되어야 한다. 첫째, 미국 외교여론이 장기적 추세에서 양분형태, 즉 이중분포 형태(Bi-Modal Pattern)를 보여야 한다. 미국 외교 여론은 다수의 국제주의 성향과 소수의 고립주의 성향의 이중분포 형태로 장기적 추세에서 안정성을 보여 왔다(Herrmann & Peterson 1997; Kull & Destler 1999; Rielly 1999; Legro 2000; Holsti 2004).

미국 국제주의 여론은 첫째, 미국 외교목표가 미국 국가이익에만 국한하지 않고 국제 보편이익을 지향하는 가치, 둘째, 미국이 국제사건을 외면하지 않고 일정한 역할을 맡을 것을 지지하는 가치, 셋째, 미국이 일방적 수단보다는 국제공조를 통해 국제문제를 해결하고 필요한 국가에게 국제원조를 지원하는 일을 옹호하는 가치 등으로 구성된다(Rielly

1999, 1-4). 이런 판단은 미국 건국 이후 미국인은 항상 미국 외부에 관심이 있었으며 결코 고립주의로 부를 만큼 대외 관심사에서 벗어난 적이 한 번도 없었다는 주장(Kull 1997; Ladd 1997)과 서로 통한다.

미국 외교정책 방향과 미국 외교여론 방향이 항상 일치하는 것은 아니다(Baum 2004). 외교정책 결정자 집단이 미국 패권 유지가 필수적이라 간주한다고 해서 미국인 대다수가 미국 패권 지위를 인정한다고 볼 수는 없다. 미국인 대다수는 미국이 국제사회에서 담당해야 할 당위적 역할보다 과잉으로 패권 지위를 유지하고 있다는 비판에 동조한다 (Mueller 1999).

둘째, 특정 사안에 관한 외교여론의 양극화 현상은 포괄적인 미국 외교기조 등에 관한 여론의 양극화 현상과 대립구조가 일치해야 한다. 특정 사안에 관한 외교여론의 이중분포 현상이 미국인의 포괄적 외교목표에 관한 이중분포와 상관관계를 이루어야 한다.

미국 일반 대중이 비록 국제적인 사건들에 대해서는 별로 지식이 없다고 하더라도, 그러한 국제적인 사건들에 대해 가지고 있는 신념 체계는 일과성에 그치지 않고 나름대로 일관되게 구조화되어 있다(Conover & Feldman 1984; Neuman 1986; Holsti 2004). 이는 인간은 아주 제한된 극소수의 신념틀이나 준거좌표(frame)를 사용하여 다양한 사건이나 현상을 이해한다고 하는 인간의 인지적 발달에 관한 업적들을 빌어 착안되었다.

미국인의 외교여론은 개인차원에서 수직적으로 서열이 있는 형태로 존재한다(Hurwitz & Peffley 1987). 미국인의 특정한 외교 정책에 대한 선호도는 개인적 "입장(postures, 예를 들면, 군사주의, 반공주의, 고립주의 등)"이라고 하는 보다 넓은 개념에 따라 좌우된다. 이러한 논리에 따라, 일반 대중 각각이 보이는 대외관은 일관성이 있을 수밖에 없다.

셋째, 미국 여론의 양극화 현상은 미국 여론의 이중분포가 미국인의 정치사회적 단층선에 따라 뚜렷한 분열구조를 지녀야 한다. 일반적으로 여론은 일반 대중 개개인의 정치적 이념과 정치적인 가치관에 기초하고 있고, 이들 대중 개개인은 정치사회화를 통해서 그들만의 이념과 가치관을 형성하게 되기 때문이다(Achen 1975; Peffley & Hurwitz 1992).

특정한 개인이 속해 있는 특정한 정치사회집단이 그가 일상생활에서 접하게 되는 특정한 외교여론을 형성시키는 데 크게 세 가지 역할을 하는 것으로 분류되고 있다(Deutsch & Merritt 1965). 첫째, 특정한 정치사회 집단은 개인으로 하여금 외교적 사안에 대한 정보를 제공해 주고 그 사안에 관련된 다양한 국제적 일상생활을 경험할 수 있도록 그를 노출시키는 기능을 담당한다. 둘째, 특정 정치사회 집단은 개인이 외교여론을 형성하는 인지적 과정에 특수한 가치와 규범을 제공해 준다. 셋째, 특정 정치사회 집단이 갖는 집단 가치는 그 집단에 참여하고 있는 개인의 인지적 구조를 자극하여 개인이 가질 수 있는 심리적 성향에 방향을 제시해 줌으로써, 각 개인이 갖는 외교여론의 구조를 통제하게 된다.

이 연구는 이라크 전쟁에 관한 여론의 양극화 가설이 갖는 타당성을 이라크 전쟁여론의 분포가 이중분포 형태를 갖는가, 이라크 전쟁여론의 분열은 얼마나 지속적인가, 그리고 이라크 전쟁에 관한 미국 여론의 분열이 미국인의 외교적 가치와 정치사회적 단층선에 따라 결정되고 있는가 등 세 가지 차원에서 검증한다. 이 세 가지 차원에서 이라크 전쟁 여론의 분열이 타당성을 확보할 때 외교여론의 양극화 가설은 의미 있는 명제로 성립된다.

이 연구는 미국인의 이라크 전쟁 여론을 이들 네 가지 쟁점에 대한 평가로 측정한다. 이라크 전쟁을 둘러싸고 미국 여론의 평가대상이 된 것은 크게 네 가지 의제이다. 첫째, 이라크 전쟁으로 테러의 위협이 감소되었는가? 둘째, 중동지역에서 민주주의는 성공적으로 확산되었는가? 셋째, 미국과 이슬람 국가들의 관계는 개선되었는가? 넷째, 불량국가 문제를 다룰 때 군사력을 사용하는 것이 효과적인가?

이 연구는 먼저 집합적 차원에서 미국인들이 이라크 전쟁 결과에 대한 평가에서 어떤 응집력으로 이중분포를 보이는지의 문제를 다룬다. 이를 위해 이 연구는 미국인들이 이라크 전쟁 목표 달성 여부에 관해 어떤 평가를 내리는지를 밝힌다. 미국인들의 이라크 전쟁 평가는 이라크 전쟁에 미국이 개입하는 일을 얼마나 지속적으로 지지하고 있는가와 어떤 상관성을 보이는지를 추적한다. 이 연구는 또 이라크 전쟁에 대한 미국 여론의 양극적 분포가 미국인들이 포괄적 외교정책에 대한 선호와 어떤 상관성이 있는지를 밝힌다. 만일 이라크 전쟁에 관한 여론의 양극화가 일관성을 갖기 위해서는 이라크 전쟁 여론이 미국인의 정당일체감, 이념, 사회계층 등 사회적 변수에 따라 찬반 구조가 명확히 드러나야 한다. 이 연구는 이라크 전쟁 여론이 여러 사회적 변수에 따라 단층적인 분열구조를 보인다는 가설을 검증할 것이다.

이 연구에서 사용하는 분석대상 자료는 미국 시카고외교협회(CCFR)가 2006년 7월 실시한 여론조사 원자료 데이터이다. 필요한 경우 CCFR이 지난 30년 동안 4년 주기로 실시한 누적데이터가 이용된다.[2] 이 연구는 이라크 전쟁에 관한 미국 여론의 양극화가 얼마나 지속적인가의 문제에서는 추세분석(trend analysis) 방법을 이용한다. 이라크 전쟁 여론과 포괄적 외교목표에 관한 여론의 상관관계 문제는 교차분석(crosstab analysis) 방법을 이용한다. 이라크 전쟁에 관한 미국 여론의 분열이 미국인의 외교적 가치와 정치사회적 단층선에 따라 결정되고 있는가의 문제는 로짓분석(logistic analysis) 방법을 이용한다.

이라크 전쟁여론에 대한 측정을 위해서는 여러 측정지표가 이용될 수 있다. 이라크 전쟁 개시 직전에 전쟁 시작 자체에 대한 지지 여부도

---

2) CCFR 여론조사는 지금까지 모두 아홉 번 실시되었다. CCFR 여론조사가 처음 실시된 것은 1974년이고 매 4년마다 실시되어 1978년, 1982년, 1986년, 1990년, 1994년, 1998년, 2002년, 그리고 2006년에 각각 실시되었다. 이 연구가 분석대상으로 삼은 CCFR 2006년 원자료는 동아시아연구원(EAI)에서 제공한 것이다. 한미공동조사 프로젝트에 직접 참여할 기회를 제공하고 또 이 자료를 이용할 수 있게 허락해 준 동아시아연구원에 감사드린다.

중요한 측정지표가 될 수 있다. 하지만 전쟁여론에 대한 보다 올바른 측정은 전쟁 이후의 세간의 평가가 보다 적실하다. 이라크 전쟁이 가져다 준 영향과 효용성에 대한 논란이 미국 사회의 이라크 전쟁에 대한 분열의 중심사안이기 때문이다. 이 연구는 이라크 전쟁여론의 측정을 2006년 CCFR 조사에서 응답자들이 이라크 전쟁으로 테러위협이 감소되었는가, 민주주의 확산은 성공적이었는가, 이라크 전쟁으로 미국과 이슬람국가들의 관계는 개선되었는가, 그리고 군사력 사용을 통한 불량국가의 대처 방법이 신중해졌는가 등 네 가지 측정항목에 반응한 결과를 분석한다. 이라크 전쟁여론의 지속성에 관해서는 미국인들의 이라크 전쟁에 관한 여론을 전쟁 이전에 실시된 1974~2002년 자료와 이라크 전쟁 이후에 실시된 2006년 자료를 장기적 추세를 기준으로 비교 측정한다.

이라크 전쟁여론과 외교적 가치의 상관성은 미국인들이 포괄적 외교목표에 관해 반응한 결과의 상관성을 분석한다. 이 분석을 위해서는 이라크 전쟁여론과 미국인의 포괄적 외교목표에 대한 반응, 즉 미국인들이 핵확산 방지, 이슬람 근본주의, 국제 테러리즘이란 외교목표에 관한 태도를 측정하여 그 상관관계를 분석한다. 이라크 전쟁여론의 사회적 기반은 미국인의 정당일체감, 이념, 종교, 교육수준, 연령, 인종 등의 정치사회적 변수를 기준으로 측정한다.

III. 이라크 전쟁 여론의 분열구조와 지속성

미국인의 이라크 전쟁에 대한 평가는 뚜렷하게 분열되어 있다. 그 분열의 분포 상태가 이라크 전쟁 평가에 긍정적인 비율과 부정적인 비율이 동일한 형태는 아니다. 대다수의 미국인은 이라크 전쟁에 대해 부정적이다. 〈표 1〉에 나타나 있듯이 부시 행정부가 이라크 전쟁의 명분으

<표 1> 이라크 전쟁의 쟁점과 외교여론의 분열

(단위: 명/%)

이라크 전쟁 이슈	동의함	동의하지 않음	잘모름/ 무응답	합계
이라크 전쟁으로 테러 위협이 감소되었다	436 (35%)	757 (61%)	34 (3%)	1,227 (100%)
이라크 전쟁은 중동지역에서 민주주의를 확산시켰다	392 (32%)	788 (64%)	47 (4%)	1,227 (100%)
이라크 전쟁은 미국-이슬람 국가 관계를 악화시켰다	829 (66%)	356 (30%)	42 (4%)	1,227 (100%)
이라크 전쟁은 불량국가에 대한 군사력 사용이 보다 신중하게 이루어져야 함을 일깨워 주었다	815 (66%)	364 (30%)	48 (4%)	1,227 (100%)

* CCFR, *Global Views* 2006, pp. 34-35.

로 삼았던 민주주의 확산에 대해 응답자의 64%가 동의하지 않는다. 테러 전쟁으로 명명되었던 이라크 전쟁으로 테러 위협이 감소되었다고 응답한 비율은 35%에 불과하다. 이라크 전쟁으로 오히려 미국과 이슬람 국가와의 관계가 악화되었다고 생각하는 미국인이 66%에 달한다. 불량국가 대처방안으로 군사력을 사용하는 일이 신중하게 검토되어야 한다는 교훈에 대해서도 66%의 미국인이 동의한다. 이라크 전쟁을 둘러싸고 미국 외교여론은 대략 2:1 비율로 부정적 평가와 긍정적 평가가 대립된 구조를 갖는다.

대다수 미국인의 이라크 전쟁에 대한 부정적 평가는 미국인들이 일관성 있게 유지하고 있는 국제주의 외교여론의 지속성 관점에서 파악된다. 9·11 테러와 이라크 전쟁이 미국인에게 미친 가장 큰 영향은 테러 자체에 대한 관심을 증가시키고 테러응징에 보다 단호한 입장을 취하도록 한 것임에 틀림없다. 9·11 테러와 이라크 전쟁이 미국인들에게 테러와 국방에 대한 관심을 고조시킨 것은 분명하다. 그런데 9·11 테러 이전에도 테러가 여타 외교 문제보다 미국이 당면한 중요한 외교 문제로 미국인에게 인식된 점이 주목된다.

〈표 2〉 이라크 전쟁 전후 미국인의 테러리즘 인식

(단위: %)

연도	1998	2002	2006
국제테러에 대한 대처가 미국 외교목표로서 '아주 중요함' 과 '중요함' 으로 응답한 비율의 합	96	98	97

* CCFR, *Global Views* 2006, pp. 13-17.

〈표 3〉 미국인의 이라크 국가 이미지 지속성

연도	1994	1998	2002	2006
국가호감도를 100 degree로 했을 때 이라크에 대해 느끼는 국가호감도	24	25	n/a	27

* CCFR, *Global Views* 2006, p. 59.

미국인의 테러 위협 인식 변화는 9·11 테러와 이라크 전쟁 이전에도 이미 미국 여론에 포착되고 있었다. 국제테러에 대한 대처가 미국 외교목표로서 중요하다고 응답한 미국인의 비율은 이라크 전쟁 이전이었던 1998년 이후부터 9·11테러와 이라크 전쟁 이후에도 똑같이 높은 수치로 유지되고 있다(〈표 2〉 참조). 이라크에 대한 국가 이미지도 전쟁 전후 조사에서 모두 일관된 비율의 호감도를 유지하고 있다(〈표 3〉 참조). 미국인들이 이라크에 대해 갖는 국가 이미지는 이라크 전쟁 여부에 영향을 받았다는 증거는 없다. 미국인의 이라크 국가 호감도는 이라크 전쟁과 상관없이 일관성 있게 유지되고 있다.

미국인에게 전통적인 강대국 간 전쟁에서 비롯되는 안보위협은 크게 감소한 반면, 비국가조직에 의해 제기될 안보위협은 크게 증가하는 추세에 있었다(Herrmann & Peterson 1997). 이러한 사실은 9·11 이전부터 미국인이 느끼는 안보위협 유형이 급격하게 테러와 비국가조직에 의한 대량살상 등 비전통적 안보위협으로 바뀌고 있었음을 보여준다. 미국인의 테러에 대한 인식은 비전통적 안보위협이 증가되는 상황에서

9·11 테러로 인해 더욱 강화된 것이다. 미국인은 테러 문제를 9·11 테러를 통해 새롭게 등장한 외교문제로 여기는 것은 아니고, 9·11 테러를 통해 테러 문제의 심각성과 현실성을 더욱 중요하게 여기게 되었다. 미국여론은 이라크 전쟁이 발생하기 이전에도 국제테러 문제를 미국이 당면한 가장 중요한 외교 현안으로 인식하고 있었을 뿐만 아니라 매우 중요한 미국 외교정책 목표의 하나로 인식하고 있었다. 9·11 테러와 이라크 전쟁 자체는 그 중요성을 새삼 일깨워 준 역할을 했다.

미국인이 미국의 국제적 역할을 인정하는 국제주의 입장은 국제사안에 따라 약간의 변동이 있었지만 대체로 일관된 입장을 보여 왔다. CCFR 이외에도 미국의 유수한 여론조사 기관들은 미국이 국제사안에서 적극적인 역할을 할 것인가에 대한 미국인의 태도를 측정해 왔다. 모든 여론조사에서도 미국인의 국제주의 입장은 고립주의 입장에 비해 최소한 3대 2의 비율 이상으로 우월한 위치를 고수해 왔다. 1980년대 후반 미국과 소련 관계가 개선된 후에도 미국 여론의 국제개입에 대한 지지는 고립주의 외교정책 지지에 비해 2배 이상으로 강한 것으로 조사되었다. 미국인이 미국의 국제적 역할에 보내는 지지는 65% 수준으로 유지되었다(Holsti 1998, 141-4). 미국의 국제역할에 대한 미국인의 평가가 일관된 것은 CCFR 자료에서도 그대로 나타나고 있다.

〈표 4〉는 미국인들이 1970년대 이후 미국의 외교목표로서 그 중요성을 인정해 왔던 항목의 시계열 자료이다. 미국인들은 다른 국가가 민주형태의 정부를 수립하는 데 미국이 돕는 것과 개발도상국의 경제수준 향상에 도움을 주는 것이 미국 외교 목표로서 중요하다는 사실을 일관성 있게 인식하고 있다. 뿐만 아니라 핵무기 확산을 방지하는 일과 국제연합(UN)의 역할을 강화시키는 것도 미국의 주요 외교목표로서 인정해 오고 있다. 미국인의 국제주의 성향은 미국의 국제적 역할에 대한 평가 추세에서도 마찬가지이다. 〈표 5〉에서 보듯이 대략 2:1의 비율로 미국인들은 미국이 국제 사안에 적극적인 역할을 맡아야 한다고 믿고 있다. 이러한 믿음 자체와 그 지지 정도는 이라크 전쟁 여부에 관계

〈표 4〉 미국의 외교목표 인식의 지속성

(단위: %)

미국의 외교목표	1974	1978	1982	1986	1990	1994	1998	2002	2006
(1) 민주주의 확산	70	70	76	78	80	72	79	73	74
(2) 개발도상국 경제발전	86	82	85	87	84	80	82	86	82
(3) 핵확산 방지	n/a	n/a	n/a	n/a	96	96	96	98	96
(4) 세계기아와의 전쟁	92	90	91	94	n/a	92	94	94	91
(5) 국제연합 강화	78	79	80	79	88	84	84	85	79

(1) "다른 국가가 민주형태의 정부를 수립하는 데 미국이 돕는 것"이 미국 외교 목표로서 '아주 중요하다' 또는 '중요하다'로 응답한 비율의 합.
(2) "개발도상국의 경제수준 향상에 도움을 주는 것"이 미국 외교 목표로서 '아주 중요하다' 또는 '중요하다'로 응답한 비율의 합.
(3) "핵무기 확산을 방지하는 일"이 미국 외교 목표로서 '아주 중요하다' 또는 '중요하다'로 응답한 비율의 합.
(4) "세계 기아 문제 해결"이 미국 외교 목표로서 '아주 중요하다' 또는 '중요하다'로 응답한 비율의 합.
(5) "국제연합(UN)의 역할을 강화시키는 것"이 미국 외교 목표로서 '아주 중요하다' 또는 '중요하다'로 응답한 비율의 합.

* 출처: CCFR, *Global Views* 2006, pp. 10-18.

〈표 5〉 미국의 국제적 역할에 대한 평가 추세 1974~2006

(단위: %)

연도	1974	1978	1982	1986	1990	1994	1998	2002	2006
지지율*	66	59	54	64	62	65	61	67	69

* 미국 미래를 위해 미국은 국제사안에 더 적극적인 역할을 하는 것을 지지하는 비율.
* 출처: CCFR, *Global Views* 2006, p. 48.

없이 지속되고 있는 국제주의 여론 성향에서 찾을 수밖에 없다.

미국인이 미국이 담당하는 국제역할의 당위성과 기대를 지지한다고 해서 역할의 범위를 무한정 용인하는 것은 아니다. 2002년과 2006년 CCFR 조사는 미국의 국제역할 범위와 관련해서 미국이 세계경찰로서 갖는 역할에 관한 미국인의 인식을 두 가지 항목을 통해 조사했다. 그 결과는 〈표 6〉에 제시되어 있다. 하나는 미국이 세계경찰 역할을 담당

<표 6> 이라크 전쟁 전후 미국의 국제적 역할에 대한 미국 여론의 제한

(단위: %)

	세계경찰 역할의 책임성		세계경찰 역할의 인식	
	질문: 미국은 세계경찰로서의 역할을 담당할 책임이 있는가?		질문: 미국은 미국에게 주어진 역할을 넘어 세계경찰 역할을 하고 있는가?	
	2002년 조사	2006년 조사	2002년 조사	2006년 조사
그렇다	34	22	65	76
그렇지 않다	62	75	34	21
잘 모르겠다	4	3	1	3

* 출처: CCFR, *Global Views* 2006, pp. 49-50.

할 책임성에 관한 것이고 다른 하나는 미국이 실제로 세계경찰 역할을 하고 있는 현상에 관한 것이었다. 먼저 미국은 세계경찰로서의 역할을 담당할 책임이 있는가를 물은 항목에서 미국인 응답자 과반수가 넘는 62%와 75%가 2002년과 2006년 조사에서 각각 '그렇지 않다'고 대답했다. 미국이 세계경찰 역할 책임이 있다고 대답한 사람은 2002년 34%와 2006년 22%에 그쳤다. 이라크 전쟁 이전과 이후 모두 대다수의 미국인은 미국의 국제역할 책임을 인정하지만 세계경찰로서의 역할에 대해서는 부정적인 태도를 견지하고 있다. 미국인이 인정하는 역할의 범위는 분명히 한계가 주어져 있다. 이 한계를 벗어난 미국 행정부 외교정책과 미국 외교여론 사이에 분명한 간극이 있다.

미국인의 이라크 전쟁 평가는 분명히 분열되어 있다. 이라크 전쟁 여론 분포가 양분되어 이중분포 형태로 존재한다. 이런 차원에서는 미국 이라크 전쟁 여론이 양극화되어 있거나 최소한 미국 사회의 양극화에 일조한 측면이 있다. 하지만 이라크 전쟁여론은 이라크 전쟁 평가를 둘러싸고 찬반비율이 똑같은 형태로 존재하는 것은 아니다. 분명히 대략 2:1의 비율로 부정적인 평가에 치우쳐 있다. 이 같은 이라크 전쟁여론은 단순히 이라크 전쟁에 대한 평가에서만 파악되고 분석될 일이 아니다. 이라크 전쟁여론은 미국인들이 오랫동안 지니고 있는 국제주의 성향의 외교여론이란 관점에서 이해되어야 한다.
　미국 여론은 미국이 적극적으로 국제적 역할을 수행해야 한다는 점, 그러나 세계경찰과 같은 독단적인 방법이 아니라 국제사회와의 공조를 통해 국제적 사안 해결에 나서야 한다는 점을 지지하고 있다. 이러한 견해에 대해 대략 2:1의 비율로 그 지지 비율이 유지되고 있다는 점과 이라크 전쟁 여론의 평가에 대한 이중분포 형태는 밀접한 관련이 있다. 외교여론의 분열은 존재하되 그것이 이라크 전쟁에 대한 평가에서만 나타나는 것이 아니고 국제주의 여론의 지속성 관점에서 이해되어야 한다.

IV. 이라크 전쟁 여론과 포괄적 외교목표 인식

　2006년 CCFR 조사에서는 미국의 포괄적 외교목표로서 몇 가지 쟁점을 제시하고 그 중요성에 대한 미국인의 인식 정도를 측정했다. 미국 이라크 전쟁여론의 분열구조가 타당성을 확보하기 위해서는 이들 포괄적 목표에 대한 미국 외교여론의 분열구조가 상관성이 있어야 한다. 이를 검증하기 위해 이 연구는 그들 쟁점 중에서 이라크 전쟁과 밀접한 관련이 있는 조사항목으로 세 가지를 미국의 포괄적 외교목표로 선택했다. 이슬람 근본주의, 적대국가의 핵 무장, 그리고 국제 테러리즘 등이 그것이다. 이슬람 근본주의에 대해서 43%의 미국인이 이슬람 근본주의가 미국의 국가이익에 사활적 위협이 된다고 응답했다.
　응답자의 41%는 사활적은 아니지만 중요한 위협이라고 답했다. 조사대상자의 12%는 중요하지 않다고 응답했다. 적대국가의 핵 무장에 대해서는 조사 대상자의 69%와 27%가 적대국가의 핵 무장 사안이 미국의 국가이익에 사활적이거나 중요하다고 응답했다. 3%만이 중요하지 않다고 응답했다. 국제 테러리즘에 대해서는 적대국가의 핵 무장 항목과 비슷한 응답을 보였다. 74%가 미국의 사활적 이익이 달려 있는 문제라고 응답했고, 23%는 사활적 이익은 아니지만 중요한 문제라고 답했다. 단지 2%만이 중요하지 않은 위협요인으로 꼽았다.

이라크 전쟁 여론과 이슬람 근본주의, 적대국가의 핵 무장, 그리고 국제 테러리즘 등 세 가지 미국 포괄적 외교목표와의 상관성을 살펴보자. 먼저 세 가지 미국의 포괄적 외교목표와 이라크 전쟁으로 테러 위협이 감소되었는가 하는 항목의 상관성에 관해 살펴보자. 〈표 7〉에서 보듯이 이슬람 근본주의가 미국의 포괄적 외교목표로 중요하다고 대답한 사람과 중요하지 않다고 대답한 사람들이 이라크 전쟁으로 테러위협이 감소되었다는 데 동의한 비율은 차이가 없다. 이슬람 근본주의를

〈표 7〉 테러위협 감소와 포괄적 외교목표의 상관성

이라크 전쟁으로 테러 위협이 감소되었다	미국의 포괄적 외교목표 (%)			
	결정적임	중요함	중요하지 않음	무응답
외교목표(1) 이슬람 근본주의				
동의함	39	31	35	23
동의 못함	59	67	62	52
무응답	2	2	3	25
$x2 = 72.6^{**}$	100	100	100	100
외교목표(2) 적대국가의 핵 무장				
동의함	39	27	47	11
동의 못함	59	70	50	22
무응답	2	3	3	67
$x2 = 153.7^{**}$	100	100	100	100
외교목표(3) 국제 테러리즘				
동의함	38	27	40	15
동의 못함	60	70	55	39
무응답	2	3	5	46
$x2 = 104.1^{**}$	100	100	100	100

* $p < 0.05$; ** $p < 0.01$

중요한 외교목표로 인식한 여부에 상관없이 이라크 전쟁의 효용성에 대한 부정적인 평가는 60%대를 유지하고 있다. 적대국가의 핵 무장과 국제 테러리즘을 미국의 주요 외교목표로 인식한 사람들의 경우에도 대체로 과반수 이상이 이라크 전쟁으로 테러 위협이 감소되었다고 평가하지는 않는다. 부시 행정부가 이라크 전쟁을 시작하면서 전쟁목표로 삼았던 테러 위협 감소는 미국의 포괄적 외교목표를 이해하는 미국인들을 설득하지 못한 셈이 된다.

〈표 8〉은 이라크 전쟁 명분으로 사용되었던 민주주의 확산 목표와 미국의 포괄적 외교목표 간의 상관성을 보여준다. 이슬람 근본주의를 미국의 포괄적 외교목표로 인식한 사람들의 62~66%가 이라크 전쟁이

〈표 8〉 민주주의 확산 목표와 포괄적 외교목표 간의 상관성

이라크 전쟁은 중동지역에서 민주주의를 확산시켰다	미국의 포괄적 외교목표 (%)			
	결정적임	중요함	중요하지 않음	무응답
외교목표(1) 이슬람 근본주의				
동의함	35	31	30	10
동의 못함	62	66	67	51
무응답	3	3	3	39
$x2 = 109.7^{**}$	100	100	100	100
외교목표(2) 적대국가의 핵 무장				
동의함	36	22	29	11
동의 못함	61	74	65	11
무응답	3	4	6	78
$x2 = 157.9^{**}$	100	100	100	100
외교목표(3) 국제 테러리즘				
동의함	35	22	30	15
동의 못함	62	75	65	31
무응답	3	3	5	54
$x2 = 104.7^{**}$	100	100	100	100

* p 〈0.05; ** p 〈0.01

〈표 9〉 미국-이슬람 관계 악화와 포괄적 외교목표의 상관성

이라크 전쟁은 미국-이슬람 국가 관계를 악화시켰다	미국의 포괄적 외교목표 (%)			
	결정적임	중요함	중요하지 않음	무응답
외교목표(1) 이슬람 근본주의				
동의함	67	71	64	35
동의 못함	31	27	34	20
무응답	2	2	3	45
$x2 = 171.6^{**}$	100	100	100	100
외교목표(2) 적대국가의 핵 무장				
동의함	67	71	68	22
동의 못함	31	24	29	11
무응답	2	5	3	67
$x2 = 121.7^{**}$	100	100	100	100
외교목표(3) 국제 테러리즘				
동의함	66	73	70	38
동의 못함	31	25	25	0
무응답	3	2	5	62
$x2 = 140.2^{**}$	100	100	100	100

* $p < 0.05$; ** $p < 0.01$

민주주의 확산에 기여하지 못했다고 평가하고 있다. 이슬람 근본주의를 미국의 포괄적 외교목표로 인식하지 않은 사람들의 경우에도 67%가 이라크 전쟁이 민주주의 확산에 도움이 되지 못했다는 점을 인정하고 있다. 이러한 판단은 적대국가의 핵 무장과 국제 테러리즘이라는 외교목표 항목에서도 비슷하게 나타나고 있다. 미국인들이 인식하는 외교목표에는 분명히 분열이 있다. 하지만 그 분열 양상에 상관없이 이라크 전쟁이 중동지역에서 민주주의를 확산시켰다는 전쟁 명분에는 대략 2:1의 비율로 동의하지 않고 있다.

같은 방법으로 세 가지 포괄적 외교목표와 이라크 전쟁에 대한 평가의 상관성을 분석한 결과는 〈표 9〉와 〈표 10〉에 나타나 있다. 미국의

〈표 10〉 무력사용 제한 목표와 포괄적 외교목표의 상관성

이라크 전쟁은 불량국가에 대한 군사력 사용이 보다 신중하게 이루어져야 함을 일깨워 주었다	미국의 포괄적 외교목표 (%)			
	결정적임	중요함	중요하지 않음	무응답
외교목표(1) 이슬람 근본주의				
동의함	63	73	61	52
동의못함	35	23	36	6
무응답	2	4	3	42
$x2 = 146.4^{**}$	100	100	100	100
외교목표(2) 적대국가의 핵 무장				
동의함	65	73	56	22
동의못함	33	21	41	0
무응답	3	6	3	78
$x2 = 152.5^{**}$	100	100	100	100
외교목표(3) 국제 테러리즘				
동의함	65	74	60	39
동의못함	32	22	35	7
무응답	3	4	5	54
$x2 = 97.4^{**}$	100	100	100	100

* $p < 0.05$; ** $p < 0.01$

포괄적 외교목표와 미국-이슬람 관계를 보자. 이슬람 근본주의가 미국의 포괄적 외교목표로 중요하다고 인식한 사람들의 71%는 이라크 전쟁으로 인해 미국과 이슬람 국가들 간 관계가 악화되었다고 평가했다. 그에 비해 27%만이 미국과 이슬람 국가간의 관계 악화에 대해 동의하지 않았다. 이는 이슬람 근본주의를 중요 외교목표로 인식하지 사람들이 내린 이라크 전쟁 평가와 거의 같은 비율이다. 적대국가의 핵 무장과 국제 테러리즘을 중요한 외교목표로 인식한 사람들의 평가 비율과 큰 차이가 없다. 포괄적 외교목표 인식을 기준으로 분류한 미국인의 분열은 이라크 전쟁은 불량국가에 대한 군사력 사용이 보다 신중하게 이루

어져 함을 일깨워 주었다는 전쟁 교훈 항목에서도 비슷한 결과를 보여주고 있다. 이슬람 근본주의, 적대국가의 핵 무장, 그리고 국제 테러리즘을 미국의 중요한 외교목표로 인식한 사람들과 그렇지 않은 사람들 모두 60%에서 74% 정도까지 이라크 전쟁에 대한 평가가 일치하고 있는 것이다.

이라크 전쟁 여론의 양극화 현상은 포괄적인 미국 외교기조 등에 관한 여론의 양극화 현상과 대립구조가 일치해야 한다. 이라크 전쟁 여론의 이중분포 현상이 미국인의 포괄적 외교목표에 관한 이중분포와 상관관계를 이루어야 하기 때문이다. 또 각 개인이 갖는 외교여론은 이라크 전쟁 사안에만 국한되지 않고 일관되게 구조화되어 있기 때문이다. 이런 차원에서 보면 이슬람 근본주의, 적대국가의 핵 무장, 그리고 국제 테러리즘 등 세 가지 미국 포괄적 외교목표에 대한 미국인의 인식은 이라크 전쟁에 대한 미국인의 인식과 밀접한 상관관계를 보인다. 미국 여론은 미국의 포괄적 외교목표를 다르게 평가더라도 이라크 전쟁으로 테러 위협이 감소되었다는 의견에 일관성 있게 부정적인 평가를 내리고 있다. 미국의 포괄적 외교목표 인식에 상관없이 부시 행정부가 전쟁 명분으로 내세웠던 민주주의 확산에 대해서도 약 2:1 비율로 일관성 있게 동의하지 않는다.

이라크 전쟁이 중동에 민주주의를 확산시키는 데 실패했다는 평가에서도 똑같은 비율의 상관관계가 성립하고 있다. 이라크 전쟁이 미국과 이슬람 국가 간의 관계를 악화시켰고 불량국가에 대한 군사력 사용에 교훈을 주었다는 평가 항목에서도 미국인의 포괄적 외교목표 인식에 관계없이 높은 일관성이 발견된다. 미국 외교여론은 이라크 전쟁에 대한 평가에서 이중분포를 보이고 있는데, 이는 미국 여론의 포괄적 외교목표에 대한 인식과도 깊은 관계가 있기 때문이다. 이라크 전쟁 여론이 미국 외교여론의 한 측면으로서 이중분포 형태로 분열 구조를 보이고 있는 것이다.

V. 이라크 전쟁 여론의 사회적 분열

외교여론의 양극화 가설이 타당성을 확보하기 위해서는 미국 외교여론의 이중분포가 미국인의 정치사회적 단층선에 따라 뚜렷한 분열구조를 지녀야 한다. 일반적으로 여론은 일반 대중 개개인의 정치적 이념과 정치적인 가치관에 기초하고 있고, 이들 대중 개개인은 정치사회화를 통해서 그들만의 이념과 가치관을 형성하게 되기 때문이다. 이중분포 형태로 분열된 이라크 전쟁 여론이 타당성 검토는 이라크 전쟁 여론의 분열 구조가 미국인의 정치사회적 변수에 기반하고 있음을 검증함으로써 이루어질 수 있다. 이 가설을 검증하기 위해 이 글에서는 2006년 CCFR 조사에서 확인한 응답자의 사회적 속성을 이념, 정당일체감, 종교, 연령, 교육수준, 그리고 인종을 기준으로 측정했다.

2006년 CCFR 조사에서는 미국인의 이라크 전쟁 여론을 테러위협의 감소, 민주주의 확산, 미국-이슬람 관계, 그리고 불량국가에 대한 군사력 사용 교훈 등 네 항목으로 측정했다. 이들 네 항목은 일정한 지문을 제시하고 동의함과 동의하지 않음 등 두 더미변수(dummy variable)로 측정했다. 이에 따라 이 글에서는 이들 네 더미변수에 대한 사회적 변수의 영향력을 측정하기 위해 로짓분석을 시행했다. 고려된 사회적 변수는 정당일체감, 종교, 연령, 교육수준, 인종, 소득, 그리고 이념 등 7가지이다. 이라크 전쟁여론에 관련된 네 항목에 대한 로짓분석 결과는 〈표 11〉에 제시되었다.

먼저 이라크 전쟁으로 인해 테러 위협이 감소되었다는 평가에 대한 분석결과를 보자. 이라크 전쟁에 관련된 미국인의 테러 위협 감소 결과에 대한 평가는 정당일체감과 교육수준 그리고 이념에 따라 뚜렷한 편차가 있다. 공화당 지지자와 보수성향의 미국인, 그리고 상대적으로 낮은 교육수준을 가진 미국인들에게 이라크 전쟁 평가는 호의적이었다. 그 밖에 연령과 인종에 따라서도 통계학적으로 의미가 있는 것으로 밝혀졌지만 그 영향력의 정도는 정당지지도와 이념수준에 비해서는 상대

〈표 11〉 이라크 전쟁여론의 사회적 분열에 관한 로짓 분석표

전쟁여론 항목		테러위협의 감소	민주주의의 성공적 확산	미국-이슬람 관계 호전	불량국가에 대한 군사력 사용
지문		이라크 전쟁으로 테러 위협이 감소되었다	이라크 전쟁은 중동지역에서 민주주의를 확산시켰다	이라크 전쟁은 미국-이슬람 국가 관계를 악화시켰다	이라크 전쟁은 불량국가에 대한 군사력 사용이 보다 신중하게 이루어져야 함을 일깨워 주었다
사례수(N)		1193	1180	1185	1179
모형계수 카이제곱		136.9**	77.317**	70.697**	89.7**
-2Log 우도		1429.5	1423.0	1377.8	1367
계수 (B)/S.E.	정당일체감	-0.364**/0.065	-0.243**/0.065	0.200**/0.067	0.221**/0.067
	종교	-0.011/0.034	-0.039/0.035	-0.055/0.035	0.005/0.035
	연령	-0.119**/0.045	-0.108*/0.045	0.021/0.045	0.117*/0.046
	교육수준	-0.212**/0.072	-0.146*/0.072	0.221**/0.073	0.168*/0.074
	인종	-0.119*/0.058	-0.041/0.057	0.096/0.060	-0.059/0.057
	소득	0.007/0.17	-0.022/0.018	0.008/0.018	-0.033/0.018
	이념	-0.140**/0.053	0.341**/0.052	-0.319**/0.053	-0.412**/0.054

* p〈0.05; ** p〈0.01

적으로 약하다.

이러한 결과는 이라크 전쟁으로 인해 중동지역에서 민주주의가 성공적으로 확산되었는가를 평가하는 항목에서도 그대로 발견되고 있다. 정당일체감과 이념에 따라 이라크 전쟁이 민주주의 확산에 기여했는가에 대한 평가의 차이가 뚜렷하게 구분되고 있다. 연령과 교육수준과 같은 사회적 지표에서도 통계적 유의성이 발견되었지만 그 영향력의 정도는 상대적으로 크지 않다. 공화당 지지자와 보수성향의 미국인들은 분명히 이라크 전쟁의 효용성에 관해 긍정적인 평가를 보인다.

이라크 전쟁 결과에 대한 평가와 교훈 분석에서도 비슷한 결과를 얻었다. 이라크 전쟁으로 미국-이슬람 국가 간의 관계가 악화되었다고 생각하는 항목에 대해서 정당일체감, 교육수준, 그리고 이념성향이 가장

커다란 상관관계가 있다는 점이 분명하다. 공화당 지지자와 보수적 이념 성향의 미국인일수록 이라크 전쟁에 대한 긍정적 평가가 뚜렷하게 나타나고 있다. 이라크 사용이 불량국가에 대한 군사력 사용이 신중해져야 한다는 교훈을 얻었다는 평가에 대해서도 정당일체감과 이념 성향이 통계적으로 강한 의미를 지니고 있다.

연령과 교육수준도 통계적으로 유의미한 것으로 나타났지만 그 영향력의 정도는 정당일체감과 이념성향에 비해 상대적으로 낮다. 더구나 이 연구에서는 연령과 교육수준, 그리고 정당일체감과 이념성향이 서로 관련이 있을 개연성이 높지만 따로 고려하지 않았다. 그럼에도 불구하고 정당일체감과 이념 변수, 그리고 교육수준이 독자적으로 모두 통계적으로 의미가 있음을 확인할 수 있다. 그에 비해서 종교, 인종, 그리고 소득수준 등의 변수는 이라크 전쟁 여론의 분열 구조에 그다지 영향을 미치지 않은 것으로 분석된다.

이라크 전쟁에 대한 미국인의 평가는 응답자의 이념과 정당일체감에 따라 뚜렷하게 구분되고 있다. 응답자의 보수성향이 강할수록 이라크 전쟁에 대한 긍정적 평가가 상대적으로 높다. 진보성향의 응답자들이 이라크 전쟁 평가에 강한 비판적 입장으로 보인 반면, 보수성향의 응답자들은 전쟁의 효용성에 대해 반드시 비판적인 것은 아니다. 예를 들어, 이라크 전쟁이 중동지역에서 민주주의를 확산시켰다는 항목에서 보수 성향의 응답자들이 동의한 비율과 동의하지 않는 비율은 거의 같은 수준이다. 이념 변수에서 이라크 전쟁여론의 분열은 응답자의 정당일체감 항목에서도 비슷한 구조를 보인다.

이라크 전쟁에 대한 미국 외교여론 구조는 응답자의 종교적 배경에 따라 크게 차이가 나지 않는다. 기독교, 가톨릭, 그리고 기타 종교적 성향에서 이라크 전쟁에 대한 부정적 평가는 응답자 전체의 부정적 평가와 비슷한 분포를 보인다. 응답자의 연령, 교육수준, 인종 등 다른 사회적 변수에서도 이라크 전쟁에 대한 부정적 평가는 전체 응답자의 부정적 평가와 크게 다르지 않다.

미국 여론의 이라크 전쟁에 대한 평가는 응답자의 이념성향과 정당일체감에 의해서 차이가 드러난다. 이는 미국 외교여론의 분열구조가 미국인의 이념성향이란 단층선에 따라 진행되고 있는 한 단면이다. 이런 측면에서 미국 사회의 양극화 현상은 적어도 이념성향과 정당일체감에 따라 심화되고 있다는 명제는 의미가 있다고 평가할 만하다.[3] 그렇다고 해서 다수의 미국인들이 이라크 전쟁을 비판적으로 평가한다는 점이 부정되는 것은 아니다. 미국 외교여론은 분명히 이라크 전쟁에 대한 평가가 부정적이다. 미국인의 이념성향에 따라 정도의 차이가 있을 뿐이다. 이런 점에서 부시 행정부가 감행했던 이라크 전쟁에 대한 미국인의 인식은 비판적임을 뚜렷하게 입증하고 있다. 이라크 전쟁에 대한 비판적 분열 구조는 미국 외교여론의 분열구조가 갖는 한 단면이다. 미국 사회의 양극화 가설이 타당성을 확보한다면 그 양극화의 기본 축은 정당지지 여부와 이념성향에 따라 크게 좌우되고 있음을 보여주고 있다.

미국에서는 1990년대만 하더라도 주로 국내 이슈들이 대중들의 관심을 집중적으로 받았다. 실제로 그때 실시된 여론조사 결과들은 외교정책 이슈에 대해서는 공화-민주당원 사이에 커다란 차이가 없었다. 하지만 2001년 9·11 테러 이후 지대한 변화가 있었다. 홀부룩(Holbrooke 2006)에 의하면 최근 5년간의 여론조사 결과를 종합하면 미국 대중들은 적어도 국가안보 이슈에 대해서는 공화당을 신뢰하고 있음을 보여 주었다. 외교적 사안이 분명하게 공화당 성향의 유권자와 민주당 성향의 유권자를 뚜렷하게 구분해 주고 있다는 것이다. 그의 주장에 의

---

3) 미국정치의 양극화는 1990년대 들어와서 민주-공화 양당의 정책 노선 차이가 옅어지면서 시작되었다고 보는 것이 보통이다. 대신 이념적 간격이 더욱 벌어지고 각 당의 내부 균질성과 연대감이 강해져 왔다. 이에 따라 양당 사이에 완충지대는 좁아졌다. 미국 정치의 양극화는 곧 정당의 양극화를 의미한다. 정당 양극화에 수반하여 사회문화적으로 종교적 보수 세력이 등장하고 신보수주의 세력의 전략이 성공적으로 실행되었다. 그에 대항하는 진보진영의 결집도 이념적 양극화 추세를 부추겼다. 미국 정치의 양극화는 곧 정당정치와 이념의 양극화였다.

하면 더 이상 종교와 사회적 이슈에 관한 태도는 정당지지를 구분하는
데 그리 중요하지 않다. 미국 대중들은 국가안보 의제에서는 공화당을
더욱 신뢰하고 있다는 것이다. 하지만 외교적 사안에 대한 공화당-민주
당 지지의 차이는 오래전부터 지속되어 온 외교여론의 한 특징일 뿐이
다. 9·11과 이라크 전쟁 이후 외교여론의 양극화가 가져다 준 결과로
보기는 힘들다.

미국 사회의 양극화 현상을 최소한 1970년대 이후 미국 유권자들은
일관되게 소득수준별로 구분되는 이념성향 차원에서 해석하는 것이 보
통이다. 아울러 민주-공화 양당의 재분배 정책에 대한 유권자의 소득수
준별 인식이 1980년대 초까지 혼재된 유형을 보이다, 이후 소득층별로
공화당을 더욱 보수적으로 인식하고 민주당을 더욱 진보적으로 인식하
는 일관된 정렬구조로 인식한다. 현재의 정치적 양극화 현상은 보수적
인 고소득 유권자들이 자신의 계층적 이해관계에 걸맞은 정당으로 지
지를 옮기는 이른바 정당일체감의 이념적 재편성에 기인하는 것이라고
하겠다. 하지만 적어도 외교여론에서는 소득수준에 따른 외교 사안에
대한 분열적 구조를 발견하기 힘들다. 전통적인 공화당 지지자들과 보
수 성향의 시민들이 갖고 있는 국제주의 여론의 속성이 이라크 전쟁여
론에 그대로 투영된 것으로 보는 것이 타당하다.

VI. 결론

이라크 전쟁여론의 양극화, 좀 더 넓게 보면 외교여론의 양극화는 일
반 대중의 외교여론이 얼마나 응집력을 갖는가 하는 문제와 시간이 경
과할수록 극화(polarization)하는가의 문제로 이해된다. 하지만 양극화
문제는 극화의 차원보다는 여론의 분열적 구조가 지속되는 관점에서
이해되어야 한다. 이런 점에서 미국 외교여론은 국제주의 여론의 지속

성 관점에서 이해되는 것이 한 가지 인식방법이다.

　이라크 전쟁 수행을 둘러싼 미국 외교여론의 양극화 명제가 타당한가의 문제를 다루기 위해 이 연구는 이라크 전쟁여론을 세 가지 차원에서 분석대상으로 삼았다. 첫째는 이라크 전쟁여론이 양분되어 이중분포 형태로 존재하고 있는가의 문제이다. 둘째는 이중분포 형태의 외교여론 구조가 지속성을 띠고 있는가의 문제이다. 셋째, 이라크 전쟁에 관한 미국 여론의 분열이 미국인의 외교적 가치와 정치사회적 단층선에 따라 응집되고 있는가의 문제이다. 이 연구는 1974년 이후 축적된 CCFR 자료와 2006년에 실시된 CCFR 자료를 분석했다. 이라크 전쟁을 둘러싼 외교여론의 양극화는 다음과 같은 세부적인 명제가 타당성을 갖는다.

　이라크 전쟁을 둘러싸고 미국 여론은 뚜렷한 이중분포 현상을 드러냈다. 이 연구에서 평가대상으로 삼은 네 가지 측정수단은 첫째, 이라크 전쟁으로 테러의 위협이 감소되었는가? 둘째, 이라크 전쟁은 중동지역에서 민주주의를 성공적으로 확산시켰는가? 셋째, 이라크 전쟁은 미국과 이슬람 국가들 간의 관계를 개선했는가? 넷째, 이라크 전쟁은 불량국가 문제를 다룰 때 군사력의 사용에는 신중함이 필요하다는 교훈을 주었는가? 등이다.

　이들 네 가지 항목에서 일관성 있게 미국 외교여론은 이중분포를 보였다. 대략 2:1의 비율로 미국 외교여론은 이라크 전쟁에 비판적 입장을 보였다. 미국인의 이라크 전쟁 평가는 미국인들이 일관성 있게 유지하고 있는 국제주의 외교여론의 지속성 관점에서 파악된다. 미국여론은 이라크 전쟁 이전부터 전쟁의 개입명분과 미국 행정부의 일방적인 군사조치에 대해 비판적이었던 사실은 전쟁결과에 상관없이 행정부의 전쟁 수행과 외교여론의 비판적 분위기 사이에는 커다란 간극이 있었다. 이러한 주장은 미국 외교여론이 오랫동안 유지해 온 국제주의 성향의 외교여론 분포와 일치한다.

　이슬람 근본주의, 적대국가의 핵 무장, 그리고 국제 테러리즘 등 미국의 포괄적 외교목표에 대한 미국인의 인식은 미국인의 이라크 전쟁 평가와 밀접한 상관관계를 보인다. 미국 여론은 미국의 포괄적 외교목표를 다르게 평가더라도 이라크 전쟁에 대한 부정적 평가와 긍정적 평가의 상대적 비율은 약 2:1 비율로 일관성 있게 유지되고 있다. 미국 외교여론이 이중분포 형태로 지속성을 유지하는 명제와 미국 외교여론이 이라크 전쟁에 대한 평가가 이중분포를 보인다는 명제는 서로 밀접한 관련이 있다. 이는 이라크 전쟁 여론이 미국 외교여론의 한 측면으로서 이중분포 형태로 양극화 구조를 보이고 있다는 하나의 실증 사례이다.

미국 여론의 이라크 전쟁에 대한 평가는 응답자의 이념성향과 정당일체감에 의해서 상대적으로 차이가 드러난다. 이는 미국 외교여론의 양극화 현상이 미국인의 정당지지 여부와 이념성향이란 단층선에 의해 결정되고 있다는 한 단면이다. 미국 외교여론은 집합적 차원에서 분명히 이라크 전쟁에 대해 부정적 평가가 강하다. 미국인의 이념성향에 따라 정도의 차이가 있을 뿐이다. 정당지지 여부에 따라서도 차이가 있다. 하지만 이라크 전쟁에 대한 미국 외교여론의 분열구조는 종교적 배경, 연령, 인종 등 다른 사회적 변수에서는 커다란 차이가 없다. 이라크 전쟁에 대한 외교여론의 집합적 차원에서의 부정적 평가가 이들 사회적 변수에 따라서는 크게 다르지 않게 내재되어 있다는 사실을 입증한다.

미국 외교여론의 양극화 가설은 부시 행정부의 외교 전략과 그에 대항한 진보진영의 결집으로 인한 거시적 갈등이 수반된다는 점에서 타당하다. 이는 상반된 이념가치와 정당일체감에 입각한 비타협적 대립이 외교정책에 투영되어 합리적 정책 수립에 지장을 준다는 의미를 갖는다. 그렇다고 미국 국민의 외교여론이 균등하게 양분화되어 있는 것은 아니다. 미국 외교여론은 아주 오랫동안 국제주의 성향을 내포한 채로 일관성 있게 유지되고 있다. 이는 미국 외교 여론이 현대 미국정치의 양극화 속에서 수렴의 영역으로 간주될 수 없는 이유이다.

미국 외교여론이 이중분포 형태로 지속성을 유지하고 있는 점과 부시 행정부가 추진해 오는 외교정책 사이에는 분명한 간극이 있다. 미국

여론의 주장이 항상 옳은 것은 물론 아니다. 심지어 미국 여론은 자신들의 국제주의 성향에 대해서도 바르게 인식하고 있는 것도 아니다 (Todorov & Mandisodza 2004). 미국 여론이 실제 정책에 언제나 반영되는 것도, 그리고 반영되어야만 하는 것도 아니다. 하지만 미국 외교여론과 외교정책 사이의 부조화라는 각도에서 부시 행정부는 물론이고 미국 행정부가 지속적으로 시행하는 외교정책 방향은 근본적인 외교명분과 방향부터 재검토될 여지가 있다. 이라크 전쟁을 둘러싼 외교여론은 이 점을 분명히 보여주고 있다.

참고문헌

Achen, C. H. 1975. "Mass Political Attitudes and the Survey Response." *American Political Science Review* 69: 1218-31.
Baum, M. A. 2004a. "Going Private: Public Opinion, Presidential Rhetoric, and the Domestic Politics of Audience Costs in U.S. Foreign Policy Crises." *Journal of Conflict Resolution* 48:603-631.
_____. 2004b. "Circling the Wagon: Soft News and Isolationism in American Public Opinion." *International Studies Quarterly* 48:313-338.
Brennan, Timothy. 2006. *Wars of Position: The Cultural Politics of Left and Right*. New York: Columbia University Press.
Conover, J., & S. Feldman. 1984. "How People Organize the Political World: A Schematic Model." *American Journal of Political Science* 28:95-126.
Deutsch, K. W., and R. L. Merritt. 1965. "Effects of Events on National and International Image." In H. C. Kelman, ed. *International Behavior: A Social and Psychological Analysis*. New York: Holt, Rinehart and Winston: 130-187.
Fiorina, Morris P., Samuel Abrams J., & Jeremy Pope C. 2005. *Culture War? The Myth of a Polarized America*. New York: Addison-Wesley.
Fritz, Ben, Bryan Keefer, & Brendan Nyhan. 2004. *All the President's Spin: Gorege W. Bush, The Media, and the Truth*. New York: Touchstone.
Herrmann, R. K., & S. Peterson. 1997. "American Public Opinion and the Use of Force: Change or Continuity in the Post-Cold War World?" In R. B. Ripley & J. M. Lindsay, eds. *US Foreign Policy after the Cold War*. Pittsburgh, PA: University of Pittsburgh Press: 283-312.
Holbrooke, Richard. 2006. "Authentically Liberal: How Democrats Can Defeat Terrorism and Win Elections." *Foreign Affairs* 85(4):170. Online Database

(검색일:2006/12/30).
Holsti, O. 2004. *Public Opinion and American Foreign Policy, Revised Edition*. Ann Arbor: University of Michigan Press.
Hurwitz, J., & M. Peffley. 1987. "How are Foreign Policy Attitudes Structured?: A Hierarchical Model." *American Political Science Review* 81:1099-1211.
Jacobson, Gary C. 2006. *Divider, Not a Uniter: George W. Bush And the American People*. New York: Prentice Hall.
Kull, S., & I. M. Destler. 1999. *Misreading the Public: The Myth of a New Isolationism*. Washington, D.C.: Brookings Institution.
Kull, S. 1997. "Americans Have Not Turned Isolationist." *Public Perspective* 8:1-4.
Ladd, E. C. 1997. "Since World War II, Americans Have Persistently Looked Outward." *Public Perspective* 8:5-37.
Legro, J. W. 2000. "Whence American Internationalism." *International Organization* 54:253-289.
McCarty, Nolan, Keith Poole T., & Howard Rosenthal. 2007. *Polarized America: The Dance of Ideology and Unequal Riches*. New York: MIT Press.
Mueller, J. 1999. "Public Opinion and Foreign Policy: The People's Common Sense." E. R. Wittkopf & J. M. McCormick, eds. *The Domestic Sources of American Foreign Policy*. 3rd Edition. New York: Rowman & Littlefield Publishers, Inc.
Neuman, R. W. 1986. *The Paradox of Mass Politics: Knowledge and Opinion in the American Electorate*. Cambridge: Cambridge University Press.
Owen, John M. 2005. "Iraq and the Democratic Peace." *Foreign Affairs* 84(6): 122. Online Database(검색일:2006/12/30).
Peffley M., & J. Hurwitz. 1992. "International Events and Foreign Policy Beliefs." *American Journal of Political Science* 36: 431-61.
Pollins, B. M., and R. L. Schweller. 1999. "Linking the Levels: The Long Wave and Shifts in U.S. Foreign Policy, 1790-1993." *American Journal of Political Science* 43:431-464.
Rielly, J. E., ed. 1999. *American Public Opinion and U.S. Foreign Policy 1999*. Chicago Council on Foreign Relations.
Sobek, David. 2005. "Machiavelli's Legacy: Domestic Politics and International

Conflict." *International Studies Quarterly* 49: 179-204.
Todorov, A., & A. Mandisodza. 2004. "Public Opinion on Foreign Policy: The Multilateral Public That Perceives Itself as Unilateral." *Public Opinion Quarterly* 68:323-348.
Williams, Rhys H., ed. 1997. *Cultural Wars in American Politics: Critical Reviews of a Popular Myth*. New York: Aldine de Gruyter.

색인(Index)

|ㄱ|

감세 117, 122
감세방식 124
감세안 38
감세정책 122, 256
개혁 어젠다 30
개혁당 34
개혁보수주의 19, 20, 22, 28, 32, 43
경기침체 165
경제적 양극화 203
계급적 균열 81
계급정치 325
계급주의 304
고립주의 338
고어(Al Gore) 부통령 113, 119
골드워터(Goldwater) 268
공무원법(civil service law) 29
공화당 보수주의 20
공화당 성향 223
공화당 지지기반 284
공화당 혁명 221
공화당일체자 257
공화주의 이념 20
관습법에 의한 재판(Common Law Court) 324
교조적 로크주의 209

국가안보 의제 357
국가의 공적 역할 19
국가적 거버넌스 139
국가적 위기 212
국가정체성(national identity) 개념 205, 207, 228
국가정체성의 강화 232
국가정체성의 증가 216
국내정치 양극화 334
국방비 증액 256
국제 테러리즘 347, 350, 358
국제주의 (여론) 345, 357, 358
국토안보부 321
권력 엘리트 299
균질적 정치문화 214
균형의 정당정치 265, 293
극우파(Far Right) 301
극좌파(Far Left) 301
근대 보수주의 24
근본주의자 217
금권정치 38
급진주의 운동 299, 305
급진주의적 정치운동 304
기독교 근본주의 19, 38, 40, 41
기독교 복음주의자 217

색인 365

기독교 우파 116, 118
기독교부흥주의 317
기독교적인 전통 55
9 · 11 162
9 · 11 테러 40, 42, 131, 145, 218,
    272, 317, 321, 343

| ㄴ |

낙태 (문제) 40, 41, 278, 279, 288
낙태 합법화 116
낙태(partial-birth abortion) 금지 275
낙태의 합법화 문제 121
네오나치 단체 318
네오나치주의자 317
네오콘 217
노동법 개혁 29
노인연금 164
뉴딜(New Deal) 48
뉴딜 정당체계 265, 269, 294
뉴딜정책 311

| ㄷ |

다극화된 민중운동 301
단점정부 109
당파성 48
대의민주주의 73, 96
대통령 간 의제설정 양태 49
대통령 개인의 리더십 48
대통령 선거인단 (제도) 145
대통령 유형론 129
대통령의 거래력 130
대통령의 리더십 47, 52

대통령의 의제설정 56
대통령의 이념정향 47, 54
도가니(Melting Pot) 214
도덕적 가치 문제 42
도덕적 이원성 54
동성애 결혼 헌법 수정안 38
동성애자 문제 278, 280, 289
동성혼 합법화 280
동원전략 74
두 개의 미국(Two Americas) 327

| ㄹ |

랠리 라운드(Rally Round the Flag)
    현상 147, 160, 162, 165
레이거노믹스(Reaganomics) 203,
    256
레이건 (대통령) 150, 256, 274
로드니 킹 사건 315
로크(John Locke) 212
로크적 자유주의 54
루스벨트(Theodore Roosevelt) 대통
    령 19, 20, 56

| ㅁ |

마르크스주의자 305
매카시즘(McCarthyism) 302
매케인(John McCain) 상원의원 18,
    27, 113, 117
맥거번(McGovern) 268
맥킨리 대통령 22
맹목적 애국주의(jingoism) 309
무당파(independent) 성향 78, 92,

	94, 96, 115, 173, 257
무소속 성향 222
무정부주의자 301
무정파 성향 223
무정파주의자 215
문화적 다양성 215
문화적 신좌파 301
문화적 쟁점 268, 273, 276, 282
문화적 좌파 310
문화전쟁(culture war) 203, 261
미 대통령의 지도력 49
미국 민중운동 300, 304
미국 보수주의 55
미국 사회의 좌경화 312
미국 사회의 양극화 357
미국 여론의 이중분포 338
미국 연방주의 174, 180
미국 예외주의 217
미국 외교 여론 335, 337
미국 외교기조 338
미국 외교목표 337
미국 외교여론 352, 356, 358
미국 외교정책 333
미국 유권자의 정치의식 220
미국 유권자의 투표성향 144
미국 의회의 양극화 252
미국 정당정치 295
미국 정치의 양극화 174
미국사회의 소득분포 245
미국식 자유주의 가치 213
미국의 국제역할 345
미국의 민중주의 322
미국의 양극화 197
미국의 외교목표 344

미국의 이념적 특성 55
미국의 정당정치 265
미국의회의 양극화 175
미국인의 배타성 215
미국인의 이념성향 356
미국인의 종교심 225
미국적 예외주의 209
미국정치(의) 양극화 111, 198, 204, 232, 335, 356
민권법(Civil Rights Act) 267, 305
민족주의 208
민주당 성향 223
민주주의 64, 66
민주주의 확산 342, 349
민주학생연합(SDS) 305
민중운동 299, 302, 325
민중운동의 양극화 326, 329
민중주의 (운동) 300, 319, 327
민중주의 전통 326
민중주의의 정치적 영향력 328
민중주의적 보수주의자들 311

| ㅂ |

바버(James D. Barber) 129
반미 시위 217
반유대주의 300
반전운동 310
반테러리즘센터 320
배아줄기세포 연구 41, 275
백인 노동자 계급 273, 274, 287
백인 복음주의자 121
백인 우월주의자 314
베리 골드워터 25

베트남전 215
보수 단체 221
보수적 개신교도 275
보수적 기독교도 274
보수주의 48, 54
보수주의 개혁 256
보수주의자 147-149, 150, 151, 153-161
복음주의 개신교 287
복음주의 개신교도 274
복지국가 246, 302
부시 대통령 39, 54, 125
부시의 리더십 스타일 129
북한 핵문제 128
북핵 포용론자 128
북핵문제 143
분점정부 109, 140
불량국가 43
비대칭적 양극화 18

| ㅅ |

사형제도 (문제) 278, 279, 286
사회갈등 215
사회보장 프로그램 256
사회보장제도 164
상시적 선거운동 52
상호주의적 외교정책 167
선거자금 개혁법 30
선거자금법 28
소득 양극화 179
소득불평등 (지수) 240, 246
소득불평등 현상 241, 244, 245, 248
소득수준별 인식 258

소득수준별 입장차이 251
소득수준의 양극화 206
소득재분배 정책 249, 260
소득정책 249
소수자 우대조치 305
소수파 대통령 139
소프트 머니(soft money) 28, 30
슈퍼 화요일 32
시민군(militia) 313, 324
시민적 종교 212
시민행동(Citizen Action) 307
시장근본주의 19
신마르크스주의 305
신보수주의 54, 128
신보수주의 그룹 18
신보수주의자 166
신분정치 325
신우파(New Right) 301, 302
신좌파 민중운동단체 308
신좌파운동 302
신좌파적 민중운동 307
실업문제 164
심리적 귀속감 154
심리적 일체감 154
쌍방적 인과관계 144
씨어도어 루스벨트 51

| ㅇ |

아이젠하워 대통령 23, 295
"악의 축" 발언 128
안티이즘(anti-ism) 208, 210
애국법(the Patriot Act) 131
양극적 정당대결 222

양극적 정당대립구도 214
양극화 현상 138, 160, 162, 165, 179
양극화의 특징 183
엘리트주의 운동 31
여론의 양극화 가설 337
연두교서 52, 56, 57, 59, 68
엽관정치 29
오리건 공평분배(Oregon Fair Share) 307
오일 쇼크 215
오픈 프라이머리 19, 32
온건보수주의 18
외교여론의 분열 336
외교여론의 양극화 334, 357
우파 민중운동 309
우파 민중주의 308
우파운동단체 324
우파적 민중운동 327
워터게이트 스캔들 215
위대한 사회 프로그램 244
윌슨 대통령 57, 61, 68
유권자 등록(voter registration) 74
유권자 양극화 74, 75, 78
유권자 정당 76
유권자의 이념(성향) 115, 125, 258
유권자의 정당일체감 115
유권자의 투표율 84
유산계급 305
의회 (내) 양극화 137, 179, 182
의회 의사결정과정 221
의회 중간선거 110
의회의 양극화현상 241
이념성향 228, 230
이념적 균열 246
이념적 분극화 267

이념적 양극화 (현상) 244, 356
이라크 사태 140
이라크 전쟁 43, 139, 207, 272, 333
이라크 전쟁 명분 349
이라크 전쟁 목표 340
이라크 전쟁 여론 339, 340, 347, 353
이라크 전쟁 평가 346, 351
이란 인질 사태 215
이민법안 36
이슬람 근본주의 347, 351, 358
이익정치 326
인간개발보고서 245
인종문제 282
인종적 쟁점 267
인종주의 300
인종차별주의 309
일방주의적 외교정책 166

| ㅈ |

자기인식적 정치이념 149
자유민주주의 214
자유방임주의 309
자유주의 48, 54, 149, 214
자유주의 이념 213
자유주의 정치문화 204
자유주의자 149, 153, 156-158, 161, 162
자유주의적 신념 212
작은 정부(론) 19, 26, 41, 48
작은 정부론자 40
장기적 투표결정요인 148
잭슨(Andrew Jackson) 50
잭슨주의 300
적극적 국가정체성 226

색인 369

전국 납세자 연맹 39
전국 버스 순회 투어 31
전국총기협회 33
전략적 극단주의 220
절대주의적 자유주의 209
정당 간 선호도 차이 81, 82, 86, 87, 89, 90, 94
정당 단합 투표(party unity vote) 134
정당 단합도(party unity score) 133, 134
정당 양극화(party polarization) 239
정당 없는 유권자(partyless electorate) 239, 242
정당 지지기반 267
정당 충성도 91, 92
정당 형성 행위 28
정당 후보 선택 277
정당대립 137
정당별 예비선거 과정 138
정당분극화 294
정당선호도 (변수) 76, 86, 88, 90
정당성향 210, 230
정당-소득 성층화현상 258
정당쇠퇴(party decline) 239, 242
정당양극화현상 258
정당역할 76
정당응집도(party unity) 256
정당의 리더십 239
정당의 부활 244
정당의 지지기반 변화 276
정당일체감 91, 145-162, 165, 198, 242, 248, 294
정당일체감의 변화 260
정당일체감의 비율 186
정당일체감의 재편성 260

정당충성도 78
정당편향성 111, 112, 124, 138, 206
정당편향적 (대)의회 전략 135, 138
정당후보 선택 286
정책의제설정 54, 67
정책의제의 형성 50
정책형성자 48
정치 양극화 43, 205, 206
정치광고 34
정치엘리트(의) 양극화 74, 75, 78, 80, 87, 91, 96, 206
정치이념 153
정치자금 74, 77, 81
정치자금법 29
정치자금법 개혁 30, 36
정치적 기술 53
정치적 무당파 242
정치적 선호도 198
정치적 양극화 17, 220
정치참여 73, 77, 81, 83, 96, 206
정파 간 대결 218
제3세계 혁명 운동가 306
제왕적 대통령 137
조지 부시 30
조지 월러스 25
조지 W. 부시(George W. Bush) 대통령 57, 64, 111
존 메케인(McCain) 138
종교적 근본주의 309
종교적 인지경향 128
종교주의 210
좌파 민중주의 303, 304
주 대표의 평균 선호도 198
주 유권자의 평균 선호도 198
주 정치적 선호도 181, 182

주류 보수주의 (진영) 36, 39
줄기세포 (연구) 126, 127
중간평가 이론 110
중대선거(critical election) 20
지역주의 97
지지집단의 투표율 284
진보 단체 221
진보당(Progressive Party) 23
진보적 현실주의 42
진보주의 300
집단주의적 성향 233
집단주의적 인식론 208

| ㅊ |

참여민주주의 305
초당파적 애국주의 165
초청 노동자 프로그램 36
총기소유 41
최고 지도자의 리더십 49
최소국가론 20
출구조사 152

| ㅋ |

카터 대통령 61
커먼 코즈(Common Cause) 30
케네디 대통령 51
케네디 상원의원 36
케리(John Kerry) 113, 272
큐클럭스클랜(KKK) 309, 316, 318
클린턴(Bill Clinton) 대통령 29, 61, 125, 270, 271, 323
킹(Martin Luther King) 목사 302

| ㅌ |

태프트 대통령 23
테러(의) 위협 353, 358
테러 위협 인식 343
테러리즘 320
토크빌(Alexis de Tocqueville) 54, 212
투표결정요인 148, 149, 153
투표참여율 97
투표행태의 양극화 162
트러스트 22

| ㅍ |

편향적 재분배정책 206
평등 66
평등 가치 299
포괄적 외교목표 347
포괄적 외교정책 340
포퓰리스트 정당 21
포퓰리스트의 이미지 31
포퓰리즘 개혁운동 30
프라이머리 31
프랭클린 루스벨트 대통령 23, 52

| ㅎ |

한국의 진보파 128
행정국가 50
현실주의적 민주평화론 42
흑인운동 310

● 글쓴이 소개

가상준 단국대학교 정치외교학과 교수
      | 미국 State University of New York, Stony Brook 정치학 박사

김영호 국방대학교 국제관계학부 교수
      | 미국 Ohio State University 정치학 박사

김장수 고려대 평화연구소 연구교수
      | 미국 State University of New York, Stony Brook 정치학 박사

김준석 동국대학교 정치외교학과 교수
      | 미국 State University of New York, Stony Brook 정치학 박사

김 혁 서울시립대학교 행정학과 교수
      | 미국 Northwestern University 정치학 박사

남궁곤 이화여자대학교 정치외교학과 교수
      | 미국 University of Connecticut 정치학 박사

서현진 성신여자대학교 사회교육과 교수
      | 미국 Purdue University 정치학 박사

손병권 중앙대학교 국제관계학과 교수
      | 미국 University of Michigan 정치학 박사

안병진 경희사이버대 미국학과 교수
      | 미국 New School for Social Research 정치학 박사

엄기홍 경북대학교 정치외교학과 교수
      | 미국 University of Kentucky 정치학 박사

임성호 경희대학교 정치외교학과 교수
      | 미국 M.I.T. 정치학 박사

정진민 명지대학교 정치외교학과 교수
      | 미국 Syracuse University 정치학 박사

조성대 한신대학교 국제관계학부 교수
      | 미국 University of Missouri 정치학 박사

주미영 한국외국어대학교 정치외교학과 강사
      | 미국 Michigan State University 정치학 박사

미국정치의 분열과 통합 :

- 엘리트, 유권자, 이슈 양극화와 정치과정 -

인쇄 2008년 2월 21일
발행 2008년 2월 26일

엮은이   미국정치연구회
발행인   부성옥
발행처   도서출판 오름
등록번호 제2-1548호 (1993. 5. 11)

서울특별시 서초구 서초동 1420-6 통일시대연구소빌딩 301호
전화 (02)585-9122, 9123   팩스 (02)584-7952
E-mail oruem@oruem.co.kr
URL http://www.oruem.co.kr

ISBN 978-89-7778-295-2   93340   값 17,000원

* 잘못된 책은 교환해 드립니다.